KB172373

칸트전집

Immanuel Kant

Kritische Schriften II (1795~1804)

비판기 저작 II
(1795~1804)

칸트전집11

임마누엘 칸트

한국칸트학회 기획

정성관·배정호·홍우람·염승준·이진오·이상헌 옮김

한길사

『칸트전집』을 발간하면서

칸트는 인류의 학문과 사상 발전에 지대한 영향을 미쳤으며, 지금도 그 영향력이 큰 철학자다. 칸트철학은 여전히 전 세계적으로 가장 많이 논의되며, 국내에서도 많은 학자가 전문적으로 연구하고 있다. 이를 반영하듯 영미언어권에서는 1990년대부터 새롭게 칸트의 저서를 번역하기 시작하여 『케임브리지판 임마누엘 칸트전집』(*The Cambridge Edition of the Works of Immanuel Kant*, 1992~2012) 15권을 완간했다. 일본 이와나미(岩波書店) 출판사에서도 현대 언어에 맞게 새롭게 번역한 『칸트전집』 22권을 출간했다. 국내에서는 칸트를 연구한 지 이미 100년이 훨씬 넘었는데도 우리말로 번역된 칸트전집을 선보이지 못하고 있었다.

물론 국내에서도 칸트 생전에 출간된 주요 저작들은 몇몇을 제외하고는 여러 연구자가 번역해서 출간했다. 특히 칸트의 주저 중 하나인 『순수이성비판』은 번역서가 16종이나 나와 있다. 그럼에도 칸트 생전에 출간된 저작 중 '비판' 이전 시기의 대다수 저작이나, 칸트철학을 이해하는 데 많은 도움을 줄 수 있는 서한집(Briefwechsel), 유작(Opus postumum), 강의(Vorlesungen)는 아직 우리말로 번역되지 않았다. 게다가 이미 출간된 번역서 중 상당수는 관련 분야에 대한 전문성이 부족해 번역이 정확하지 못하거나 원문을 글자대로만 번역해 가독성이 낮아 독자들이 원문의 의미를 제대로 이해하기가 쉽지 않다. 번역자가 전문성을 갖추었다 해도 각기 다른 번역용어를 사용해 학문 내에서 원활하게 논의하고 소통하는 데 장애가 되고 있다. 이 때문에 칸트를 연구하는 학문 후속세대들은 많은 어려움에 빠져 혼란을 겪고 있다. 이런 상황에서 '한국칸트학회'는 학회에 소속된 학자들이 공동으로 작업해 온전한 우리말 칸트전집을 간행할 수 있기를 오랫동안 고대해왔으며, 마침내 그 일부분을 이루게 되었다.

『칸트전집』 번역 사업은 2013년 9월 한국연구재단의 토대연구 분야 총서학 지원 사업에 선정되어 '『칸트전집』 간행사업단'이 출범하면서 본격적으로 시작되었다. 이 사업은 영남대학교 '인문과학연구소' 주관으로 '한국칸트학회'에 소속된 전문 연구자 34명이 공동으로 참여해 2016년 8월 31일까지 진행되었으며, 수정과 보완작업을 거쳐 지금의 모습으로 결실을 맺게 되었다. 이 전집은 칸트 생전에 출간된 저작 중 『자연지리학』(*Physische Geographie*)을 비롯해 몇몇 서평(Rezension)이나 논문을 제외하고는 거의 모든 저작을 포함하며, 아직까지 국내에 번역되지 않은 서한집이나 윤리학 강의(Vorlesung über die Ethik)도 수록했다. 『칸트전집』이 명실상부한 전집이 되려면 유작, 강의, 단편집(Handschriftliche Nachlass) 등도 포함해야 하지만, 여러 제한적인 상황으로 지금의 모습으로 출간하게 되었다. 아쉽지만 지금의 전집에 실리지 못한 저작들을 포함한 완벽한 『칸트전집』이 후속 사업으로 머지않은 기간 내에 출간되길 기대한다.

『칸트전집』을 간행하면서 간행사업단이 세운 목표는 1) 기존의 축적된 연구를 토대로 전문성을 갖춰 정확히 번역할 것, 2) 가독성을 최대한 높일 것, 3) 번역용어를 통일할 것, 4) 전문적인 주석과 해제를 작성할 것이었다. 이를 위해 간행사업단은 먼저 용어통일 작업에 만전을 기하고자 '용어조정위원회'를 구성했다. 위원회는 오랜 조정 작업 끝에 칸트철학의 주요한 전문 학술용어를 통일된 우리말 용어로 번역하기 위해 「번역용어집」을 만들고 칸트의 주요 용어를 필수 용어와 제안 용어로 구분했다. 필수 용어는 번역자가 반드시 따라야 할 기본 용어다. 제안 용어는 번역자가 그대로 수용하거나 문맥에 따라 다른 용어를 사용할 수 있는 용어다. 다른 용어를 사용할 경우에는 번역자가 다른 용어를 사용한 이유를 옮긴이주에서 밝혀 독자의 이해를 돕도록 했다. 사업단이 작성한 「번역용어집」은 '한국칸트학회' 홈페이지에서 확인할 수 있다.

번역용어와 관련해서 그동안 칸트철학 연구자뿐 아니라 다른 분야 연구자와 학문 후속세대를 큰 혼란에 빠뜨렸던 용어가 바로 칸트철학의 기본 용어인 transzendental과 a priori였다. 번역자나 학자마다 transzendental을 '선험적', '초월적', '선험론적', '초월론적' 등으로, a priori를 '선천적', '선험적' 등으로 다양하게 번역해왔다. 이 때문에 일어나는 문제는 참으로 심각했다. 이를테면 칸트 관련 글에서 '선험적'이라는 용어가 나오면 독자는 이것이 transzendental의 번역어인지 a priori의 번역어인지 알 수 없어 큰 혼란을 겪을 수밖에 없었다. 이런 문제점을 해소하기 위해 간행사업단에서는 transzendental과 a priori의 번역용어를 어떻게 구분해야 하는지를 중요한 선결과제로 삼고, 두 차례 학술대회를 개최해 격렬하고도 심도 있는 논의를 진행했다. 하지만 a priori를 '선천적'으로, transzendental을 '선험적'으로 번역해야 한다는 쪽과 a priori를 '선험적'으로, transzendental을 '선험론적'으로 번역해야 한다는 쪽의 의견이 팽팽히 맞서면서 모든 연구자가 만족할 수 있는 통일된 번역용어를 확정하는 일은 거의 불가능한 것처럼 보였다. 이런 상황에서 '용어조정위원회'는 각 의견의 문제점에 대한 다양한 비판을 최대한 수용하는 방식으로 합의를 이끌어내기 위해 오랜 시간 조정 작업을 계속했다. 그 결과 a priori는 '아프리오리'로, transzendental은 '선험적'으로 번역하기로 결정했다. 물론 이 확정안에 모든 연구자가 선뜻 동의한 것은 아니었으며, '아프리오리'처럼 원어를 음역하는 방식이 과연 좋은 번역 방법인지 등은 여전히 숙제로 남아 있다. 그럼에도 이 안을 확정할 수 있도록 번역에 참가한 연구자들이 기꺼이 자기 의견을 양보해주었음을 밝혀둔다. 앞으로 이 용어가 사용되기 시작하면 이와 관련한 논의가 많아지겠지만, 어떤 경우든 번역용어를 통일해서 사용하는 방향으로 진행되길 기대한다.

간행사업단은 전문적인 주석과 해제작업을 위해 '해제와 역주위원회'를 구성하여 전집 전반에 걸쳐 균일한 수준의 해제와 전문적인 주석 작업을 할 수 있도록 '해제와 역주 작성 원칙'을 마련했다. 이 원칙의 구체적인 내용도 '한국칸트학회' 홈페이지에서 확인할 수 있다. 번역자들은 원문의 오역을 가능한 한 줄이면서도 학술저서를 번역할 때 허용하는 범위 내에서 가독성을 높일 수 있도록 번역하려고 많은 노력을 경주했다. 이를 위해 번역자들이 번역 원고를 수차례 상호 검토하는 작업을 거쳤다. 물론 '번역은 반역'이라는 말이 있듯이 완벽한 번역이란 실제로 불가능하며, 개별 번역자의 견해와 신념에 따라 번역 방식도 차이가 날 수밖에 없다. 따라서 번역의 완성도에 대해서는 전적으로 독자의 판단에 맡기겠다. 독자들의 비판을 거치면서 좀더 나은 번역으로 거듭날 수 있는 기회가 있기를 바랄 뿐이다.

『칸트전집』 간행사업단은 앞에서 밝힌 목적을 달성하려고 오랜 기간 공동 작업을 해왔으며 이제 그 결실을 눈앞에 두고 있다. 수많은 전문 학자가 참여하여 5년 이상 공동 작업을 수행한다는 것은 우리 학계에서 그동안 경험해보지 못한 전대미문의 도전이었다. 이런 이유로 간행사업단은 여러 가지 시행착오와 문제점에 봉착했으며, 그것을 해결하는 일은 결코 쉽지 않았다. 그럼에도 이견을 조정하고 문제점을 해결해나가면서 길고 긴 공동 작업을 무사히 완수할 수 있었던 것은 『칸트전집』 간행을 성공적으로 마무리하여 학문 후속세대에게 좀더 정확한 번역본을 제공하고, 우리 학계의 학문연구 수준을 한 단계 끌어올려야겠다는 '한국칸트학회' 회원들의 단결된 의지 덕분이었다. 이번에 출간하는 『칸트전집』이 설정한 목표를 완수했다면, 부정확한 번역에서 비롯되는 칸트 원전에 대한 오해를 개선하고, 기존의 번역서 사이에서 발생하는 용어 혼란을 시정하며, 나아가 기존의 칸트 원전 번역이 안고 있는 비전문성을 극복하여 독자가 좀더 정확하게 칸트의 작품을 이해하게 될 것이다. 물론 『칸트전집』이 이러한 목표를 달성했는지는 독자의 판단에 달려 있으며, 이제 간행사업단과 '한국칸트학회'는 독자의 준엄한 평가와 비판에 겸허히 귀를 기울일 것이다.

끝으로 『칸트전집』을 성공적으로 간행하기 위해 노력과 시간을 아끼지 않고 참여해주신 번역자 선생님 모두에게 진심으로 감사하는 마음을 드린다. 간행사업단의 다양한 요구와 재촉을 견뎌야 했음에도 선생님들은 이 모든 과정을 이해해주었으며, 각자 소임을 다했다. 『칸트전집』은 실로 번역에 참여한 선생님들의 땀과 노력의 결실이라 할 수 있다. 또 한국연구재단의 지원 아래 『칸트전집』 간행사업을 진행할 수 있도록 큰 도움을 주신 '한국칸트학회' 고문 강영안, 이엽, 최인숙, 문성학, 김진 선생님께도 감사의 말씀을 전한다. 『칸트전집』 간행 사업을 원활하게 진행할 수 있었던 것은 무엇보다도 공동연구원 아홉 분이 활약한 덕분이다. 김석수, 김수배, 김정주, 김종국, 김화성, 이엽, 이충진, 윤삼석, 정성관 선생님은 번역 이외에도 용어 조정 작업, 해제와 역주 원칙 작성 작업, 번역 검토 기준 마련 등 과중한 업무를 효율적이고도 성실하게 수행해주었다. 특히 처음부터 끝까지 번역작업의 모든 과정을 꼼꼼히 관리하고 조정해주신 김화성 선생님께는 진정한 감사와 동지애를 전한다. 사업을 진행하기 위해 여러 업무와 많은 허드렛일을 처리하며 군말 없이 자리를 지켜준 김세욱, 정제기 간사에게는 그저 고마울 따름이다. 그뿐만 아니라 열악한 출판계 현실에도 학문 발전을 위한 소명 의식으로 기꺼이 『칸트전집』 출판을 맡아주신 한길사 김언호 사장님과 꼼꼼하게 편집해주신 한길사 편집부에도 심심한 감사의 말씀을 드린다.

2018년 4월

『칸트전집』 간행사업단 책임연구자

최소인

『칸트전집』 일러두기

1. 기본적으로 칸트의 원전 판본을 사용하고 학술원판(Akademie-Ausgabe)과 바이셰델판(Weischedel-Ausgabe)을 참조했다.

2. 각주에서 칸트 자신이 단 주석은 *로 표시했고, 재판이나 삼판 등에서 칸트가 직접 수정한 부분 중 원문의 의미 전달과 상당한 관련이 있는 내용은 알파벳으로 표시했다. 옮긴이주는 미주로 넣었다.

3. 본문에서 [ ] 속의 내용은 독자의 이해를 돕기 위해 옮긴이가 넣었다.

4. 본문에 표기된 'A 100'은 원전의 초판 쪽수, 'B 100'은 재판 쪽수다. 'Ⅲ 100'는 학술원판의 권수와 쪽수다.

5. 원문에서 칸트가 이탤릭체나 자간 늘리기로 강조 표시한 부분은 본문에서 고딕체로 표시했다.

6. 원문에서 독일어와 같이 쓴 괄호 속 외래어(주로 라틴어)는 그 의미가 독일어와 다르거나 칸트의 의도를 파악하는 데 도움이 될 경우에만 우리말로 옮겼다.

7. 칸트철학의 주요 용어에 대한 우리말 번역어는 「번역용어집」(한국칸트학회 홈페이지 kantgesellschaft.co.kr 참조할 것)을 기준으로 삼았지만 문맥을 고려해 다른 용어를 택한 경우에는 이를 옮긴이주에서 밝혔다.

차례

영원한 평화를 위하여. 철학적 기획 VIII 341

정성관

일러두기

『영원한 평화를 위하여. 철학적 기획』(*Zum ewigen Frieden. Ein philosophischer Entwurf*) 번역은 1795년 발표된 초판본과 1796년 출간된 재판본을 대본으로 사용했고, 학술원판(*Abhandlungen nach 1781* in *Kant's gesammelte Schriften*, Bd. VIII, pp.341-386, hrsg. von der Königlich Preußischen Akademie der Wissenschaften, Berlin, 1911)과 바이셰델판(*Schriften zur Anthropologie, Geschichtsphilosophie, Politik und Pädagogik* in *Immanuel Kant Werke in Zehn Bänden*, Bd. VI, pp.193-251, hrsg. von Wilhelm Weischedel, Darmstadt, 1983)을 참조했다.

영원한 평화를 위하여

A 3; B 3; VIII 343

이 풍자적 표제[1)]는 교회 묘지가 그려진 저 네덜란드 여관 주인의 간판에 쓰여 있었는데, 이 표제가 과연 인간 일반에 해당하는지, 아니면 특히 전쟁에 전혀 지칠 줄 모르는 국가원수들에게 해당하는지, 아니면 단지 저 달콤한 꿈을 꾸는 철학자들에게만 해당하는지 어떤지는 미정으로 남겨두기로 한다. 다만 이 책의 저자는 다음과 같은 조건을 붙인다. 즉 실천적 정치가는 엄청난 자만심을 갖고서 이론적 정치가를 탁상공론가로 깔보기 때문에 이론적 정치가는 공허한 이념들을 갖고서는 경험의 원칙들에 기반을 둘 수밖에 없는 국가에 아무런 위험도 주지 못할 테고, 설령 그가 핀 열한 개를 한번에 쓰러뜨리게 할 수 있다 해도,[2)] 세상사에 밝은 정치인은 그것에 신경 쓸 필요가 A 4; B 4 없다. 이 정치인은 이론적 정치가와 논쟁할 경우에도 일관된 태도를 취하여 상대가 행운에 맡기고서 공적으로 발표한 의견들의 배후에서 그것이 국가에 위험이 되지나 않을까 냄새 맡으려 해서는 안 된다는 조건이다. — 이러한 유보조건[3)]에 따라 이 책의 저자는 이로써 모든 악의적 해석에서 최선의 형식으로 분명하게 보호받고자 한다.

A 5; B 5

제1절

이 절은 국가들 사이의 영원한 평화를 위한 예비조항들을 담고 있다.

1. "장래의 전쟁 요소를 비밀리에 유보한 채 체결된 평화조약은 결코 평화조약으로 간주되어서는 안 된다."

그럴 경우 그 조약은 사실상 한낱 휴전상태에 지나지 않으며, 적대행위의 유예일 뿐 평화는 아닐 테니 말이다. 평화란 모든 적대행위의 종식을 뜻하며, 거기에 '영원한'이라는 수식어를 붙이는 것도 이미 의심스러운 표현이다. 지금은 어쩌면 조약을 체결한 당사자들은 아직 잘 알지 못하겠지만, 장래에 전쟁이 될 현존하는 원인들이 평화조
VIII 344 약으로 말미암아 송두리째 제거되고 있다. 물론 매우 예리한 탐색기능을 가졌다면, 그 전쟁 원인들은 문서보관실의 공문서에서라도 가
A 6; B 6 려낼 수 있을 것이다. — 전쟁을 계속하기에는 쌍방이 몹시 지쳐 있기 때문에 현재는 그 어느 측도 언급하지 않을지도 모르지만, 전쟁할 좋은 기회가 생기면 대뜸 이용하려는 나쁜 의도에서, 장차 전쟁의 구실로 삼으려고 해묵은 권리주장을 유보하는 것(심중유보[4])은 예수회의 결의법[5]에 해당한다. 사태를 있는 그대로 판단한다면, 그것은 통치자의 품위를 떨어뜨리는 일이고, 마찬가지로 그와 같은 연역에 고분고분 따르는 것도 그 통치자의 [참모인] 장관의 품위를 떨어뜨리는 일이 될 것이다. —

그러나 계몽된 국가정략[6] 개념에 따라 어떤 수단을 사용해서라도 지속적으로 힘을 증대하는 데에 국가의 참된 명예가 있다고 생각한다면, 물론 이상의 판단은 교과서적이고 옹졸하게 보일 것이다.

2. "어떠한 독립국가도 (크든지 작든지 상관없이) 다른 국가가 상속, 교환, 매매 또는 증여로 취득될 수 있어서는 안 된다."

말하자면 국가란 (이를테면 국가가 차지하고 있는 토지처럼) 어떤 A 7; B 7
소유물(세습재산[7])이 아니다. 국가는 국가 자신 외에 다른 어느 누구도 지배하거나 처분할 수 없는 하나의 인간사회다. 그러나 국가도 나무줄기처럼 자기 고유의 뿌리를 가지고 있는데, 이런 국가를 접목하듯 다른 국가에 병합하는 것은 하나의 도덕적 인격인 국가의 존재를 해체하는 일이고, 도덕적 인격을 물건으로 만드는 것이 된다. 그러므로 이것은 근원적 계약의 이념에 모순되는데, 이 이념이 없다면 국민에 대한 어떠한 법[권리]도 생각할 수 없다.* 이러한 취득방식의 편견, 즉 국가도 서로 결혼할 수 있을 거라는 편견이 우리 시대의 최근에 이르기까지 유럽을 — 다른 대륙들에서는 전혀 그런 생각을 하지 않았으므로 — 어떤 위험에 빠뜨렸는가 하는 것은 누구나 다 아는 일
이다. 이것은 힘을 소모하지 않고도 가족동맹으로 자신을 매우 강력 A 8; B 8
하게 만들거나 또는 역시 그러한 방식으로 영토소유를 확대하는 일종의 새로운 산업방식이다. — 또 한 국가의 부대를 다른 국가에 대여해 공동의 적이 아닌 국가에 대항하도록 하는 것도 그와 같은 형태로 간주될 수 있다. 왜냐하면 이때 신민들은 임의로 취급할 수 있는 물건으로 사용되고 소비되기 때문이다.

---

* 세습왕국이란 어떤 다른 국가에 상속될 수 있는 국가가 아니라, 그 통치권이 어떤 다른 물리적 인격에게 상속될 수 있는 국가다. 국가는 이때 하나의 통치자를 얻는 것이지, 이 통치자가 통치자(즉 이미 다른 왕국을 소유하고 있는 자)로서 국가를 얻는 것이 아니다.

VIII 345 3. "상비군(지속적 군인[8])은 점차 완전히 폐지되어야 한다."

왜냐하면 상비군은 항상 전쟁을 위해 무장을 갖추고 있어 다른 국가들을 끊임없이 전쟁으로 위협하기 때문이다. 즉 상비군이 다른 국가들을 자극하게 되면, 서로 무장군 숫자를 무제한 늘리게 되고, 거기에 지출된 비용으로 마침내는 평화가 단기간의 전쟁보다 더 부담되기 때문에, 이러한 부담을 덜기 위해서 상비군 자체가 침략전쟁의 원인이 되고 만다. 게다가 죽이거나 죽임을 당하는 일에 고용된다는 것은 타자(국가)의 손에서 인간이 단순한 기계나 도구로 사용된다는 것을 내포하는 듯 보이며, 그러한 사용은 우리 자신의 인격 속에 있
A 9; B 9 는 인간성의 권리와 전혀 조화될 수 없다. 국가시민이 자발적으로 무장훈련을 정기적으로 실시하여 외부의 침략으로부터 자신과 조국을 지키는 것은 사정이 완전히 다른 얘기다. — 재화의 축적도 동일한 결과를 초래할 것이다. 즉 재화가 다른 국가들에 전쟁위협으로 간주되는 경우에 선제공격을 불가피하게 할 것이다. (세 가지 힘, 즉 군사력, 동맹의 힘 그리고 금력(金力) 가운데 마지막이 아마도 가장 신뢰할 수 있는 전쟁도구일 테니 말이다. 물론 상대국 재화의 양을 조사하는 데에 어려움이 없다면 말이다.)[9]

4. "대외적인 국가분쟁[10]과 관련해 어떠한 국채도 발행해서는 안 된다."

A 10 나라경제(도로개선, 새로운 거주지 마련, 우려되는 흉년에 대비한 창고 매입 등)를 위하여 국내외에서 원조를 구하는 데에 이러한 자원[국채]을 활용하는 것은 아무런 혐의가 없다. 그러나 열강들 상호 간

경쟁기구인 차관제도[11]는 무한히 증가함에도 언제나 당장 청구당할 염려가 없는 (모든 채권자가 일시에 청구하는 경우는 없기 때문에) 안전한 채무지만, 이러한 차관제도는 — 금세기 상업에 종사하는 어떤 국민[12]이 창안해낸 교묘한 발명품인데 — 위험한 금력, 즉 전쟁을 수행하기 위한 재화다. 이 재화는 다른 모든 국가의 재화 총계를 능가하며, 다만 언젠가 닥칠 세수 부족으로만 (그 세수 부족도 [차관이] 산업과 생업에 미치는 소급효과로 말미암아 교역이 활성화되어 오래 지연되기도 하는데) 고갈될 수 있다.[13] 그러므로 전쟁수행의 이러한 용이성은 인간 본성에 심어져 있는 것처럼 보이는 집권자들의 호전적 경향성과 결합될 경우, 영원한 평화에 커다란 장애가 된다. 그렇기 때문에 이러한 장애[차관제도]를 금지하는 것은 더욱더 영원한 평화의 예비조항이 되지 않을 수 없다. 왜냐하면 결국 피할 수 없는 국가파산이 부채가 없는 다른 많은 국가를 피해에 함께 휩쓸려들게 할 수밖에 없고, 이것은 이들 국가에 공적 침해가 될 것이기 때문이다. 따라서 적어도 다른 국가들은 그러한 국가와 그 월권에 맞서 동맹할 권리가 있다.

B 10 · Ⅷ 346 · A 11 · B 11

5. "어떠한 국가도 다른 국가의 체제와 통치에 폭력으로 간섭해서는 안 된다."

왜냐하면 도대체 무엇이 그 국가에 그러한 권리를 부여할 수 있는가? 혹시 그 국가가 다른 국가의 신민들에게 일으키는 스캔들[14] 같은 것인가? 그것을 이 국가는 오히려 한 국민이 자기의 무법상태 때문에 자초한 커다란 불행의 사례로서 경고로 이용할 수 있다. 그리고 일반적으로 한 자유로운 인격이 다른 인격에 나쁜 사례를 보여주는

것은 (반면교사[15]로) 그 인격을 훼손하는 일은 아니다. — 한 국가가
내부의 불화 때문에 두 편으로 갈라져 각자가 자신을 하나의 개별국
가로 생각하고 전체에 대한 권리를 주장하는 경우에는 물론 사정이
A 12 달라질 것이다. 이런 경우 [한 외부의 국가가] 어느 한 국가의 편을
드는 것이 그 외부 국가에는 타국 체제에 간섭하는 것으로 간주될 수
없을 것이다(왜냐하면 그 국가는 현재 무정부상태이기 때문이다). 그러
나 이러한 내적 분쟁이 해결되지 않는 한, 외부 세력들의 이러한 간
B 12 섭은 자기 내부의 질병과 싸울 뿐 다른 어떤 국민에게도 의존하지 않
는 한 국민의 권리를 침해하는 일이다. 따라서 그 간섭 자체가 스캔
들을 야기한 것이 될 테고 모든 국가의 자율성을 위태롭게 하는 일이
될 것이다.

6. "어떠한 국가도 다른 국가와 전쟁에서 장차 평화 시에 상호 신
뢰를 불가능하게 할 수밖에 없는 적대행위들, 예컨대 암살자나 독살자
의 고용, 항복조인서의 파기, 전쟁 상대국에서 반역모의 등을 자신에게
허용해서는 안 된다."

이런 것들은 비열한 전략이다. 왜냐하면 전쟁이 한창일 때에도 적
의 사고방식에 대한 그 어떤 신뢰가 남아 있지 않으면 안 되기 때문
이다. 그렇지 않으면 어떠한 평화도 체결될 수 없을 것이고, 그러한
A 13 적대행위는 섬멸전[16]으로 치닫게 될 테니 말이다. 아무튼 전쟁은 단
지 자연 상태에서 (이 상태에서는 법적으로 효력 있는 판결을 내릴 수
있는 법정이 없다) 폭력을 내세워 자신의 권리를 주장하는 비극적인
B 13 비상수단에 불과하기 때문에, 여기서는 양편 중 어느 편도 부당한 적
으로 선언될 수 없고 (왜냐하면 이런 일은 이미 재판관의 판결을 전제

하기 때문이다), 어느 편에 권리가 있는지는 전쟁의 결과가 (이른바 신 VIII 347
의 법정에서처럼) 결정한다. 그러나 국가들 사이에는 어떠한 징벌전
쟁[17]도 생각할 수 없다(왜냐하면 그들에겐 상위자와 예속자의 관계가
성립되지 않기 때문이다). — 그렇다면 이로부터 다음과 같은 결론이
나온다. 즉 섬멸전에서는 양편이 동시에 말살되고, 이와 더불어 모든
법[권리]이 말살될 수 있으므로 영원한 평화는 다만 인류의 거대한
묘지에서나 이룰 수 있을 것이다. 그러므로 그러한 전쟁은, 따라서
또한 그런 전쟁으로 이끄는 수단의 사용은 절대로 허용되어서는 안
된다. — 그러나 앞서 언급한 수단들이 불가피하게 그러한 전쟁으로
이끈다는 것은 다음과 같은 점에서 밝혀진다. 즉 저 극악무도한 술책
들은 그 자체가 비열한 행위이기 때문에, 만일 사용된다면 그것들은 A 14
가령 (도저히 근절될 수 없는 것으로서) 타국의 불명예만을 이용하는
(정탐을 위한[18]) 간첩의 사용처럼, 이미 전쟁하는 동안에만 한정되는
것이 아니라 평화상태까지도 지속되며, 그리하여 평화상태를 유지 B 14
하려는 의도를 완전히 파괴할 것이다.

* * *

비록 앞에서 서술한 법칙들[조항들]이 객관적으로는, 즉 집권자들
의 의도에서는 순전히 금지법칙들[19]이기는 하지만, 그중 (1, 5, 6번 같
은) 몇몇은 상황의 구별 없이 타당한, 엄격한 법칙들[20]로서 즉시 철폐
를 요구하는 것들이다. 그러나 (2, 3, 4번 같은) 다른 법칙들은 물론 법
규칙의 예외는 아니지만 그 집행과 관련해서는 상황에 따라 주관적으
로 권한의 폭을 확대하여[21] 실행을 연기하는 것도 허용한다. 그러나
이 경우 그 목적을 놓쳐서는 안 된다. 예를 들어 2번 조항에 따라 어떤 A 15
국가에서 빼앗은 자유를 그 국가에 상환하는 일을 연기하는 것은 영원

히 돌아오지 않는 날까지[무기한] (아우구스투스가 곧잘 약속했듯이, 그리스의 삭일까지[22]) 방치하는 것, 따라서 상환하지 않는 것이 아니라 다만 상환을 너무 서두르다가 본래 의도에 반하는 일이 일어나지 않게 하려고 지연을 허용하는 것에 불과하다. 왜냐하면 여기서[2번 조
B 15 항에서] 금지하는 것은 다만 앞으로 더는 통용되어서는 안 되는 취득방식에 관한 것일 뿐이지, 점유상태에 관한 것은 아니기 때문이다. 즉 이 점유상태는 거기에 요구되는 권리근거[23]를 갖추지는 않았지만, 그 점유가 행해진 (추정적 취득[24]의) 시기에 당시 여론에 따라 모든 국가가 합법적인 것으로 간주했기 때문이다.*

---

* 명령[25]과 금지[26] 외에도 순수 이성의 허용법칙[27]이 있을 수 있는지가 지금까지 의문시되어왔는데, 거기에는 근거가 없지 않다. 왜냐하면 법칙은 일반적으로 객관적이고 실천적인 필연성의 근거를 내포하지만, 허용은 어떤 행위가 실천적 우연이라는 근거를 내포하기 때문이다. 따라서 허용법칙은 강요될 수 없는 행위의 강요를 내포하고 있다. 이것은 법칙의 대상이 이 두 가지 관계에서 한 가지 의미를 갖는다면 모순이 된다는 것을 말한
A 16 다. — 그런데 이 허용법칙에서 전제된 금지는 다만 장래의 권리 취득방식(예를 들어 상속을 통한 취득)에만 적용되고, 그러한 금지에서 해방, 즉 허용은 현재 점유상태에 적용된다. 이 점유상태는 자연 상태에서 시민상태로 이행하는 과정에서는 비록 비합법적이기는 하지만, 진실한 점유(추정적
B 16 점유[28])로서 자연법의 허용법칙에 따라 계속 허용될 수 있다. 물론 추정적 점유는 그것이 추정상의[오인에 의한] 점유라는 사실이 인식되자마자 자연 상태에서 금지되는데, 이는 마치 유사한 취득방식이 나중의 (이행이 일어난 이후의) 시민상태에서 금지되는 것과 같다. 만약 그러한 추정적 취득이 시민상태에서 발생했다면, 점유를 지속하는 어떠한 권한도 성립하지 않을 것이다. 왜냐하면 그러한 점유는 침해로서 그 비합법성이 드러나자마자 즉시 중지되지 않으면 안 되기 때문이다.

나는 여기서 부수적으로 허용법칙의 개념에 대해 자연법학자들의 관심을 환기하고자 했을 뿐인데, 이 개념은 체계적으로 구분하는 이성에 저절로 드러난다. 이 허용법칙은 특히 (제정적인) 민법에서 자주 사용되는데, 거기서는 금지법칙이 그 자체만으로 독립되어 존재하는 데 반해, 허용은 금지법칙 내에서 그것을 제한하는 조건으로서 (당연히 그러해야 하는데) 함께 들어 있지 않고 예외로 취급되는 정도 차이밖에는 없기 때문이다. — 다시

제2절

이 절은 국가들 사이의 영원한 평화를 위한 확정조항을 담고 있다.

서로 곁에서 사는 사람들 사이의 평화상태는 자연 상태[34]가 아니다. 자연 상태는 오히려 전쟁 상태, 즉 적대행위들이 항상 발생하는 상태는 아니라 하더라도, 적대행위들로 끊임없는 위협 아래에 있는 상태다. 그러므로 평화상태란 창출되어야 하는 바의 것이다. 왜냐하면 후자[위협]의 중단이 곧 평화상태의 보장은 아니기 때문이며, 또한 한 이웃이 다른 이웃에게 평화상태를 보장하지 않는다면(그런데 이것은 오직 법적 상태[35]에서만 일어날 수 있다) 후자는 자신이 그런 요구를 제기하는 상대인 전자를 적으로 간주할 수 있기 때문이다.* VIII 349

말하면 이 허용법칙은 다음과 같이 표현된다. 즉 이것 또는 저것이 금지된다. 단 1번, 2번, 3번 항목은 제외된다. 그런데 이런 예외는 끝없이 계속된다. 왜냐하면[29] 허용은 어떤 원리에 따라서가 아니라 우연적인 방식으로 나타나는 경우들 가운데 어쩌다 발견되어 법칙에 추가되는 것에 지나지 않기 때문이다. 만일 그렇지 않다면 그 조건들은 마땅히 금지법칙의 정식에 함께 들어가야만 하고, 그렇게 되면 금지법칙이 동시에 허용법칙이 되었을 테니 말이다. — 따라서 유감스러운 것은, 매우 현명하고 예리한 통찰력을 지닌 빈디슈그레츠 백작[30]이 제시한 의미심장하지만 해결되지 않은 채 남아 있는 현상과제가, 바로 후자[허용법칙의 문제]를 파고들었던 것인데, 그렇게 빨리 버려지고 말았다는 점이다. 왜냐하면 그러한 (수학의 정식과 같은) 정식의 가능성이 일관성을 유지해야 하는 입법의 유일하고도 진정한 시금석이며, 이러한 것이 없다면 이른바 확정법[31]은 언제나 선의의 소망에 머물고 말 것이기 때문이다. — 그렇지 않다면, 사람들은 단순히 일반적인[32] 법칙들(일반적으로 타당한 법칙들)만 가질 것이며, 법칙이라는 개념이 요구하는 것으로 보이는 보편[33] 법칙들(보편적으로 타당한 법칙들)은 갖지 못할 것이다. A 17 B 17

* 사람들은 보통 누가 나에게 이미 실제로 손해를 입혔을 때를 제외하고는 어느 누구에게도 적대적으로 대해서는 안 된다고 상정하는데, 이것은 쌍방이 시민적-법적[36] 상태에 있을 경우에는 전적으로 옳다. 왜냐하면 이 사람

영원한 평화를 위한 제1 확정조항

각 국가의 시민적 체제는 공화적 체제여야 한다.

첫째로 한 사회의 구성원이 (인간으로서) 갖는 **자유**의 원리들에 따라, 둘째로 모든 구성원이 (신민으로서) 갖는 유일한 공동의 입법에
VIII 350 대한 **의존성**의 원칙들에 따라, 그리고 셋째로 모든 구성원이 (국가시민으로서) 갖는 **평등**의 법칙에 따라 수립된 체제는—이것은 근원적 계약의 이념에서 비롯된 유일한 체제로서, 한 국민의 모든 법적인 입법은 여기에 토대를 두지 않으면 안 된다—**공화적** 체제다.* 그러므

이 그러한 상태에 들어가 있음으로써 그는 저 사람에게 (쌍방에 대해 지배
A 19 력을 갖는 당국을 매개로) 필요한 보장을 제공하기 때문이다.—그러나 순
B 19 전히 자연 상태에 있는 인간(또는 민족)은 바로 이러한 상태로 말미암아 그가 내 곁에 있음으로써 (실제로는) 행하지 않는다 할지라도 그의 상태의 무법칙성(무법상태[37])으로 말미암아 그는 나에게서 이러한 보증을 빼앗고, 나에게 이미 손해를 입히고 있으며, 나는 그것[그의 상태의 무법칙성]으로 말미암아 끊임없이 위협을 받는다. 그래서 나는 그에게 나와 함께 공동체적-법적 상태에 들어가든가 아니면 나의 이웃 관계에서 물러나라고 강요할 수 있다.—그러므로 아래의 모든 조항에 토대를 이루는 요청은 다음과 같은 것이다. 즉 서로에게 영향을 미칠 수 있는 모든 인간은 그 어떤 시민적 체제에 속해 있지 않으면 안 된다.

그런데 모든 법적 체제는 그 체제 안에 있는 인격들과 관련해볼 때,

1) 한 국가 안에 있는 인간들의 **시민법**에 따르는 체제[38]

2) 상호 관계를 맺고 있는 국가들의 **국제법**에 따르는 체제[39]

3) 인간들과 국가들이 대외적으로 상호 영향을 미치는 관계 속에 있으면서, 하나의 보편적 인류국가의 시민으로 간주되는 한에서 **세계시민법**에 따르는 체제[40]다. 이러한 구분은 자의적인 것이 아니라 필연적인 것으로 영구 평화의 이념에 관계한다. 왜냐하면 만약 이들 중 하나만이라도 타자에 대해 물리적인 영향을 주는 관계에 있으면서도 자연 상태에 있다면, 그것에 전쟁상태가 결부되어 있을 테고, 그러한 전쟁 상태에서 해방되는 것이 바로 여기서 의도하는 것이기 때문이다.

* **법적** (따라서 외적) **자유**는 사람들이 흔히 정의하는 것처럼 "사람들이 어느

누구에게도 불법을 행하지 않는다면, 그들이 원하는 모든 것을 행할 수 있다"라고 하는 권한에 의해 정의될 수 없다. 그러면 무엇을 권한이라고 하는가? 그것은 사람들이 어느 누구에게도 불법을 행하지 않는 한에서 행위의 가능성이다. 따라서 다음과 같이 설명할 수 있을 것이다. "자유는 사람들이 A 21; B 21
어느 누구에게도 불법을 행하지 않는 행위의 가능성이다. 사람들이 어느 누구에게도 불법을 행하지 않는다면, 그들은 (비록 자신이 원하는 것을 행한다 할지라도) 어느 누구에게도 불법을 행하지 않는다." 따라서 이것은 공허한 동어반복이다. — 오히려 나의 외적 (법적) 자유는 이렇게 설명되어야 한다. 즉 자유는 내가 동의할 수 있는 법칙들 외에는 어떠한 외적 법칙에도 복종하지 않는 권한이다. — 마찬가지로 한 국가 안에서 외적 (법적) 평등이란 어느 누구도 그 자신이 동시에 법칙에 복종하지 않고는 타자를 법적으로 구속할 수 없으며, 그 법칙에 의해 상호 동일한 방식으로 구속될 수 있는 그러한 국가시민들의 상호 관계다. (법적 의존의 원리는 이미 국가체제 일반의 개념 속에 놓여 있기 때문에 어떠한 설명도 필요하지 않다.) — 이러한 생득적이고 인간성에 필연적으로 속하며 양도할 수 없는 권리의 타당성은 인간 자신이 더 높은 존재들과 (그가 그러한 존재들을 생각한다면) 맺는 법적 관계들의 원리에 의해 확인되고 고양된다. 그것은 인간이 자신을 바로 그러한 원칙들에 따라 어떤 초감성적인 세계의 시민으로서 표상하기 때문이다. — 왜냐하면 나의 자유에 관해 말하면, 내가 순전히 이성으로 인식할 수 있는 신적 법칙들에 관해서까지도 내가 스스로 동의할 수 있었던 경우 외에는 어떠한 책무도 갖지 않기 때문이다. (왜냐하면 나는 나 자신의 이성 B 22
의 자유법칙에 의해 비로소 신적 의지의 개념을 만들기 때문이다.) 신 외에 내 A 22
가 생각할 수 있는 가장 숭고한 세계존재자(위대한 영겁[41])와 관련하여 평등의 원리를 말하자면, 저 영겁이 자기 지위에서 의무를 행하는 것처럼 내가 내 지위에서 의무를 행한다면, 나에게는 다만 복종할 의무만 있고, 저 영겁에는 명령할 권리가 주어질 것이라는 근거는 전혀 없다. — 이 평등의 원리가 (자유의 원리와 달리) 신과의 관계에 적용되지 않는 이유는 이 존재자가 그 자신에게서 의무개념이 중지되는 유일한 존재자이기 때문이다.

그러나 신민으로서 모든 국가시민의 평등권에 관해 말하자면, 세습귀족 허용문제에 대한 답변에서 관건이 되는 것은 "국가가 승인한 (한 신민이 다른 신민보다 우월한) 지위가 공적에 선행해야만 하는가 아니면 공적이 지위에 선행해야만 하는가"다. — 그런데 분명한 것은 지위가 출생과 결합할 경우, 공적 (직무의 숙련성과 성실성) 또한 뒤따를지는 전적으로 불확실하다는 것이다. 따라서 지위가 출생과 결합할 경우는 마치 지위가 어떠한 공적 A 23; B 23
없이도 특혜를 받은 자에게 (명령자가 되도록) 승인되는 것과 마찬가지일 것이다. 보편적인 국민의지는 그러한 것을 (모든 법[권리]들의 원리인) 근원

A 21; B 21; A 22; B 22 로 이 체제는, 법과 관련해 말하면, 그 자체가 모든 종류의 시민적 헌법에 근원적 토대가 되는 체제다. 이제 문제는 단지 이 체제가 과연 영원한 평화로 이끌 수 있는 유일한 체제인가 하는 것이다.

A 23; B 23; VIII 351 그런데 공화적 체제는 법개념의 순수한 원천에서 생겨난 그 근원의 순수성 외에도 원하는 결과에 대한, 즉 영원한 평화에 대한 전망을 갖는다. 그 이유는 다음과 같다.—만일 '전쟁을 해야 할지 말아야 할지'를 결정하는 데 국가시민의 동의가 요구될 경우에 (이러한 체제에서는 다른 결정방법이 있을 수 없다), 국가시민들은 자기 자신에게 닥칠 전쟁의 모든 고난을 결심해야만 할 것이기 때문에 (전쟁이
A 24; B 24 날 경우, 자신들이 전투를 해야 하고, 전쟁비용을 그들 자신의 재산에서 지출해야 하고, 전쟁이 남기는 황폐화를 애써 개선해야 하고, 넘쳐나는 악행에 결국은 평화마저도 씁쓸하게 하는, (항상 다가오는 새로운 전쟁 때문에) 결코 상환될 수 없는 채무부담까지도 떠안아야 한다), 그들이 그렇게 나쁜 놀이를 시작하는 것에 매우 신중하리라는 것은 너무나도 당연하다. 그에 반하여 신민이 국가시민이 아닌 체제, 따라서 공화적이지 않은 체제에서는 그러한 것[전쟁을 결정하는 일]은 세상에서 가장 망설일 것이 없는 사안이다. 왜냐하면 국가원수는 국가구성원이 아니라 국가소유주이고, 전쟁으로 말미암아 자기 식탁, 사냥터, 별장, 궁정연회 같은 것들에서 최소한의 것도 잃지 않으며, 그리하여 대수롭지 않은 이유로 일종의 유희처럼 이러한 전쟁을 결정할 수 있

적 계약에서 결코 체결하지 않을 것이다. 왜냐하면 귀족은 그가 귀족이라는 이유로 곧바로 고귀한 사람은 아니기 때문이다.—(사람들이 고위관료의 지위를 그렇게 부르듯이, 그 지위를 공적에 의해 취득해야만 하는) 공직귀족에 관해 말하자면, 이 지위는 소유물로서 인격에 붙는 것이 아니라 직책에 붙는 것이고, 그로 말미암아 평등이 손상되는 일은 없다. 왜냐하면 저 인격이 그의 직무를 내려놓게 되면, 그는 동시에 그 지위를 벗고 국민으로 되돌아가는 것이기 때문이다.—

고, 의례상 항상 준비되어 있는 외교부처에 전쟁을 정당화하도록 대수롭지 않게 떠넘길 수 있기 때문이다.

*　　*　　*

공화적 체제를 (보통 일어나듯이) 민주적 체제와 혼동하지 않으려면 다음과 같은 점에 유의해야 한다. 국가의 형태들은 최고 국가권력을 소유한 인격들의 차이에 따라 구분되거나, 혹은 국가원수가 누구이든 간에 그의 국민 **통치방식**에 따라 구분될 수 있다. 첫 번째 경우는 본래 **지배**의 형태[42)]라 불리는 것으로 그것에는 세 가지 형태만 가능하다. 즉 지배권을 소유한 자가 오직 **한 사람**인가 혹은 상호 결합되어 있는 **몇 사람**인가 혹은 시민사회를 구성하는 **모든 사람**인가 하는 것이다(**독재정체**, **귀족정체**, **민주정체** 혹은 군주권력, 귀족권력, 국민권력). 두 번째 경우는 통치 형태[43)]이고, 헌법(대중을 하나의 국민으로 되게 하는 보편의지의 행위)에 기초하여 국가가 자신의 전권(全權)을 사용하는 방식에 관한 것이다. 그리고 이러한 관계에서 그것은 **공화적**이거나 **전제적**이다. **공화주의**는 집행권(정부)을 입법권에서 분리하는 것을 국가원리로 삼는 데 반해 전제주의는 국가가 스스로 만든 법칙들을 독단적으로 집행하는 것을 국가원리로 한다. 즉 공적 의지는 통치자가 그의 사적 의지로서 취급하는 한에서 공적 의지인 것이다.—세 가지 국가형태 중에서 **민주정체**의 형태는 이 말의 본래적 의미에서 필연적으로 **전제주의**다. 왜냐하면 민주정체는 하나의 집행권을 수립하는데, 이때 모두는 (예컨대 동의하지 않는) 한 사람에 대하여 그리고 경우에 따라서는 한 사람에 반하여, 그러니까 아무튼 모두가 아닌 모두가 결정을 내리기 때문이다. 이것은 보편의지가 자기 자신과 모순되고 자유와 모순된다.

A 25; B 25; Ⅷ 352

A 26; B 26

요컨대 대의적이지 않은 모든 통치형태는 본래 기형[44]이다. 왜냐하면 입법자가 동일한 인격에서 동시에 자기 의지의 집행자일 수 있기 때문이다. (이성추리에서 대전제의 보편자가 동시에 소전제에서 저 보편자 아래에 특수자를 포섭하는 것처럼 이것도 있을 수 없는 일이다.) 그리고 다른 두 국가체제[독재정체와 귀족정체]는 그러한 [대의적이지 않은] 통치방식에 여지를 주는 한에서 언제나 결함이 있다고 할지라도, 가령 프리드리히 2세가 적어도 자기는 한낱 국가의 최고 공복일 따름이라고 말했던 것처럼,* 그 체제들이 대의제도의 정신
A 27; B 27 에 맞는 통치방식을 받아들이는 일은 적어도 가능하다. 그에 반해 민
VIII 353 주적 국가체제는 그런 일을 불가능하게 만든다. 거기에서는 모두가 주인이고자 하니 말이다. — 그래서 사람들이 말할 수 있는 것은, 국가권력을 쥔 인원이 (지배자의 수가) 적으면 적을수록, 반대로 국가권력이 갖는 대의성이 크면 클수록, 국가체제는 공화주의의 가능성에 그만큼 더 일치하고, 그 국가체제는 점진적인 개혁으로 결국 공화
A 28; B 28 주의로 고양되는 것을 희망할 수 있다는 것이다. 이러한 이유에서 이유일하고 완전한 법적인 체제에 도달하는 것은 왕정체에서보다 귀족정체에서 훨씬 더 어렵고, 민주정체에서는 폭력적인 혁명을 거치지 않고는 불가능하다. 그러나 국민에게는 국가형태보다는 통치방

---

* 사람들은 지배자에게 자주 덧붙여지는 높은 호칭들(신의 기름부음을 받은 자, 지상에서 신의 의지의 대행자, 신의 의지의 대리자)을 조야하고 어지러울 정도의 아첨이라고 흔히 비난해왔다. 그러나 [이런 비난은] 나에게는 근거가 없다는 생각이 든다. — 그 호칭들이 군주를 교만하게 만들 거라는 것은 매우 잘못된 생각이다. 만약 군주가 지성을 가지고 있으며(이것은 기필코 전제되어야만 한다), 그가 인간에게서 너무나도 위대한 일, 말하자면 신이 지상에서 가지고 있는 가장 성스러운 일, 즉 인간의 법[권리]을 관리하는 직무를 수탁했고 이러한 신의 총애물[45][인간의 법/권리]에 어긋나지 않을까 항상 염려하지 않을 수 없다는 것을 고려한다면, 그 호칭들은 오히려 군주를 그의 영혼에서 겸손하게 하지 않을 수 없다.

식*이 무엇과도 비교할 수 없을 만큼 더 중요하다. (물론 저 [공화주의라는] 목적에 통치방식이 얼마나 적합한지는 이[국가형태]에 달려 있기는 하지만 말이다.) 그러나 만일 통치방식이 법개념에 부합해야 한다면, 그 통치방식은 대의제도를 갖추어야 하는데, 이 제도 안에서만 공화적 통치방식이 가능하고, 이 제도가 없는 통치방식은 (그 체제가 어떤 것이든 간에) 전제적이고 폭력적이다. — 고대의 이른바 공화국들 중 어느 하나도 이러한 제도를 알지 못했고, 또 그 공화국들은 그 때문에 실제로 단 한 사람의 최고권력 아래에서는 그래도 모든 것 중 가장 견딜 만한 것인 전제주의로 변할 수밖에 없었다. A 29; B 29

* 말레 뒤 팡[46]은 천재적 재기가 엿보이지만 공허하고 내용 없는 말로 수년간의 경험에서 마침내 **포프**의 유명한 다음 격언이 진리라는 확신에 이르렀다고 칭찬한다. "최선의 통치에 관해서는 바보들에게 논쟁하도록 내버려 두자. 가장 잘 수행된 통치가 최선의 통치다."[47] 만약 이 말이 가장 잘 수행된 통치가 가장 잘 수행된 것이라는 의미라면, 그는 **스위프트**의 표현대로 그에게 애벌레를 상으로 준 호두를 깨문 것이다.[48] 그러나 만약 이 말이 가장 잘 수행된 통치가 최선의 통치방식, 즉 최선의 국가체제라는 의미라면 이것은 근본적으로 틀린 것이다. 왜냐하면 훌륭한 통치의 실례가 있다고 해서 그것이 통치방식의 훌륭함을 증명해주는 것은 아니기 때문이다. — 누가 **티누스**[39]나 **마르쿠스 아우렐리우스**[50]보다 더 잘 통치했겠는가? 그래도 전자는 **도미티안**[51]을, 후자는 **콤모투스**[52]를 후계자로 남겼다. 이러한 일은 훌륭한 국가체제에서는 일어날 수 없었을 것이다. 그들이 그 지위에[53] 부적합함은 일찍이 충분히 알려져 있었고, 지배자의 권력도 그들을 배제하기에 충분했으니 말이다.

영원한 평화를 위한 제2 확정조항

국제법은 자유국가들의 연방주의에 기초해야만 한다.

국가들로서 민족들은 개별적인 인간들처럼 판단될 수 있다. 이들은 자연 상태에서는 (즉 외적 법칙들에 독립해서는) 이미 서로 인접한 것만으로도 서로를 손상시키는 것이며, 그들 각자가 자신의 안전을 위하여 타자에게 그 자신과 함께 시민적 체제와 비슷한, 각자가 자신의 권리를 보장할 수 있는 체제에 들어갈 것을 요구할 수 있고 또 요구해야만 한다. 이것이 **국제연맹**[54]일 것이다. 하지만 그렇다고 해서 이 국제연맹이 꼭 국제국가[55]일 필요는 없다. 그런데 여기[국제국가]에는 하나의 모순이 있을 것이다. 왜냐하면 각 국가는 **상위자**(입법자)와 **하위자**(복종자, 즉 국민)의 관계를 포함하지만, 다수 민족은 한 국가 안에서 단지 하나의 국민을 형성하게 되어서, 이것은 (민족
A 31 들이 제각기 서로 다른 국가를 형성하는 만큼 하나의 국가 안에서 융합되어야 하는 것이 아닌 이상, 우리는 여기서 **민족들** 상호 간의 법[권리]
B 31 을 고려해야만 하므로) 전제와 모순되는 일이기 때문이다.

이제 우리는 미개인들이 하나의 법칙적 강제에, 즉 그들 스스로 구성할 수 있는 강제에 복종하기보다는, 그러니까 이성의 강제라는 멋진 자유를 선호하기보다는 끊임없이 싸우기를 더 좋아하는 무법칙적인 자유에 의존하는 것을 깊이 경멸하며 바라보고, 그런 것을 인간성의 조야함, 세련되지 못함, 짐승 같은 타락으로 간주한다. 이와 마찬가지로 사람들은 (각기 독자적으로 하나의 국가로 통일된) 개화된 민족들이 그렇게 방종한 상태에서 가능한 한 빨리 서둘러 벗어나는 것이 더 좋다고 생각하기 마련이다. 그러나 그 대신에 오히려 각 국가는 자신의 위엄(국민의 위엄이라는 표현은 불합리하므로)을 바로 어떠

한 외적인 법칙적 강제에도 굴복하지 않는다는 점에 두며, 국가원수의 영광은 그 자신이 위험에 빠지지 않으면서도 수천 명을 그의 뜻에 따르게 하고, 그들과는 아무런 상관도 없는 일에 그들을 희생시킨다 A 32; B 32 는 점에 있다.* 그리고 유럽의 미개인들과 아메리카의 미개인들의 차이는 주로, 후자[아메리카의 미개인들]의 많은 부족은 전적으로 자신들의 적들에게 잡아먹혀 버렸지만, 전자[유럽의 미개인들]는 자신들에게 정복된 자들을 잡아먹기보다는 그들을 더 잘 이용할 줄 알아서 오히려 자기 신민들의 수를 늘리고, 그리하여 더욱 확대된 전쟁을 VIII 355 벌이기 위한 도구의 수도 그들로 늘릴 줄 안다는 점에 있다.

민족들의 자유로운 관계에서 숨김없이 드러나게 되는 인간 본성의 사악성에서 볼 때 (이러한 사악성은 시민적·법적 상태에서는 통치의 강제로 잘 감춰지지만) 법[권리]이라는 말이 군사정책에서 현학적인 것으로서 아직 완전히 퇴출될 수 없었고, 아직 어떤 국가도 이러한 견해를 공공연하게 밝힐 만큼 대담하지 못했다는 사실은 놀랄 만 A 33; B 33 한 일이다. 왜냐하면 아직도 후고 그로티우스,[57] 푸펜도르프,[58] 바텔[59] 등(순전히 괴롭힘만 주는 위로자들)이 끊임없이 충실하게 전쟁 공격을 정당화하기 위해 인용되기 때문이다. 철학적으로 혹은 외교적으로 작성된 그들의 법전이 최소한의 법칙적 효력을 갖지 못하거나 또 가질 수 없는데도 말이다. (왜냐하면 국가들은 그 자체로 하나의 공동의 외적 강제 아래에 있지 않기 때문이다.) 물론 지금까지 어떤 국가도 그렇게 중요한 인물들의 증언으로 무장된 논거들로 자기 계획을 포기한 사례는 없다.—각 국가가 법개념에 (적어도 말로는) 표하는 이러한 경의는 비록 지금은 잠들어 있지만, (인간이 부인할 수 없는) 자

* 어떤 불가리아의 군주는 그와의 싸움을 선량한 마음에서 결투로 끝내자고 제안한 그리스 황제에게 "집게를 가진 대장장이는 이글거리는 쇳덩어리를 숯불에서 자기 손으로 꺼내지 않는다"라고 대답했다.[56)]

신 안에 있는 악한 원리에 대해 언젠가는 지배자가 되고 또한 타자에
대해서도 이러한 일을 기대하는, 보다 더 큰 하나의 도덕적 소질이
인간 안에서 발견될 수 있다는 것을 증명한다. 그렇지 않다면 법이라
는 말은 서로 반목하려는 국가들의 입에 결코 오르지 못할 것이며,
저 갈리아의 군주[60]가 "약자가 강자에게 복종해야 한다는 것은 자연
A 34; B 34 이 약자 위에 [군림할] 그 강자에게 준 특권이다"라고 공언했던 것처
럼 한낱 그 말을 조롱하기 위해서나 입에 오를 테니 말이다.

국가들이 자신들의 권리를 추구하는 방식은 결코 어떤 외적 법정
에서와 같은 소송절차가 아니라 오직 전쟁일는지 모른다. 그러나 이
러한 전쟁과 그 전쟁의 유리한 결과, 즉 **승리**에 의해서 그 권리가 결
정되는 것은 아니다. 또 **평화조약**에 의해 이번 전쟁이 종식될지 모르
지만, (언제나 새로운 구실을 찾는) 전쟁상태가 종식되는 것은 아니
다. (이 전쟁상태를 사람들은 곧바로 부당하다고 언명할 수도 없다. 왜
냐하면 전쟁상태에서는 각국이 자기 자신의 문제에서 재판관이기 때문
이다.) 그럼에도 자연법에 따라 무법칙적 상태에 있는 인간들에게 적
용되는 "이 상태에서 벗어나야만 한다"라는 명령이 국가들에 대해
서도 국제법에 따라 그대로 적용될 수는 없다(왜냐하면 그들은 국가
들로서 내부적으로 이미 법적인 체제를 가지고 있어서 자신의 법개념에
VIII 356 따라 하나의 확장된 법칙적 체계 아래에 그들을 종속하려는 타자의 강
A 35; B 35 제에서 벗어나 있기 때문이다). 어쨌든 이성이 최고의 도덕적 입법권
의 왕좌에서 [각 국가의 권리 결정을 위한] 소송 절차인 전쟁을 절대
적으로 벌하고, 그와 반대로 평화상태를 직접적 의무로 만든다 해도,
그러한 평화상태는 민족들 상호 간의 계약 없이는 수립되거나 보장
될 수 없다. — 그래서 **평화연맹**[61]이라고 부를 수 있는 특수한 종류의
연맹이 있어야만 한다. 이 연맹은 **평화조약**[62]과는 구별될 텐데, 후자
가[평화조약이] 한낱 하나의 전쟁을 종식하고자 한다면, 전자는[평

화연맹은] 모든 전쟁을 영원히 종식하고자 한다는 점에서 그렇다. 이러한 연맹은 국가의 그 어떠한 권력의 획득에도 관심이 없으며, 오히려 오직 한 국가 자신과 동시에 다른 연맹국들의 자유를 유지하고 보장하는 데에만 관심을 가진다. 물론 이러한 연맹국들은(자연 상태에 있는 인간들처럼) 공적 법칙들과 그 강제에 굴복할 필요는 없다.— 점차 모든 국가로 확장되어야만 하고 그리하여 영원한 평화에 이르게 되는 이러한 연방[63] 이념의 실현 가능성(객관적 실재성)은 입증될 것이다. 만약 다행히도 어떤 강력하고 계몽된 민족이 (그 본성상 영원한 평화의 경향을 지닐 수밖에 없는) 하나의 공화국을 형성할 수 있다면, 이 공화국이 다른 국가들에 대해 연방적 통일의 구심점을 제공하여 다른 국가들을 그 통일에 동참하게 하고, 그래서 국제법의 이념에 따라 국가들의 자유상태를 보장하며, 이러한 방식의 더 많은 결합을 통해 점점 더 넓어질 테니 말이다. A 36; B 36

어떤 민족이 "우리 사이에는 어떠한 전쟁도 있어서는 안 된다. 왜냐하면 우리는 하나의 국가를 형성하려 하기 때문이다. 즉 우리 자신에게 우리의 분쟁거리들을 평화적으로 조정하는 최고의 입법적·통치적·사법적 권력을 부여하려 하기 때문이다"라고 말하는 것은 이해할 만하다.— 그러나 만일 이 국가가 "비록 내가, 나의 권리[법]를 보장해주고 또 다른 국가의 권리[법]도 보장해주는 어떠한 최고의 입법 권력도 알지 못한다 해도 나와 다른 국가 사이에는 어떠한 전쟁도 있어서는 안 된다"라고 말한다면, 그 경우에 만약 시민적 사회결속의 대용물, 요컨대 자유연방주의가 없다면 자국의 권리[법]를 신뢰하는 근거를 어디에 두어야 하는지 전혀 이해할 수 없다. 만약 국제법이라는 개념에 무엇인가 생각할 것이 남아 있어야 한다면, 이성은 국제법 개념에 자유연방주의를 필연적으로 결합하지 않으면 안 된다. A 37; B 37

국제법 개념에는 본래 전쟁을 위한 권리로 생각될 수 있는 것은 아무것도 없다. (왜냐하면 그러한 국제법은 보편적으로 타당한 외적인, VIII 357 개별 국가의 자유를 제한하는 법칙들에 따라서가 아니라, 폭력에 의한 일방적 준칙에 따라서 권리가 무엇인지를 규정하는 법이어야 하기 때문이다.) 그렇다면 그러한 국제법 개념은 아래와 같이 이해될 수밖에 없다. 즉 그렇게 [국제법을 전쟁을 위한 권리로] 생각하는 사람들에게는 그들이 서로 섬멸하여 폭력행위의 모든 만행을 그것을 저지른 자들과 함께 뒤덮는 광대한 무덤 속에서 영원한 평화를 발견한다면, 그것은 아주 당연한 일이다. — 서로 관계를 맺고 있는 국가들이 이성에 따라 순전히 전쟁만 내포하는 무법칙적 상태에서 벗어나는 방식은, 오직 자신들이 마치 개별 인간들처럼 자기의 미개한(무법칙적) 자유를 포기하고 공적인 강제법칙에 순응하여 종국에는 지상의 모 A 38; B 38 든 민족을 포괄할 하나의 (물론 계속해서 성장하는) **국제국가**[64]를 형성하는 것뿐이다. 그러나 국가들은 국제법에 대한 자신들의 이념에 따라서는 결코 이러한 것을 원하지 않기 때문에, 따라서 **명제상으로** 옳은 것을 **가설상으로는**[65] 거부하기 때문에 하나의 **세계공화국**[66]이라는 적극적 이념 대신에 (만약 모든 것을 상실하지 않으려면) 오직 전쟁을 방지하면서 지속적으로 계속 확장되어가는 **연맹**이라는 **소극적** 대용물만이 법을 기피하는 적대적 경향성의 흐름을, 비록 끊임없이 그런 경향성을 분출할 위험을 안고 있기는 하지만, 저지할 수 있다. (내부의 극악무도한 [전쟁의] 광분이 — 피에 굶주린 입으로 무시무시하게 그르렁거린다. — **베르길리우스**)*[67]

* 전쟁이 끝나고 평화조약을 체결할 때, 감사제에 뒤이어 속죄의 날을 공고해 인류가 아직도 여전히 범하게 내버려두는 큰 죄, 즉 다른 민족들과의 관계에서 어떠한 법칙적 체계도 따르려 하지 않고, 자기 독립성을 거들먹거리며 오히려 전쟁이라는 야만적 수단(그러나 이것으로 추구되는 것, 말하자

영원한 평화를 위한 제3 확정조항 A 40; B 40

"세계시민법은 보편적 우호 조건들에 제한되어야 한다."

앞 조항에서와 마찬가지로 여기서 관건이 되는 것은 인간애가 아니라 법[권리]이다. 여기서 우호(손님대우)[68]는 한 이방인이 어떤 타국의 땅에 도착했다는 이유로 이 타국에 의해 적대적으로 취급되지는 VIII 358 않을 이방인의 권리를 의미한다. 이 국가는 그로써 이방인이 목숨을 잃는 일이 일어나지 않는다면 그를 추방할 수도 있다. 그러나 그 이방인이 그의 자리에서 평화적으로 행동하는 한, 그에게 적대적으로 대할 수는 없다. 이 이방인이 요구할 수 있는 것은 체류권(이를 위해서는 그를 일정 기간 가족의 일원으로 삼는다는 특별한 호의적 계약이 요구될 것이다)이 아니라 방문권이다. 이 권리는 지구 표면의 공동 점유의 권리에서 기인한 것으로, 서로 교제를 청할 수 있는 모든 인간에 A 41; B 41 게 주어진 권리다. 인간들은 구면인 지상에서 무한히 흩어져 살 수는 없고 결국 서로 옆에서 인내할 수밖에 없다. 그러나 근원적으로는 아무도 지구의 어떤 곳에 있을 권리를 타인보다 더 갖지는 않는다.—이 지구 표면의 거주할 수 없는 부분들, 즉 바다와 사막들이 이러한 공동체를 갈라놓지만 그럼에도 배나 낙타(사막의 배)가 이 주인 없는

면 각국의 권리가 형성되지 않는다)을 사용하는 죄에 대해 국가 이름으로 하늘에 용서를 비는 것이 한 민족에게 부적절한 일은 아닐 것이다.—전쟁이 진행되는 도중 쟁취한 승리에 대해 행하는 감사제, (아주 이스라엘식으로) A 39; B 39 만군의 주에게 찬송되는 찬가는 인간 아버지의 도덕적 이념과는 상당히 강한 대조를 이루고 있다. 왜냐하면 이러한 감사제나 찬가는 민족들이 그들 쌍방의 권리를 추구하는 (충분히 슬픈) 방식에 대한 무관심 외에도 정말 많은 인간이나 그들의 행복을 파괴한 것을 기쁨인 양 드러내는 행위이기 때문이다.

지역들을 넘어 서로 가까워지게 하고, 인류에게 공동으로 귀속하는
지표면의 권리를 가능한 교류를 위해 이용하는 것을 가능하게 한다.
그러므로 근해에서 선박들을 강탈하거나 조난당한 선원들을 노예
로 삼는 해안지역(예컨대 바르바레스크인들)의 박대나 유목부족들에
게 접근하는 것을 하나의 권리로 여겨 그들을 약탈하는 사막지역(아
라비아의 베두인족들)의 박대는 자연법에 위배된다. 그러나 저 우호
의 권리, 즉 이방인의 권한[이방인에게 허용되는 권한]은 원주민과
교제를 시도할 가능성의 조건들을 넘어 그 이상으로 확장되지는 못
A 42; B 42 한다. — 이런 방식으로 떨어져 있는 세계 지역들이 서로 평화적으로
관계를 맺을 수 있고, 그 관계는 마침내 공적인 법칙이 되어 결국 인
류는 세계시민적 체제에 점점 더 가까이 갈 수 있다.

사람들이 이런 것을 우리 대륙의 교화된, 특히 상업에 종사하는 국
가들의 홀대적인[69] 행동과 비교한다면, 이들이 낯선 나라와 민족을
방문할 때 (이것은 그 나라와 민족에게는 자기 나라와 민족의 정복과 같
은 것으로 간주된다) 보여주는 부당성은 가히 놀라울 지경에 이른다.
아메리카, 흑인의 땅들, 향신료 군도, 희망봉 등이 발견되었을 때 그
것들은 그들에게는 아무에게도 속하지 않은 땅들이었다. 왜냐하면
그들은 원주민들을 아무것도 아닌 것으로 간주했기 때문이다. 동인
도(힌두스탄)에서 그들은 단지 영업지점들을 개설한다는 구실로 외
Ⅷ 359 인군대들을 끌어들여 원주민들을 억압하고, 그 동인도의 여러 국가
를 선동하여 전쟁을 극도로 확산하고 기아, 폭동, 배신 그리고 인류
를 탄압하는 온갖 악행의 비탄이 계속해서 일어나게 했다.

A 43; B 43; A 44; B 44 그러한 손님들을 경험해봤던 중국*과 일본은 그래서 현명하게도,

---

* 이 거대한 제국을 그 자신이 부르는 이름으로 (즉 '시나' 또는 이와 유사한 음으로가 아니라 '히나'로) 쓰려면 사람들은 단지 기오르기[70]의 『티베트의 문자』, 651~654쪽, 특히 주 b 아래를 참조하면 된다. — 페터스부르크의 피

셔 교수에 따르면, 원래 이 제국은 자신을 부르는 정해진 이름이 없다. 가
장 통상적인 이름은 '킨', 즉 금(金, 이것을 티베트인들은 '세르'라고 표현한
다)이라는 말의 이름이다. 그래서 그 황제는 금(즉 세상에서 가장 화려한 나
라)의 왕이라 불리며, 그 말은 그 제국 안에서는 아마도 '힌'처럼 소리 나지
만, 이탈리아 선교사들이 (후두음 철자 때문에) '킨'이라고 발음했을 것이
다. — 그렇다면 이로부터 사람들이 알 수 있는 것은 로마인들이 '세러'라
고 부르던 나라는 중국이었고, 비단은 대티베트를 거쳐 (추측건대 소티베트
와 부하라를 지나 페르시아를 거쳐) 유럽으로 운반되었다는 것이다. 이것은
티베트와 연결되고 이를 통해 일본과 연결된 인도의 고대와 비교할 때, 이
놀라운 국가의 고대에 관한 많은 고찰을 이끈다. 그럼에도 이웃들이 이 나
라에 부여한다는 '시나'나 '치나'라는 이름은 아무것도 안내해주는 것이
없다. — 비록 한 번도 제대로 알려진 바는 없지만, 티베트와 유럽의 태곳 A 44; B 44
적 교류는 아마도 해시키오스가 이에 관하여 우리에게 보전해두었던 것, 즉
엘레우시스의 비결에서 사제인 '콘크스 옴팍스'[71]를 부르는 말에서 설명될
수 있다(『청년 아나카르시스의 그리스 여행』,[72] 제5편 447쪽 이하 참조). —
왜냐하면 기오르기의 『티베트의 문자』에 따르면 '콘키오아'[73]라는 말은 신 Ⅷ 360
을 의미하는데, 이것은 '콘크스'와 눈에 띄게 유사하기 때문이다. 그리스인
들이 쉽게 '팍스'라고 발음할 수 있었던 '파-키오'[74](같은 책, 520쪽 참조)
는 법칙의 공표자,[75] 즉 자연 전체에 두루 퍼져 있는 신성('켄레시'[76]라고
도 불린다. 같은 책, 177쪽 참조)을 의미한다. 그러나 라 크로체[77]가 베네딕
투스, 즉 축복받은 자라고 번역한 '옴'[78]을 신성에 적용하면, 복자로 찬양받
은 자 외의 다른 것을 의미할 수는 없을 것이다(같은 책, 507쪽). 그런데 호라
티우스[79] 신부는 그가 신('콘키오아')이라는 말에서 무엇을 이해하는지 자
주 물었던 티베트의 라마교도들로부터 항상 "그것은 모든 성자의 집합이다"
(즉 온갖 물체를 거쳐 수없이 윤회한 후 라마교적 환생으로 마침내 신성으로
돌아온 부르카네,[80] 즉 숭배받을 만한 존재자로 변화된 축복받은 영혼들의 집
합, 같은 책, 223쪽)라는 대답을 들었기 때문에, 저 신비스러운 말 '콘크그
옴팍스'는 아마도 성스럽고(콘크스) 축복받은(옴) 현명한(팍스), 온 세계 도 B 45
처에 널리 퍼져 있는 최고 존재자(인격화된 자연)를 의미할 것이다. 그리고 A 45
이 말이 그리스의 밀교들에서 사용될 때, 비록 (위에서 말한) 호라티우스 신
부는 이 말에서 어떤 무신론을 감지했다 하더라도, 아마도 민중의 다신론과
는 반대로 [엘레우시스 밀교의] 사제들[81]에게는 일신론을 암시했을 것이
다. — 그러나 저 신비스러운 말이 어떻게 티베트를 넘어 그리스까지 왔는
지는 위의 방식으로 설명될 수 있고, 역으로 이렇게 해서 일찍이 유럽의 중
국 교역도 어쩌면 티베트를 거쳐 (아마 인도와의 교역보다도 더 일찍이) 했
을 것이다.

A 45; B 45 전자는 접근은 허용했지만 입국은 허용하지 않았으며 후자는 단 하나의 유럽민족, 즉 네덜란드인에게만 접근을 허용했지만 이들이 마치 포로처럼 원주민들과 교제하는 것을 불가능하게 했다. 여기서 가장 화나게 하는 것은 (또는 도덕적 재판관의 입장에서 볼 때 가장 잘된 것은) 그들이 이러한 폭력에서 한 번도 기쁨을 얻은 적이 없다는 점이고, 이러한 모든 상사(商社)가 거의 붕괴 지점에 서 있다는 점이며, 가장 잔인하고 가장 교묘한 노예제도의 본거지인 사탕군도가 참된 수익은 낳지 못하고 단지 간접적으로만, 그것도 칭찬할 만하지 못한
B 46 의도로, 말하자면 전투함대 수병들을 양성하여 또다시 유럽에서 전
A 46 쟁수행에 봉사한다는 점이다. 그리고 신앙심을 가지고서 법석을 떨고 불법을 물 마시듯이 하면서 자신이 정통 신앙에서 선택받은 자로 간주되길 원하는 것이 이런 열강들[82]이라는 점이다.

Ⅷ 360 이제 지구의 민족들 사이에 일단 전반적으로 만연된 (긴밀하거나 느슨한) 교제와 더불어 지구 한곳의 권리침해가 모든 곳에서 느껴질 정도가 되었기 때문에, 세계시민법이라는 이념은 공상적이고 과장된 법의 표상방식이 아니라 공적인 인권 일반을 위한, 그리하여 영원한 평화를 위한 국가법과 국제법의 불문 법전의 필연적 보완이며, 단지 이러한 조건 아래에서만 사람들은 이 영원한 평화에 끊임없이 접근해가고 있다고 자부할 수 있을 것이다.

제1* 추가조항 A 47; B 47

영원한 평화의 보증에 대하여

이러한 [영원한 평화의] 보증[83]을 제공하는 것은 다름 아닌 위대한 기술자인 자연(사물들의 발명가인 자연[84])이다. 자연의 기계적 운행에는 인간들의 의지에 반해서라도 그들의 불화로 일치를 생장시키려는 합목적성이 명백히 드러난다. 그리고 우리는 그러한 자연을, 그것의 작용법칙들이 우리에게 알려지지 않은 어떤 원인의 강제와 Ⅷ 361
같은 것이라는 이유로 운명이라고 부른다. 반면에 세계의 운행 안에 있는 자연의 합목적성을, 인류의 객관적인 궁극목적에 향해 있고, 이 세계운행을 예정하는 보다 더 높은 원인의 심오한 지혜로 생각한다면, 우리는 자연을 섭리**라고 부른다. 물론 우리는 원래 이 섭리를 자 A 48; B 48; Ⅷ 362

---

* 1796년 증보판(B판)에 새롭게 추가되었다.

** 인간이 (감성적 존재로서) 속해 있는 자연의 기제 안에는, 자연의 존재의 기저에 이미 놓여 있는 형식이 그 모습을 드러낸다. 우리는 그 형식을 자연의 근저에 자연을 앞서 규정하는 어떤 세계창시자의 목적을 놓지 않고는 이해할 수 없다. 이 세계창시자의 앞선 규정을 우리는 (신의) 섭리 일반이라 A 48; B 48
고 부른다. 그리고 그 섭리가 세계의 시초에 놓이는 한에서 정초적 섭리(창시자 섭리. 그가 한 번 명령했고, 그들은 항상 복종한다.–아우구스티누스)[85]라 한다. 그러나 자연의 운행에서 이 운행을 합목적성의 보편적 법칙들에 따라 유지하는 것은 주재(主宰)적 섭리(조종자 섭리)[86]라 하며, 더 나아가 인간이 예견할 수 있는 것이 아니라, 단지 결과로부터만 추측되는 특수한 목적들에 대해서는 지도적 섭리(지도자 섭리)[87]라 부른다. 끝으로 개별적인 사건들마저 신의 목적들로 보는 경우에는 더는 섭리라 하지 않고, 숙명(이례적 지도)[88]이라고 부른다. 그러나 (사건들이 그렇게 불리지는 않는다 할지라도, 운명은 실제로는 기적을 지시하므로) 운명 자체를 인식하고자 하는 것은 인간의 어리석은 오만이다. 왜냐하면 한 개별 사건으로부터 작용원인이라는 한 특수한 원리를 (이러한 사건은 목적이지, 우리에게 전혀 알려지지 않은 어떤 다른 목적으로부터 나온 한낱 자연기계적 부수결과가 아니라고 하는 것

을) 추론하는 것은 불합리하고, 이에 대한 말투가 아무리 경건하고 겸손하
게 들린다 하더라도, 완전히 자만이기 때문이다.—마찬가지로 섭리를 (질
B 49 료적으로 고찰하여), 어떻게 그 섭리가 세계 내의 대상들과 관계하는지에 따
라 보편적 섭리와 특수한 섭리로 구분하는 것도 잘못이며, (섭리가 예컨대
A 49 피조물의 종을 보존하는 데는 사전배려를 하지만, 개별자들을 우연에 내맡긴
다는 것은) 자기 모순적이다. 섭리는 바로 그 의도에서 보편적이라고 불리
는 것이므로 그 어떤 단 하나의 사물도 그에서 제외되는 것으로 생각되어
서는 안 되는 것이니 말이다.—추측건대 사람들은 여기서 섭리의 구분을
(형식적으로 고찰하여) 섭리의 의도를 실연하는 방식에 따라 생각했을 것이
다. 즉 정규적인 섭리(예컨대, 계절 변화에 따른 자연의 연례적 사멸과 소생)
와 특별한[89]섭리(예컨대, 빙해 연안으로 목재 운반, 목재가 성장할 수 없고 그
것 없이는 살 수 없는 그곳 주민들에게 해양조류로 목재 운반)다. 여기서 우리
는 이런 현상들의 물리적·기계적 원인을 잘 설명할 수 있다 할지라도 (예
컨대, 온대지방의 목재가 무성한 강가에서 저 나무들이 강에 떨어져 이것이 가
령 멕시코만의 난류에 의해 더 멀리까지 옮겨진다는 식의 설명으로), 우리는
자연을 다스리는 지혜의 사전배려를 가리키는 목적론적 원인을 간과해서
B 50 는 안 된다.—다만 학파들에서 통용되는 감성계의 어떤 작용에 대한 신
의 기여 내지 협력[90]이라는 개념에 관해 말하면, 이 개념은 폐지되지 않으
면 안 된다. 왜냐하면 이종적인 것을 짝지으려는 것(그리페스를 말과 결합하
A 50 는 것)[91] 그리고 그 자신이 세계변화의 완전한 원인인 자, 자기 자신의 예
정하는 섭리를 세계 운행 중에서 보완하게 하는 것 (그러므로 이 섭리는 결
함이 있었을 수밖에 없다), 예컨대 신 옆에서 의사가 환자를 치료했다고, 말
하자면 조력자로서 그 곁에 있었다고 말하는 것은 첫째 그 자체로 모순적
이기 때문이다. 홀로 존속하는 원인은 아무것도 이용하지 않으니 말이다.[92]
신은 의사와 그의 모든 치료수단의 창시자여서, 만약 사람들이 최고의, 우
리가 이론적으로 파악할 수 없는 원근거에까지 올라가고자 한다면, 그 결
과는 전적으로 신에게 귀속되지 않을 수 없다. 또는 사람들은 그 결과를 전
적으로 의사에게 귀속시킬 수도 있는데, 이는 우리가 이러한 사건을 자연
의 질서에 따라 설명할 수 있는 것으로 세계 원인들의 사슬 안에서 추적하
는 한에서 그러하다. 둘째 그러한 사유방식은 또한 효과를 판정하는 모든
특정한 원리도 잃게 한다. 그러나 도덕적·실천적 의도(그러므로 전적으로
초감성적인 것을 향해 있는 의도)에서는, 예컨대 우리 마음씨가 진정하기만
B 51 했다면, 신이 우리 자신의 정의 결핍을 우리가 파악할 수 없는 수단으로도
보완해줄 것이라는, 그러므로 우리가 선을 위해 노력할 때 어떠한 것도 소
홀히 해서는 안 된다는 믿음에서는 신의 협력이라는 개념은 전적으로 적절
하며 심지어는 필수적이다. 그런데 이때 자명한 사실은, 어느 누구도 (세계

연의 이러한 기예적 설비에서 인식하거나 단지 그것에서 추론할 수도 A 49; B 49
없다. 우리는 다만 (사물의 형식이 목적 일반에 대해 갖는 모든 관계에 A 50; B 50
서처럼) 인간의 기술행위들을 유추하여 그 섭리의 가능성을 이해하 A 51; B 51
려고 그 섭리를 추정할 수 있을 뿐이고, 또 그렇게 할 수밖에 없다. 그러나 이성이 우리에게 직접 규정하는 (도덕적) 목적에 대한 인간 기술행위들의 관계와 합치를 생각하는 것은 하나의 이념이다. 이 이념은 이론적 의도에서는 과도하지만, 실천적 의도에서는 (예컨대 영원한 평화라는 의무개념과 관련하여 자연의 저 기제를 이용하려면) 교의에 상응하며[93] 그 실재성이 잘 근거 지어져 있다. — 자연이라는 말의 사용 역시, 여기서처럼 (종교가 아니라) 한낱 이론이 문제가 되는 경우, 우리가 인식할 수 있는 섭리라는 표현보다는 더 적절하고 겸허한 것
이다. 제한된 인간 이성(결과와 그것의 원인 사이의 관계와 관련해서는 B 52
가능한 경험의 한계 안에서 머물러야 하는 이성)을 위해선 그러하다. 사람들은 섭리라는 표현을 가지고 헤아리기 어려운 자연에 숨어 있는 의도의 비밀에 더 가까이 가기 위해 주제넘게도 이카로스의 날개를 다는 셈이다.

이제 우리는 이러한 [자연의 영원한 평화] 보증을 더 상세히 규정 A 52
하기에 앞서 자연이 자신의 거대한 무대에서 행위를 하는 인격들을
위해 설비해놓았던, 자연의 평화 보장을 결국 필연적이게 만드는 상 Ⅷ 363
태를 먼저 탐구하는 것이 필요할 것이다. — 그러고 나서 무엇보다도 어떻게 자연이 이 평화 보장을 수행하는지, 그 방식을 탐구할 것이다.

자연의 예비적 설비는 다음과 같다. 자연은 1) 인간이 지구의 모

내의 사건인) 선한 행위를 이러한 개념에서 설명하려고 시도해서는 안 된다 A 51
는 것이다. 이것은 초감성적인 것에 대한 헛된 이론적 인식이고, 따라서 불합리하다.

든 지역에서 살 수 있도록 배려했다. 2) 전쟁으로 모든 곳에, 극히 거주하기에 부적합한 지역에까지 인간들을 내몰아 거주하도록 했다. 3) 바로 그 전쟁으로 인간을 많든 적든 간에 법칙적 관계에 들어서도
B 53 록 강요했다. — 빙해 연안의 차가운 황무지에도 이끼가 자라고, 순록은 그 이끼를 눈 속에서 파헤쳐내는데, 그 자신은 오스트야크인이나 사모예드인[94]의 식량이 되거나 썰매에 매여지기도 한다. 또 소금기 짙은 사막에도 그 사막을 이용되지 않은 채 두지 않으려고 마치 사막 여행을 위해 창조된 것처럼 보이는 낙타가 있다는 것은 정말 경
A 53 탄할 만하다. 그러나 사람들이 빙해의 해안에 모피 동물들 외에도 물개, 해마, 고래가 어떻게 그곳 주민들을 위해 그 고기는 식량이, 그리고 그 기름은 연료가 되는지 알면, 그 [자연의] 목적은 더욱더 분명하게 드러난다. 그러나 자연의 사전 배려는 유목(流木)[95]으로 가장 많이 경탄을 자아내게 한다. 자연은 그 유목을 (사람들은 그것이 어디에서 오는지도 정확하게 알지 못하지만) 수목이 없는 지역으로 보내는데, 그런 재료가 없다면 그곳 주민들은 그들의 탈것과 무기, 거주할 오두막도 마련할 수 없을 것이다. 그곳에서 그들은 서로 평화롭게 살기 위해서 동물들을 상대로 싸우는 것에 만족했다. — 그러나 그들을
B 54 그곳까지 몰아낸 것은 추측건대 다름 아닌 전쟁이었을 것이다. 인간이 지구에 살기 시작한 이래 길들여서 가축으로 만들기를 배웠던 모든 동물 가운데 최초의 전쟁도구는 말이다. (코끼리는 후대에, 말하자면 이미 설립된 국가들의 사치 시대에 속한다.) 마찬가지로 지금 우리로서는 그 본래적 성질을 더는 알 수 없는, 곡식이라 불리는 어떤 풀 종류를 재배하는 기술이라든지 이식과 접목에 의한 과일종류의 (아마
A 54 도 유럽에서는 한갓 두 가지 종류, 즉 야생사과와 야생배의) 증식과 개량도 토지 소유가 보장되었던, 이미 설립된 국가들의 상태에서만 생길 수 있었다. — 이것은 인간이 앞서 무법칙적 자유 속에서 수렵생활*

과 어업 및 목축생활로부터 농경생활까지 이르렀고, 그때 소금과 철이 B 55; VIII 364
발견되고 난 후의 일이다. 이것들은 아마도 다양한 민족의 통상에서 A 55
최초로 멀리 그리고 널리 구했던 품목이었을 것이며, 이런 통상으로 그 민족들은 비로소 서로에 대한 평화적 관계에, 또 그리하여 멀리 떨어져 있는 사람들과도 서로 합의와 교제와 평화적 관계에 이르게 되었다.

자연은 인간이 지상의 어느 곳에서나 살 수 있도록 배려하면서 동시에 인간이 자신의 경향성에 반해서라도 어느 곳에서나 살아야 한
다는 것을 전제적(專制的)[96]으로 원했다. 물론 이 ['살아야 한다'는] B 56
당위가 동시에 어떤 도덕법칙을 매개로 하여 인간을 그것에 구속하는 어떤 의무개념을 전제하는 것은 아니지만 말이다. — 오히려 자연은 이러한 자신의 목적에 도달하려고 전쟁을 선택했다. — 말하자면 우리는 언어의 단일성에서 혈통의 단일성을 알게 해주는 민족들을 본다. 가령 한편으로 빙해 연안의 사모예드인[97]과 다른 한편으로 그곳에서 200마일 떨어진 알타이산맥에서 비슷한 언어를 쓰는 한 민족의 경우, 그들 사이에 다른 한 민족, 즉 호전적인 기마의 몽골민족
이 쳐들어와서 그들 종족의 저 부분[사모예드인]을 이 부분[알타이 A 56
산맥의 민족]으로부터 멀리, 거주하기에 부적당한 얼음 지역으로 쫓

* 모든 생활방식 가운데서 수렵생활이 의심할 여지없이 교화된 체제에 가장 많이 위배된다. 왜냐하면 그런 생활에서는 따로따로 살 수밖에 없는 가족들이 서로 곧 낯설어지고, 가족마다 자기 식량과 의복을 획득하려면 많
은 공간이 필요하므로, 이웃고 광활한 숲속에 흩어져 곧 적대적이 되기도 B 55
하기 때문이다. — 노아의 피의 금지, 창세기 9장 4~6절(이것은 다른 맥락이긴 하지만, 종종 반복적으로 유대 기독교인들이 나중에 이교도에서 개종한 기독교인들에게 조건으로 삼은 것이다)은 애초에는 사냥꾼 생활의 금지 이외에 다른 것이 아니었던 것처럼 보인다. 왜냐하면 이러한 사냥꾼 생활에서는 고기를 날로 먹는 경우가 자주 있을 수밖에 없는데, 후자[날고기를 먹는 것]를 금지하면 동시에 전자[사냥꾼 생활]도 금지되기 때문이다.

아낸 것이지, 분명 그들 자신의 경향성으로 말미암아 그곳까지 퍼져
B 57 나간 것은 아닐 것이다.* — 라프인이라고 불리는 유럽 최북단 핀족의
경우도 꼭 마찬가지다. 그들은 지금은 마찬가지로 그렇게 멀리 떨어
져 있지만, 언어상으로 자신들과 친족인 헝가리인으로부터 그 사이
Ⅷ 365 를 파고든 고트민족과 사르마트민족[99]에 의해 분리되었다. (아마도
A 57 태고의 유럽 모험가들로, 모든 아메리카인과는 다른 종족인) 에스키모인
을 북쪽으로 내몰고, 아메리카 남쪽의 페셰래인[100]을 포이어랜드[101]
까지 내몬 것은, 지상 어느 곳에서나 [인간이] 살도록 하려고 자연이
수단으로 이용하는 전쟁 외에 그 무엇일 수 있을까? 그러나 전쟁 자
B 58 체는 어떤 특별한 동인을 필요로 하지 않고 인간의 자연본성에 접목
되어 있는 것처럼 보이며, 심지어는 인간이 이기적인 동기 없이도 명
예 충동으로 그것에 고무되는 어떤 고귀한 것으로 여겨지는 것처럼
보인다. 그래서 (아메리카 미개인뿐만 아니라 기사 시대 유럽 미개인
들의) 전쟁용기는 (당연한 것이지만) 전쟁이 있을 때뿐만 아니라 전쟁
이라는 것에도 직접적으로 위대한 가치가 있는 것으로 판단된다. 전
쟁은 종종 순전히 저 것을[전쟁용기를] 보여주기 위해 시작되며, 따
라서 전쟁 자체에 하나의 내적 존엄이 놓인다. 심지어는 철학자들도

* 사람들은 다음과 같이 물을 수 있을 것이다. 즉 '자연이 이 빙해 연안이 아
무도 살지 않은 채 남아 있어서는 안 된다는 것을 원했을 때, 만약 자연이
어느 날 그들에게 (예상될 수 있듯이) 어떠한 목재도 더는 흘려보내지 않는
B 57 다면, 그 주민들은 어떻게 될까?' 진보하는 문화에서 온대 지역 거주민들
이 자기네 강 언덕에서 자라는 목재를 더 잘 이용하여 그것이 강에 떨어져
바다로 흘러들어가 버리도록 내버려두지 않을 것이라는 점은 믿을 만한
것이니 말이다. 이에 대해 나는 다음과 같이 답변한다. 즉 옵강, 예니세이
강, 레나강[98] 등의 인접 주민들은 거래를 해서 그들에게 목재를 공급할 테
고, 그 대가로 빙해 연안의 바다에 풍부한 동물계에서 나온 산물들을 사들
일 것이다. 만약 자연이 무엇보다도 먼저 그들 사이에 평화를 강제했을 거
라면 그럴 것이다.

"전쟁은 악인을 제거하는 것보다 악인을 더 많이 만든다는 점에서 나쁘다"라는 저 그리스인의 격언을 생각하지 않고서 전쟁이 인간성을 어느 정도 고귀하게 한다고 찬사하기까지 한다. — 자연이 자기 자신의 목적을 위해 한 동물류인 인류에게 행하는 것에 관해서는 이 정 A 58
도로 해두자.

이제 영원한 평화라는 의도의 본질에 관한 물음은 다음과 같다. 즉 "자연은, 인간 자신의 이성이 인간에게 의무로 부과하는 목적에 관 B 59
하여, 따라서 인간의 도덕적 의도를 촉진하려고 무엇을 행하는가? 또 자연은 인간이 자유의 법칙에 따라 해야 할 일임에도 하지 않는 일을, 이 자유를 손상하지 않고 자연의 강제에 따라 인간이 틀림없이 해낼 것이라는 점을 어떻게 보장할 것인가? 그것도 국가법, 국제법, 세계시민법이라고 하는 세 가지 공법 모두와 관련지어 어떻게 보장할 것인가?" — 내가 자연에 대해 '이러저러한 것이 일어나기를 자연은 원한다'고 말한다면, 그것은 자연이 우리에게 그것을 하도록 의무를 지운다는 뜻이 아니라 (그런 일은 오직 강제받지 않는 실천이성만이 할 수 있는 것이니 말이다) 우리가 원하든 그렇지 않든 간에 자연이 그것을 스스로 행한다는 것을 뜻한다(운명은 원하는 자는 이끌고, 원하지 않는 자는 잡아끌고 간다).[102)]

1. 비록 어떤 민족이 내부의 불화로 공법의 강제 아래에 속하도록 A 59
강요받게 되지 않을지라도 전쟁이 외부에서 그렇게 하도록 할 것이다. 이는 앞서 언급한 자연설비에 따라 각 민족이 자기를 압박하는 B 60
타민족을 눈앞의 이웃으로 여겨, 그에 대항하여 권력으로서 무장되 VIII 366
어 있으려고 내부적으로 하나의 국가로 형성되지 않을 수 없기 때문이다. 그런데 공화적 체제는 인간의 권리[법]에 꼭 알맞은 유일한 체제이지만, 설립하기도 가장 어렵고 유지하기는 더더욱 어려워서 많은 사람은 그것이 천사들의 국가일 수밖에 없다고 주장한다. 이기적

인 경향성을 지닌 인간들이 그렇게 고상한 형식의 체제를 세울 수는
없을 테니 말이다. 그러나 이때 자연은 존경받지만 실천에는 무기력
한 보편적인, 이성에 기초를 둔 의지에 도움을 주며 그것도 바로 저
이기적인 경향성으로 도움을 준다. 그래서 관건이 되는 것은 오직 국
가의 훌륭한 조직체계인데 (물론 이 조직체계는 인간의 능력 안에 있
다), 이는 저 이기적인 경향성에서 그 경향성의 힘들이 서로 대항하
도록 조정하여, 하나의 힘이 파괴적으로 작용하는 다른 힘들을 억지
A 60 하거나 지양하도록 한다. 그 결과 이성에게는 마치 거기에 양편의 힘
B 61 이 전혀 없었던 것처럼 되고, 인간은 비록 도덕적으로 선한 인간은
아닐지라도 선한 시민이 되도록 강제된다. 국가 설립 문제는 대단히
어려운 일처럼 여겨지겠지만 악마들의 민족에게도 (만약 그들이 지
성을 가지고 있기만 하다면) 해결될 수 있는 것으로, [그 문제는] 다
음과 같다. 즉 "많은 이성적 존재자는 모두 자신을 보존하려고 보편
적 법칙들을 요구하지만, 그들 각자는 은밀하게 그 법칙들에서 예외
가 되려는 경향이 있는데, 비록 그들이 사적 심정에서는 서로 대립한
다 할지라도 공적 태도에서는 마치 그들이 그러한 악한 심정을 갖지
않은 것과 같은 결과가 되게 이 사적 심정을 서로 억지하게끔 정리하
고 자신의 체제를 설립한다는 것이다." 그러한 문제는 해결될 수밖에
없다. 왜냐하면 그 문제는 인간의 도덕적 개선이 아니라 단지 자연의
기제 문제이기 때문이다. 즉 그 과제가 알기를 요구하는 바는 사람
들이 한 국민 안에서 인간들의 비평화적인 심정들의 충돌을 조정하
여 그들 자신이 강제법칙들 아래에 복속하도록 서로 강요하고, 그렇
A 61; B 62 게 함으로써 법칙들이 효력을 갖는 평화상태를 초래할 수밖에 없도
록 하려고 자연의 기제를 어떻게 인간에게 이용할 수 있는가 하는 것
이다. 사람들은 이러한 것을 실제로 현존하는, 아직은 매우 불완전하
게 조직화된 국가들에서 볼 수 있다. 그 국가들은 비록 도덕성의 내

면적 요소가 확실히 그것의 원인이 아닌데도 (마치 도덕성에서 좋은 국가체제가 기대될 수 있는 것이 아니라 오히려 거꾸로, 좋은 국가체제에서 비로소 한 국민의 좋은 도덕적 도야가 기대될 수 있는 것처럼), 외적인 태도에서는 법의 이념이 지시하는 것에 이미 매우 접근해 있다. 따라서 자연의 기제는 자연스럽게 서로 외적으로 대립되게 작용하는 이기적 경향성들로 말미암아 이성에 의해 하나의 수단으로 사용될 수 있다. 즉 자연의 기제는 법적 규정을 위한 공간을 만들고 이와 VIII 367
더불어 국가가 자체의 힘이 미치는 한, 대내외적 평화를 촉진하고 보장하려는 이성 자신의 목적에 수단으로 사용될 수 있다. — 그러므로 여기서 그것이 뜻하는 바는, 자연은 법[권리]이 결국 최고 권력을 보유하기를 명백히 **원한다**는 것이다. 사람들이 이제 여기서 행하기를 게을리하는 것은 많이 불편하겠지만 끝내는 스스로 이루어진다. —
"갈대를 너무 강하게 구부리면 부러진다. 그리고 너무 많이 원하는 A 62; B 63
자는 아무것도 원하지 않는 것이다." — **부터베크**[103)]

2. 국제법의 이념은 서로 독립적인 많은 이웃 국가의 분리를 전제로 한다. 비록 그러한 상태가 (만약 그 국가들의 연방적 연합이 적대행위의 발발을 예방하지 못하여) 그 자체로 이미 전쟁 상태라 하더라도, 이 상태조차 이성이념에 따르면, 다른 국가들보다 과도하게 커져서 하나의 보편왕국[104)]으로 옮아가는 강국에 의해 그 국가들이 병합되는 상태보다는 낫다. 왜냐하면 통치 범위가 확대됨에 따라 법칙들은 점점 더 효력을 상실하고, 영혼 없는 전제주의는 선의 싹을 뿌리 뽑은 후 최후에는 무정부상태로 몰락하기 때문이다. 그럼에도 모든 국가가 (또는 그 수령이) 갈망하는 것은 이런 방식으로 자신이 가능한 한 전 세계를 지배하는 지속적인 평화상태로 이행하는 것이다. 그러나 **자연은** 그것을 다르게 **원한다**. — 자연은 민족들이 서로 섞이는 것 B 64
을 막고 그들을 분리하려고 두 가지 수단, 즉 언어의 상이성과 종교 A 63

의 상이성*을 이용한다. 이 상이성은 서로 증오하는 성벽과 전쟁의
구실을 가져오지만, 그럼에도 문화가 성장하고 인간이 원리상 보다
큰 일치에 차츰 접근함에 따라 평화에 대한 합의를 이끈다. 이 평화
B 65 는 (자유의 묘지에 있는) 저 전제주의에서처럼, 모든 힘의 약화에 의
해서가 아니라, 모든 힘의 가장 활기찬 경쟁 속에서 그 힘의 균형에
의해 산출되고 보장된다.

A 64; Ⅷ 368 3. 자연은 각 국가의 의지가 그것도 국제법에 근거해서까지 간계
나 폭력으로 기꺼이 자기 아래에 통합하고자 하는 민족들을 지혜롭
게 분리해놓듯이, 다른 한편으로는 세계시민법의 개념이 폭력행위
와 전쟁에 대항해서 지키지 못했을 민족들을 상호 사적 이익에 의해
통합하기도 한다. 그것은 상업정신인데, 이는 전쟁과 양립할 수 없는
것으로서 조만간 모든 민족을 장악한다. 말하자면 국가권력에 종속
되어 있는 모든 권력(수단) 가운데 **돈의 힘**이야말로 가장 믿을 만한
것이기 때문에, 국가들은 (물론 정말 도덕성의 동기에서는 아니겠지
만) 고귀한 평화를 촉진하지 않을 수 없다고 여기며, 또한 전쟁 발발
위협이 있는 세계 어느 곳에서도, 마치 그 국가들이 금력 때문에 변
B 66 치 않는 동맹 속에 있기나 한 것처럼, 중재를 해서 전쟁을 막지 않을
수 없다고 여긴다. 왜냐하면 전쟁을 하기 위한 대규모 연합은 사태의
본성상 가장 드물게만 일어날 수 있는 일이고, 성공하기는 더욱더 드

* 종교의 상이성. 기이한 표현이다! 그것은 마치 사람들이 또한 상이한 도덕에 관해 말하는 것과 꼭 같다. 역사적 수단인 상이한 신앙방식은 있을 수 있다. 역사적 수단은 종교에 속하는 것이 아니라 종교를 촉진하려고 사용된 역사에 속하는, 즉 학식의 분야에 속하는 수단이다. 그리고 마찬가지로 상이한 **종교서**(젠드아베스타,[105] 베담,[106] 코란 등)가 있을 수 있다. 그러나 모든 인간과 모든 시대에 타당한 단 하나의 **종교**만이 있을 수 있다. 그러므로 저것[상이한 신앙방식]은 단지 종교의 수레 이외에 다른 아무것도 아니며, 우연적인 것과 시대와 장소의 상이함에 따라 상이할 수 있는 것을 포함할 수 있다.

문 일이기 때문이다. — 이러한 방식으로 자연은 인간의 경향성들 자 A 65
체에 있는 기제로 영원한 평화를 보증한다. 물론 그것은 그 평화의 미래를 (이론적으로) 예언하기에 충분할 만큼 확실하지는 않지만, 어쨌든 실천적 의도에서는 충분하고, (순전히 환상적이지만은 않은) 목적들을 위해 노력하는 것을 의무로 만든다.

제2 추가조항* B 67

영원한 평화를 위한 비밀조항

공법의 심리(審理)에서 비밀조항은 객관적으로는, 즉 그 내용에 따라 고찰해보면 하나의 모순이다. 그러나 주관적으로는, 즉 그 조항을 지시하는 인격의 자질에 따라 판단해보면, 말하자면 그 인격이 그 조항의 창안자로서 공개적으로 알려지는 것을 자신의 존엄성에 손해로 여긴다는 점에서는 충분히 비밀이 생길 수 있다.

이러한 종류의 유일한 조항은 다음 명제에 포함되어 있다. 즉 공적 평화의 가능조건에 관한 철학자의 준칙들은 전쟁을 위해 무장한 국가들에 조언으로 받아들여져야 한다.

그러나 타국에 대한 국가의 행동원칙들에 관해 신민들(즉 철학자들)에게 가르침을 구한다는 것은 사람들이 당연히 최고 지혜를 부여
할 수밖에 없는 국가의 입법적 권위에는 굴욕적인 것처럼 보인다. 그 B 68
러나 그럼에도 그렇게 하는 것은 아주 권할 만한 일이다. 그러므로 VIII 369
국가는 철학자들에게 암묵적으로 (즉 국가는 이를 비밀로 하면서) 그렇게 하도록 청할 것이다. 달리 말하면, 국가는 그들이 자유롭고 공공연

* '제2 추가조항' 전체가 1796년 증보판(B판)에 새롭게 추가되었다.

하게 전쟁수행과 평화수립의 보편적 준칙들에 관해 말하도록 할 것이
다. (철학자들은 그것을 금하지만 않는다면, 이미 스스로 그렇게 할 테
니 말이다.) 또 이 점에 관한 국가들 상호 간의 일치는 이것을 의도한
국가들 상호 간의 어떠한 특별한 약속도 필요치 않으며, 오히려 보
편적인 (도덕적으로 입법하는) 인간 이성에 의한 책무 안에 이미 놓
여 있다. — 그러나 이것은 국가가 법률가(국가권력의 대리인)의 발언
들보다 철학자의 원칙들에 우선권을 인정해야 한다는 의미가 아니
라 단지 사람들이 철학자에게 귀를 기울여야 한다는 의미다. 법의 저
울과 나란히 또한 정의의 칼을 상징으로 삼았던 법률가는 보통 정의
B 69 의 칼을 이용하는데, 이는 순전히 외부의 모든 영향을 법의 저울에서
떼어놓기 위해서가 아니라, 한쪽 접시가 기울어지지 않으려 할 경우,
그 안에 칼을 함께 올려놓기 위해서다(패자들에게는 비통함뿐!).[107]
이런 일에 가장 큰 유혹을 받는 것은 동시에 (또한 도덕성에 따라서)
철학자가 아닌 법률가다. 왜냐하면 그의 직무는 단지 현존하는 법칙
들을 적용하는 일이지 이 법칙들 자체가 개선이 필요한지를 연구하
는 일은 아니기 때문이다. 그리고 법률가는 이러한 실제로는 더 낮은
자기 학부의 서열을, 그 서열이 (다른 두 학부[108]의 경우도 마찬가지지
만) 권력을 동반한다는 이유로 더 높은 서열로 여긴다. — 철학부는
이러한 연합된 세력 아래 아주 낮은 단계에 서 있다. 그래서 예컨대
철학에 대해, 철학은 신학의 시녀라고 말한다. (그리고 똑같이 다른 두
학부에 대해서도 시녀라고 말한다.) — 그러나 사람들은 "그 시녀가 그
녀의 귀부인들 앞에서 횃불을 들고 있는지 혹은 끌리는 옷자락을 뒤
에서 들고 있는지"를 올바르게 보지 못하고 있다.

왕이 철학을 한다거나 철학자가 왕이 된다는 것은 기대될 수 없지
만 바람직하지도 않다. 왜냐하면 권력의 점유는 이성의 자유로운 판
B 70 단을 불가피하게 부패시키기 때문이다. 그러나 왕들이나 (평등의 법

칙들에 따라 자기 자신을 지배하는) 왕족들이 철학자 부류를 없어지게 하거나 침묵하게 하지 않고 공공연히 말하게 하는 것은 양자에게 그들의 업무를 빛나게 하는 데에 필수적이다. 그리고 이 철학자 부류는 본성상 폭도가 되거나 도당을 결성할 능력이 없으므로 비방했다는 이유로 선동 혐의를 받을 필요가 없다.

부록 A 66; B 71; Ⅷ 370

I. 영원한 평화를 향한 의도에서 도덕과 정치의 불일치에 관하여

도덕은 우리가 그에 따라 행위를 해야만 한다는, 무조건적으로 명령하는 법칙들의 총체로서 이미 그 자체로 객관적 의미에서 하나의 실천이다. 사람들이 이러한 의무개념에 그 권위를 인정하고 난 후에도 여전히 '[난] 그것을 할 수 없다'고 말하려는 것은 명백히 불합리하다. 그럴 경우 이러한 개념은 도덕에서 저절로 사라지게 될 테니 말이다. (아무도 [자신이] 할 수 있는 것 이상으로 의무 지어지지 않는다.[109]) 따라서 실행적 법론인 정치와 이론적 법론인 도덕의 싸움(따 A 67; B 72
라서 실천과 이론의 싸움)은 있을 수 없다. 그럴 경우 사람들은 도덕을 일반적인 처세술,[110] 즉 '이득을 염두에 둔 자기 의도에 가장 유용한 수단을 선택한다'는 준칙의 이론으로 이해할 수밖에, 즉 '도덕이 반드시 존재한다'는 사실을 부인할 수밖에 없을 테니 말이다.

정치는 "뱀처럼 영리하라"라고 말한다. 도덕은 이것에 대해 (제한조건으로서) "그리고 비둘기처럼 악의 없어라"[111]라고 덧붙인다. 만약 양자가 하나의 명령 안에 양립할 수 없다면, 정치와 도덕 사이에는 사실상 투쟁만이 존재하게 될 것이다. 그러나 양자가 어쩌되었든 반드

시 통합되어야 한다면, 대립의 개념은 불합리하고 어떻게 저 싸움을
조정할 것인가 하는 물음은 아예 과제로 제기되지도 않을 것이다. 물
론 '정직이 최선의 정치다'라는 명제는 유감스럽게도! 실천이 매우 자
주 그것과 모순되는 이론을 포함한다. 그럼에도 '정직은 어떤 정치보
다 낫다'라는 똑같이 이론적인 명제는 모든 반론을 넘어 무한히 숭고
A 68; B 73 하며, 정말로 정치의 불가피한 조건이다. 도덕의 수호신은 주피터(권
력의 수호신)에게 굴복하지 않는다. 왜냐하면 주피터는 여전히 운명
에 종속되어 있기 때문이다. 즉 이성은 인간의 행동거지로 말미암은
행복하거나 불행한 결과를 (비록 그 결과가 소망대로 되기를 희망하는
데도) 자연의 기제에 따라서 확실하게 예고해주는 예정(豫定)원인들
의 계열을 조망할 만큼 충분히 깨우쳐져 있지 않기 때문이다. 그러나
의무의 궤도에 (지혜의 규칙들에 따라) 머물러 있으려면 사람들이 무
엇을 해야 하는지 그리고 이와 함께 궁극목적에 대해서는 이성은 우
리에게 어디서나 충분히 밝게 비춰준다.

VIII 371 그런데 (도덕이 자신에게 한낱 이론일 뿐인) 실천가는 (도덕적 당위
와 능력을 인정하면서도) 우리의 선량한 희망을 냉정하게 박탈하는데,
이는 본래 그가, 인간이 영원한 평화로 이끄는 저 목적 성취에 필요
한 것을 결코 원하지 않을 것임을 인간 본성에서 예견한다고 주장하
B 74 는 데서 기인한다. — 물론 법칙적 체제 안에서 자유의 원리에 따라
A 69 살고자 하는 모든 개별적 인간의 의욕(모든 이의 의지의 분배적 통일)은
이 목적을 달성하는 데는 충분하지 못하다. 오히려 그것을 위해서는
다시, 모두가 함께 그러한 상태를 원한다(합일된 의지의 집합적 통일)
고 하는 하나의 어려운 과제의 해결이 요구되며, 이것이 해결되고서
야 비로소 하나의 전체로서 시민사회가 생성될 것이다. 그 때문에 모
든 사람 중 어느 한 사람도 혼자서는 공동 의지를 실현하기가 불가능
하며, 그것을 실현하려면 모든 사람의 개별적 의욕 차이를 넘어 그런

의욕을 합일하는 또 하나의 원인이 부가되지 않으면 안 된다. 그래서
저 이념을 (실천에서) **실행하는** 데는 **권력**에 의한 시작 외에는 어떤
다른 법적 상태의 시작에도 의지할 수 없고, 나중에 공법은 이러한
권력의 강제에 기초를 두게 된다. 그렇다면 이것은 물론 (사람들은 게
다가 입법자의 도덕적 심정, 즉 입법자가 야만적인 무리를 하나의 국민
으로 통합한 후 이 국민에게 그들의 공동의지로 하나의 법적 체제를 이
룩하는 일을 넘겨줄 것이라고는 여기서 거의 생각할 수 없으므로) 현실 B 75
적 경험에서는 저 (이론의) 이념과의 커다란 편차를 이미 예상할 수
있게 한다.

그러면 이것은 곧 일단 권력을 장악한 자는 국민이 법칙들을 제정 A 70
하도록 하지 않을 거라는 것을 의미한다. 한 국가가 일단 어떤 외부
법칙들에 종속하지 않을 힘을 가지면, 그 국가가 타국들을 상대로 자
기 권리를 찾아야 하는 방식에 관하여 타국 법정에 의존하지 않을 것
이며, 한 대륙마저도 만약에 자기에게 달리 방해가 되지 않는 타 대
륙에 우월함을 느끼게 되면, 그 대륙을 약탈하거나 심지어는 지배함
으로써 자기 권력을 강화하는 수단을 이용하지 않은 채 놓아두지 않
을 것이다. 그래서 이제 국가법, 국제법, 세계시민법을 위한 이론의
모든 계획은 실현 불가능한 헛된 이상들로 소멸되고, 그에 반해 인간
본성의 경험적 원리들에 기초를 둔, 세간에서 통용되는 방식에서 자
기 준칙들을 위한 가르침을 끌어내는 것을 너무 천하게 여기지 않는
실천만이 국가정략이라는 건물을 위한 확실한 토대를 찾으리라 기
대할 수 있을 것이다.

물론 만약 자유와 거기에 근거를 둔 도덕법칙이 없고, 일어나거나 B 76; Ⅷ 372
일어날 수 있는 모든 것이 한낱 자연의 기제라면, (이러한 기제를 인 A 71
간 통치를 위해 이용하는 기술로서) 정치는 실천적 지혜의 전체일 테
고, 법개념은 헛된 사상일 것이다. 그러나 만약 사람들이 이 법개념

을 정치와 결합하고, 더 나아가 법개념을 정치를 제한하는 조건으로까지 고양하는 것이 불가피하게 필요하다고 생각한다면, 이 양자의 일치가능성[112]은 용인되지 않을 수 없다. 그런데 나는 **도덕적 정치가**, 즉 국가정략의 원리들을 도덕과 공존할 수 있도록 다루는 정치가는 생각할 수 있지만 **정치적 도덕가**, 즉 정치가의 이익에 유리하다고 여기는 바대로 도덕을 담금질하는 도덕가는 생각할 수 없다.

도덕적 정치가는 다음과 같은 것을 원칙으로 삼을 것이다. 즉 만일
국가체제나 국제관계에서 사람들이 방지할 수 없는 결함이 발생한
B 77 다면, 어떻게 하면 그 결함을 가능한 한 빨리 개선하고 이성의 이념
A 72 에서 우리에게 범례로 제시된 것 같은 자연법에 부합하게 만들 수 있
는지를 고려하는 것이 특히 국가원수들의 의무이며, 그들의 이기심
을 희생해서라도 그러한 의무는 수행되어야 한다는 원칙 말이다. 그
런데 아직 더 나은 체제가 그 자리에 들어설 준비가 되기도 전에 국
가적 또는 세계시민적 통합의 유대를 찢는다는 것은 이 점에서 도덕
과 일치하는 모든 국가정략에 위배되므로, 저 결함이 즉시 그리고 격
렬하게 수정되어야 한다고 요구하는 것은 불합리할 것이다. 그러나
(법법칙들[113]에 따른 최선의 체계라는) 목적에 부단히 접근하려면 적
어도 그러한 수정이 필요하다는 준칙이 권력자의 내면 깊숙이 자리
잡고 있어야 한다는 것은 권력자에게 요구될 수 있다. 한 국가는 비
록 자신이 현행 헌법에 따라 전제적 **지배권력**을 소유한다 할지라도,
물론 공화적으로 **통치**될 수도 있다. 점차로 국민이 (법칙이 마치 물리
B 78 적 권력을 가진 것인 양) 법칙의 권위라는 순전한 이념에 영향을 받을
수 있게 되고, 그리하여 (근원적으로 법[권리]에 근거를 두는) 자기 입
A 73 법에 적합하다고 인정될 때까지는 말이다. 비록 나쁜 체제에서 발생
한 혁명의 격렬함으로 불법적인 방식에 따라 더 합법칙적인 체제가

쟁취되었다 할지라도, 물론 그 혁명 동안에 폭력적으로 또는 간악하게 가담한 자는 누구나 당연히 반란자의 형벌을 받게 되겠지만, [일단 합법칙적인 체제가 수립되면] 그다음에는 국민을 다시 옛 체제로 되돌리는 것은 더는 허용되는 일로 여겨져서는 안 될 것이다. 그러나 대외적인 국제관계에 관해 말하면, 어떤 국가에, 그 국가가 타국에 즉시 먹혀버릴 위험에 처해 있는 동안, 비록 그 국가가 전제적이라 할지라도, (외부의 적과 관련해서는 더 강력한 체제인) 자기 체제를 버려야 한다고 요구할 수는 없다. 따라서 [체제 개선을 요구할] 그러한 의도가 있다 해도, 그 의도의 실행을 더 나은 시대 상황이 올 때까지 연기하는 것이 허용되지 않으면 안 된다.* VIII 373

그러므로 전제정치[115]를 하는 (실행에 결함이 있는) 도덕가들이 ([법개념을 실현하기 위해][116] 대책을 성급하게 채택하거나 권장함으로써) 여러모로 국가 정략을 위반하는 일은 언제나 있을 수 있다. 그럼에도 국가 정략은 그들의 이러한 자연을 거스르는 위반에서 경험을 점차 더 나은 궤도에 올려놓지 않으면 안 된다. 이에 반해 도덕을 내세우는[117] 정치가들은 이성이 지시하는 이념대로 선을 행할 능력이 없는 인간본성을 구실 삼아 위법적인 국가원리들을 미화함으로써 A 74; B 79 B 80

---

* 이것은 이성의 허용법칙인데, 부정의와 유착된 어떤 공법의 상태를 온전한 변혁을 위해 모든 것이 저절로 성숙되거나 평화적 수단으로 그런 성숙에 가까워질 때까지는 지속하도록 내버려둔다는 것이다. 왜냐하면 비록 미미한 정도로 적법할 뿐이라 하더라도 어쨌든 하나의 법적 체제는 전혀 없는 것보다는 낫고, 성급한 개혁은 후자와 같은 (무정부 상태의) 운명을 맞을 수도 있기 때문이다. — 그러므로 국가지혜[114]는 사물들이 지금 있는 상태에서 공법의 이상에 알맞은 개혁을 의무로 삼을 것이다. 그러나 [국가지혜는] 혁명들을, 자연이 그것을 스스로 초래한 경우에는, 한층 더 심한 탄압을 하기 위한 구실로 이용하는 것이 아니라, 유일하게 지속적인 체제인 자유 원리들에 기초를 둔 법칙적 체제를 근본적 개혁으로 성취하라고 하는 자연의 부름으로 이용할 것이다. B 79 A 74

그들이 할 수 있는 한, 개선되는 것을 불가능하게 하고 법의 훼손을 영구화한다.

A 75 이러한 국가정략가들은 자랑스레 실천을 내세우지만, 사실은 실
천 대신 오로지 책략만 염두에 둘 뿐이다. 그들은 (자신들의 사적 이
익을 놓치지 않으려고) 현재의 지배권력에 맞장구침으로써 그저 국민
과 자칫하면 전 세계까지도 희생시킬 것만을 궁리한다. 이것이 (입법
적 법률가가 아니라 직업적인) 진짜 법률가들이 정치에까지 오를 때
보이는 방식이다. 왜냐하면 그들의 업무는 입법 자체에 관해 사변하
는 일이 아니라, 국법의 현재 명령을 실행하는 것이므로, 그들에게는
지금 현존하는 각각의 법칙적 체제가 최선일 수밖에 없고, 만약 이것
이 상부에서 변경되면, 이제는 그 뒤따르는 체제가 언제나 최선일 수
VIII 374 밖에 없기 때문이다. 이러한 경우에는 모든 것이 자신이 귀속하는 기
계적 질서 안에 있다. 그러나 만일 모든 경우에 대비되어 있는 이러
B 81 한 능숙함이 그들에게 국가체제의 원리들 일반에 관해서도 법개념에
따라 (그러니까 경험적으로가 아니라 아프리오리하게) 판단할 수 있다
A 76 는 망상을 불러일으키면, 또 만일 그들이 인간을, 그리고 인간이 무
엇을 이루어낼 수 있는지를 알지도 못하면서 (이를 위해서는 인간학
적 고찰의 고차적 입장이 요구된다) 인간을 안다고 (그들이 많은 사람
과 관계하므로 물론 이것은 기대될 수는 있다) 뻐기고, 이러한 개념들
을 지니고서 이성이 지시하는 대로 국가법과 국제법에 접근하면, 그
들은 이러한 월권을 전횡의 정신없이는 자행할 수 없다. 이것은 그
들이 이성의 개념들이 오직 자유 원리들에 따른 합법칙적 강제를 근
거 지어진 것으로 보고자 하는 곳, 그리고 이 강제로 비로소 정당하
게 지속적인 국가체제가 가능한 곳에서도 (전제적으로 주어진 강제법
칙들에 따른 기제라는) 자신들의 통상적인 절차를 따르기 때문이다.
자칭 실천가는 이러한 과제를 저 이념을 무시하고서 경험적으로, 즉

지금까지 가장 잘 지탱되어왔지만 대부분은 위법적인 국가체제들이 설립되었던 경험을 바탕으로 해결할 수 있다고 믿는다. ― 그가 이를 위해 이용하는 준칙들은 (물론 그가 그것들이 공개되도록 하지는 않지만) 대략 다음과 같은 궤변적 준칙들에 이르게 된다. B 82

1. 행하라 그리고 변명하라.[118] (자국민이나 다른 이웃 국민에 대한 국가의 권리[법]를) 독단적으로 점유 취득하기 위한 적절한 기회를 포착하라. 정당화는 행위가 있은 후 훨씬 더 쉽고 우아하게 이루어질 수 있고 폭력도 미화될 수 있다. (특히 전자[자국민]의 경우에는 국내의 상위 권력이 곧바로 입법당국이기도 한데, 사람들은 이에 관해 따져보지도 못한 채 그 권력에 복종할 수밖에 없다.) 그것은 먼저 설득력 있는 근거를 생각해내고, 그에 대한 반대근거가 나오기를 기다리려 하는 것보다 훨씬 쉬운 것이다. 이러한 뻔뻔함 자체는 행위의 적법성에 대한 내적 확신에 관해서 특정한 모습을 부여하며, 그다음에는 보누스 에벤투스[119][좋은 결과]인 신이 최선의 변호인이 되어줄 것이다. A 77

2. 만약 행했다면 부정하라.[120] 너 자신이 범한 것, 예컨대 네 국민을 절망케 하여 폭동으로 이끈 것이 네 탓임을 부인하라. 오히려 그것이 신민들이 반항한 탓이라고 주장하라. 또는 네가 이웃 국민을 정복했을 경우, 그 책임은 인간의 본성에 있다고 주장하고, 인간이 타인에게 폭력을 먼저 가하지 않으면 타인이 먼저 그에게 폭력을 가하고 그를 정복하게 될 것이 분명히 예상되기 때문이라고 주장하라. B 83 Ⅷ 375 A 78

3. 분할하라 그리고 지배하라.[121] 즉 네 국민 중 어떤 특권을 가진 주요 인사들이 있어서, 이들이 너를 한낱 그들의 우두머리(동등한 자들 중 제1인자[122])로 선출했다면, 저들을 서로 불화하게 하고 국민과 이

간시켜라. 이제는 더 많은 자유를 주겠다고 현혹하면서 국민들의 편을 들어라. 그러면 만사가 너의 무제약적 의지에 좌우될 것이다. 또는 그것이 외국들이라면, 그들 사이에 불화를 일으키는 것은 약소국을 돕는다는 겉모양 아래서 한 국가씩 차례로 네게 복속시키는 상당히 확실한 수단이다.

그런데 이러한 정치적 준칙들에 속는 사람은 아무도 없을 것이다. 왜냐하면 그것들은 모두 이미 일반적으로 알려져 있기 때문이다. 또
B 84 이러한 준칙들을 가지고서 마치 부정의가 너무나도 확연히 눈에 드러난 것처럼 부끄러워하는 경우도 없다. 왜냐하면 거대한 권력들은 결코 일반 대중의 판단 앞에서 부끄러워하는 일이 없고, 단지 하나의 다른 권력 앞에서만 부끄러워할 뿐인데, 저 원칙들[준칙들]과 관련해 말하자면, 그것들이 공개되는 것이 그들을 부끄럽게 하는 것이
A 79 아니라 단지 그것들의 **실패**[준칙들을 따르지 못하는 것]만이 그들을 부끄럽게 할 수 있기 때문이다. (그 준칙들의 도덕성에 관해서는 그들은 모두 생각이 서로 일치할 테니 말이다.) 그리하여 그들에게는 언제나 자신들이 확실하게 기대할 수 있는 **정치적 명예**, 즉 그것이 어떤 방법으로 획득되었든지 간에 **자신들 권력의 확대**만이 남는다.*

---

* 비록 한 국가 안에서 함께 사는 인간들의 인간 본성에 뿌리박고 있는 어떤 사악성이 여전히 의심스럽고, 그 대신에 아직 그다지 충분하게 진보되지 못한 문명의 결핍(야만성)이 어느 정도 그들 사유방식의 위법적 현상들의 원인인 것처럼 거론된다 할지라도, 그 사악성은 아무튼 국가들 상호 간의 대외관계에서는 전혀 가려지지 않고 부정할 수 없게 눈에 띈다. 각국 내부
B 85 에서는 그 사악성이 시민법의 강제로 가려져 있다. 왜냐하면 시민들 상호 폭력의 경향성에는 더 큰 권력, 즉 정부 권력이 강력하게 맞대응하여 전체에 대해서 도덕적 채색(원인 아닌 원인[123])을 할 뿐만 아니라, 또한 위법적 경향성들의 발발에 빗장이 질러짐으로써 도덕적 소질이 법에 대한 직접
A 80 적 존경으로 발전하는 일이 실제로 매우 쉽게 되기 때문이다. — 만약 각자

* * *

자연 상태라는 전쟁 상태에서 인간들 사이의 평화상태를 끌어내는 비도덕적인 처세술의 이러한 모든 교활한 어법[124]에서 적어도 다음과 같은 사실이 밝혀진다. 즉 인간은 공적 관계에서와 마찬가지로 사적 관계에서도 법개념에서 벗어날 수 없으며, 정치의 기초를 공공연히 한갓 영리함의 술수[125]에 두는 일, 따라서 공법개념에 모든 복종을 거부하는 일을 (이것이 특히 국제법 개념에서는 두드러진다) 감히 하지 않는다는 것이다. 오히려 인간은 실천에서 법개념을 회피하고, 교활한 권력에다 모든 법의 근원이자 결합인 권위를 날조하려고 숱한 핑계와 꾸며대기를 생각해낼 때에도 법개념 자체에 모든 마땅한 명예가 돌아가게 한다는 것이다. — 이러한 궤변을 종식하려면 (비록 그 궤변으로 미화된 부정의를 종식하지는 못할지라도), 그리고 지상 권력들의 그릇된 대표자들이, 자신들이 유익함에 대해 이야기하고 있는 것은 법이 아니라 힘이며, 이 힘에 의해 마치 그들 자신이 A 80; B 85, 86 A 81 Ⅷ 376 B 87

가 타인에게서 같은 것을 기대할 수만 있다면, 그리고 그것을 정부가 그에게 부분적으로 보장한다면, 각자는 이제 스스로 자신이 법개념을 신성하게 여기고 충실하게 따를 것이라고 믿으며, 그로 말미암아 도덕성을 향한 큰 발걸음이(아직 도덕적 발걸음은 아닐지라도) 내디뎌지고, 도덕성은 보답을 고려하지 않고도 그 자체를 위하여 이러한 의무개념을 살 바를 네니 말이다. — 그러나 각자는 자기 자신에 대해서는 선하다고 생각하면서도 모든 타인에 대해서는 악한 마음씨를 전제하기 때문에, 서로 상대방에게 그들 모두는 사실상 거의 쓸모가 없다는 자신의 판단을 말한다.(자유로운 존재자인 인간의 본성에 탓을 돌릴 수는 없으므로 아무튼 그러한 판단이 무엇을 근거로 하는지는 해명되지 않은 채 남을 수도 있다.) 그러나 아무튼 인간이 절대로 버릴 수 없는 법개념에 대한 존중은, 인간이 법개념에 부합하게 될 능력이 있다는 이론을 가장 엄숙하게 승인하므로, 타인들은 자신들이 원하는 대로 행동한다 하더라도, 각자는 자기로서는 저 법개념에 맞게 행동하지 않으면 안 된다는 것을 알고 있다. B 86

명령하는 무엇을 가진 것처럼 어조를 취한다고 자백하게 하려면 자
A 82 기와 타인을 기만하는 속임수를 폭로하고, 영원한 평화의 의도가 발
현하는 최상의 원리를 찾아내어 영원한 평화를 방해하는 모든 악이
다음의 사실에 기인한다는 점을 지적하는 것이 좋을 것이다. 즉 정치
적 도덕가는 도덕적 정치가가 당연히 끝마치는 곳에서 시작하며, 원
칙들을 목적에 종속시킴으로써 (즉, 말을 마차 뒤에 맴으로써) 정치
를 도덕과 일치시키려는 그 자신의 의도를 물거품으로 만든다는 것
이다.

실천철학을 일관성 있게 하려면 제일 먼저 다음 문제를 결정하는
VIII 377 것이 필요하다. 즉 실천이성의 과제들에서 그 시작이 실천이성의 실
B 88 **질적 원리**, 즉(자의의 대상인) **목적**에서 이루어져야만 하는지, 아니면
형식적 원리, 즉 '네 준칙이 (목적이 무엇이든 간에) 보편적 법칙이 될
것을 네가 의욕할 수 있도록 그렇게 행위하라'는 (외적 관계에서 순전
히 자유 위에 세워진) 원리에서 이루어져야만 하는지 하는 문제다.

추호의 의심도 없이 후자의[형식적] 원리가 선행되지 않으면 안
된다. 왜냐하면 그 원리는 법원리로서 무조건적 필연성을 갖지만, 그
A 83 대신에 전자[실질적 원리]는 단지 앞서 설정된 목적을 경험적 조건
으로 전제하고서만, 즉 그 목적의 실현을 전제했을 때만 강제적이기
때문이다. 그리고 이러한 목적(예컨대 영원한 평화)이 의무라 하더라
도, 이 의무 자체는 외적 행위에 관련된 준칙들의 형식적 원리에서
도출되지 않으면 안 된다. — 그런데 전자의 원리, 즉 **정치적 도덕가**의
원리(국가법, 국제법, 세계시민법의 문제)는 순전한 **기술적 과제**[126]인
반면, 후자의 원리는 **도덕적 정치가**의 원리로서 그에게는 하나의 **도덕
적 과제**[127]다. 이 원리는 영원한 평화를 실현하는 방법절차에서 전자
의 원리와는 천지 차이가 있다. 그것은 이 경우에 영원한 평화를 사
B 89 람들이 단지 물리적 선으로뿐만 아니라 의무로 인정함으로써 생기

는 상태로도 소망하기 때문이다.

첫 번째 문제, 즉 국가정략 문제를 해결하려면 자연의 기제를 소기
의 목적에 이용하기 위하여 자연에 관한 지식이 많이 요구된다. 하지
만 이러한 모든 지식은 그 성과인 영원한 평화와 관련해서는 불확실
하다. 그런데 이러한 사정은 사람들이 공법의 세 부문 중 어느 것을 A 84
취하든 마찬가지다. 순종적이면서 동시에 번영을 누리는 국민이 엄
격한 통치로, 아니면 허영의 미끼로, 또 유일한 최고권력으로, 아니
면 다수 우두머리의 연합으로, 어쩌면 또 순전히 한 공직귀족에 의해
서, 아니면 내부의 국민권력에 의해서 더 잘 그리고 더욱이 오랜 시
간 유지될 수 있는지는 불확실하다. 사람들은 역사에서 모든 통치방
식에 대해 (물론 도덕적 정치가만이 생각해낼 수 있는 유일하고 진정한
공화적 통치방식은 제외하고) 정반대 사례들을 가지고 있다. — 그보
다 더 불확실한 것은 내각이 입안한 법규에 의거해 작성된 이른바 국 B 90
제법인데, 그 국제법은 실제로는 실속이 없는 빈말일 뿐이고, 그것이
기초하고 있는 조약들도 그 체결행위 속에 동시에 그것들을 위반하
는 비밀 유보조항을 포함하고 있다. — 그에 반해 둘째 문제, 즉 국가
지혜의 문제 해결은 말하자면 저절로 등장한다. 이것은 누구나 잘 아
는 문제로 모든 기교를 무색하게 만들며, 곧장 목적으로 이끌고 간 VIII 378
다. 그러나 그 목적을 성급하게 폭력으로 달성하려 하지 않고 유리한 A 85
상황을 살피면서 끊임없이 그 목적에 접근해가는 영리함을 잊어서
는 안 된다.

그러면 이것은 곧 다음과 같은 것을 의미한다. 즉 "무엇보다도 먼저 순수 실천이성의 왕국과 그 왕국의 정의를 위해 힘써라. 그러면 너희의 목적(영원한 평화의 은혜)은 너희에게 저절로 주어질 것이다." 왜냐하면 그것은 도덕이 그 자체에, 예컨대 공법의 도덕원칙들과 관련하여 (따라서 아프리오리하게[128]) 인식될 수 있는 정치와 관련하여)

고유한 것을 가지고 있기 때문이다. 즉 도덕은 이미 설정된 목적에,
B 91 즉 그것이 물리적 이익이든 윤리적 이익이든 간에 의도된 목적에 행동을 덜 의존할수록, 그럼에도 그만큼 더 많이 이 목적에 일반적으로 합치한다는 것이다. 이러한 것은 바로 아프리오리하게 주어진 보편적 의지가 (한 민족 안에 또는 다양한 민족들 상호관계 안에) 있기 때문에 생기는데, 오직 이 보편적 의지만이 인간들 사이에 용납되는 것이 무엇인지를 규정한다. 그러나 이러한 만인의 의지 통합은 그 실행에서 시종일관 진행되기만 한다면, 마찬가지로 자연의 기제에 따라서
A 86 도 목적으로 삼은 결과를 산출하고 법개념에 효력을 마련해주는 원인이 될 수 있다. — 그래서 예컨대 '한 민족은 자유와 평등이라는 유일한 법개념에 따라서 한 국가로 통합되어야 한다'는 것은 도덕적 정치의 원칙이며, 이러한 원리는 영리함이 아니라 의무에 기초한다. 그런데 이에 반해 정치적 도덕가들은 한 사회를 형성하는 군중의 자연기제에 대하여 이 자연기제가 저 원칙들을 무력화하고 그 의도를 물거품으로 만들 것이라고 궤변을 늘어놓거나, 고대나 근대의 나쁘게
B 92 조직된 체제의 사례들로 (예컨대 대의제 없는 민주주의로) 앞서의 원칙에 반대하는 그들의 주장을 입증하려 할지도 모른다. 하지만 그들의 말은 경청할 가치가 없다. 특히 그러한 파멸적 이론은 분명 자기가 예언하는 해악을 스스로 초래할 터인데, 그 이론에 따르면 인간은 나머지 살아 있는 기계들과 한 부류가 되며, 그 기계들에는 아마도 자기들이 자유로운 존재자가 아니라는 의식만 내재할 터여서 세계존재자들 가운데서 자기가 가장 가련한 존재자라는 판단을 하게 될 테니 말이다.

A 87 "세상이 멸망한다 해도 정의가 행해지기를"[129]이라는 명제는 다소 허풍스럽게 들리지만 격언으로 유통되어왔으며, 참된 명제다. 이것은 독일어로는 "정의가 지배할지어다, 세상의 악한들이 모두 그로

써 멸망한다 해도"라는 의미로, 간계나 힘으로 교사된 모든 왜곡된 Ⅷ 379
길을 차단하는 용감한 법원칙이다. 다만 그 원칙은 오해되어서는, 가
령 자기 자신의 권리를 최대한 엄격하게 활용하는 것(이것은 윤리적
의무에 모순될 것이다)으로 오해되어서는 안 된다. 오히려 그 원칙은
타인에 대한 혐오나 연민으로 어느 누구에게도 그의 권리를 거부하 B 93
거나 축소하지 않는다는 권력자의 책무로 이해되어야 한다. 이를 위
해서는 우선 순수한 법원리들에 따라 수립된 국가의 내적 체제가 요
구되고, 그다음에는 또한 국가 간의 다툼을 (하나의 보편 국가를 유비
하여) 법칙적으로 조정하기 위해 그 국가를 다른 이웃 국가들이나 멀
리 떨어져 있는 국가들과 통합하는 체제가 요구된다. — 이 명제가
말하려는 것은 다름이 아니라 정치적 준칙들은 그 준칙의 준수 결과
로 기대될 수 있는 각국의 복지와 행복에서, 그러므로 각국이 대상으 A 88
로 삼는 목적(의욕함)에서, 즉 국가지혜의 최상의 (그러나 경험적) 원
리에서 나와서는 안 되고, 거기서 나오는 물리적 결과가 무엇이든지
간에 법의무라는 순수한 개념(순수 이성이 아프리오리하게 부여한 원
리의 당위[해야 함])에서 나와야 한다는 것이다. 세상은 악인들이 적
어진다고 해서 결코 멸망하지 않을 것이다. 도덕적인 악에는 그 본성
상 떼어낼 수 없는 속성이 있는데, 악은 그 의도에서 (특히 같은 생각
을 하는 타자와 관계에서) 자기 자신을 거스르고 자기 파괴적이어서 B 94
느린 진보를 거치기는 하지만, 선의 (도덕적) 원리에 자리를 내준다
는 것이다.

* * *

그러므로 **객관적으로는** (이론에서는) 도덕과 정치는 전혀 싸우지 않는다. 그에 반해 **주관적으로는** (인간의 이기적 성벽에서는, 그런데 이

성벽은 이성준칙들에 기초하지 않으므로 아직은 실천이라 불러서는 안
A 89 된다) 그 싸움은 남을 것이고, 또 항상 남아도 된다. 왜냐하면 그 싸
움은 덕의 숫돌[덕을 연마하는 숫돌]로 쓰이기 때문이다. 현재의 경
우 그 덕의 참된 용기는 ("악에 굴복하지 말고 더 대담하게 맞서 나가
라"[130]는 원칙에 따라) 여기서 감수하지 않으면 안 되는 해악과 희생
에 확고한 각오로 대항하는 데 있는 것이 아니라, 우리 자신 안에 있
는 훨씬 더 위험한 위선적이고 배신적이며 궤변적이면서 모든 위반
을 정당화하기 위해 인간 본성의 약점을 위장하는 악한 원리를 직시
하고 그 간계를 물리치는 데에 있다.

B 95; Ⅷ 380 실제로 정치적 도덕가는 다음과 같이 말할 수 있다. 즉 통치자와
국민 또는 민족과 민족은 그들이 서로 폭력적이거나 간교하게 반목
할 때, 비록 일반적으로 그들이 유일하게 평화를 영원히 정초할 수
있는 법개념에 대해 모든 존경을 거부한다는 점에서 부당한 일을 행
한다 할지라도, 서로 부당한 일을 행하는 것이 아니라고 한다. 왜냐하
면 한쪽이 다른 쪽에 대해 자기 의무를 위반하고, 바로 그 다른 쪽도
A 90 마찬가지로 상대방에 대해 위법적인 생각을 한 것이므로, 그들이 서
로 섬멸한다 해도 그들 쌍방에게는 지극히 정당한 일이 일어나는 것
이기 때문이다. 그래서 어쨌든 이러한 놀이를 가장 먼 후대에까지 중
지시키지 못할 만큼 이러한 종족은 계속해서 충분히 남아 있을 것이
며, 그리하여 나중에 후손들이 언젠가 그들에게서 경종을 울리는 사
례를 취하게 될 것이다. 세계 운행의 섭리는 여기서 정당화된다. 왜
냐하면 인간에게서 도덕적 원리는 결코 소멸하지 않으며, 실용적으
로 저 원리에 따라 법적 이념들을 실행하기에 유용한 이성은 더군다
나 언제나 진보하는 문화를 통해 지속적으로 성장하지만, 그 문화와
더불어 저 위반들의 죄과도 커지기 때문이다. 다만 창조는, 말하자
B 96 면 그러한 유형의 타락한 존재 일반이 지상에 있어야 했다는 사실만

은 (만약 우리가 인류가 결코 더 나아지지도, 나아질 수도 없다는 것을 가정한다면) 어떤 변신론으로도 정당화될 수 없는 것처럼 보인다. 그러나 이러한 판정의 입장은 우리에게는 너무나 높은 것이어서 우리가 헤아리기 어려운 최고권력에 대한 (지혜에 관한) 우리의 개념들을 이론적 견지에서 부가할 수는 없다. — 만약 우리가 순수한 법원리들 A 91
이 객관적 실재성을 갖는다는 것, 즉 그것들이 실행된다는 것을 가정하지 않는다면, 그리고 경험적 정치가 제아무리 그에 대해 반박할지라도, 국가 안의 국민 측에서도, 그리고 나아가 국가들 상호 간에도 그 법원리들에 따라 행해져야만 한다는 것을 가정하지 않는다면, 우리는 불가피하게 그러한 절망적 귀결로 내몰릴 것이다. 그러므로 참된 정치는 먼저 도덕에 경의를 표하지 않고는 한 걸음도 내디딜 수 없다. 물론 정치가 그 자체로 어려운 기술이기는 하지만, 그래도 정치와 도덕의 합일은 전혀 기술이 아니다. 왜냐하면 양자가 충돌하자마자 도덕이 정치가 풀 수 없는 매듭을 풀어 갈라놓기 때문이다. —
인간에게 법[권리][131]은 그것이 지배 세력에게 매우 큰 희생을 치르 B 97
게 할지라도, 신성하게 지켜지지 않으면 안 된다. 사람들은 [권리/법을 지키기 위해] 여기서 [그 권리/법을] 반절로 나누어, (법[권리]과 유용 사이에) 실용적으로 제약된 법[권리]이라는 중간물을 고안해낼 수는 없다. 오히려 모든 정치는 법[권리] 앞에 무릎을 꿇어야 하며, 그러나 그럼으로써 물론 느리기는 하지만 정치는 항구적으로 빛날 단계에 이르기를 희망할 수 있다.

II. 공법의 선험적 개념에 따른 정치와 도덕의 일치에 관하여 A 92; B 98; VIII 381

법이론가들이 보통 생각하듯이, 내가 (국가 안의 인간들 상호 간 또는 국가들 상호 간의 경험적으로-주어진 다양한 관계들에 따른) 공법의 모든 질료를 추상해버린다면, 나에게 남는 것은 공개성의 형식이다. 이러한 공개 가능성은 모든 법적 요구[132] 속에 내포되어 있다. 왜냐하면 공개 가능성 없이는 (오직 공적으로 알려질 수 있는 것으로만 생각될 수 있는) 어떤 정의도 존재할 수 없으며 오직 정의에 의해서만 승인되는 법[권리] 역시 존재할 수 없기 때문이다.

모든 법적 요구는 이러한 공개 능력을 가지지 않으면 안 된다. 그리고 공개 능력이 당면의 경우에 발휘되는지, 즉 그것이 행위자의 원칙과 합일될 수 있는지 없는지는 매우 쉽게 판단될 수 있으므로 그
A 93; B 99 공개 능력은 쉽게 사용할 수 있고 이성에서 아프리오리하게 마주칠 수 있는 기준을 제출할 수 있다. 후자의 경우[공개 능력이 행위자의 원칙과 합일될 수 없는 경우]에는 앞에서 말한 요구(법적 요구[133])가 거짓(위법)이라는 것이 순수 이성의 실험으로 즉시 인식된다.

국가법이나 국제법의 개념이 포함하는 모든 경험적인 것(강제를 필연적이게 하는 인간 본성의 사악함과 같은 것)을 그렇게 추상하고 난 뒤에, 사람들은 다음 명제를 공법의 선험적 정식이라고 부를 수 있다.

"타인의 권리에 관계되는 행위는 그 준칙이 공개성과 일치하지 않으면 모두 부당하다."

이 원리는 단순히 윤리적[134](덕론에 속하는 것)일 뿐 아니라 법적인 것[135](인간의 권리에 관한 것)으로 간주되어야 한다. 왜냐하면 나 자신의 의도가 동시에 물거품이 되지 않게 하려고 내가 알려지게 해서
B 100 는 안 되는 준칙, 나 자신의 의도가 성공하려면 철저히 비밀로 해야만 하는 준칙 그리고 공적으로 고백하는 경우 불가피하게 나의 의도에
A 94 대한 만인의 저항을 불러일으켜 공적으로 고백할 수 없는 준칙은 이러한 필연적이고 보편적인, 따라서 아프리오리하게 통찰할 수 있는, 나에 대한 만인의 반대작업을 야기하는데, 그것은 다름 아닌 그 준칙

의 부정의에 기인하는 것이며, 그 준칙의 이러한 부정의로 모든 사람이 위협받게 되기 때문이다. — 이 원리는 더 나아가 한낱 소극적일 뿐이다. 즉 그 원리는 단지 그것을 매개로 무엇이 타인에 대해 옳지 않은지를 인식하게 하는 데에만 쓰인다. — 이 원리는 공리처럼 증 Ⅷ 382
명할 필요 없이 확실하고, 또한 다음의 공법 사례들에서 알 수 있듯이 쉽게 적용될 수 있다.

1. **국가법,**[136] 즉 국내법에 **관하여**. 국가법에는 많은 이가 대답하기 어렵다고 여기는 문제가 나타나는데, 공개성의 선험적 원리는 그것을 아주 쉽게 해결한다. 즉 "반란은 국민들에게 이른바 폭군(명칭만이 아니라 그렇게 실행하는 자[137])의 압제적 폭력을 벗어던지기 위한 적법한 수단인가?" 하는 문제가 그렇다. 국민의 권리들이 훼손되어 B 101
있으니 폐위됨으로써 그(폭군)에게는 어떠한 부당함도 발생하지 않는다. 이 점에는 의심할 여지가 없다. 그럼에도 어쨌든 신민들이 이 A 95
러한 방식으로 자신들의 권리를 찾는 것은 최고로 부당한 일이다. 그리고 만약에 그들이 이 싸움에서 패하고, 그 때문에 나중에 가장 가혹한 형벌을 감내해야만 할 때에도 마찬가지로 그들은 정의롭지 못하다고 불평할 수 없다.

그런데 여기서 만약 사람들이 이 문제를 법적[권리] 근거들[138]의 독단적 연역으로 결정하고자 하면, 많은 것이 찬성과 반대로 갈려 논변될 수 있다. 오직 공법의 공개성이라는 선험적 원리만이 이러한 쓸데없는 절차를 줄일 수 있다. 이 원리에 따라 국민은 시민적 계약을 작성하기에 앞서, 때에 따라서 반란을 일으키겠다는 준칙을 공개적으로 알리는 일을 감행할지 자문하게 된다. 만약 사람들이 국가체제를 세울 때 유사시에 국가원수에 대항하여 폭력을 행사한다는 것을 조건으로 삼고자 한다면, 국민이 적법하게 원수 위에 군림하는 힘을 갖는다고 참칭할 수밖에 없다는 것을 사람들은 쉽게 깨닫는다. 그러 B 102

나 그렇게 되면 저 원수는 원수가 아닐 것이며, 또는 이 두 가지[국가
원수가 있고 국민이 저항권을 갖는 것]가 국가 설립의 조건이 된다
A 96 면 국가 설립은 전혀 불가능한 일이 될 것이다. 하지만 국가 설립은
국민이 의도한 것이었다. 그러므로 반란의 부당함은 그것[반란의 준
칙]을 공적으로 고백함으로써 국민 자신의 의도가 불가능해진다는 점
에서 밝혀진다. 그러므로 사람들은 그 반란의 준칙을 필연적으로 비
밀에 부칠 수밖에 없을 것이다.— 그러나 이 마지막 사항은 국가원
수 편에서는 정말 필연적이지 않을 것이다. 국가원수는 비록 반란의
주모자들이 국가원수 쪽에서 먼저 기본법을 위반했다고 제아무리
믿을지라도, 모든 반란 주모자를 사형에 처하여 벌할 것이라고 자유
롭게 공언할 수 있다. 왜냐하면 만약 그가 저항할 수 없는 최고 권력을
소유하고 있음을 의식한다면 (이것은 모든 시민적 체제에도 그렇게 상
정되지 않으면 안 된다. 타인에 대해 국민 각자를 보호하기에 충분한 권
VIII 383 력을 가지지 못한 자는 국민에게 명령할 권리도 가지지 못하니 말이다)
그는 자기 준칙이 알려짐으로써 자신의 의도가 물거품이 될 것을 염
B 103 려할 필요가 없기 때문이다. 그리고 이것은 또한 만약 반란이 국민에
게 성공한다면, 저 원수는 신민의 위치로 되돌아가 어떠한 권리 회복
A 97 을 위한 반란[139]도 착수할 수 없을 것이며, 또한 자신의 이전 국가통
솔 때문에 책임을 추궁당할 것을 두려워할 필요도 없을 것이라는 사
실과도 아주 잘 연관되어 있다.

2. 국제법에 관하여.— 어떤 하나의 법적 상태를(즉 인간에게 권리가 실제로 부여될 수 있는 외적 조건을) 전제하고만 국제법에 대해 이야기할 수 있다. 왜냐하면 국제법은 하나의 공법으로서 이미 그 개념에 각자에게 자기 것을 규정하는 보편적 의지의 공포(公布)[140]를 내포하기 때문이다. 그리고 이러한 법적 상태[141]는 어떤 하나의 계약에

서 생기지 않으면 안 되는데, 그 계약은 (국가를 설립하는 경우의 계약처럼) 강제법칙들에 기초를 둘 필요는 없고, 기껏해야 위에서 언급한 여러 상이한 국가들 간의 연합처럼 영속적으로-자유로운 연합의 계약일 수도 있다. 왜냐하면 서로 다른 (물리적 또는 도덕적) 인격들을 실제적으로 연결하는 어떤 법적 상태가 없다면, 따라서 자연 상태에서는 한낱 사법 외에 다른 것은 있을 수 없기 때문이다. — 그런데 여기서도 정치와 도덕(법론으로 간주된 도덕)의 싸움이 생기는데, 이 경우에도 준칙의 공개성이라는 저 기준은 마찬가지로 쉽게 적용된다. 하지만 다만 그 계약은 단지 국가들이 서로 그리고 공동으로 다른 국가들에 대항해서 평화를 유지하게 하려고 국가들을 결합하는 것이지, 결코 국가들을 획득하기 위하여 결합하는 것이 아니다. — 이제 여기서 정치와 도덕 사이에 다음과 같은 경우의 이율배반과 그 해결책이 생긴다. B 104 A 98

a) "이러한 국가들 중 하나가 타국에 어떤 것, 즉 원조라든지 특정 지역의 양도라든지 또는 지원금 등을 약속했을 때 문제가 되는 것은 그 국가의 안위가 위협받는 사태가 발생한 경우 그 국가가 자신을 이중 인격체로 생각하려 함으로써 과연 그 약속을 준수하지 않을 수 있는가 하는 것이다. 즉 처음에는 자국 내에서 누구에게도 책임을 지지 않는 주권자로, 그러나 다음에는 다시금 국가에 책임을 지지 않으면 안 되는 최고위 국가공직자로 생각함으로써 그 약속을 준수하지 않을 수 있는지 하는 것이다. 그렇게 되면 국가는 전자의 성질에서[주권자 자격으로]는 책임이 있지만, 후자의 성질에서[최고위 국가 공직자로]는 책임이 없다는 결론이 나온다." — 그러나 어떤 국가(또는 그 원수)가 이런 자신의 준칙이 알려지게 내버려둔다면, 자연히 모든 타국은 그 국가를 멀리하거나 아니면 타국과 연합하여 그 국가의 불손함에 저항할 것이다. 이것은 정치가 온갖 교활함에도 이러한(공개 B 105 A 99; Ⅷ 384

성의) 기반 위에서는 그 목적 자체를 물거품으로 만들 수밖에 없다는 것, 따라서 저 준칙은 부당할 수밖에 없다는 것을 증명한다.

b) "두려울 정도의 크기(공포의 세력[142])로까지 성장한 이웃 강국
이 위협적일 때, 사람들은 그 강국이 할 수 있기 때문에 [약소국들을]
억압하고자 할 것이라고 상정할 수 있는가? 또 이러한 상정이 약소국
에 선행하는 침해가 없었음에도, (연합하여) 그 강국을 공격할 권리
를 제공하는가?" — 이 경우 자신의 준칙을 긍정하면서 알려지게 하
고자 하는 국가는 그 화를 단지 더 확실하고 신속하게 자초하게 될
것이다. 왜냐하면 강국은 그 약소국에 선수를 칠 테고 약소국의 연합
B106 에 관해 말하면, 그것은 '분할하라 그리고 지배하라'를 이용할 줄 아
는 자에게는 단지 허약한 갈대 지팡이일 뿐이기 때문이다. — 그러므
로 국가 정략의 이러한 준칙은 공적으로 선언되면 필연적으로 그 자
신의 의도를 물거품으로 만들게 되고, 결과적으로 부당한 것이 되고
만다.

c) "어떤 약소국이 그 위치 때문에 한 강대국의 [영토]연결을 끊었
A 100 지만, 그 연결이 이 강대국에는 자신을 유지하기 위하여 필요할 때
에, 이 강대국은 저 약소국을 복속해 자국으로 합병할 권리는 없는
가?" — 사람들은 강대국이 그러한 준칙을 분명히 미리 알려지게 하지는 않을 것임을 쉽게 알 수 있다. 왜냐하면 약소국들이 조기에 연합하거나 아니면 다른 열강들이 이 먹잇감을 두고 다툴 테고, 따라서 그 준칙은 그 공개성으로 말미암아 스스로 쓸모없는 것이 되기 때문이다. 그것은 그 준칙이 부당하며, 그것도 매우 높은 정도로 그럴 수 있다는 표시다. 부정의의 객체가 작다 하더라도, 거기에서 입증된 부정의는 매우 클 수 있을 테니 말이다.

3. 세계시민법에 관하여. 이것에 관해서는 여기서 말없이 지나간다.
B 107 왜냐하면 국제법에서 유추함으로써 그 준칙들은 쉽게 제시될 수 있

고 평가될 수 있기 때문이다.

* * *

그런데 여기서 사람들은 국제법 준칙과 공개성이 화합 불가능하
다는 원리에서 정치와 (법론인) 도덕의 불합치에 대한 좋은 징표를 보
기는 한다. 하지만 이제 사람들은 도대체 무엇이 공개성의 준칙과 국 A 101
제법을 합치시키는 조건인지 배울 필요가 있다. 왜냐하면 역으로, 공 VIII 385
개성과 화합하는 준칙이라고 해서 그것으로 정당하다고 추론할 수
는 없기 때문이다. 결정적인 최고 권력을 쥔 자는 자기의 준칙들을
숨길 필요가 없으니 말이다. — 국제법 일반을 가능하게 하는 조건은
제일 먼저 **법적 상태**가 존재해야 한다는 것이다. 왜냐하면 이러한 상
태 없이는 어떤 공법도 있을 수 없고, 사람들이 이런 상태에서 벗어
나 (자연 상태에서) 생각할 수 있는 모든 법은 한낱 사법(私法)이기 때
문이다. 그런데 우리가 위에서 보았던 것은 순전히 전쟁을 제거할 의
도에서 이루어진 국가들의 연방 상태가 그 국가들의 **자유**와 일치할 B 108
수 있는 유일한 **법적 상태**라는 것이다. 그러므로 정치와 도덕의 합치
는 오직 하나의 연방적 연합[143](즉 아프리오리한 법원리에 따라 주어
진 그리고 필연적 연합)에서만 가능하며, 모든 국가정략은 이러한 연
방적 연합을 가능한 한 광범위하게 수립하는 데서 그 법적 토대를 갖
게 된다. 그러한 목적이 없다면 국가정략의 모든 강변(强辯)[144]은 어
리석음이자 위장된 부정의다. — 그런데 이러한 거짓정치[145]는 최
상의 예수회 학파에 못지않은 자신의 결의법(決疑法)[146]을 갖고 있
다. — [첫째로] 심중 유보인데, 이것은 공적 계약서를 작성할 때 사
람들이 그때그때 자기에게 이익이 되도록 원하는 대로 해석할 수 있 A 102
는 표현들을 (예컨대 사실상 상태와 법률상 상태의 구별 등) 쓰는 것이

다. — [다음으로] 개연주의인데, 이것은 타국이 악한 의도를 가지고 있다고 꾸며내거나 타국이 어쩌면 우세할 수도 있다고 생각될 때 그것을 그 평화로운 타국을 전복할 법적 근거로 삼는 것이다. — 끝으로 철학적 죄(작은 죄, 사소한 것)[147]인데, 이것은 훨씬 더 큰 국가가 작은 국가를 삼키는 일이 세계복지에 기여할 것 같을 때 그러한 일을
B 109 쉽게 용서할 수 있는 사소한 일로 보는 것이다.*

이러한 결의법을 조장하는 것은 도덕에 관한 정치의 이중적 행태[149] 인데, 정치는 자기 의도에 따라 때로는 이것을, 때로는 저것을 이용한다. — 인간 사랑과 인간의 법[권리]에 대한 존경 양자는 다 같이 의무다. 그러나 전자는 단지 조건적 의무이지만, 후자는 무조건적이며 절대적으로 명령하는 의무다. 선행의 달콤한 감정에 빠지려고 하는
A 103 자는 우선 이 [후자의] 의무를 위반하지 않았다는 것을 완전히 확신
Ⅷ 386 하지 않으면 안 된다. 정치는 인간의 권리를 통치자에게 넘겨주기 위
B 110 하여 전자의 의미의 (윤리학으로서) 도덕에 쉽사리 동의한다. 그러나 정치가 그 앞에서 무릎을 꿇지 않으면 안 될 후자의 의미의 (법론으로서) 도덕에서는 정치는 단연코 도덕과 관계를 끊고, 오히려 도덕의 실재성을 모두 부인하며, 모든 의무를 단순한 호의로 해석하는 것을 상책으로 본다. 하지만 은밀한 정치의 그러한 간계는 만약 정치가 그 준칙을 철학자에게 공개하도록 과감히 허용하기만 한다면, 철학에 의해 저 정치의 준칙들이 공개됨으로써 쉽게 물거품이 될 것이다.

이러한 의도에서 나는 또 하나의 선험적이며 긍정적인 공법의 원

---

* 이러한 준칙에 대한 전거를 궁정고문관 가르베 씨의 논문 「도덕과 정치의 결합에 관하여」(1788)에서 볼 수 있다.[148] 이 존경할 만한 학자는 바로 첫머리에서 이 물음에 만족스러운 답을 제시할 수 없다고 고백한다. 그러나 도덕과 정치의 결합에 대한 반론들을 완전히 해결할 수 없다는 것을 고백하면서도 그 결합을 인정한 것은 그러한 결합을 악용하려는 경향이 아주 강한 사람들에게 권고할 만한 것보다 더 크게 양보한 것으로 보인다.

리를 제안하려고 하는데, 그 정식은 다음과 같이 될 것이다.

"(자신의 목적을 놓치지 않기 위해서) 공개성을 **필요로 하는** 모든 준칙은 법 및 정치와 하나가 되어 합치한다."

왜냐하면 준칙들이 공개성으로만 자기 목적을 달성할 수 있다면, 그것들은 공중의 보편적 목적(행복)에 맞지 않으면 안 되며, 그러한 B 111 목적과 합치하는 것(공중이 자기 상태에 만족하게 하는 것)이 정치의 본래 과제이기 때문이다. 그러나 이러한 목적이 공개성으로만, 즉 그 A 104 준칙들에 대한 모든 불신을 제거함으로써만 달성될 수 있어야 한다면, 이러한 준칙들은 또한 공중의 법[권리]과도 조화를 이루지 않으면 안 된다. 왜냐하면 오직 이러한 공중의 법[권리]에서만 모든 사람의 목적이 하나가 되는 것이 가능하기 때문이다.—이러한 원리를 계속 전개하고 논의하는 것을 나는 다른 기회로 미룰 수밖에 없다. 다만 그 원리가 선험적 정식이라는 것은 법칙의 질료인 (행복이론의) 모든 경험적 조건을 제거하고, 순전히 보편적 합법칙성의 형식을 고려한다는 점에서 알게 될 것이다.

* * *

비록 무한히 진보하면서 접근할 수밖에 없다 할지라도, 공법의 상태를 실현하는 것이 의무이고 동시에 그렇게 될 거라는 희망에도 근거가 있다면, 지금까지 잘못 사용된 명칭인 평화조약(본래는 휴전상 B 112 태)에 뒤따르는 **영원한 평화**는 공허한 이념이 아니라 오히려 점차 해결되어 (동일한 진보가 이루어질 시간은 바라건대 점점 더 짧아질 것이므로) 그 목표에 끊임없이 다가가는 하나의 과제다.

철학에서 임박한 영구평화조약 체결 고지　Ⅷ 411

정성관

일러두기

1. 『철학에서 임박한 영구평화조약 체결 고지』(*Verkündigung des nahen Abschlusses eines Traktats zum ewigen Frieden in der Philosophie*) 번역은 1796년 발표된 원전을 대본으로 사용했고, 학술원판(*Abhandlungen nach 1781* in *Kant's gesammelte Schriften*, Bd. VIII, pp.411-422, hrsg. von der Königlich Preußischen Akademie der Wissenschaften, Berlin, 1912/23)과 바이셰델판(*Schriften zur Metaphysik und Logik* in *Immanuel Kant Werke in Zehn Bänden*, Bd. V, pp.405-416, hrsg. von Wilhelm Weischedel, Darmstadt, 1983)을 참조했다

철학의 영구평화조약 체결이 임박했음을 공표함

제1절 A 485; Ⅷ 413
임박한 영구 평화에 대한 즐거운 전망
생의 본성이라는 인간의 최하위 단계부터 최상위 단계인 철학까지

크리시포스는 자신의 스토아적인 힘찬 어조로* "자연은 돼지에게 썩지 않도록 소금 대신에 영혼을 부여했다"라고 말한다. 그런데 이것은 모든 교양 이전 인간 본성의 최하위 단계, 말하자면 순전한 동물적 본능을 두고 하는 말이다. — 그러나 마치 그 철학자는 여기서 우 A 486
리 시대의 생리학적 체계에 예언자적 눈길을 던졌던 것처럼 보인다. 단지 사람들이 이제 영혼이라는 말 대신에 살아 있는 생명력이라는 말을 사용하기 좋아했을 뿐이다. (그렇게 하는 것이 정당하기도 하다. 어떤 결과에서 그 결과를 생산하는 어떤 힘은 아마 충분히 추론될 수 있지만, 특별히 이러한 종류의 결과에 적합한 어떤 실체가 즉각 추론될 수 있는 것은 아니니 말이다.) 또 사람들은 생명이라는 것을 자극하는 힘

---

* 키케로, 『신들의 본성에 관하여』, 제2권, 160절.[1)]

의 작용(생명의 자극)과 자극하는 힘에 반작용하는 능력(생명의 능력)에 두며, 자신 안에서 균형 잡힌 자극이 과도하지도 않고 과소하지도 않은 반응을 일으키는 인간을 건강하다고 할 뿐이다. 반대의 경우에는 자연의 생기작용은 화학작용으로 넘어가 부패로 이어질 것이다. 그러므로 (사람들이 보통 믿었던 것처럼) 죽음에서 그리고 죽음 뒤에 생길 수밖에 없는 것이 부패가 아니라 선행하는 부패에서 생길 수밖에 없는 것이 죽음이다. — 그런데 여기서 자연은 아직 인간성 이전의 인간에게, 그러니까 그것이 단지 힘을 전개하기 위해 동물에게서 활동하는 것과 마찬가지로 그 일반성으로 제시되는데, 이 힘은 나중에 인간이 자유의 법칙들에 따라 사용할 수 있다. 그러나 물론 이러한
A 487 [자연의] 활동과 그 자극은 실천적인 것이 아니라 여전히 기계적인 것에 불과하다.

VIII 414

A. 인간 철학의 물리적 원인들에 대하여

인간을 모든 다른 동물보다 뛰어나게 하는 자기의식이라는 속성을 제외하면 — 이 속성 때문에 인간은 이성적 동물인데(또 의식의 단일성 때문에 단 하나의 영혼만이 부여될 수 있는 동물인데) — [인간에게] 성향이 생긴다. 그럴듯하게 논하기[2] 위해 이 능력[자기의식 능력]을 사용하여 점차 조리 있게, 그러니까 순전히 개념들로 그럴듯하게 논하는, 즉 철학하는 성향, 또 이것에 이어서 자기 철학으로 타인에게 논박하며 싸움을 거는, 즉 논쟁하는 성향[3] 말이다. 그리고 이것은 자기 철학을 위해 언쟁하고, 최후에는 집단을 결집해 서로 대항하여 (군대와 군대가 대항하듯 학파와 학파가 대항하여) 열린 전쟁을 감행하는 정념[4] 없이는 쉽게 생기지 않으므로, 말하자면 이러한 성향 혹은 오히

려 충동[5]은 유익하고 현명한 자연의 행사들 가운데 하나로 간주되지 않으면 안 될 것이며, 이것[성향 혹은 충동]으로 자연은 인간에게서 살아 있는 육체가 썩는 큰 불행을 방지하려고 애쓴다. A 488

철학의 물리적 효과에 대하여

철학의 효과로서 물리적 효과는 이성의 건강(건전한 상태)[6]이다. — 그러나 인간의 건강은 (위에서 언급한 것에 따르면) 끊임없는 발병과 치유이므로, 한낱 실천이성의 섭생(예를 들어 실천이성의 훈련)으로는 건강이라 불리며 머리카락의 첨두(尖頭)에서 흔들거리는 균형을 유지하기에 아직 미흡하고, 오히려 철학이 (임상적으로) 약제(치료 수단)[7]로서 작용하지 않으면 안 된다. 이 경우 그 약제를 사용하려면 약전(藥典)과 의사가 (오직 후자만이 그 사용을 처방할 권리가 있지만) 필요한데, 이때 경찰은 사람들이 어떤 철학을 연구해야 하는지 주제넘게 권고하는 자가 자격 있는 의사들인지, 한낱 아마추어들이 아닌지, 또 그들이 제1원리들을 모르는 기술에서 야바위짓을 행하는지를 감시하지 않으면 안 된다.

약제로서 철학의 힘에 대한 실례는 스토아 철학자 포시도니우스[8] A 489
가 위대한 폼페이우스[9] 앞에서 자기 자신의 인격에 행한 실험으로 제공했다(키케로, 『투스쿨란 논쟁』,[10] 2권, 61절). 요컨대 그는 에피쿠로스학파와 활발하게 논쟁함으로써 격렬한 통풍 발작을 제압하여 통풍이 발아래에서 나타나게 하고 심장과 머리에는 도달하지 못하도 Ⅷ 415
록 했다. 그리하여 그는 '고통에는 악한 것이란 없다'*[17]는 명제에 대해

---

* 라틴어에서는 '악'(惡)과 '해'(害)[11] 표현의 모호성이 그리스에서보다는 더 쉽게 예방된다. — 건강과 (고통의) 악을 고려할 경우에 인간은 (모든 감각적 존재처럼) 자연의 법칙 아래에 있고, 단순히 수동적이지만, 해와 이

열변을 토하면서 자연이 철학으로 의도하는 철학의 직접적인 물리적 효과(육체적 건강)를 입증했다.

A 490 철학과 철학의 끊임없는 평화상태의 불일치라는 가상(假象)에 대하여

독단론(예를 들면, 볼프학파)은 잠들기 위한 베개이며, 모든 활기의
A 491 종말이다. 이 후자[활기]는 바로 철학의 선행(善行)이다. — 회의론은 이것이 완성된 경우 첫째 것[독단론]과 정반대를 이루는데, 모든 것을 사용하지 않은 채 옆으로 치우기 때문에 활발한 이성에 영향을 미칠 수 있는 것은 아무것도 가지고 있지 않다. — 온건론은 중간을 노리며, 주관적 개연성에서 현자의 돌[18]을 얻는다고 생각하고, 격리된 많은 근거의 축적으로(그 근거들은 어떤 것도 자체로 증명되지는 않지만) 충족 이유[율]의 결핍을 대체한다고 망상하는데, 이는 전혀 철학이 아니다. 이 약제(송영頌榮)[19][온건론]에 만족하는 것은 페스트물약[20]이나 베니스 테리악[21][만능치료제]에 만족하는 것과 같다. 그것들[페스트물약이나 베니스 테리악]은, 자신들 안에서 좌와 우로 집

(利))를 고려할 경우 자유의 법칙 아래에 있다. 전자[악]는 인간이 겪는 것을 내포하지만, 후자[해]는 그가 자발적으로 하는 것을 내포한다. — 운명을 고려할 경우 '우'와 '좌'의 차이는 (행운의 운명이거나 불운의 운명은)[12]
A 490 단순히 인간의 외적 관계상 차이이다. 그러나 인간의 자유와 그의 경향성을 상대하는 법칙을 고려할 경우 그 차이는 인간 내부의 차이이다. — 첫째 경우의 똑바른 것은 기울어진 것[13]에, 둘째 경우의 똑바른 것은 비뚤어진 것, 불구가 된 것[14]에 대립된다.

고대 로마인이 불행한 사건을 왼편에 두는 것은 아마 사람들이 공격을 방어하는 데에 왼손이 오른손만큼 노련하지 못하기 때문에 생긴 일일 것이다. 그런데 새점을 칠 때,[15] 복점관(卜占官)[16]이 자기 얼굴을 이른바 신전쪽으로(남쪽으로) 돌렸을 경우, 그가 왼쪽에서 발생한 번개불을 행운이라 한 것은, 복점관과 마주 대하는 것으로 생각되었던 번개의 신이 자신의 번개를 그때 오른쪽으로 이끈 까닭인 것처럼 보인다.

어 올려지는 것이 너무나 많은 사람에게 좋은 것이므로 아무것에도 좋지 않다.

비판철학과 철학의 끊임없는 평화상태의 현실적 일치에 대하여 VIII 416

비판철학은 체계를 구축하거나 무너뜨린다든지 혹은 (온건론처럼) 임시적 숙박을 위해 지주 위에 가옥 없이 지붕만을 세우려는 시도에서가 아니라 인간 이성 능력의 연구에서 (어떤 의도이건 간에) 정복하기 시작하는 철학이다. 그래서 비판철학은 어떤 가능한 경험에서도 그 예증을 할 수 없는 철학명제들이 화제가 되는 경우, 무작정 궤변을 하지 않는다. — 그런데 아무튼 인간 이성 속에는 어떤 경험으로도 알려질 수는 없지만 경험 속에서 제시되는, 따라서 (말하자면 아프리오리한 원리에 따라) 절대적으로 명령될 수도 있는 작용결과에서 자신의 실재성과 진리를 증명하는 어떤 것이 존재한다. 이것은 자유의 개념과 자유에서 비롯되는 정언적 명령, 즉 단적으로 명령하는 명령이라는 법칙이다. — 이것으로 말미암아 한갓 사변이성에는 완전히 공허할 이념들은, 비록 우리가 후자[사변이성]에 의해 필연적으로 우리 궁극목적의 인식근거인 그 이념들에 향하게 될지라도, 도덕적·실천적일 뿐이지만 하나의 실재성을 얻는다. 요컨대 사람들은 저 (실천적) 고려에서 요청되는 그 이념의 내상들(신과 불멸성)이 마치 주어져 있는 것처럼 행동한다.

이러한 [비판]철학은 항상 (왜곡된 방식으로 현상과 사물 자체를 뒤바꾸는 철학에 대항하여) 무장된, 바로 그 때문에 이성 활동도 끊임없이 동반하는 무장된 상태인데, 한편으로는 상대방의 이론적 증명을 무력하게 함으로써, 또 다른 한편으로는 자신의 원리를 수용하게 하는 실천적 근거들의 힘으로써 철학자들 사이에 영구 평화에 대한 전

A 492 (margin, beside line "서가 아니라 … 정복하"); A 493 (margin, beside line "이러한 [비판]철학은 …")

망을 연다. — 게다가 이러한 평화는 공격으로 위험에 처해 있는 것처럼 보이는 주체의 힘을 항상 활기 있게 유지하여, 주체에게 지속적으로 활기를 주고 죽음의 잠을 막으려는 자연의 의도도 철학으로 촉진하는 장점도 가지고 있다.

*　　*　　*

이러한 관점에서 관찰한다면, 사람들은 자기 본래의 (수학) 분야에
Ⅷ 417 서뿐 아니라 많은 다른 분야에서도 뛰어나고 생산적이며, 여전히 활발한 노년으로 보답받는 한 인물의 발언을, 만약 그 발언이 잘못된
A 494 명성 위에서 한가롭게 휴식하는 평화를 철학자들에게서 완전히 박탈하는 경우라면 불행을 알리는 사자의 발언[22]이 아니라, 하나의 축사로 해석하지 않으면 안 된다.* 그러한 평화는 당연히 힘을 쇠약하게 할 뿐이고, 인류의 궁극목적을 위해 지속적으로 활기를 주는 수단인 철학의 의도에서 자연의 목적을 좌절시킬 뿐일 테니 말이다. 이러한 평화와 반대로 투쟁적 체제는 아직 전쟁이 아니라 오히려 반대근거보다 결정적인 우위를 차지하는 실천적 근거로 전쟁을 억제하고, 그리하여 평화를 보장할 수 있고 또 보장해야 한다.

B. 인간의 철학을 위한 인간 삶의 초자연적 기초

이성으로 인간의 영혼에 정신[25]이 부여된다. 이는 인간이 단순히

---

* 영원히 전쟁은 피할 수 있다.
사람들이 현자의 말을 따른다면.
그러면 모든 인간은 평화를 유지하겠지만,
오직 철학자들만은 그렇지 않다.[23] -캐스트너[24]

자연의 기제와 자연의 기술적·실천적 법칙뿐만 아니라 자유의 자발성과 도덕적·실천적 법칙에 알맞은 삶을 살도록 하려는 것이다. 이 A 495
러한 삶의 원리는 그 전체가 무엇보다도 먼저 (모든 실천적 이성 사용에 앞서) 학문, 즉 이론적 인식을 전제로 하는 감성적인 것의 개념들에 기초를 두지 않는다. 오히려 삶의 원리는 우선 그리고 직접적으로 초감성적인 것의 이념인 자유의 이념과 후자[자유]를 우리에게 최초로 알려주는 도덕적 정언명령에서 출발한다. 그리하여 삶의 원리는 하나의 철학의 기초를 형성한다. 그 철학의 가르침은 가령 (수학처럼) 좋은 도구(임의의 목적들을 위한 도구)가, 따라서 단순한 수단이 아니라 자신을 근본원칙으로 만드는 그 자체로 의무다.

모든 학문 가운데 인간의 최대 욕구를 형성하는 가르침인 철학은 무엇인가?

철학은 이미 그 이름이 나타내는 것, 즉 지혜의 탐구다. 그런데 지혜 Ⅷ 418
는 의지가 궁극목적(최고선)과 합치하는 것이다. 그리고 궁극목적은 도달할 수 있는 한 의무이기도 하며, 반대로 궁극목적이 의무라면 역시 도달할 수 있어야 하는데, 그러한 행위법칙은 도덕적이라고 한다. A 496
그렇기 때문에 인간에게 지혜는 도덕법칙을 준수하는 의지의 내적 원리 이외에 아무것도 아니다. 그 의지의 대상이 어떤 종류라 하더라도 그렇다. 그러나 그 대상은 언제나 초감성적인 것이다. 왜냐하면 경험적 대상에 의해 규정된 의지는 규칙의 기술적·실천적 준수에 대한 근거는 될 수 있겠지만, (비물리적 관계인) 어떠한 의무에 대한 근거도 될 수 없기 때문이다.

우리 인식의 초감성적 대상들에 대하여

그 대상들은 신, 자유 그리고 [영혼의] 불멸성이다. — 1) 모든 것에 의무를 지우는 존재인 신, 2) 모든 자연의 힘에 대항하여 (신의 명령인 것처럼) 자기 의무를 준수할 것을 주장하는 인간의 능력인 자유, 3) 거기에서 인간에게 그의 도덕적 가치에 비례하여 복이나 고통이 주어질 상태인 불멸성. — 사람들이 깨닫는 바는 그 대상들이, 산정되어야 하는 이성추리의 세 명제가 연결되어 있는 것처럼 연계되어 있다는 것이며, 또 바로 그 대상들이 초감성적인 것의 이념들이기 때문에
A 497 그것들에 이론적 고려에서는 어떤 객관적 실재성도 주어질 수 없으므로, 만약 그것들에 그럼에도 그러한 실재성을 마련해주어야 한다면, 실재성은 도덕적 · 실천적 이성의 요청들*로서 단지 실천적 고려에서만 인정될 수 있다는 것이다.

예컨대 이러한 이념들 가운데 중간의 이념, 즉 자유의 이념은 나머지 두 이념을 결과로 이끈다. 왜냐하면 자유의 실존은 아무런 의심할 여지도 두지 않는 정언명령 안에 내포되어 있기 때문이다. 이것은 지혜의 최상 원리인 정언명령이, 따라서 또한 가장 완전한 의지의 궁극
A 498; VIII 419 목적(도덕성과 합치하는 최고 행복)을 전제로 하면서, 단지 이 궁극목적만이 충족될 수 있는 조건들만을 포함하기 때문이다. 이러한 비례

---

* 요청이란 아프리오리하게 주어진, 그 가능성에 대해서는 어떤 설명도(따라서 어떤 증명도) 할 수 없는 실천명령이다. 그러므로 사람들은 사물이나 그 어떤 대상의 현존 일반을 요청하는 것이 아니라, 단지 한 주체의 행위 준칙(규칙)만을 요청한다. — 그런데 만약 어떤 목적(최고선)을 향해 노력하는 것이 의무라면, 내가 또한 당연히 상정하지 않으면 안 되는 것은 비록 그것들이 초감성적이라 하더라도, 오직 그 아래에서만 이러한 의무의 실행이 가능한 조건들이 현존한다는 것이며, 또 우리는 (이론적 고려에서는) 그 조건들에 대한 어떤 인식에도 도달할 수 없다는 것이다.

적 분배를 홀로 실행할 수 있는 존재는 신이며, 이러한 성취가 이성적인 세계존재들에게 오직 저 궁극목적에만 완전히 적합하게 이행될 수 있는 상태는 이미 그들의 본성 속에 기초하는 생명의 영속, 즉 불멸성이라는 가정이다. 왜냐하면 생명의 영속이 본성 속에 기초로 놓여 있지 않다면, 그 영속은 단지 미래 삶에 대한 희망을 의미할 뿐이지, 이성에 의해 (도덕적 명령의 결과로) 필연적으로 가정될 수 있는 미래의 삶을 의미하지는 않을 것이기 때문이다.

결과

그러므로 지혜의 가르침인 철학이 말하는 것에 대해 여전히 다툼이 일어난다면, 그것은 윤리의 도덕적·실천적 원리를 단순히 오해한 것이거나, 도덕적·실천적 원리를 이론적 원리와 혼동한 것이다. 그리고 이러한 원리들 가운데 오로지 도덕적·실천적 원리만이 초감성적인 것에 관하여 인식을 마련해줄 수 있다. 지혜의 가르침인 철학에 반대하여 더는 아무런 중요한 이의가 제기되지 않으며 또 제기될 수 없기 때문에 사람들은 철학에 대하여 정당하게 철학의 영구 평화 조약 A 499
의 체결이 임박했다고 공표할 수 있다.

제2절
임박한 철학의 영구 평화에 대한 미심쩍은 전망

슐로서 씨는 위대한 작가적 재능과 (사람들이 믿을 만한 이유가 있듯이) 선을 장려하는 데에 어울리는 사고방식을 지닌 인물인데, 강제된 권위 아래에서 아직도 바쁜 법률행정에 종사하던 차에, 휴식하려고 뜻하지 않게 형이상학의 전장에 발을 들여놓는다. 그 전장에는 그가 방금 떠났던 분야에서보다 훨씬 더 힘든 싸움이 존재한다. — 비판철학에서 생기는 최근의 성과만 주시했을 뿐임에도 그가 알고 있다고 믿는 비판철학이, 또 그 성과로 이끄는 발걸음을 면밀한 노력으로 점검하지 않았기 때문에, 그가 필연적으로 오해할 수밖에 없었던 비판철학이 그를 격분시켰다. 그래서 그는 즉각 '(그의 이야기에 따르
A 500 면) 비판철학을 연구하기를 원했던 한 젊은이의' 선생이 되었다. 자신은 이전에 학습해본 적도 없이 하여간 그 젊은이가 비판철학을 못하도록 충고하려고 한 것이다.

VIII 420 슐로서 씨가 목표하는 바는 순수이성비판을 가능한 한 제거하는 것뿐이다. 그의 충고는 양들에게 그들이 개들을 제거해주기만 한다면, 그들과 형제처럼 지속적인 평화 속에서 살 것이라고 제의했던 저 선의의 친구들의 보증과 같은 것이다. 그 제자가 이러한 충고를 듣는다면, 그는 "자신의 취미를 (이 스승의 말처럼) 고대 작가들로 (객관적 근거에 의한 확신의 방법 대신 찬성이라는 주관적 근거에 의한 설득기술 속에서) 공고히 하는" 스승의 손에 있는 하나의 장난감이다. 그때 그 스승은 제자가 진리의 가상(진리유사성)[26]을 개연성(진리가능성)[27]으로, 그리고 단연코 아프리오리하게만 이성에서 생길 수 있는 판단에서 개연성을 확실성으로 받아들일 것이라고 확신한다. '비판철학의 거친 미개언어'는 슐로서 씨에겐 마음에 들지 않는다. 어쨌든 문예적 표현이 기본철학에 실리면 오히려 바로 그곳[기본철학]에서 미개한 것으로 간주되지 않을 수 없으니 말이다. — 그는 (그것[초감각적인 것]이 철학에 관련된 경우에!) "초감각적인 것에 대한 모든 예감과
A 501 전망의, 즉 시학의 모든 정령의 날개가 잘리게 되는 것"을 한탄하는 것이다.

지식이론을 포함하는 (이론적) 부분의 철학은 그리고 철학이 대부

분 이론적 인식의 월권을 제한하는 데 맞춰져 있다 하더라도 절대 간과될 수 없는 부분의 철학은 그 실천적 부분에서도 마찬가지로 행위의 목적(의지의 질료)이 아직 문제가 되기 전에 자유개념의 순전히 형식적 원리들의 총체인 (도덕)형이상학으로 되돌아가야 한다고 여긴다. — 우리의 반비판적 철학자는 이 단계를 건너뛴다. 혹은 그는 그 단계를 오히려 완전히 오인하여, 모든 권한의 시금석으로 쓰일 수 있는 원칙, 즉 '보편법칙이 되기를 네가 동시에 의욕할 수 있는 준칙에 따라 행동하라'는 원칙을 전적으로 오해하고, 그것[보편법칙]을 경험적 조건들에 제한하는 의미를 그 원칙에 부여함으로써 그 원칙을 순수한 도덕적·실천적 이성의 규준에 (그런 규준은 기필코 하나 존재해야만 하는데) 쓸모없는 것으로 만든다. 이로써 그는 저 표준이 자신에게 지시하는 방향과는 전혀 다른 분야에 몰두하고, 기괴한 추론들을 산 A 502
출한다.

그러나 분명한 점은, 여기서는 어떤 목적에 대한 수단의 사용원리가 화제가 되는 것은 아니라는 것이다(그렇다면 그것은 실용적인 원 Ⅷ 421
리이지 도덕적인 원리가 아닐 테니 말이다). 또 내 의지준칙이 보편법칙이 되어 타인의 의지준칙에 모순되는 경우가 아니라, 내 의지의 준칙 자체가 모순이라면 (나는 이것을 순전한 개념에서 아프리오리하게 모든 경험과 관계없이, 예컨대 "재산평등이나 소유권이 나의 준칙에 수용되는가?"를 모순율에 따라 판단할 수 있는데), 이것은 행위가 도덕적으로 불가능하다는 확실한 표징이라는 것이다. — 순전한 무지가, 아마도 트집을 잡으려는 나쁜 성벽 같은 것이 이러한 공격을 만들어낼 수 있었을 것이다. 그 공격은 그럼에도 철학의 영구 평화 공표에 어떤 해도 끼칠 수 없다. 왜냐하면 사람들이 서로 이해만 한다면 또한 즉시 (항복문서 없이) 맺어지는 성질의 평화연맹은 맺어진 것으로, 적 A 503
어도 체결이 임박한 것으로 포고될 수 있기 때문이다.

*　*　*

비록 철학이 단순히 지혜의 가르침(이것은 철학의 본래 의미이기도 하지만)으로 제시된다 하더라도, 그것이 또한 지식이론인 것도 간과할 수는 없다. 이것은 (이론적) 판단이, 비록 순수 이성에 자신의 한계를 보여주기 위해서만 이루어진다 하더라도, 순수 이성에 쓰이는 기본개념들을 포함하는 한 그러하다. 그런데 '사람들이 정말로 철학의 (감성적 및 초감성적) 대상에 대해 무엇을 그리고 어디서 실제로 아는가?' 혹은 '실천적 고려에서 [그 대상을] (그와 같은 것을 상정하는 것은 이성의 궁극목적에 유용하므로) 단지 가정할 뿐인가?'에 대하여 자유롭게 그리고 공개적으로 고백해야 할지는 거의 첫째 의미의 철학[지혜의 가르침]의 질문이 될 수 없다.

인간이 참이라고 간주하는 모든 것이 다 참은 아닐 수 있다(그가 틀릴 수 있으니 말이다). 그러나 그가 말하는 모든 것에서 그는 진실되지 않으면 안 된다(그는 속이지 않아야 한다). 그의 고백이 순전히 내적(신 앞)이든 혹은 외적인 것이든 간에 그러하다. — 이러한 진실
A 504 성의 의무 위반을 거짓말이라 한다. 그런 까닭에 외적인 거짓말이나 내적인 거짓말도 있을 수 있다. 그래서 두 거짓말은 함께 결합되어 생기거나 상충되어 생길 수도 있다.

그러나 거짓말은 그것이 내적이든 외적이든 두 종류가 있다. 즉 1)
VIII 422 사람들이 그것이 참이 아님을 알면서도 참이라고 주장하는 경우, 2) 사람들이 그것이 주관적으로 불확실하다는 것을 알면서도 확실한 것이라고 주장하는 경우다.

("세상의 모든 악이 생겨나도록 한 거짓들의 아비에게서 생겨난"[28]) 거짓말은 인간 본성에 있는 고유한 잘못된 얼룩점이다. 아무리 진실성의 어조가 (매장 위에 황금색 활자로 "이곳에서는 속이지 않습니다"

라는 간판을 내건 여러 중국 소매상인의 실례에서 볼 수 있듯이) 특히 초감성적인 것과 관련된 문제에서 동시에 통상적 어조라 하더라도 그러하다. '당신은 (가장 선의의 의도에서라도) 거짓말을 하지 말라'라는 명령이 지혜의 가르침인 철학 속에 원칙으로 매우 깊이 수용되면, 그 명령은 철학의 영구 평화를 실현할 수 있을 뿐만 아니라 또한 모든 미래에 영구 평화를 보장할 수 있을 것이다.

쾨니히스베르크
임마누엘 칸트

철학에서 요즈음 생겨난 고상한 논조 A 387

배정호

일러두기

『철학에서 요즈음 생겨난 고상한 논조』(*Von einem neuerdings erhobenen vornehmen Tone in der Philosophie*) 번역은 1796년 발표된 원전을 대본으로 사용했고, 학술원판(*Abhandlungen nach 1781 in Kant's gesammelte Schriften*, Bd. VIII, pp.387-406, hrsg. von der Königlich Preußischen Akademie der Wissenschaften, Berlin, 1911)과 바이셰델판(*Schriften zur Metaphysik und Logik* in *Immanuel Kant Werke in Zehn Bänden*, Bd. V, pp.375-397, hrsg. von Wilhelm Weischedel, Darmstadt, 1983)을 참조했다.

철학에서 요즈음 생겨난 고상한 논조

삶에 대한 학문적 지혜라는 최초 의미를 상실한 후 철학이라는 이름은 아주 이른 시기에 이미 위대한 사상가들의 지성을 장식하는 명칭으로 인기를 끌었다. 그들에게 철학은 이제 비밀을 들추어내는 것과 같은 것을 의미했다.—마카리언 황야[1]의 금욕주의자들에게는 그들의 수도가 철학이었다. 연금술사들은 자신들을 불의 철학자라고 불렀다. 고대와 근대의 비밀결사 회원들은 전승을 수단으로 삼는 비밀 전문가들인데, 이들은 유감스럽게도 그 비밀을 우리에게는 전혀 말해주지 않으려고 한다(비전祕傳의 철학자). 끝으로 그 비밀을 푼 최근 사람들은 그것을 자신들 안에 가지고는 있지만 불행히도 그것을 말할 수도 없고 언어를 활용해 일반적으로 전파할 수도 없는 사람들이다 (영감의 철학자). 그런데 만약 (이론적 관점에서는 전적으로 참된 비밀이지만) 실천적 관점에서는 인간 지성이 분명 풀어낼 수 있는 초감성적인 것에 대한 인식이 있다면, 개념에 따른 인식능력으로서 인간 지성에서 생기는 그러한 인식은 직관 능력으로서 지성이 직접 지각할 수 있는 인식에 크게 뒤질 것이다. 추론적 지성은 전자를 사용해 자신의 개념을 원칙에 따라 분해하고 다시 합성하려고 많은 일을 해야만 하고, 또 인식에서 전진하려면 많은 단계를 힘겹게 거치지 않으면

VIII 389
A 388

안 되지만, 지성적 직관은 대상을 직접 그리고 한꺼번에 파악하고 현시할 테니 말이다. — 그러므로 이 후자를 소유한다고 여기는 사람은 누구나 전자를 멸시할 것이다. 그리고 거꾸로 그러한 이성 사용의 편안함은 그와 같은 직관능력을 뻔뻔스럽게 가정하게 하고, 동시에 그 위에 기초한 철학을 충심으로 칭송하게 하는 강력한 유혹[의 원인]
A 389 이다. 이러한 사태는 이성이 알고도 말없이 보아 넘기는 인간의 자연스러운 이기적 성향으로 쉽게 설명할 수 있다.

VIII 390 더 정확히 말하면, 부유하게든 가난하게든 살아가는 데 걱정이 없는 사람이 살아가기 위해 노동하지 않으면 안 되는 사람과 비교해 자신을 고상한 자로 여기는 것은 비단 인간의 본성적 태만 때문일 뿐만 아니라 인간의 허영심(오해한 자유) 때문이기도 하다. — 아라비아인이나 몽골인은 도회지 사람을 무시하며 자신이 이들보다 고상하다고 생각한다. 황야에서 말과 양을 치며 돌아다니는 것이 노동보다 더 재미있기 때문이다. 산림 퉁구스인은 형제의 면전에 저주를 퍼부으려는 생각으로 "너는 부레트인처럼 네 가축을 직접 기를 것이다!"라고 말한다.[2] 후자는 이어서 "너는 러시아인처럼 경작할 것이다!"라는 말로 저주한다. 이 후자는 아마도 자기 사고방식에 맞게 "너는 독일인처럼 베를 짤 것이다!"라고 말할 것이다. — 한마디로 말해, 이들은 모두 그들이 노동은 하지 않아야 한다고 믿는 만큼 자신을 고상하다고 생각한다. 그리고 이 원칙에 따라 요즈음에는 철학이 열망하는 모든 지
A 390 혜를 완전히 점유하기 위해 노동할 필요는 없고 단지 자신의 내면에서 들려오는 신탁을 경청하고 즐기기만 하면 된다고 주장하는 자칭 철학을 노골적이고도 공공연하게 선전하기까지 한다. 그것도 이 철학의 지지자들은 — 학교에 적합하게 — 인식능력의 비판에서 논증적 인식[3]으로 서서히 그리고 신중하게 나아가야 한다는 자세를 견지하는 사람들과 한 노선에 설 마음은 전혀 없고, 오히려 — 천재에 적합하

게 — 자신의 내면에 대한 단 한 번의 통찰로 노력이 성취할 수 있는 모든 것뿐만 아니라 아마도 더 많은 것을 해낼 수 있다는 것을 선전하는 논조로 그렇게 한다. 노동이 필요한 학문, 예컨대 수학, 자연과학, 고대 역사학, 언어학 등을, 그리고 개념의 방법적 전개와 체계적 정리에 종사하지 않을 수 없는 한에서 철학조차 많은 사람은 분명히 꼼꼼하게 따져보는 방식에 자부심을 가지고 할 수 있다. 그러나 [학문을] 고상하게 한다는 생각은 오직 직관의 철학자, 즉 자기인식이라는 지극히 어려운 노동으로 아래에서 위로가 아니라 스쳐 지나가고 자신에게 어떠한 노력도 요구하지 않는 신격화로 위에서 아래로 증명하는 철학자에게만 들 수 있는 것이다. 왜냐하면 그때 그는 자기 자 A 391
신의 고찰을 근거로 말하고, 또 그렇기에 다른 사람에게 해명하지 않아도 되기 때문이다.

이제 본래 주제로 들어가자!

* * *

철학자이면서 훌륭한 수학자였던 플라톤은 예컨대 원과 같은 기하 VIII 391
학적 도형의 속성에서 일종의 합목적성, 즉 다양한 문제를 해결하기 위한 유용성 혹은 (기하학적 장소론에서처럼) 비록 어떤 양의 개념은 필연적인 것으로 아프리오리하게 통찰되고 증명될 수 있지만, 그 개념을 구성하기 위한 요건들은 마치 의도적으로 그 개념에 함축해놓은 듯이, 한 원리에서 생겨난 동일한 문제 해결의 다양성에 경탄했다. 그러나 합목적성은 오직 원인으로서 지성에 대한 대상의 관계로만 생각될 수 있다.

그런데 우리는 개념에 따른 인식능력으로서 우리 지성을 가지고 인식을 우리의 아프리오리한 개념들 너머로 확장할 수는 없으므로(그러나 이러한 일은 수학에서는 실제로 일어난다) 플라톤은 우리 인간에게 아프리오리한 직관이 가능하다고 가정할 수밖에 없었다. 그러나 이 직관의 최초 근원은 우리 지성이 아니라(우리 지성은 직관능력이 아니라 단지 추론적 능력 혹은 사고능력이다) 만물의 근원이기도 할 지성, 즉 신적 지성이었다. 이러한 직접적 직관은 원형(이데아)이라고 불릴 만했다. 그러나 이러한 신적 이데아들에 대한 우리 직관은(순수 수학에서 아프리오리한 종합 명제의 가능성을 설명하려면 우리에게는 아무튼 아프리오리한 직관이 반드시 있어야만 한다) 오직 간접적으로, [즉] 복제(모상)에 대한 직관으로, 말하자면 우리가 아프리오리하고 종합적으로 인식하는 모든 사물의 그림자에 대한 직관으로 우리 출생과 함께 우리에게 주어졌지만, 이 출생은 동시에 그 근원을 망각함으로써 이데아를 흐릿하게 했고, 이 망각은 우리 정신(이제 영혼이라 불린다)이 육체에 갇힌 결과이고, 이 육체의 족쇄로부터 우리 정신을 점진적으로 해방하는 것이 이제 철학의 고귀한 업무여야 한다고 한다.*

A 392

* 플라톤은 이 모든 추론을 적어도 일관되게 수행한다. 비록 모호한 방식이기는 하지만, 그는 의심할 여지없이 "어떻게 아프리오리한 종합적 명제가 가능한가?"라는 근래에야 분명하게 언급되는 물음을 염두에 두었다. 그때 그가 훗날에야 비로소 발견된 것, 즉 아프리오리한 직관은 물론 있지만 인간 지성의 것이 아니라 오히려 (공간과 시간의 이름으로) 감성적인 것이고, 그래서 우리 감각능력의 모든 대상은 순전히 현상으로 [간주되며], 우리가 수학에서 아프리오리하게 규정할 수 있는 것의 형식들조차 사물 자체가 아니라 우리 감성의 (주관적) 형식들이고, 그러므로 이 형식들은 가능한 경험의 모든 대상에는 타당하지만 한 걸음도 더 나아가지 못한다는 것을 알아차릴 수 있었더라면, 그는 순수 직관(이것은 그가 아프리오리한 종합적 인식을 설명하는 데 필요했다)을 신적 지성과 이 지성이 가지고 있는, 자립적 대상로서 모든 존재의 원상들에서 찾고 또 그렇게 비이성적 몽상을 위해 횃불을 밝히지 않았을 것이다. — 왜냐하면 만약 그가 기하학의 근저에 놓여 있는 직관에서 대상 자체를 경험적으로 직관할 수 있다고 주장하려 한다

A 393 VIII 392

그러나 우리는 피타고라스도 잊지 말아야 한다. 하지만 그에 대해서는 너무나 적게 알려져서 그의 철학의 형이상학적 원리에 대해 확실한 것을 알아낼 수는 없다. — 플라톤에서 (기하학의) 형태의 경이로움처럼 피타고라스에게는 (산수의) 수의 경이로움이, 다시 말해 일정한 합목적성의 외관과 추론적 사고뿐만 아니라 아프리오리한 직관(공간과 시간)도 전제해야 하는 수학의 여러 이성과제를 해결하기 위해 수의 성질에, 의도적으로 부여한 유용성이 오로지 우리의 양 개념들 일반의 확장 가능성뿐만 아니라 그것들의 특수한, 말하자면 불가사의한 속성의 가능성도 이해할 수 있게 만들기 위해 일종의 마술 같은 것에 주목하게 한다. — 역사에 따르면, 그는 음들 사이 수의 비율과 음들이 하나의 음악이 되게 하는 법칙을 발견함으로써 이 감각들의 놀이에서 (수의 학문으로서) 수학이 이 놀이의 형식에 대한 원리도 (그것도 겉보기에는 이 원리의 필연성 때문에 아프리오리하게) 포함하기 때문에 우리는 자연을 지배하는 지성이 수의 등식들에 따라 정리한 자연에 대해 비록 모호하지만 직관을 가지고 있다는 생각에 이르렀고, 또 이러한 이념을 천체에 적용하여 천체 조화설을 만들어 냈다. 그런데 음악보다 더 감각능력을 활성화하는 것은 없다. 그리고 인간의 활성화 원리는 영혼이다. 피타고라스에 따르면 음악은 순전히 지각된 수의 비율들에 근거를 두고 있고, (이것을 잘 기억해야 하는데) 인간의 활성화 원리 즉 영혼은 동시에 하나의 자유롭고 자신을 규정하는 존재이기 때문에 '영혼은 자신을 움직이는 수다'라는 그의 정의는 아마도 이해될 수 있고 또 어느 정도 정당화될 수 있다. 피타고라스가 자신을 움직이는 이 능력으로, 그 자체로는 생명이 없고 오

A 393; Ⅷ 392 / A 394 / A 395 / Ⅷ 393

면, 기학적 판단과 수학 전체는 단순한 경험학문이 될 테고, 이는 (직관성과 더불어) 모든 학문 중에서 수학에 그렇게 높은 지위를 보장해주는 필연성에 모순된다는 것을 그도 잘 알았기 때문이다.

직 어떤 외적인 것에 따라서만 움직일 수 있는 물질에 대한 영혼의 차이점, 즉 자유를 지적하려 했다고 가정한다면 그러하다.

그러므로 피타고라스와 플라톤 둘 다 수학에 대해 철학했다. 이때 그들은 모든 아프리오리한 인식(이것은 여하튼 직관이나 개념을 함유할 것이다)을 지성적인 것으로 생각했고, 이 철학으로 아무런 비밀도 없는 곳에서 어떤 비밀을 우연히 발견하게 된다고 믿었다. 왜냐하면
A 396 이성이 자신에게 던져지는 모든 물음에 답할 수 있기 때문이 아니라, 그 물음이 더는 아무런 의미가 없을 정도로 상승되었을 때 이성의 신탁은 말문이 막히기 때문이다. 예컨대 기하학이 (몽퉈클라에서 찾아볼 수 있듯이)[4] 흔히들 말하는 원의 몇몇 속성을 제시하고, 이제 그 원에 왜 일종의 확장된 유용성과 합목적성을 포함하는 것처럼 보이는 이 속성들이 있게 되었느냐고 묻는다면, 이에 대해서는 '바보는 호메로스조차 대답할 수 없는 것을 묻는다'고 답할 수 있을 뿐이다. 수학적 과제를 철학적으로 해결하려는 사람은 그렇게 함으로써 자기모순에 빠진다. 예컨대 무엇이 직삼각형의 세 변의 비율이 오직 수 3, 4, 5의 비율일 수 있게 하는가? 그러나 수학적 과제에 관해 철학하는 사람은 여기서 어떤 비밀과 마주하고, 바로 그런 까닭에 아무것도 보지 못하는 곳에서 어떤 엄청나게 위대한 것을 본다고 믿으며, 자신도 이해할 수 없고 남에게 전달할 수도 없는 어떤 이념에 관해 숙고하는 데서 진정한 철학(감추어진 것의 철학)을 찾는다. 거기서는 결국 시적
A 397 재능이 감정과 열광적인 즐김에서 자양분을 얻는다. 이것은 물론 노동으로 점유물을 획득한다는 이성의 법칙보다 훨씬 더 유혹적이고 눈부신 것이다. — 그러나 그때는 결핍과 오만이 철학을 고상한 논조로 말하는 소리를 듣게 되는 터무니없는 현상을 낳는다.

그와 반대로 아리스토텔레스의 철학은 노동이다. 그러나 여기서 나는 그를 (앞의 두 철학자와 마찬가지로) 오직 형이상학자, 즉 모든 아

프리오리한 인식을 그 요소들로 분석하는 사람으로, 그리고 그로부터(범주들로부터) 인식을 다시 조립해내는 이성의 기예가로만 주시한다. 그의 작업은 그것이 도달한 데까지는 유용했지만, 계속해서 감성적인 것에서 타당한 원칙들을 (그가 여기서 할 수밖에 없는 위험한 비약을 인지하지 못한 채) 초감성적인 것으로, [달리 말해] 그의 범주들로는 충분하지 않는 곳까지 확장하는 데는 실패했다. 여기서는 자 VIII 394
신 안에 있는 사고 기관, 즉 이성을 그것의 두 영역인 이론 영역과 실천 영역에 따라 미리 나누고 측정하는 것이 필요했지만, 이 일은 후대를 위해 유보되어 있었다.

이제 우리는 철학함의 새로운 논조를(여기서는 철학이 결여될 수 있다) 경청하고 평가해보고자 한다.

* * *

고상한 사람들이 철학한다는 것은 설사 그것을 형이상학이라는 정 A 398
점에 이르기까지 행하더라도, 그들에게는 틀림없이 가장 큰 명예로 여겨진다. 그리고 그들은 학교와 (거의 피할 수 없는) 충돌에서 관용을 누릴 자격이 있다. 왜냐하면 그들은 어쨌든 시민적 평등에 입각하여 이 학교에 겸손하기 때문이다.* — 그러나 [진정한] 철학자가 되려 A 399

* 하지만 철학함과 철학자인 척함 사이에는 차이가 있다. 어떤 맹신에 구속함으로써 국민의 이성(더군다나 자기 자신의 이성)을 전제(專制)하는 것을 철학이라고 주장하는 경우에 후자[철학자인 척함]가 고상한 논조로 행해진다. 예컨대 '마르쿠스 아우렐리우스 시대의 천둥군단에 대한 믿음'이나 '배교자 줄리안을 놀림거리로 만들고 기적으로 예루살렘의 잔해에서 갑자기 일어난 불'에 대한 믿음 같은 것이 여기에 속한다. 이러한 믿음이 본래의 참된 철학이라고 주장되고, 그 반대는 '숯쟁이불신[맹목적 불신]'이라 불린다(꼭 마치 숲속 깊은 곳에서 일하는 숯 굽는 사람들이 그들에게 전해진 동화와 관련해 매우 불신적이기로 유명한 것처럼). 여기에 또 '학문을 위해

는 사람들이 [철학을] 고상하게 하는 것은 결코 용서할 수 없다. 왜냐하면 [그렇게 한다면] 그들이 미래의 동료들을 멸시하고 또 순전한 이성의 문제에서 이들의 양도할 수 없는 자유권과 평등권을 침해하기 때문이다.

A 400; Ⅷ 395 더 고귀한 감정의 영향력으로 철학하려는 원칙이 고상한 논조에 가장 잘 어울린다. 아무도 내 감정에 대해 나와 논쟁하려 하지 않을 테니 말이다. 그리고 이 감정은 내 안에 있는 주관적인 것일 뿐만 아니라 아무에게나 강요될 수 있으므로 객관적이며 인식의 조각으로, 그러니까 궤변을 부리는 개념으로뿐만 아니라 직관(대상 자체의 파악)으로도 간주되는 것이라고 내가 믿을 만하게 할 수 있다면, 나는 자신의 주장이 진리임을 자랑하려고 우선 자신을 정당화해야 하는 사람들보다 훨씬 더 유리하다. 그래서 나는 점유의 권원을 증명하지 않아도 되는 명령권자의 논조로 이야기할 수 있다. — 그러므로 우리를 곧바로 사태 자체로 인도하는 감정의 철학이여 영원히 존속하라! 오직 일반적 징표의 장광설로만 시도하고 또 직접 포착할 수 있는 재

스타기리아 사람[아리스토텔레스][5]이 별로 중요하지 않은 것을 더 많이
A 399 후손들에게 탐색하도록 남겨놓을 만큼 많은 것을 획득했기 때문에' 철학은 이천 년 전에 이미 끝났다는 확언이 더해진다. 그래서 정치 체제의 평등주의자들은 루소를 따라 각자가 모든 것이기 때문에 국가시민이 모두 서로 평등하기를 원하는 사람들일 뿐만 아니라, 모두가 단 한 사람을 제외하고는 전부 아무것도 아닌 것이기 때문에 모두 서로 평등하기를 원하는 사람들이기도 하다. 그리고 [그들은] 질투에서 기인한 왕정주의자들로서 자기 자신들이 스스로 생각하는 능력이 없음을 의식한 채 동시에 살아가는 다른 사람들과 혐오스러운 비교를 감내하지 않으려고 때로는 플라톤을, 때로는 아리스토텔레스를 왕위에 오르게 한다. 그리고 이렇게 (특히 후자의 진술로) 고상한 사람은 모호하게 하는 것으로 이후의 모든 철학함에 종말을 고함으로써 철학자인 척한다. — 헤카톰베[6]의 가치가 있는 운문인 포스의 우화(『월간베를린』, 11월, 1795, 마지막 쪽)가 이 현상을 가장 적절하게 표현했다.

료를 가지기도 전에 미리 이 재료를 규정할 수 있는 일정한 형식을 요구하는, 개념에 따른 궤변은 버려라! 그리고 이성은 이러한 자신의 대단한 통찰을 정당하게 획득했음에 대해 더는 설명할 수 없다고 가정하더라도, "철학은 느낄 수 있는 비밀들을 가지고 있다"는 사실은 A 401
여전히 남는다.*

---

* 이것의 한 유명한 점유자는 이 문제에 관한 생각을 이렇게 표현한다. "이성이 의지의 입법자로서 현상들(여기서는 인간의 자유로운 행위들로 이해된다)에 대해 너는 내 마음에 든다—너는 내 마음에 들지 않는다고 말해야만 하는 한, 이성은 이 현상들을 실재성의 결과로 간주해야만 한다." 그러고 나서 그는 여기에서 이성의 입법은 의지의 규정근거로 형식뿐만 아니라 질료(재료들, 목적들)도 필요로 한다고, 다시 말해 이성이 실천적이어야 할 경우 대상에 대한 쾌(또는 불쾌)의 감정이 선행해야만 한다고 추론한다.—이 오류가 끼어들도록 내버려둔다면, 그것은 모든 도덕을 아주 없애버리고 또 본래는 아무런 객관적 원리도 갖지 못하는 행복의 준칙(이 준칙은 주관의 다양성에 상응해 다양하다)만 남겨놓을 것이다. 이 오류는 오직 다음과 같은 감정의 시금석으로만 확실히 밝혀질 수 있다고 나는 생각한다. 행위가 일어나기 위해 필연적으로 법칙에 선행해야 하는 쾌(또는 불쾌)는 정념적이다. 그러나 행위가 일어나기 위해 법칙이 그것에 필연적으로 선행해야 하는
쾌(또는 불쾌)는 도덕적이다. 전자는 경험적 원리(자의의 질료)를, 후자는 아 A 402
프리오리한 순수 원리(여기서는 의지규정의 형식이 문제된다)를 근거로 한다.—이로써 오류추리(잘못된 원인의 오류)를 쉽게 발견할 수 있다. 왜냐
하면 정직한 사람이 자신의 예의바른 품행에 대한 의식에서 언제나 쾌를 Ⅷ 396
(따라서 자신의 미래 행복에 대한 희망을) 느끼기 위해서 마음에 품고 있는 쾌(만족)가 좋은(법칙에 맞는) 품행을 취하게 하는 원래 동기라고 행복주의자가 규정하기 때문이다. 말하자면 성식한 사람이 미래에 자신의 예의바른 품행에 대한 의식에서 일종의 영혼의 쾌를 느끼려면 나는 그를 사전에 정직하고 법칙을 잘 따르는 사람으로, 다시 말해 그에게는 법칙이 쾌에 선행하는 것으로 가정해야만 하므로, 결과인 쾌를 저 품행의 원인으로 삼는 것은 추론의 공허한 순환이기 때문이다.

그러나 완전히는 아니지만 부분적으로는 행복을 도덕성의 객관적 원리로 삼는 몇몇 도덕가의 혼합주의에 관해 말하면 (행복이 부지불식간에 주관적
으로도 의무와 일치하는 인간의 의지규정에 영향을 미친다는 것이 인정되기는 A 403
하지만) 그것은 아무런 원리도 없는 직접적 방법일 뿐이다. 왜냐하면 행복에서 차용되어 섞여 있는 동기들은 순수한 도덕 원칙들에서 유래하는 바

A 402; VIII 396 그런데 순전히 순수 이성에서나 마주칠 수 있는 대상을 느낄 수 있
A 403 다는 이 주장에는 다음 사정이 있다. — 지금까지 사람들은 참으로
여김이 완전한 무지로 사라질 때까지 그것의 세 단계, 즉 앎과 믿음
A 404 과 의견에 대해서만 들어 알고 있었다.* 이제 새로운 단계가 도입된

로 그런 행위에 영향을 미쳐 이 행위가 이루어지도록 작용하기는 하지만, 동시에 도덕적 마음씨 자체를 오염하고 약화하는 반면, 이 마음씨의 가치와 높은 지위는 바로 이 동기들을 고려하지 않고, 아니 이것들의 모든 선동을 극복하고 오직 법칙에만 복종함을 증명하는 데에 있기 때문이다.

* 가운데 단어[믿음]는 이론적 의미에서 종종 '어떤 것을 개연적인 것으로 여김'과 같은 뜻으로 사용되기도 한다. 그런데 이때 분명히 인지해야 하는 것은 모든 가능한 경험의 경계 너머에 있는 것에 관해서는 '그것은 개연적이다'고도 '그것은 비개연적이다'고도 말할 수 없으며, 따라서 그러한 대상과
A 404 관련해 믿음이라는 단어는 이론적인 의미에서는 결코 성립하지 않는다는 것이다. — '이것 또는 저것은 개연적이다'는 표현으로 사람들은 의견과 앎 사이의 (참으로 여김의) 중간자를 이해한다. 이때 그것의 사정은 다른 모든 중간자와 마찬가지다. 즉 그것에서 사람들은 자신이 원하는 것을 만들 수 있다. — 그러나 누군가가 예컨대 "영혼은 사후에도 산다는 것은 적어도 개연적이다"라고 말한다면, 그는 자신이 무엇을 원하는지를 알지 못한다. 왜냐하면 참으로 여겼을 경우 절반 이상의 확실성(충분 근거)을 가지고 있는 것을 개연적이라고 말하기 때문이다. 그러니까 근거들은 다 합쳐서 부분적인 앎, 즉 판단이 내려지는 대상 인식의 한 부분을 포함해야만 한다. 그런데 대상이 우리에게 가능한 인식의 객관이 전혀 아니라면(육체와 결합 없이도 살아 있는 실체, 즉 정신으로서 영혼의 본성이 그와 같은 것이다), 그것의 가
VIII 397 능성에 대해 우리는 개연적으로 또는 비개연적으로가 아니라 아예 판단할 수 없다. 왜냐하면 주장된 인식근거들은 그 자체에 대해서는 이론적 인식이 불가능한 초감성적인 것에 결부됨으로써 충분 근거, 즉 인식 자체에는 전혀 접근하지 못하는 계열 안에 있기 때문이다.
A 405 초감성적인 것과 관련된 타인의 증언에 대한 믿음도 사정은 마찬가지다. 어떤 증언을 참으로 여김은 항상 경험적인 것이고, 내가 믿어야 하는 그 증언하는 사람은 경험의 대상일 수밖에 없다. 그런데 만약 그 사람이 어떤 초감성적 존재로 간주된다면 나는 경험으로는 그의 실존조차, 따라서 이것을 나에게 증언하는 자가 바로 그러한 존재라는 것을 알 수 없고(이것은 자기모순이다), 또 나에게 생겨난 내적 부름의 현상을 어떤 초자연적 영향력 이외의 다른 것으로는 설명할 수 없는 주관적 무능력에서 이 현상을 추론해낼 수도 없다(바로 개연성에 따른 판단에 대해 언급되었던 것에 의거해서).

다. 그것은 논리학과 아무것도 공유하지 않으며, 지성의 발전이 아니 Ⅷ 397
라 오히려 전혀 감각능력의 대상이 아닌 것에 대한 선감각(감각에 따 A 405
른 예견), 즉 초감성적인 것에 대한 예감이라 하겠다. A 406

그런데 여기에는 모종의 신비로운 손길, 개념에서 생각할 수 없는 A 407; Ⅷ 398
것으로 비약(죽음의 도약), 어떠한 개념에도 이르지 못하는 것을 파악하는 능력, 비밀에 대한 기대 또는 더 정확히 말하면 그것으로 애태우기, 그러나 실제로는 정신을 비이성적 몽상으로 몰아가기 등이 놓여 있다는 것은 자명하다. 왜냐하면 예감은 모호한 선기대이고, 또한 이성이 개념으로만 할 수 있는 해명에 대한 희망을 포함해 만약

그러므로 초감성적인 것에 대한 이론적 믿음은 존재하지 않는다.
그러나 실천적(도덕적·실천적) 의미에서는 초감성적인 것에 대한 믿음은 가능할 뿐만 아니라 심지어 이 의미와 불가분적으로 결부되어 있기조차 하다. 왜냐하면 내 안에 있는 도덕성의 합계는 비록 초감성적이고 따라서 경험적인 것은 아니지만, 그럼에도 오인할 여지가 없는 진리와 권위와 함
께 (정언명령으로) 주어져 있지만, 이것은 이론적으로 보면 어떤 세계주재 A 406
자의 작용하는 힘 없이 오직 내 힘만으로는 실현 불가능한 목적(최고선)을 명령하기 때문이다. 그러나 이 세계주재자를 도덕적·실천적으로 믿는다는 것은 저 명령된 목적을 이해하는 계몽과 그것을 실현하는 동기를 얻기 위해 이 세계주재자의 실재성을 사전에 이론적 의미에서 참으로 가정한다는 것을 의미하지 않는다. 저 계몽과 동기를 얻으려면 이성의 법칙이 그 자체로 이미 객관적으로 충분하기 때문이다. 오히려 저 목적의 이상에 따라 마치 그러한 세계주재자가 실제적인 것처럼 그렇게 행하기 위해서 세계주재자의 실재성이 전제된다. 왜냐하면 저 명령(이것은 믿음이 아니라 행함을 명령한다)은 인간의 측면에서 보면 그의 자의가 그 법칙에 순종하고 굴복한다는 것을, 그러나 그에게 목적을 명령하는 의지 측면에서는 동시에 그 목적에 적합한 능력(이것은 인간의 능력이 아니다)을 포함하기 때문이다. 이것을 위해서 인간의 이성은 비록 행위는 명령할 수 있지만 행위의 성공(목적의 성취)을 명령할 수는 없다. 이 성공은 항상 혹은 완전히 인간의 힘 안에 있는 것은 아니기 때문이다. 그러므로 인간에게 나는 네 행위들이 만물의 궁극목적에 부합하기를 원한다고 말하는 그 질료상 실천적 이성의 정
언명령에는 이미 전능하고 입법적인 의지(신적 의지)가 전제로 함께 생각 A 407
되어 있다. 그래서 이 전제를 특별히 강요할 필요가 없다.

저 개념이 초험적이어서 대상의 진정한 인식에 이를 수 없다면 필연적으로 그것의 대용물, 즉 초자연적 고지(신비적 깨달음)를 약속할 수밖에 없기 때문이다. 그럴 경우 모든 철학은 죽게 된다.

그러므로 학자 플라톤은 비록 자기 탓은 아니지만(왜냐하면 그는 지성적 직관을 아프리오리한 종합적 인식의 가능성을 설명하기 위해 단
A 408 지 후진적으로 사용했을 뿐 신적 지성에서나 읽을 수 있는 지성적 직관의 관념들로 인식을 확장하기 위해 전진적으로 사용하지는 않았기 때문이다) 철학을 통한 모든 비이성적 몽상의 아버지가 되었다. — 나는 학자 플라톤을 (새로이 독일어로 번역된) 서간문 작성자 플라톤과 혼합하는 것을 달가워하지 않는다. 후자는 "인식에 속하는 네 가지, 즉 대상의 이름, 기술, 현시, 학문" 외에도 "다섯 번째 [수레바퀴], 즉 대상 자체와 그것의 참된 존재"를 원한다. — "오직 영혼 안에서, 그리고 영혼에 의해서만 직관될 수 있지만, 마치 영혼 안에서 일어나는 불꽃처럼 스스로 빛을 발하는 이 불변의 본질을 그는 [비이성적 몽상을 하는 철학자로서] 꼭 파악하고 싶어 한다. 그럼에도 그것에 대해 사람들은 이야기할 수 없다. 사람들은 곧바로 자신의 무지를 확신하게 될 테니 말이다. 적어도 일반인들에게는 그러하다. 왜냐하면 이런 종류의 모든 시도는 일부는 고귀한 진리가 졸렬한 경멸을 받게 될 것이라는 사실 때문에, 일부는 [이것이 여기서 유일하게 이성적인 것인데] 영혼이 공허한 희망과 대단한 비밀을 알고 있다는 헛된 망상의 희생물이 된다는 사실 때문에 분명 위험할 것이기 때문이다."

A 409 누가 여기서, 자신에게 열광할 뿐만 아니라 모임 창설자이기도 하며, 일반인(이는 모든 문외한을 뜻한다)보다는 자기 신봉자에게 이야기할 때 자신의 자칭 철학으로 고상하게 행동하는 비법 전수자를 보지 않겠는가! — 이에 대한 새로운 실례 몇 개를 들어보고 싶다.

Ⅷ 399 최근의 신비주의적·플라톤적 언어로 이런 말이 있다. "인간의 모

든 철학은 단지 아침놀을 그릴 수 있을 뿐이다. 태양은 예감될 수밖에 없다." 그러나 평소에 이미 태양을 본 적이 없다면 아무도 그것을 예감할 수 없다. 말하자면 구름이 하늘을 지속적으로 덮고 있어서 아무도 태양을 본 적이 없어도 우리 세계에서는 (모세의 창세기에서처럼) 규칙적으로 밤에 이어 낮이 오고 모든 일이 (낮과 계절의) 변화에 따라 제대로 진행되는 것이 충분히 가능할 수도 있다. 그럼에도 진정한 철학자는 사물의 이러한 상태에서 태양을 예감할 수는 없지만(그것은 그의 일이 아니다), 그러한 천체에 대한 어떤 가설을 수용해 저 현상을 설명하기 위하여 그것[태양]을 추측할 수 있고 또 운 좋게 알 A 410
아맞힐 수도 있다. — 실명하지 않고 태양(초감성적인 것)을 응시하는 것은 물론 불가능하다. 그러나 그것을 (영혼을 도덕적으로 계몽하는 이성의) 반성에서 그리고 실천적 관점에서 충분하게 통찰하는 것은 고대의 플라톤이 했듯이 온전히 가능하다. 이에 반해 신플라톤주의자는 "우리에게 확실히 단지 극장의 태양을 제공한다." 왜냐하면 그들은 우리가 객관적인 것의 인식에 대한 망상을 갖도록 만들려고 느낌(예감)으로, 즉 대상에 대한 아무런 개념도 주지 못하는 순전히 주관적인 것으로 우리를 기만하려 하기 때문이다. — 그런데 플라톤화하는 느낌의 철학자는 저 예감을 이해할 수 있게 만들려고 비유적 표현을 무진장 많이 한다. 예컨대 "지혜의 여신에게 그녀의 옷 스치는 소리가 들릴 수 있을 만큼 가까이 감"이나 사이비 플라톤의 예술에 대한 찬양에서 "그는 이시스의 베일을 들어 올릴 수 없어서 그 베일을 그 아래에서 여신을 예감할 수 있을 만큼 성글게 만듦"이 그런 것들이다. 이때 얼마나 성글게는 언급되지 않지만, 아마도 사람들이 환영에서 자신이 원하는 것을 만들어낼 수 있을 만큼은 촘촘할 것이다. 그렇지 않다면 보는 것은 정말이지 방지되어야 한다. A 411

그런데 정확한 증명이 어려울 때 똑같은 목적으로 '유비와 개연

성'(이것들에 대해서는 위에서 이야기했다), 그리고 "악덕과 싸움에
A 412 서 견뎌내기 어려울 정도로 형이상적인,* 순화를 거쳐 섬세해진 이성

---

* 신플라톤주의자가 지금까지 이야기한 것은, 그의 주제 논의와 관련해서는 순전한 **형이상학**이고, 그러므로 단지 이성의 형식적 원리들에만 관련한다. 그러나 이 논의는 어떤 **초자연학**, 즉 딱히 실천이성의 원리들이 아니라 초감성적인 것의 **본성**에 대한 이론(신에 대한 이론, 인간 정신에 대한 이론)도 부지불식간에 함께 삽입하고 이것을 '아주 **교묘하게** 꾸미지 않은' 것으로
Ⅷ 400 알아주기를 바란다. 그러나 여기서 순수 이성개념들의 질료(객관)에 관계하는 철학이 (선험 신학에서처럼) 모든 경험적 실마리에서 분리되지 않았을 경우, 그것이 어떻게 **전혀 아무것도** 아닌 것이 되는지는 다음 보기로 밝혀질 수 있을 것이다.

최고로 실재적 존재인 신에 대한 선험적 개념은 아무리 추상적이라 하더라도 철학에서는 피해갈 수 없다. 왜냐하면 나중에 응용신학이나 종교에 포함되는 모든 구체적인 것의 결합과 동시에 이 구체적인 것을 해명하기 위
A 412 해 그 개념이 필요하기 때문이다. 그런데 이런 물음이 생긴다. 나는 신을 모든 실재성의 **총체**(복합체, 집합체)로 생각해야 하는가, 아니면 이 실재성들의 최상 **근거**로 생각해야 하는가? 전자라면, 그것의 개념이 이를테면 공허하고 무의미하지 않도록 나는 최고 존재를 구성하기 위한 이 재료에 관해 실례를 들 수 있어야만 한다. 그러니까 나는 이 최고 존재에 이를테면 **지성** 또는 **의지** 따위를 실재성으로 부여할 것이다. 그러나 내가 아는 모든 지성은 **사고하는** 능력, 즉 추론적 표상능력 또는 여러 사물에 공통인 한 징표로(따라서 나는 사고함에서 이 사물들의 차이는 도외시한다) 가능한, 따라서 주관의 **제약** 없이는 가능하지 않은 표상능력이다. 그러므로 신적 지성을 사고능력으로 가정할 수는 없다. 그러나 나에게는 이를테면 직관능력일지도 모를 다른 지성에 대해서는 최소한 개념도 있지 않다. 그러므로 내가 최고 존재에다 두는 지성에 대한 개념은 완전히 의미가 없다. — 마찬가지로 내가 최고 존재에 다른 실재성인 **의지**, 즉 그것으로 이 존재가 자신 외의 모
A 413 든 사물의 원인이 되는 의지를 둔다면, 나는 자신의 만족을 결코 자신 외의 다른 사물의 현존에 종속하지 않는 의지를 가정해야만 한다. 그것[이러한 종속]은 제약일 테니 말이다. 그런데 나에게는 다시금 최소한의 개념도 있지 않고, 또 거기에서는 주관이 자신의 만족 근거를 자신이 꾀한 의도의 성공에 두지 않고, 따라서 외적 대상의 현존에 **예속되지** 않을 의지에 대한 어떠한 실례도 나는 제시할 수 없다. 그러므로 최고 존재에 내재하는 실재성인 의지개념은 바로 앞의 것과 마찬가지로 공허한 개념이거나 아니면 (이것이 더 나쁜 것인데) 의인관(擬人觀)의 개념이다. 이 개념이 불가피하게 실

천적인 것에 끌어들여지면, 모든 종교는 타락하게 되어 우상숭배로 변질
된다.—내가 최고로 실재적인 존재를 모든 실재성의 근거로 파악한다면,
나는 이렇게 말한다. 신은 세계에 있는 모든 것의 근거를 함유하는 존재이
고, 이 때문에 우리 인간은 한 지성을 가정할 필요가 있다(예컨대 그 안의 모든
합목적적인 것의). 신에서 모든 세계존재의 현존이 근원하는데, 그의 본성 Ⅷ 401
의 필연성에서(유출에 따라서)가 아니라 관계에 따라서 근원한다. 이 때문
에 우리 인간이 그것의 가능성을 이해하려면 자유 의지를 가정해야만 한다.
그런데 여기서 우리에게는 최고 존재의 본성이 (객관적으로) 무엇인지는 A 414
완전히 불가해하고, 그것은 단지 우리에게 가능한 모든 이론 인식의 영역
밖에 있는 것으로만 상정될 수 있다. 그럼에도 (주관적으로) 이 개념들은
(품행에 대한) 실천적 고려에서는 실재성이 있을 수 있다. 이것과 관련해서
도 단지 신적 지성과 의지와 인간의 그것과 실천적 이성 사이의 유비가 가
정될 수 있을 뿐이다. 그렇지만 이론적으로 고찰하면 그것들 사이에는 어
떠한 유비도 성립하지 않는다. 여하튼 사물 자체의 본성에 대한 이론에서
가 아니라, 우리 자신의 이성이 권위를 가지고 우리에게 명령하는 도덕법
칙에서 신에 관한 개념이 생기는데, 이것을 우리 자신을 위해 만들도록 순수
실천이성이 강요한다.
그래서 그들이 지혜의 여신의 옷자락을 재빨리 붙잡아 자기 것으로 삼았
다고 생각하기에 그들에게는 어려움이 없는 지혜를 요즈음 열광적으로 전
파하는 유력한 사람들 가운데 한 사람이 "그는 자신의 신을 만든다고 생각
하는 사람을 경멸한다"라고 말한다면, 이는 그 논조가 (특혜자로서) 고상한
그들 계층의 특성에 속한다. 왜냐하면 우리 이성에서 생겨나지 않으면 안 A 415
되는 개념은 반드시 우리 자신이 만들어야 한다는 것은 그 자체로 분명하
기 때문이다. 만약 우리가 그것을 그 어떤 현상(경험 대상)에서 취하려고
했다면, 우리의 인식근거는 경험적일 테고, 그래서 모든 사람을 위한 타당
성에 따라서 보편적으로 구속하는 법칙이 가져야만 하는 필연적인 실천적
확실성에 부합하지 않을 것이다. 오히려 어떤 인격이 저 스스로 만든 원상
의 성격에 상응하는지를 알려면 우리는 우리에게 인격적으로 나타나는 지
혜를 우선 우리 자신이 만든 원상인 저 개념에 고정해야만 할 것이다. 더욱
이 우리가 그 인격에서 이 개념에 모순되는 것을 발견하지 못할 때에도, 원
상에 대한 적절성을 초감성적 경험에 의거하지 않고 다르게 (그 대상이 초
감성적이기 때문이다) 인식하는 것은 전적으로 불가능하다. 이는 자기모순
이다. 그러니까 신의 자기현시가 플라톤의 이데아로 오직 미신적으로만 숭
배될 수 있는 우상을 만든다. 이에 반해 우리 자신의 이성개념에서 출발하
는 신학은 이상을 제시하는데, 이 이상은 그 자체가 가장 성스럽고 신학에
독립적인 의무들에서 생겨나기 때문에 우리에게 숭배를 강요한다.

A 413; Ⅷ 400 을 약화시킬 위험"이 논거로 동원된다. 비록 바로 이 아프리오리한
A 414 원리들에서 실천이성은 다른 때에는 전혀 알아차리지 못하던 자신
A 415 의 힘을 실제로 느끼고, 또 대체된 경험적인 것(이것은 바로 그러하기 때문에 보편적 입법에 적합하지 않다)으로 훨씬 더 약화되고 마비되긴 하지만 말이다.

* * *

A 416; Ⅷ 401 마침내 가장 최근 독일의 지혜는 감정으로 철학하기라는 강령을 (철학으로 도덕적 감정을 움직여 효력을 발생시키기라는 몇 년 전 그것과는 다르게) 필연적으로 실패할 수밖에 없는 시험에 내맡긴다. 그것의 도전은 다음과 같다. "인간 철학의 참됨의 가장 확실한 징표는 그것이 우
Ⅷ 402 리를 더 확실하게 만든다는 것이 아니라 우리를 더 좋게 만든다는 것이다." — 이 시험과 관련하여, (비밀감정[비밀에 대한 느낌]으로 성취된) 인간의 더 좋게 됨을 시험회분접시에서 인간의 도덕성을 조사하는 분석시험관이 증서로 증명하기를 요구할 수 없다. 말하자면 좋은 행위들의 총중량은 누구나 과연 쉽게 측량할 수 있지만, 그것들이 순정한 것을 얼마나 많이 마음씨에 포함하는지에 대해 누가 공적으로 통용되는 감정서를 제공할 수 있겠는가? 하지만 어떤 감정서가 저 감정은 일반적으로 더 좋은 사람을 만드는 반면 학문적 이론은 비생산적이고 효과가 없다는 것을 증명해야 한다면, 그것은 그러한[공적으로 통용되는] 것이지 않으면 안 될 것이다. 그래서 이를 위한 시금석은 경험이 제공할 수는 없다. 오히려 그것은 아프리오리하게 주어진
A 417 것으로서 오직 실천이성에서 찾을 수 있어야 한다. 내적 경험과 감정(이것 자체는 경험적이고 더불어 우연적이다)은 모든 사람에게 분명하게 말하며 학문적 인식을 할 수 있는 이성의 목소리(이성의 명령)로

만 야기된다. 그러나 이를테면 감정에 따라 이성을 위한 특별한 실천 규칙이 채택되지는 않는다. 이것은 불가능한데 그 경우에 이 규칙은 결코 보편타당할 수 없을 테니 말이다. 그러므로 어떤 원리가, 사람들이 분명하고 부단하게 그것을 영혼에 새기고 그것이 미치는 강력한 영향에 주의를 기울인다면 더 좋은 사람을 만들 수 있는지 또 만드는지를 아프리오리하게 통찰할 수 있어야만 한다.

그런데 모든 사람은 각자 자기 이성에서 의무의 이념을 발견하고, 이것에 대한 불복종을 부추기는 경향성들이 자신의 내면에서 발생하면, 이성의 엄격한 목소리를 들을 때 두려움에 떤다. 이 경향성들이 모두 집단적으로 의무 이념에 모반을 일으킨다 하더라도, 그 사람은 그 자신의 이성이 자신에게 지시하는 법칙의 권위가 이 경향성을 모두 틀림없이 확고하게 이겨낼 테고, 따라서 그의 의지 또한 그렇게 할 능력이 있다고 확신한다. 그 사람은 자신에게 명령하는 이성의 권위뿐만 아니라 이 명령 자체도 확실히 알려면 이 모든 것을 비록 학문적으로는 아니라 하더라도 분명하게 표상할 수 있고 또 표상해야만 한다. 그리고 그런 한에서 [이것은] 이론이다. ― 이제 나는 그 사 A 418
람에게 그가 자문하듯이 묻는다. 나에게 아무런 이득도 보상으로 약속하지 않고 그것을 위반해도 아무런 손해도 위협하지 않는, 아니 그것이 더 엄격하게 명령하면 할수록 그리고 그 대가로 더 적게 제공하면 할수록 내가 그만큼 더 내면적으로 숭배하게 되는 법칙을 위해 내가 내 충동의 가장 내밀한 유혹들과 내 본성에서 생겨나는 모든 바람을 희생할 수 있게 만드는 내 안의 그것은 무엇인가? 이 물음은 인류
가 가진 내적 소질의 위대함과 숭고함 그리고 동시에 이것을 은폐하 VIII 403
는 비밀의 침투불가능성('그것은 자유다'라는 대답은 이 자유가 바로 비밀 자체를 이루어 동어반복이다)에 대한 경탄으로 영혼 전체를 자극한다. 이 점에 주목하고 자신 안에서 본성의 힘에 굴복하지 않는 힘

에 감탄하는 것에 사람들은 지칠 줄 모른다. 그리고 이 감탄이 바로 이념들에서 생겨난 감정이다. 도덕에 대한 학교와 교회의 가르침을 넘어 이 비밀을 현시하는 것 또한 교사들의 특별하고 자주 반복되는
A 419 일이 된다면, 이 감정은 영혼에 침투하여 틀림없이 인간을 도덕적으로 더 좋게 만들 것이다.

그런데 여기에 아르키메데스가 필요했으나 찾지 못했던 것, 즉 하나의 고정점이 있다. 이 고정점에 이성이 자기 지렛대를 갖다 댈 수 있다. 그것도 본성 전체가 저항할 때조차 자신의 원칙들로 인간의 의지를 움직이려고 이 지렛대를 현재나 미래의 세계가 아니라 순전히 확고한 도덕법칙에 따라 확실한 토대로 놓여 있는 자유의 내적 이념에 갖다 대지 않고. 그런데 그것은 오직 지성의 개념들과 면면히 검토된 원칙들을 점차 전개한 후에만, 그러니까 오직 노동으로만 느낄 수 있게 되는 비밀이다. — 그것은 경험적으로 (이성에 해명하도록) 주어진 것이 아니라 아프리오리하게 (우리 이성의 한계 안에서 실제적 통찰로) 주어진 것이다. 게다가 그것은 오직 실천적 측면에서이기는 하지만 이성의 인식을 초감성적인 것에까지 확장한다. 그러나 이 확장은 이를테면 인식의 토대를 마련한다는 감정(신비적 감정)으로가 아니라 감정(도덕적 감정)에 작용하는 분명한 인식으로 이루어진다. — 스스로 이러한 참된 비밀을 점유했다고 생각하는 사람의 논조
A 420 는 고상할 수 없다. 왜냐하면 오직 독단적이거나 역사적인 앎만이 우쭐대기 때문이다. 자기 자신의 이성을 비판함으로써 완화된 전자의 앎은 필연적으로 그로 하여금 주장들에서 절제하게 한다(겸양). 그러나 후자의 자만, 즉 단지 기호의 함양에 속할 뿐인 플라톤과 고전들에 대한 박학다식은 그것으로 철학자인 척하려는 것을 정당화할 수 없다.

이런 주장에 대한 질책은 지금 시대에도 불필요하지 않다고 여겨

진다. 이 시대에도 철학의 이름으로 치장하는 것이 유행하면서 문제가 되었고, 비전의 철학자는 (그런 사람을 허용한다면) 대담한 도약을 바탕으로 힘들이지 않고 통찰의 정점에 도달하므로 (대담한 행위가 전염성이 있듯이) 불지불식간에 많은 추종자를 자기 주위로 모을 수 VIII 404
도 있는데, 학문 세계의 경찰은 이것을 묵인할 수 없기 [때문이다].

우리 인식에서 형식적인 것(이것이야말로 철학의 가장 주된 업무다)을 '주형공장'이라는 이름 아래 사소한 것에 얽매여 융통성이 없는 것이라고 매도하는 몹쓸 성벽이 이러한 의심, 즉 철학의 간판을 걸고 A 421
실제로는 모든 철학을 추방하고, 그것을 지배하는 승자로서 고상하게 행동하려는 숨겨진 의도가 있다는 의심을 더 확실하게 갖게 한다(그것은 보복의 발밑에 깔려 차례로 유린되었고, 승리는 우리를 하늘로 올린다. — 루크레티우스).[7] — 그러나 이러한 시도는 언제나 깨어 있는 비판의 조명 아래서는 성공할 수 없다는 것을 다음 예로 미루어 알 수 있다.

이성에 따라 인식되는 한에서 사태의 본질은 형식에 있다(형식이 사물의 본질을 준다고 스콜라 철학자들은 말한다). 이 사태가 감각능력의 대상이라면 그 본질은 직관 안에 있는 사물들(현상들)의 형식이다. 순수 수학은 순수 직관의 형식에 대한 이론에 지나지 않는다. 마찬가지로 순수 철학으로서 형이상학도 인식 근거를 가장 높은 단계에서 차후 모든 객관(인식 질료)을 포섭할 수 있는 사고형식에 둔다. 우리에게 있음을 부인할 수 없는 모든 아프리오리한 종합적 인식의 가능성이 이 형식들에 근거한다. — 그런데 이성은 불가항력적으로 우리를 초감성적인 것으로 이행하도록 추동하는데, 오직 도덕적·실천적인 고려해서만 그렇게 할 수 있다. 이 이행을 이성은 전적으로 A 422
자유로운 행위의 질료(그것의 목적)가 아니라 단지 그것의 형식, [즉] 그것의 준칙이 입법 일반의 보편성에 적합함을 원리로 삼는 그런 (실천적) 법칙으로도 실현할 수 있다. (이론적인 것과 실천적인 것) 두 영역에서 그것은 계획에 따라서 또는 심지어 공장에서와 같이 (국가를 위하여) 착수된 자의적인 형식부여가 아니라 정말이지 자기 자신의 (이성) 능력을 영접하고 찬양할 생각 없이 모든 주어진 대상을 취급하는 매뉴팩처에 선행하는 근면하고 사려 깊은 주관의 일이다. 이에 반해 초감성적인 것의 비전을 보여주기 위해 신탁을 공개하는 명망가는 이 신탁으로 사람들의 정신을 기계적으로 취급했고, 이것에 철학이라는 이름을 단지 명예를 위해 부여했음을 스스로 부정하지 못할 것이다.

*　*　*

VIII 405 그러나 근본적으로는 동일한 좋은 의도, 즉 인간을 현명하고 올바르게 하려는 의도를 지닌 두 진영 사이의 이 모든 다툼은 무엇 때문에 일어나는가? — 그것은 아무것도 아닌 것을 둘러싼 소란 [또는]
A 423 오해로 생긴 불화다. 이 상황에서 장래를 위해 단결을 더욱 공고하게 만드는 계약을 하려면 화해가 아니라 다만 상호 해명이 필요할 뿐이다.

우리 모두가 무릎을 꿇는 베일에 싸인 양측의 여신은 불가침의 위엄을 가지고 우리 안에 있는 도덕법칙이다. 사실 우리는 그녀 목소리를 경청하고 그녀 명령을 아주 잘 이해하기도 한다. 그러나 이 경청에서 우리는 그 목소리가 인간에게서, 인간 이성 자체의 절대적 권력에서 나오는지, 아니면 인간에게 알려져 있지 않은 자신의 본질을 그 자신의 이성으로 인간에게 말하는 다른 어떤 것에서 나오는지 의심한다. 원칙적으로 우리는 이러한 탐구를 완전히 그만두는 편이 훨씬 좋을 것이다. 왜냐하면 그 탐구는 순전히 주관적이고, 우리가 (객관적으로) 해야 할 의무가 있는 것은 언제나 여전히 동일한 것으로 남아 있으며, 다음을 제외하면 한 원리나 다른 원리를 근거로 할 수 있기 때문이다. 우리 안의 도덕법칙을 논리적 교수법에 따라 분명하게 파악하는 것은 본래 유일한 **철학적** 방법이지만, 저 법칙을 인격화하고 도덕적으로 명령하는 이성에서 베일에 싸인 이시스를 만들어내는 것은 (비록 우리가 이 여신에게 저 방법으로 발견한 것 외의 다른 속성을 부여하지 않는다 하더라도) 바로 그 동일한 대상의 **심미적** 표상방식이다. 이 표상방식은 원리들이 전자에 따라 이미 정화된 이후, 단지 유비적이라 하더라도 감성적 현시로 저 이념들을 활성화하기 위해서 사용할 수 있다. 그러나 여기에는 언제나 모든 철학의 죽음인 광신적 비전에 빠질 상당한 위험이 있다. A 424

그러므로 저 여신을 **예감할** 수 있다는 표현은 자신의 도덕적 감정이 의존하는 원리를 자신에게 **분명하게** 할 수 있기 전에 이 **감정으로** 의무개념으로 나아가게 된다는 것을 의미하는 것에 지나지 않을 것이다. 법칙에 대한 이러한 예감은 그것이 학교에 걸맞은 논의를 거쳐 명석한 통찰로 바뀌는 즉시 철학의 본래 업무이고, 이것 없는 이성의 저 진술은 온갖 해석에 내맡겨진 신탁의 목소리*일 것이다.

---

* 이러한 비밀주의는 아주 독특한 것이다. 그것의 대가들은 플라톤이 그들에 불을 붙였다는 것을 감추지 않는다. 그리고 이 언급된 플라톤에게 (그 A 425
렇게 함으로써 밝혀지는 것) 그것이 도대체 무엇인지를 묻는다면 이 플라톤은 그것을 말할 수 없다고 솔직히 고백한다. 그러나 그럴수록 더 좋다! 그땐 또 다른 프로메테우스인 그가 그것을 위한 불꽃을 하늘에서 훔쳐왔다는 것이 자명해지기 때문이다. 그래서 만약 누군가 오래된 세습 귀족 출신이고 다음과 같이 말할 수 있다면, 그는 확실히 고상한 논조로 이야기한다. "우리의 선진 시대에는 감정을 근거로 말하고 행하는 모든 것은 금방 비이성적 몽상으로 간주되곤 한다. 가련한 플라톤, 만약 그대가 고대의 인장을 지니지 않고, 또 사람들이 그대를 읽어보지 않고도 높은 학문을 주장할 수 있다면, 발 앞에 놓여 있는 것 외에는 아무것도 보지 않고 그리고 손으로 잡을 수 있는 것 외에는 아무것도 수용하지 않는 것이 최고 지혜인 산문의

A 425; Ⅷ 406 잠시 덧붙여 말하면, 퐁테넬이 다른 기회에 말했듯이 '만약' 비교
A 426 를 위한 이러한 제안을 받아들이지 않고 "모씨가 철저히 신탁을 믿고 싶다면 아무도 그가 그렇게 하는 것을 막을 수 없다."

쾨니히스베르크
임마누엘 칸트

시대에 누가 아직도 그대를 읽고 싶어 하겠는가?" — 그러나 이 추론은 불행히도 논리에 맞지 않는다. 그것은 너무 많은 것을 증명한다. 왜냐하면 극도로 산문적 철학자인 아리스토텔레스도 분명히 고대의 인장을 지니고 있고 또 저 원칙에 따르면 읽힘에 권리가 있기 때문이다! — 근본적으로 모든 철학은 분명 산문적이다. 그리고 지금 다시 시적으로 철학하자는 제안은 확실히 상인에게 회계장부를 앞으로는 산문이 아니라 운문으로 작성하자는 제안처럼 받아들여지게 될 것이다.

오해에서 비롯한 수학 논쟁의 해결 Ⅷ 407

홍우람

일러두기

『오해에서 비롯한 수학 논쟁의 해결』(*Ausgleichung eines auf Mißverstand beruhenden mathematischen Streits*) 번역은 1796년 발표된 원전을 대본으로 사용했고, 학술원판(*Abhandlungen nach 1781* in *Kant's gesammelte Schriften*, Bd. VIII, pp.407–410, hrsg. von der Königlich Preußischen Akademie der Wissenschaften, Berlin, 1911)과 바이셰델판(*Schriften zur Metaphysik und Logik* in *Immanuel Kant Werke in Zehn Bänden*, Bd. V, pp.399–402, hrsg. von Wilhelm Weischedel, Darmstadt, 1983)을 참조했다.

오해에서 비롯한 수학 논쟁의 해결

『월간베를린』(1796년 5월 395-396쪽)에 실린 한 논문에서 나는, A 369; Ⅷ 409
수학적 대상들에 대해 철학을 하려고 시도할 때 빠져들 수 있는 광신에 관한 다양한 예를 들면서, 비록 피타고라스학파의 수 신비주의자의 입을 통해서긴 하지만, "직각삼각형 세 변의 비례관계가 오직 3, 4, 5라는 수의 비례관계일 수밖에 없는 이유는 무엇인가?"라고 물었다.[1)] 그러므로 나는 이 ["직각삼각형 세 변의 비례관계가 오직 3, 4, 5라는 수의 비례관계일 수밖에 없다"는] 명제를 참으로 인정했던 것이다. 그러나 박사이자 교수인 라이마루스 씨는 이 명제를 반박하면서, 앞서 고려된 비례 관계는 언급된 것보다 더 많은 수로 성립될 수 있다고 증명한다(『월간베를린』, 8월, 제6호).[2)]

그러므로 우리가 (거의 전대미문이라 할 만한 그런) 어떤 실제적인 수학 논쟁에 관여되어 있다는 사실은 대단히 명확해 보인다. 그러나 이 다툼은 그저 오해에 지나지 않는다. 양측은 각자 다른 의미로 [그 명제를] 표현하고 있다. 따라서 서로 이해되는 순간, 논쟁은 사라지고 양편 모두 옳게 된다. 명제와 반명제는 다음과 같은 관계에 있다.

라이마루스(적어도 그가 자기 명제에 대해 생각하는 바에 따르면): "(이산적으로 생각된) 모든 가능한 수의 무한한 집합 안에는 직각삼각형의 세 변과 관련하여 3, 4, 5라는 수의 비례관계보다 더 많은 비례관계가 있다."

칸트(적어도 그가 반명제에 대해 생각하는 바에 따르면): "자연적 질서에서 (0부터 연속적으로 1씩 증가하며) 진행하는 모든 수의 무한한 계열 안에서 서로 직접적으로 이어지는(따라서 연결된 것으로 생각되는) 수들 중에는 오직 3, 4, 5라는 수의 비례관계 이외에 저 [직각삼각형의 세] 변들의 어떤 비례관계도 없다."[3)]

두 명제는 모두 그 자체로 엄밀한 증명을 가지고 있다. 그리고 (이른바) 대립하고 있는 두 사람 중 아무도 각 증명의 최초 고안자라는 이점을 지니고 있지 않다.

VIII 410 그러므로 중요한 것은 단지 이 오해의 책임이 누구에게 있는지 결
A 370 정하는 것뿐이다. 주제가 순수하게 수학적이라면, 칸트가 책임을 져야 할 것이다. 왜냐하면 [칸트가 원래 제시한] 그 명제는 수에 대하여 앞서 언급된 속성을 (수의 계열을 생각하지 않고) 보편적으로 표현하기 때문이다. 하지만 이것은 단지 수학 명제들에 대해 철학을 하려고 할 때 피타고라스학파의 수 신비주의가 수학에 입힌 폐해의 예로 삼으려 한 것뿐이다. 그리고 이런 경우 아마 저 반명제는 사람들에게 수용되리라고 전제될 수 있었을 것이다. 신비주의자는 수의 속성 중에서 신기하면서도 미학적으로 주목할 만한 어떤 것을 발견했다고 믿을 수 있었을 것이라는 의미에서 말이다. 그와 같이 [신비주의자에게 신기하면서도 미학적으로 주목할 만한] 것이란 무한한 수의 계열 속에서 서로 이웃하며 관계 맺고 있는 세 수로 한정된 조합이다. 비록 수학자는 여기서 놀랄 만한 것을 전혀 발견하지 못하더라도 말이다.

그러므로 내가 아는 한에서는 아직 아무도 의심한 적 없는 명제를 증명하느라 자신이 쓸데없이 고생했다는 사실을 부디 라이마루스씨가 나의 책임으로 여기지는 않기를 바란다.

인류애 때문에 거짓말할 왜곡된 권리

A 301; Ⅷ 425

배정호

일러두기

『인류애 때문에 거짓말할 왜곡된 권리』(*Über ein vermeintes Recht aus Menschenliebe zu lügen*) 번역은 1779년 발표된 원전을 대본으로 사용했고, 학술원판(*Abhandlungen nach 1781* in *Kant's gesammelte Schriften*, Bd. VIII, pp.423-430, hrsg. von der Königlich Preußischen Akademie der Wissenschaften, Berlin, 1911)과 바이셰델판(*Schriften zur Ethik und Religionsphilosophie* in *Immanuel Kant Werke in Zehn Bänden*, Bd. VII, pp.635-643, hrsg. von Wilhelm Weischedel, Darmstadt, 1983)을 참조했다.

인류애 때문에 거짓말할 왜곡된 권리

잡지 『1797년의 프랑스』의 제6부 제1번 콩스탕의 「정치적 반응들에 관하여」 123쪽에 다음 구절이 있다.

"'진리를 말하는 것은 의무이다'라는 도덕 원칙은 만약 사람들 A 302
이 그것을 무조건적으로 그리고 따로 떼어내 생각한다면, 모든 사회를 불가능하게 만들 것이다. 이에 대한 증명을 우리는 한 독일 철학자가 이 원칙에서 도출한 매우 직접적인 귀결에서 확인할 수 있다. 이 철학자는 한 살인자가 우리에게 그가 쫓는 우리 친구가 우리 집에 피신하지 않았는지 물을 때 그에게 거짓말하는 것은 범죄일 것이라고 주장하는 데까지 나아간다."*

이 프랑스 철학자는 124쪽에서 이 원칙을 다음과 같은 방식으로

---

* "괴팅겐의 요한 다비드 미하엘리스[1]는 이 이례적인 견해를 칸트보다 먼저 개진했다. 이 글의 저자 자신이 나에게 칸트가 위 구절에서 언급한 철학자라고 말해주었다." — 칼 프리드리히 크라머[2]).
이로써 나는 내가 지금은 기억하지 못하는 어딘가에서 이것을 실제로 말했다는 것을 인정한다. — 임마누엘 칸트[3])

A 303 논박한다. "진리를 말하는 것은 의무다. 의무개념은 권리[4]개념과 분리될 수 없다. 의무는 한 존재에서 다른 한 존재의 권리에 상응하는 것이다. 권리가 없는 곳에는 의무도 없다. 그러므로 진리를 말하는 것은 의무이지만 오직 진리에 대한 권리가 있는 자에게만 그러하다. 그러나 어떤 사람에게도 다른 사람을 해치는 진리에 대한 권리는 없다."

여기서 근원적 오류는 다음 명제에 포함되어 있다. "진리를 말하는 것은 의무이지만 이는 오직 진리에 대한 권리가 있는 자에게만 그러하다."

VIII 426 우선 주목해야 할 것은 '진리에 대한 권리가 있다'라는 표현은 의미 없는 말이라는 것이다. 오히려 인간에게는 그 자신의 진실성, 즉 그의 인격에서 주관적 진리에 대해 권리가 있다고 말해야만 한다. 왜냐하면 객관적으로 [어떤 사람에게] 진리에 대한 권리가 있다는 것은 어떤 주어진 명제가 참일지 거짓일지가 일반적으로 내 것과 네 것
A 304 의 경우처럼 그[그 명제를 주장하는 사람]의 의지에 달려 있다고 말하는 것과 같을 것이고, 그렇다면 이는 이상한 논리를 제공하게 될 것이기 때문이다.

이제 첫째 물음은 인간은 '예' 또는 '아니요'로 대답하지 않으면 안 되는 경우들에서 진실하지 않을 권한(권리)을 가지느냐다. 둘째 물음은 부당한 강제가 강요하는 진술을 하게 될 때, 인간은 자신을 위협하는 악행에서 자기 자신이나 다른 사람을 보호하기 위해 진실하지 않을 의무가 있지 않느냐다.

피할 수 없는 진술의 진실성은 그것에서 자신이나 타인에게 얼마나 큰 손해가 생겨나든 모든 사람에 대한 인간의 형식적 의무다.* 비

---

* 여기서 나는 이 원칙을 "비진실성은 자기 자신에 대한 의무의 위반이다"라

록 이로써 말하는 사람에게나 다른 사람에게 아무리 큰 불이익이 생긴다 하더라도 마찬가지다. 그리고 내가 나에게 부당하게 강요된 진술을 변조한다면 나는 이 진술을 강요한 사람에게 부당한 짓을 행하는 것은 아니라 하더라도, 그러한 변조를 함으로써 가장 본질적인 부분에서 의무 일반에 부당한 짓을 행하게 된다. 그래서 이 변조는 (비록 법률적 의미에서는 아니라 하더라도) 거짓말이라고도 할 수 있다. 다시 말해 [그때] 나는 내 능력이 되는 한에서 진술(선언)이 전혀 신뢰를 얻지 못하게 만들고, 계약에 근거하는 모든 권리가 상실되며 이 권리의 효력이 소멸되게 만든다. 그리고 이는 인류 일반에 가하는 부당행위다. A 305

그러므로 거짓말이 단순히 타인에게 의도적으로 행한 허위 선언으로 정의된다면, 거짓말은 법학자들이 그것의 정의를 위해 요구하는 것(거짓말은 타인에게 손해를 끼치기 위해 행하는 허위 진술이다)처럼 타인에게 피해를 입히는 것이어야 한다는 부가적 설명이 필요하지 않다. 왜냐하면 거짓말은 권리의 원천을 사용할 수 없게 만듦으로써 언제나 타인에게, 비록 어떤 [특정한] 다른 사람은 아니라 하더라도 인류 일반에게 해가 되기 때문이다.

이러한 [위 예에서 언급한] 선의의 거짓말도 우연적인 것(경우) 때문에 시민법에 따라 처벌될 수 있다. 또 단순히 우연적인 것 때문에 처벌을 면하는 것[행위]도 외직 법칙에 따라 부당한 것으로 판결될 수 있다. 즉 당신이 거짓말을 함으로써 지금 막 살인하려는 사람의 [살인]행위를 방지했다면, 당신은 그[거짓말]로부터 생겨날지도 모를 모든 결과에 법적으로 책임이 있다. 그러나 당신이 철저하게 진리를 A 306 VIII 427

고 말할 정도로 첨예화하고 싶지는 않다. 왜냐하면 이것은 윤리학에 속하는데 여기서는 법의무만 논의하기 때문이다.— 저 위반에서 덕론은 오직 거짓말쟁이가 비난을 사게 되는 무가치성만 주목한다.

고수했다면, 어떤 예상치 못한 결과가 생겨나든 공적 정의는 당신에게 어떠한 해도 끼칠 수 없다.[당신은 법적 책임이 없다.] 자신이 뒤쫓는 사람이 [당신] 집에 있느냐는 살인자의 물음에 당신이 정직하게 '예'라고 대답하고 난 뒤 쫓기던 사람이 몰래 집을 빠져나감으로써 살인자와 마주치지 않게 되어 결과적으로 범행이 일어나지 않는 경우도 가능하다. 그러나 만약 당신은 그가 집에 없다고 거짓말을 했고, 그가 (비록 당신은 모르지만) 실제로 집을 빠져나갔지만 결국 살
A 307 인자가 도망치는 그를 만나 범행을 저질렀다면, 당신은 당연히 그의 죽음에 대한 원인 제공자로 고소당할 수 있다. 왜냐하면 당신이 알고 있는 대로 진리를 말했더라면, 어쩌면 살인자는 집에서 자기 적을 찾아다니는 동안 지나가던 이웃들에게 붙잡혀 결과적으로 범행이 일어나지 않았을 것이기 때문이다. 그러므로 거짓말하는 사람은 누구나 그 의도가 아무리 좋다 하더라도 시민 법정에서마저 그 결과를 책임져야 하고 또 처벌받아야 한다. 이 결과가 아무리 예견되지 못했어도 그러하다. 왜냐하면 진실성은 계약에 근거하게 되는 모든 의무의 토대로 간주되어야 하는 의무이고, 또 이 의무에 최소한의 예외라도 허용하게 되면 그것의 법칙은 흔들려 쓸모없게 되기 때문이다.

그러므로 모든 진술에서 진실(정직)함은 신성하고 무조건적으로 명령하고 그 어떤 편의로도 제한할 수 없는 이성명령이다.

이런 이유로 매우 엄밀하고 이른바 실행 불가능한 이념에 빠져들
A 308 었고, 그래서 거부되어야 할 원칙이라는 비난에 대한 콩스탕의 주석은 사려 깊으면서 옳다. — "(123쪽 하단에서 그는 말한다) 참으로 증명된 원칙이 적용 불가능한 것으로 보인다면, 그것은 언제나 우리가 적용 방법을 포함하는 중간 원칙을 모르기 때문이다." (121쪽에서) 콩스탕은 사회적 결속을 형성하는 첫째 연결고리로서 평등에 대한 학설을 제시한다. "즉 (122쪽) 모든 사람은 오직 그가 함께 제정한 법률[5)]에

따라서만 의무를 질 수 있다는 것[원칙]이다. 이 원칙은 [구성원들이] 아주 긴밀히 결합되어 있는 사회에서는 직접 적용될 수 있으며, 일상적인 것이 되기 위해 어떤 중간 원칙도 필요하지 않다. 그러나 VIII 428 매우 많은 인원으로 이루어진 사회에서는 우리가 여기서 제시하는 원칙에 새로운 [중간] 원칙이 더해져야 한다. 이 중간 원칙은 각 개인은 법률 제정에 직접 기여하거나 아니면 대리인을 거쳐 기여할 수 있다는 것이다. 이러한 중간 원칙의 사용 없이 첫째 원칙을 대규모 사 A 309 회에 적용하려는 사람은 틀림없이 그 사회의 몰락을 야기할 것이다. 그러나 오직 입법자의 무지함 또는 미숙함을 증명할 뿐인 이러한 상황은 그 원칙에 대해서는 아무것도 논박하지 않을 것이다." — 그는 125쪽에서 이렇게 결론짓는다. "그러므로 참으로 승인된 원칙은 결코 폐기되어서는 안 된다. 거기에 있는 위험이 아무리 분명해 보이더라도 마찬가지다." (그럼에도 이 훌륭한 사람은 진실성의 무조건적 원칙을 이 원칙이 사회에 가져오는 위험 때문에 스스로 포기해버렸다. 왜냐하면 그는 이러한 위험을 방지하는 데에 도움이 될 중간 원칙을 발견할 수 없었고, 또 여기서는 실제로 어떤 중간 원칙도 제시될 수 없기 때문이다.)

사람 이름을 여기서 거명되는 대로 유지하고자 한다면 '그 프랑스 철학자'는 어떤 사람이 자백하지 않을 수 없는 진리를 진술함으로써 다른 사람에게 해를 끼치게 되는 행위를, 그 사람이 다른 사람에게 A 310 부당한 일을 하게 되는 행위와 혼동했다. 그 진술의 진실성이 그 집에 들어가 있는 사람에게 해가 된 것은 순전히 우연이었지 (법률적 의미에서) 자유로운 행위는 아니었다. 자기 이익을 위해 다른 사람에게 거짓말을 강요할 어떤 사람의 권리에서 모든 합법칙성에 상충하는 요구가 결과적으로 생겨날 테니 말이다. 그런데 모든 개인에게는 피할 수 없는 진술의 진실함에 대해 권리뿐만 아니라 심지어 가장 엄격한

의무도 있다. 이 진실성이 자기 자신이나 다른 사람에게 해를 끼친
다 하더라도 그렇다. 그러므로 그[진실하게 말하는 사람] 자신은 그
의 진술 때문에 해를 입는 사람에게 사실은 해를 입히지 않으며, 오히
려 우연히 이 해를 야기한다. 왜냐하면 (그가 일단 반드시 말해야만 하
는 경우) 진실성은 무조건적 의무이므로 그가 그때 선택할 만큼 전혀
자유롭지 못하기 때문이다. — 그러므로 그 '독일 철학자'는 "진리를
말하는 것은 하나의 의무이지만, 오직 진리에 대한 권리가 있는 사람
에게만 의무다"라는 명제(124쪽)를 자기 원칙으로 받아들이지 않을
A 311 것이다. 첫째로 진리는 그에 대한 권리가 어떤 사람에게는 인정되고
다른 어떤 사람에게는 거부될 수 있는 점유물이 아닌 점을 고려하면
VIII 429 저 원리의 정식이 불분명하기 때문이고, 다음으로는 무엇보다도 (여
기서 논의되는 유일한 대상인) 진실성의 의무는 인격을, 그에 대해 사
람들이 이 의무가 있는 인격 또는 이 의무가 없다고 선언할 수 있는
인격으로 구별하지 않으며, 오히려 모든 관계에서 타당한 무조건적
의무이기 때문이다.

그런데 철학자는 법 형이상학(이것은 모든 경험 조건을 도외시한다)
에서 정치학의 원칙(이 원칙은 이러한 개념들을 경험 사례들에 적용한
다)으로 나아가 이것을 매개로 후자의 과제를 보편적 법의 원리에 상
응하게 해결하려고 다음 세 가지를 제공할 것이다. 1) 공리, 즉 외적
법의 정의(각자 자유가 보편 법칙에 맞게 다른 모든 사람의 자유와 조화
A 312 됨)에서 직접 도출되는 필연적으로 확실한 명제, 2) (그것 없이는 각
자 자유가 성립하지 않을 것인 평등 원리에 따른 모두의 일치된 의지로
서 외적·공적 법칙의) 요청, 3) 어떻게 대규모 사회에서 그럼에도 자유
와 평등의 원리에 따른 (즉 대의제도에 따른) 단결이 유지되게 할 수
있느냐는 문제가 그것이다. 이 문제는 그 후 정치(학)의 원칙이 될 테
고, 정치(학)의 기획과 지시는 법령을 포함할 텐데, 이 법령은 인간의

경험인식에서 도출된 것으로 오직 법집행의 체제와 이 체제를 어떻게 합목적적으로 설치할 것이냐는 문제만을 목적으로 할 뿐이다.— 법을 정치에 맞추어서는 결코 안 되며, 오히려 언제나 정치를 법에 맞추어야 한다.[6]

"참으로 인정된(덧붙이면 아프리오리하게 인정된, 따라서 필연적인) 원칙은 거기에 위험이 있는 것이 아무리 명백하다 하더라도 결코 폐기되어서는 안 된다"라고 저자[콩스탕]는 말한다. 다만 여기서 [위험은] (우연히) 해를 끼치게 될 위험이 아니라 무릇 부당한 행위를 하게 A 313 될 위험으로 이해해야 한다. 만일 내가 완전히 무조건적이고 진술에서 최고 법적 조건을 이루는 진실성 의무를 조건적인 또 다른 고려사항에 예속된 의무로 삼는다면, 이 부당한 행위가 일어날 것이다. 그리고 비록 내가 어떤 거짓말을 함으로써 실제로는 아무에게도 부당한 행위를 하지 않는다 하더라도, 나는 [이 거짓말로] 모든 불가피하게 필연적인 진술 일반과 관련한 법의 원리를 훼손하게 된다. (질료적으로는 아니더라도 형식적으로는 부당한 행위를 하게 된다.) 이는 누군가에게 부정의를 행하는 것보다 더 나쁘다. 왜냐하면 그러한 행위는 그 행위의 원칙이 [행위] 주체 안에 있다고 항상 전제하지는 않기 때문이다.

다른 사람이 자신에게 지금 해야만 하는 진술에서 진실하고자 하 Ⅷ 430 는지 아닌지를 묻는 물음에 그리고 이 물음으로 표현된 '자신도 거짓말쟁이일지 모른다'는 의심에 분개하지 않고, 오히려 그에게 우선 가능한 예외들부터 생각해볼 수 있도록 허락해달라고 부탁하는 사람은 이미 (잠재적인) 거짓말쟁이다. 왜냐하면 그는 자신이 진실성을 A 314 의무 자체로 인정하지 않으며, 오히려 예외를 둘 경우 규칙은 곧장 자기모순에 빠지므로 본질적으로 어떠한 예외도 있을 수 없는 규칙에 대해 자신을 위한 예외들을 남겨둔다는 점[사실]을 천명하기 때문이다.

모든 법적·실천적 원칙은 엄격한 진리를 포함해야만 한다. 그리고 여기서 이른바 중간 원칙은 단지 발생하는 경우들에 저 원칙을 적용하려는 (정치학의 규칙들에 따른) 자세한 규정만을 포함할 수 있을 뿐 저 원칙의 예외들은 결코 포함할 수 없다. 왜냐하면 예외들은 원칙들이 오직 그것 때문에 원칙이라는 이름을 가지게 되는 그 보편성을 파괴하기 때문이다.

쾨니히스베르크
임마누엘 칸트

1791년 베를린 왕립학술원이 공모한 현상과제: XX 253
라이프니츠와 볼프의 시대 이후 독일에서 형이상학이 이룬 실질적 진보는 무엇인가?

염승준

일러두기

『1791년 베를린 왕립학술원이 공모한 현상과제: 라이프니츠와 볼프의 시대 이후 독일에서 형이상학이 이룬 실질적 진보는 무엇인가?』(*Über die von der Königl. Akademie der Wissenschaften zu Berlin für das Jahr 1791 ausgesetzte Preisfrage: Welches sind die wirklichen Fortschritte, die die Metaphysik seit Leibnizens und Wolf's Zeiten in Deutschland gemacht hat?*) 번역은 1804년 발표된 원전을 대본으로 사용했고, 학술원 판(*Handschriftlicher Nachlaß* in *Kant's gesammelte Schriften*, Bd. XX, pp.253-351, hrsg. von der Königlich Preußischen Akademie der Wissenschaften, Berlin, 1911)과 바이셰델판(*Schriften zur Ethik und Religionsphilosophie* in *Immanuel Kant Werke in Zehn Bänden*, Bd. VII, pp.587-676, hrsg. von Wilhelm Weischedel, Darmstadt, 1983)을 참조했다.

링크[1]의 머리말

이 저서가 집필된 이유는 명백해서 내가 여기서 이 점을 장황하게 이야기하지 않아도 될 것이다. 이 저서가 다루는 현상과제가 공표되었을 때, 이 과제는 당연히 꽤 많은 주목을 받았다. 저명한 학자인 슈바브,[2] 라인홀트,[3] 아비히트[4] 세 사람이 수상했으며, 그들이 쓴 논문들은 1796년 이후로 이미 대중의 수중에 넘어갔다. 이들이 각기 자신들의 고유한 노선을 따라 연구를 수행한 것처럼 칸트도 자신의 고유한 길을, 그것도 매우 상이한 길을 갔다. 그럼에도 이 길은 만약 칸트가 이 현상과제를 자신이 대답해야 할 주제로 받아들였더라면, 그가 선택하리라 가정할 수 있는 유일한 길이기도 하다. A 3; XX 257

이 논문을 구성하는 세 가지 자필원고가 수중에 있지만, 유감스럽게도 이 원고들 중 어떤 것도 완전하지 않다. 따라서 나는 첫째 단계[5]의 마지막까지에 해당하는 이 저서의 처음 절반을 이 중 하나의 자필원고에서 가져와야만 했으며, 다른 자필원고에서 둘째 단계[6]의 시작부터 이 논문의 마지막[7]까지에 해당하는 나머지 절반 부분을 제공받았다. 각각의 자필원고가 주어진 주제를 약간 편차를 두고 달리 검토했기 때문에 논하는 방법에서 통일성과 일치성이 어느 정도 결여됨을 가끔 인지할 수 있겠지만, 이러한 상황에서 이 결함을 완전히 제 A 4

거하기는 불가능하다. 셋째 자필원고가 어떤 면에서는 가장 완성되었지만, [논문] 전체의 처음 시작만을 포함하고 있다. 다양한 작업을 무리하게 녹여냄으로써 언급한 불일치성이 오히려 더 커져서는 안
A 5 된다면, 나로서는 셋째 자필원고 내용을 부록으로 싣거나 아예 인쇄하지 않을 수밖에 없었다. 그러나 나중의 경우는 모든 비판 철학 동료가 거는 기대를 너무나 제멋대로 침해하는 것처럼 여겨졌기 때문에 나는 처음의 해결책을 선택했다. 그리고 부록은 원고 여백에 칸트 자신이 덧붙인 주석 약간과 둘째 단계의 시작을 제공한다. 이 둘째 단계의 시작은 내가 첫째 자필원고라고 한 데서 가져왔다.

XX 258 처음 두 자필원고가 포함하는 것에조차 몇몇 공백이 있다. 이 공백들은 칸트가 자주 그렇게 했듯이, 그가 덧붙여 놓았지만 분실된 쪽지들로 보충하려고 한 것일지도 모른다. 나는 이런 공백들이 나타나는 자리에 별표 **를 삽입해서 표시했다.

여기까지가 이 저작의 판단자로 하여금 이 저작에 대해 올바른 관점에 설 수 있도록 하려고 내가 이 문서의 편집에 대해 말해야 한다
A 6 고 생각한 것이다. 이 저작을 칭찬하거나 결함투성이 형태에도 이 저작의 좋은 점을 강조하는 것은 내 처지에서 필요하지 않다. 내가 방금 듣고 알게 된 바에 따르면, 칸트는 자기 삶의 위대한 역할을 마감했다. 그가 지녔던 정신의 탁월성이 이곳저곳에서 애꿎은 방식으로 야기했던 원망도 사그라지고 더 완벽한 공평성이 그의 본질적 공적을 더욱 양심적으로 존중하길 기대한다.

1804년 기념-박람회[8]에서
링크

칸트의 머리말

왕립학술원은 유럽 학계 일부에서 그리고 현 세기의 한 시기에 철 A 7; XX 259
학의 한 부분이 이룬 진보를 열거할 것을 요구한다.

이것은 쉽게 해결될 수 있는 과제처럼 보인다. 왜냐하면 이 과제는 단지 역사에 관한 것이고 경험적 학문인 천문학과 화학의 진보가 그것들의 역사 서술가들을 이미 발견했으며, 만약 원하기만 한다면 동일한 지역과 시대에 행해졌던 수학적 해석학이나 순수 역학의 진보 역시 그 분야의 역사 서술가들을 금방 발견하게 될 것처럼, 여기서 문제가 되는 학문에서도 마찬가지로 거의 어려움이 없는 듯 보이기 때문이다.

그러나 이 학문이 형이상학이고 이 점이 사태를 전적으로 달리 만 A 8
든다. 형이상학은 무한한 바다와 같다. 이 바다에서는 진보가 어떤 흔적도 남기지 않고, 이 바다의 수평선에는 시야가 닿을 수 있는 목표가 없어서 우리가 이 목표에 얼마나 가까이 다가갔는지 파악할 수조차 없다.—거의 언제나 그 자체로 이념에만 머물러 있던 이 학문과 관련하여 제출된 과제는 매우 어려워서 이 과제를 해결할 가능성에 대해 절망하게 되며, 혹 해결한다 해도 이 학문이 이룬 진보들을 얼마 안 되는 말로 명확하게 설명하라고 명시한 조건이 이러한 어려움을 가중한다. 그 까닭은 형이상학은 그 본질과 궁극의도에서 보아 가장 완결된 하나의 전체, 즉 아무것도 아니거나 전부이기 때문이다. 그러므로 형이상학의 궁극목적을 위해 요구되는 것은 이를테면 끝없이 언제나 진보하는 수학이나 경험적 자연과학처럼 단편적으로
A 9 다룰 수 없다. — 그럼에도 우리는 이 일을 시도하고자 한다.

가장 필요한 첫째 물음은 아마도 '이성은 형이상학으로 도대체 무엇을 원하는가?', '이성은 형이상학을 다루면서 어떤 궁극목적을 염두에 두는가?'라는 물음일 텐데, 말하자면 이것은 이성이 자신의 사변활동에서 언제나 의도할 수 있는 중요한, 아마도 가장 중요한, 심지어 유일한 궁극목적이다. 왜냐하면 많건 적건 간에 모든 인간이 이 궁극목적에 관여하며 또 만일 이성이 이 목적에 대해 가지는 관심이 우리가 가질 수 있는 가장 내면적 관심이 아니라면, 이 영역에서 이성의 노력이 언제나 부질없는 것으로 입증되는데도 시시포스가 돌
XX 260 굴리는 일을 언젠가 결국 멈추어야 한다고 소리쳐 알리는 것이 왜 헛된 짓이었는지 파악할 수 없기 때문이다.

전체 형이상학이 겨냥하는 이 궁극목적은 쉽게 발견될 수 있고, 이러한 이유에서 형이상학을 정의하는 근거를 제공할 수 있다. "형이
A 10 상학은 이성을 바탕으로 감성적인 것에 대한 인식에서 초감성적인 것에 대한 인식으로 전진하는 학문이다."

단지 그 표상이 감각능력과 관계에서 고찰되는 것뿐만 아니라, 지성의 순수개념들이 감각능력의 대상들에 적용될 경우, 즉 가능한 경험을 위해 생각될 경우, 그 표상이 지성과 관계에서 고찰되는 것도 감성적인 것에 속한다. 따라서 비록 비감성적인 것, 예를 들면 원인의 개념이 지성에 자신의 자리와 근원을 가질지라도 개념을 통한 대상의 인식과 관련될 경우, 여전히 감성적인 것의 영역에 속하는 것이라고, 말하자면 감각능력의 객관 영역에 속하는 것이라고 말할 수

있다.

(형이상학의 한 부분으로서) 존재론은 지성개념들이 감각능력에 주어지는 대상들과 관계하여 경험을 바탕으로 증명될 수 있는 한에서, 모든 지성개념과 원칙의 체계를 형성하는 학문이다. 이 학문은 형이상학의 궁극목적인 초감성적인 것을 다루지 않으므로, 본래 형 A 11
이상학의 예비학, 대기실 혹은 앞뜰로서 형이상학에 속하며 선험철학이라고 한다. 왜냐하면 이 학문은 우리의 모든 아프리오리한 인식의 조건들과 제일 요소를 포함하기 때문이다.

아리스토텔레스 시대 이후로 이 선험철학에서는 진보가 그리 많이 이루어지지는 않았다. 왜냐하면 마치 문법이라는 것이 언어형식을 언어의 기본적 규칙으로 분해하며 논리학이 사유형식을 개념들로 분해하듯이, 이 선험철학은 인식을, 지성 안에 아프리오리하게 놓여 있고 경험에서 사용되는 개념들로 분해하기 때문이다. — 이 선험철학은 우리가 경험적 인식을 위해서 이러한 개념들과 원칙들의 올바른 사용 규칙들만 목적으로 삼는다면, 그리 수고스럽게 작업하지 않아도 될 체계다. 경험이 이 개념들과 원칙들의 사용을 언제나 보증하거나 교정해줄 테니 말이다. 그런데 만약 누군가가 감성적인 것에서 초감성적인 것으로 전진할 의도를 가질 경우에는, 이런 일은 일어 A 12
나지 않는다. 물론 이러한 목표를 위해서는 지성능력과 지성능력의 원리들은 세밀하고 꼼꼼하게 측정되어야 한다. 이것은 이성이 어디에서부터, 그리고 어떤 규준을 가지고 경험 대상들에서 경험 대상이 아닌 대상들로 감히 이행할 수 있는지를 알기 위해서다.

유명한 볼프는 존재론을 위해 지성능력을 명료하고 확실하게 분 XX 261
해함으로써 논쟁할 여지가 없는 공헌을 했지만, 인식을 확장하는 데는 확실한 공헌을 하지 못했다. 그 이유는 재료가 소진되었기 때문이다.

그런데 우리가 형이상학을 가지고 무엇을 원하는지를 나타내주긴 하지만 형이상학에서 무엇을 해야 할지를 가르쳐주지 않는 앞선 정의[9)]는 형이상학을 단지 단어의 고유한 의미에서 철학, 즉 지혜론[10)]에 속하는 가르침으로서 다른 이론들과 구별하여 표시하며, 전적으로 필연적인 이성의 실천적 사용에 이성 사용의 원리들을 지정할 것
A 13 이다. 이것은 사람들이 직접 수행하는 특정한 아프리오리한 이론적 인식들에 대해 스콜라적 학문이나 체계로 이해하는 형이상학과는 단지 간접적으로만 관계할 뿐이다. 따라서 강단개념에 따라 형이상학을 설명하면, 형이상학은 개념을 통한 순수한 이론적 이성인식의 모든 원칙의 체계이거나 간단하게 말해서 형이상학은 순수한 이론적 철학의 체계다.

그러므로 형이상학은 순수 이성의 어떤 실천적 이론들도 포함하지는 않지만, 순수한 이성의 실천적 이론들의 가능성에 토대가 되는 이론적 학설들을 포함한다. 형이상학은 수학적 명제들, 즉 개념들을 구성해 이성인식을 산출하는 명제들을 포함하지 않지만, 수학 일반을 가능하게 하는 원리들을 포함한다.[11)] 그러나 이런 정의에서 이성은 단지 아프리오리한, 즉 경험적이지 않은 인식능력만 의미한다.

A 14 최근에 형이상학에서 발생한 것을 평가할 척도를 가지려면 우리는 이것을 형이상학에서 이전부터 행해졌던 것과 비교해야 하고, 이 양자를 형이상학에서 당연히 행해져야만 했던 것과 비교해야 한다.— 그런데 우리는 사유방식의 준칙을 향한 숙고된 의도적 뒷걸음질을 함께 전진에 속하는 것으로, 곧 소극적 진행으로 함께 고려할 수 있다. 왜냐하면 이러한 것으로 단단히 뿌리 박혀 있으면서 진행 결과들 자체 안에 만연한 오류들이 제거되기만 한다면, 다소라도 형이상학을 좋게 만들게 되기 때문이다. 이것은 마치 올바른 길에서 벗어났지만 나침반을 손에 넣으려고 출발 지점으로 되돌아온 사람이 적어도

잘못된 길에서 계속 방황하지도 않고, 그 자리에 서 있지도 않으며, 옳은 방향을 찾으려고 출발 지점으로 다시 왔다고 칭찬받는 것과 마찬가지다.

형이상학에서 최초이자 가장 오래된 발걸음들은 미심쩍은 시도로 A 15; XX 262 감행된 것이 아니라, 아프리오리한 인식의 가능성을 먼저 주의 깊게 조사해보지도 않은 채 전적으로 확신에 가득 차서 행해졌다. 이성이 이렇듯 자기 자신을 신뢰한 원인은 무엇이었을까? 성공에 대한 억측, 말하자면 이성은 수학에서 철학자들의 모든 기대를 뛰어넘어 사물들의 특성을 아프리오리하게 인식하는 데에 성공했다. 그렇다면 왜 철학에서는 이런 일에 마찬가지로 성공하지 못할까? 수학은 이성 자체가 감성적인 것에 대해 개념들을 구성할 수 있기 때문에, 즉 아프리오리하게 직관 안에서 현시할 수 있고, 그렇게 해서 대상들을 아프리오리하게 인식할 수 있기 때문에 감성적인 것의 지반 위에서 움직인다. 그러나 철학은 수학과 달리 누군가가 자신의 대상을 자신 앞에 세울 수 있는 곳에서가 아니라 마치 공중에서 우리 눈앞에 어른거리는 것 같은 순전한 개념들로 이성의 인식 확장을 감행한다. 이 점이 A 16 형이상학자들에게는 아프리오리한 인식의 가능성을 고려하는 데 중요한 과제로 삼을 만큼 판이하게 다른 차이로 생각되지 않았다. 수학을 제외하고도 순전한 개념들에 따른 아프리오리한 인식의 확장과 그런 인식이 진리를 포함한다는 사실은 그런 판단들과 원칙들이 경험과 일치하는 것으로 충분히 증명된다.

비록 형이상학에서는 이성의 궁극목적이 지향하는 초감성적인 것은 이론적 인식을 위해서 원래 어떤 지반도 갖지 않음에도 형이상학자들은 자신들이 내세우는 존재론적 원리들의 — 이 존재론적 원리들은 물론 근원적으로 아프리오리하긴 하지만 오직 경험 대상들에만 타당하다 — 지침 아래 의기양양하게 계속 진행해나갔다. 이런 방

식으로 한도를 넘어선 통찰들의 억측된 획득은 경험으로 증명될 수
없음에도, 이런 획득이 초감성적인 것과 관계한다는 바로 그 이유로
A 17 어떤 경험으로도 반증될 수 없었다. 다만 사람들은 자신의 판단들에
자기 자신과의 어떤 모순도 스며들지 않도록 조심할 수밖에 없었다.
사실 이러한 판단들과 이런 판단들 밑에 놓여 있는 개념들은 완전히
공허한 것에 지나지 않는데도 이런 일은 매우 잘 수행되었다.

플라톤과 아리스토텔레스 시대보다 훨씬 이전 시기에 시작되었으
며 라이프니츠와 볼프 시대까지도 포함하는 독단론자들의 이런 행
보는 설사 올바른 행보는 아니었다 하더라도, 이성의 성공적인 수행
방식을 유추하여 실행한 모든 것에서 이성이 틀림없이 성공한다는
그럴듯한 확신과 이성의 목적에 비추어볼 때 가장 자연스러운 행보
이기는 하다.

그와 반대로 거의 똑같은 정도로 오래된 형이상학의 둘째 발걸음
XX 263 은 일종의 뒷걸음질이었는데, 만약 이 둘째 발걸음이 더는 앞으로 나
A 18 아가지 않고 오히려 새로운 방향에서 그 발걸음을 착수하려는 결심
으로, 그 자리에 머물지 않으려고 처음 출발한 지점에 도달했더라면,
이 뒷걸음질은 현명한 것으로 형이상학에 득이 되었을 것이다.

그밖의 모든 계획을 수포로 만드는 뒷걸음질은 형이상학에서 행
한 모든 시도의 완전한 실패에 기인한다. 그런데 우리는 형이상학의
방대한 계획들이 실패하고 좌절한 것을 어디에서 알 수 있었을까?
혹시 형이상학을 부정하는 경험에서일까? 그건 결코 아니다! 왜냐하
면 이성이 수학에서뿐만 아니라 존재론에서도 가능한 경험 대상들
에 대한 이성인식을 아프리오리하게 확장했다는 주장은 앞으로 나
아가는 실제 발걸음들이고, 이러한 실제적 진보로서 이성은 활동 범
위를 확실하게 확보할 수 있기 때문이다. 아니, 형이상학에서 행해진
모든 시도가 실패했다는 것은, 어떤 감각능력도 파악하지 못하는 절

대적인 자연 전체와 마찬가지로 신, 자유 그리고 불멸성이 문제되는 초감성적인 것의 영역에서 의도되었는데, 이는 잘못 생각된 획득물에서 알 수 있다. 특히 이성이 실천적 관심을 가지는 후자의 세 대상 A 19
에 관해 볼 때, 이 대상들과 관련한 확장 시도는 모두 실패한다. 그런데 우리는 이 실패를 고차의 형이상학인 초감성적인 것에 관한 더 심오한 인식이 앞선 견해들과 반대의 것을 우리에게 가르친다는 점에서 알 수 있는 것은 아니다. 왜냐하면 우리는 한도를 넘어선 이 세 대상을 알지 못하므로, 이 반대의 것을 수학과 존재론의 경우와 비교할 수 없기 때문이다. 이와 달리 우리가 이것을 알게 되는 것은 우리 이성에는 이 대상들에 대한 모든 확장적 명제에 겉보기에 그와 마찬가지로 똑같이 근본적인 반대 명제를 대립시키는 원리가 있어서, 결국 이성이 자신의 시도 자체를 무효화하기 때문이다.

회의주의자들의 이러한 행보는 당연히 조금 늦게 생겨나긴 했지만 그럼에도 충분히 오래되었다. 또 이 행보는 비록 순수 이성의 관심과는 다른 관심이 이 문제에서 이성의 무능력을 은폐하도록 많은 사람을 강요하는데도 도처에서 두뇌가 명민한 사람들에게서 지속되고 있다. 우리는 회의론이 감성적인 것에 대한 인식의 원리들에까지, 그리고 경험 자체에까지 확장되는 것을 철학의 어느 한 시기에 생겨 A 20
났던 진지한 의견으로 당연히 간주할 수 없다. 오히려 아마도 회의론은 경험의 가능성이 의거하는 이러한 아프리오리한 원리들을 증명하고, 이런 일을 독단론자들이 할 수 없을 경우에는 이 원리들을 의심스럽게 생각하라는 독단론자들을 향한 요구였을 것이다.

인간인식 일반이 감성적인 것에 관계하든 초감성적인 것에 관계하든 간에 인간 인식 일반을 아프리오리하게 확장하려는 순수 이성의 능력과 관련하여 형이상학이 수행해온, 그리고 형이상학의 운명을 결정해야만 하는 셋째이자 가장 최근의 발걸음은 순수 이성 자체 XX 264

를 비판한 것이다. 만약 순수 이성 비판이 약속한 일을 수행했다면, 다시 말해 이성 능력의 범위, 내용 그리고 경계를 규정했다면, — 만약 순수 이성 비판이 이런 일을 독일에서, 그것도 라이프니츠와 볼프
A 21 시대 이후에 수행했다면, 왕립학술원의 과제는 해결되었을 것이다.

이와 같이 철학이 형이상학을 위해 통과해야만 했던 세 단계가 있다. 첫째는 독단주의의 단계이고, 둘째는 회의주의의 단계이며, 셋째는 순수 이성의 비판주의라는 단계다.

이 시간적 순서는 인간 인식능력의 본성에 기인한다. 처음 두 단계를 거쳐갔을 때 형이상학의 상황은 이성이 이성 자신에 대해 갖는 무한한 신뢰에서 무한한 불신으로, 그리고 다시금 불신에서 무한한 신뢰로 건너뛰면서 여러 세기에 걸쳐 갈팡거릴 수 있다. 그러나 이성 능력 자체에 대한 비판으로써 형이상학은 외적으로뿐만 아니라 내적으로도 증가도 감소도 필요 없이 심지어 능력만 있는 한결같은 상태로 있게 된다.

논문

A 22; XX 265

우리는 제시된 과제를 두 분야에서 해결할 수 있다. 이 중에서 한 부분은 이성을 이론적 학문으로 성립시키는 이성 수행방식의 형식적인 것이며, 다른 부분은 이성이 형이상학을 가지고 의도하는 궁극목적을, 이 궁극목적이 달성되건 달성되지 못하건 간에, 전자의 수행방식에서 이끌어내는 내용적인 것이다.

따라서 첫째 부분은 형이상학을 위해서 최근에 이루어진 발걸음들을 보여줄 것이며, 둘째 부분은 순수 이성의 영역에서 형이상학 자체의 진보들을 보여줄 것이다. 처음 부분은 선험철학의 최근 상태를 포함하며, 둘째 부분은 본래적 형이상학의 상태를 포함한다.

A 23 # 제1부

최근 우리 사이에서 선험철학의 역사

이런 이성탐구에서 이루어진 첫째 발걸음은 분석 판단과 종합 판단 일반을 구별한 것이다.[12] 만일 이러한 구별이 라이프니츠나 볼프 시대에 명확하게 인지되었더라면, 우리는 그 이후에 나타난 논리학이나 형이상학에서 이러한 구별을 언급하는 정도가 아니라 중요한 것으로 강조되어 있는 것을 발견했을 것이다. 왜냐하면 첫째 종류의 판단은 언제나 아프리오리한 판단이고 판단의 필연성의 의식과 결합
A 24 되어 있기 때문이다. 둘째 판단은 경험적일 수 있으며 논리학은 아프리오리한 종합 판단이 발생할 수 있는 조건을 제시할 수 없다.

XX 266 둘째 발걸음은 '어떻게 아프리오리한 종합 판단이 가능한가?'라는 질문을 제기한 것이다. 이런 판단들이 있다는 것을 일반적인 자연학, 특히 순수 수학의 수많은 예가 증명하니 말이다. 흄은 이미 한 가지 경우, 즉 인과법칙의 경우를 증거로 언급하는 공을 세웠고 이렇게 함으로써 모든 형이상학자를 곤경에 빠뜨렸다. 만일 그든 아니면 다른 누구든 이 질문을 일반적으로 생각해보았더라면 어떤 일이 일어났을 것인가! 형이상학 전체는 이 질문이 해결될 때까지 오랫동안 유

보된 채 있었을 것이다.

셋째 발걸음은 '어떻게 종합적 판단에서 아프리오리한 인식이 가능한가?'라는 과제다. 인식이란 일종의 판단이다. 이 판단에서 개념이 생겨나며 이 개념은 객관적 실재성을 지닌다. 즉 개념에 상응하는 대상이 경험 안에서 주어질 수 있다. 그러나 모든 경험은 대상에 대 A 25
한 직관과 개념으로 이루어진다. 대상에 대한 직관은 직접적이고 개별적인 표상이며 이 직관으로 대상은 인식을 위한 것으로 주어진다. 개념은 다수 대상의 공통적인 특징에 따른 간접적 표상이며 이 개념에 따라 대상이 사유된다.—두 표상방식 중 하나만으로는 결코 인식을 형성할 수 없고, 아프리오리한 종합적 인식이 있어야 한다면, 아프리오리한 직관뿐만 아니라 아프리오리한 개념들이 있어야 하므로, 이 둘의 가능성이 우선 논의되어야 하고 그러고 나서 경험의 가능성을 위해 이 둘의 객관적 실재성은 이 둘의 필연적 사용으로 증명되어야만 한다.

아프리오리하게 가능해야 하는 직관은 오직 형식에만 관계할 수 있는데, 이 형식에서 대상이 직관된다. 왜냐하면 무엇인가를 아프리오리하게 표상한다는 것은 지각에 앞서, 즉 경험적 의식에 앞서 그리 A 26
고 경험적 의식에서 독립해서 그것을 표상하기 때문이다. 그러나 지각에서 경험적인 것, 즉 감각 혹은 인상은 아프리오리한 표상일 수 없는 직관의 재료다. 따라서 순전히 형식에만 관계하는 직관은 순수한 직관이라고 하는데, 그 직관이 가능해야 한다면 그것은 경험에서 독립한 것이어야 한다.

그런데 아프리오리한 직관을 가능하게 하는 것은 그것 자체의 성질을 지닌 객관의 형식이 아니라 주관의 형식, 즉 주관이 할 수 있는 어떤 종류의 표상 능력인 감각능력의 형식이다. 이 형식이 객관들 자체에서 취해져야 한다면, 우리는 이 객관을 먼저 지각해야만 하며, 오직 이런 지각에서 객관의 성질을 알 수 있을 테니 말이다. 그러나 그렇게 된다면 그것은 아프리오리한 경험적 직관이 되어버릴 것
A 27; XX 267 이다. 이 직관이 경험적인 것인지 아닌지는 우리가 객관에 이 형식을 부가하는 판단이 필연성을 수반하는지 아니면 그렇지 않은지에만 주목한다면 곧바로 확신할 수 있다. 필연성을 동반하지 않는다면 그것은 단지 경험적이기 때문이다.

따라서 오직 아프리오리한 직관 안에서만 표상될 수 있는 객관의 형식은 이 객관 자체의 특성이 아니라 대상을 직관적으로 표상할 수 있는 주관의 본성에 기인하고, 대상의 직관을 위한 수용성인 감관의 형식적 특성 안에서 주관적인 것은 오직 아프리오리하게, 즉 모든 지각에 앞서서 아프리오리한 직관을 가능하게 하는 것이며, 아프리오리한 직관과 아프리오리한 종합 판단의 가능성은 직관의 측면에서 매우 잘 이해될 수 있다.

A 28 왜냐하면 우리는 어떻게 그리고 어떤 형식에서 감각능력의 대상들이 직관될 수 있는지, 다시 말해서 어떻게 감성의 주관적 형식, 즉 주관의 수용성의 주관적 형식이 모든 객관의 직관을 위해 동반되는지를 아프리오리하게 알 수 있기 때문이다. 정확하게 말해서 우리는 객관의 형식을 순수한 직관 안에서 우리가 표상한다고 말해서는 안 된다. 오히려 그것은 감성의 형식적인 그리고 주관적인 조건이며 이 조건에서 우리가 주어진 대상들을 아프리오리하게 직관한다고 말해야 한다.

그러므로 이것은 오직 감성적 존재자인 우리에게 대상들의 표상이 가능한 한에서, 우리 (인간의) 직관의 고유한 성질이다. 아마도 우리는 감성적 조건에 의거하지 않는, 따라서 지성을 통해서 객관들을 직관하는 대상에 대한 (직접적) 표상방식을 생각해볼 수 있을 것이
A 29 다. 그러나 우리는 이런 표상방식에 관해 타당한 개념을 가지고 있지

않지만, 인식능력들을 갖는 모든 존재자를 우리 직관형식에 종속하지 않기 위해서라도 그런 지성을 생각해보는 것은 필요하다. 그 까닭은 어떤 세계존재자들은 다른 형식으로 동일한 대상들을 직관할 수도 있을 것이기 때문이다. 그뿐만 아니다. 이 형식이 모든 세계존재자에게 그야말로 필연적이거나 동일한 것일 수도 있다. 그럼에도 우리는 자신의 인식에서 모든 감성에도 그리고 개념들로 인식하라는 요구에도 제약받지 않으면서 순전한 (지적인) 직관에서 대상들을 완전하게 인식하는 최고 지성의 가능성을 알지 못하는 것과 같이 이러한 필연성을 통찰할 수 없다.

이제 순수 이성 비판은 공간과 시간의 표상에 대해 이 표상들이 우리가 인식하는 모든 사물의 밑바탕에 아프리오리하게 놓여 있기 위해서 반드시 있어야 한다고 우리가 이미 요구했던 바로 그런 순수한 XX 268
직관들이라는 것을 증명한다. 그래서 나는 반박당할 걱정 없이 확신 A 30
을 갖고 이 순수한 직관들을 증거로 삼을 수도 있다.—

나는 단지 내감에 관해서 볼 때, 나 자신의 의식에서 이중의 자아, 즉 내적인 감성적 직관의 자아와 사유하는 주체의 자아가 많은 사람에게 하나의 인격 안에 두 주체를 전제하는 것처럼 보인다는 점을 지적하고자 한다.

* * *

이것은 공간과 시간이 우리의 감성적 직관의 주관적 형식 이외에 어떤 것도 아니라는 이론이어서 전혀 객관들 자체에 속하는 규정들이 아니지만, 바로 이런 이유로 우리는 예를 들면 기하학에서처럼, 이런 직관들을 규정하는 판단들의 필연성을 의식하면서 이러한 직관을 아프리오리하게 규정할 수 있다. 그런데 규정한다는 것은 종합적으로 판단하는 것이다.

이 이론은 공간과 시간의 관념성에 대한 이론[13)]이라 할 수 있다. A 31 왜냐하면 공간과 시간은 전혀 사태 자체에 달려 있지 않은 것으로 표상되기 때문이다. 이 이론은 아프리오리한 종합적 인식의 가능성을 설명하려는 한갓 가설과 같은 것이 아니라 증명된 진리다. 왜냐하면 어떤 직관을 토대에 두지 않고는 주어진 개념을 넘어서 객관의 인식을 확장하는 것은 전적으로 불가능하고, 만일 이 확장이 아프리오리하게 이루어져야 한다면, 아프리오리한 직관을 토대에 두지 않고는 이런 확장은 전적으로 불가능하며, 아프리오리한 직관을 객관의 형식적 성질이 아니라 주관의 형식적 성질에서 구하지 않고는 아프리오리한 직관이 마찬가지로 불가능하기 때문이다. 그 이유는 후자[아프리오리한 직관을 주관의 형식적 성질에서 구하는 것]를 전제한다면, 감각능력의 모든 대상은 이런 성질에 의거하여 직관에서 표상되어 대상들이 아프리오리하게, 또 이러한 특성에 따라 필연적으로 인식될 것이 틀림없지만, 이에 반해 만일 전자[아프리오리한 직관을 객관의 형식적 성질에서 구하는 것]를 가정한다면, 아프리오리한 종합판단들은 경험적이며 우연적인 것이 될 터인데, 이런 일은 모순되기 때문이다.

A 32 그렇기는 해도 공간과 시간의 관념성은 동시에 현상들, 즉 그 형식이 감각능력의 주관적 성질에 의존하는 직관들인 (외적이며 내적인) 감각능력의 대상들과 관계해서는 공간과 시간의 완전한 실재성[14)]에 대한 이론이기도 하다. 즉 직관들의 형식이 감각능력의 주관적 성질에 의존하는 한, 이런 대상들에 대한 인식은 순수 직관의 아프리오리한 원리들에 의존하는 것이므로 확실하고도 증명 가능한 학문을 허용한다. 그런 까닭에 감관직관의 재료와 관련하여 보면, 감각인 감관직관의 성질에 해당하는 주관적인 것, 예를 들면 빛 안의 물질로서

색, 울림 안의 물질로서 소리 혹은 소금 안의 물질로서 신맛 등은 순 XX 269
전히 주관적인 것으로 남아 있어서 어떤 객관의 인식도 내놓지 못하며, 따라서 경험적 직관에서 모든 사람에게 타당한 표상을 제공할 수 없다. 그래서 이런 인식의 실례를 제공할 수도 없다. 이런 것들은 공간과 시간처럼 아프리오리한 인식들을 위한 자료들을 포함하지 않 A 33
으며, 도무지 결코 객관의 인식으로 간주될 수 없으니 말이다.

게다가 우리가 사물들에 관해서 '그 사물들이 현상들이다'라고 말할 경우, 선험적 의미에서 현상은 내가 이 사물들이 나에게 이러저러하게 나타난다고 말할 때와는 의미가 완전히 다른 개념들이라는 점에 주목해야 한다. 사물이 이러저러하게 나타난다는 것은 물리적 현상을 지시해야 하고 외관 혹은 가상으로 불릴 수 있다. 말하자면 경험의 언어로 표현하면 현상들은 감각능력의 대상들이다. 왜냐하면 나는 감각능력의 대상들을 단지 다른 감각능력의 대상들과 비교할 수 있을 뿐이기 때문이다. 이를테면 모든 별을 가진 하늘은 비록 그 하늘이 현상일지라도, 마치 사물들 자체처럼 생각된다. 그리고 하늘에 대해 궁륭의 외양을 가진다고 말할 경우, 여기서 가상은 어떤 한 사물의 표상 안에서 주관적인 것을 의미한다. 바로 이 주관적인 것이 그 사물을 판단할 때 객관적인 것으로 간주되는 원인이 될 수 있다.

그래서 감각능력의 모든 표상은 단지 현상들로 인식되는 대상들 A 34
만 제공할 수 있을 뿐이라는 명제는 관념론자가 주장하는 것처럼 이런 표상들이 단지 대상들에 대한 가상만을 포함할 것이라는 판단과 전혀 다르다.

단순한 현상으로서 감각능력의 대상에 대한 이론에서 무엇보다 낯설게 보이는 것은 내가 내감의 대상으로, 즉 영혼으로 간주될 경우 나는 나에게 단순한 현상으로 알려질 뿐이지 내가 사물 자체로서 무엇인지는 알려지지 않는다는 점이다. 그래서 나 자신에 대한 모든 인식의 토대에 놓인 순전히 형식적이며 아프리오리한 내적 직관인 시간의 표상은 이 형식을 자기의식의 조건으로서 인정하는 것 이외에 어떤 다른 가능한 설명방식도 허용하지 않는다는 것이다.

객관들에 대한 모든 직관의 밑바탕에 아프리오리하게 놓인 감성의 형식 안에서 주관적인 것이, 객관들이 우리에게 현상하는 대로, 객
A 35 관들을 아프리오리하게 인식할 수 있도록 한다. 이제 우리는 이 객관들을 단지 현상들로만 인식한다고 말하기 위해, 이 주관적인 것을 우리의 감각능력이 외적이거나 내적인 (즉 우리 자신) 대상들을 매개로 촉발되는 표상방식으로 설명함으로써 이 용어를 좀더 자세히 규정하고자 한다.

XX 270 내가 나 자신을 의식한다는 것은 이미 이중의 자아, 즉 주관으로서 나와 객관으로서 나를 포함하는 사유다. 생각하는 내가 나 자신에게 (직관의) 대상이라는 것과 그렇게 해서 나를 나 자신과 구별할 수 있다는 것은 의심할 수 없는 사실이긴 해도, 절대로 설명할 수 없다. 그렇지만 이러한 것은 모든 감관직관을 훨씬 넘어서는 숭고한 능력을 알려주는데, 이 능력은 곧 지성을 가능하게 하는 근거로서 자기
A 36 자신에게 나라고 말할 능력을 부여할 이유를 갖지 않는 모든 동물과 완전한 분리를 그 결과로 가지며, 또한 자기가 만든 표상들과 개념들의 무한성을 조망한다. 그러나 그렇게 함으로써 이중의 인격성이 의미되는 것이 아니라, 단지 사유하고 직관하는 나는 인격이지만 내가 직관하는 객관인 나는 내 바깥의 다른 대상들과 마찬가지로 사물이다.

첫째 의미에서 자아(통각의 주체), 즉 아프리오리한 표상인 논리적 자아에 관해 그것이 도대체 어떤 존재자인지 그리고 어떤 본성을 가지고 있는지를 더는 어떤 것도 결코 인식할 수 없는데, 이것은 마치 내가 실체적인 것에 내속한 모든 우연적 속성을 모두 제거했을 때 거

기 남아 있는 실체적인 것에 대해 더는 아무것도 알 수 없게 되는 것과 마찬가지다. 왜냐하면 우연적 속성들이란 바로 내가 실체의 본성을 파악하게 해주는 것이었기 때문이다.

그러나 (지각의 주체인) 둘째 의미의 자아, 즉 경험적 의식인 심리적 자아는 다양하게 인식될 수 있는데, 이 다양한 인식 가운데 내적 직관의 형식, 즉 시간은 아프리오리하게 모든 지각과 그것의 결합의 근저에 놓여 있으며, 그 지각의 결합의 파악(포착)은 주체가 지각에 따라 촉발되는 방식, 즉 시간 조건에 따르게 되는데, 이는 감성적 자아가 자신의 의식 안에 시간 조건을 수용하도록 지적 자아로 규정함으로써 가능하다.[15) A 37

우리는 우리가 수행한 내적인 모든 심리학적 관찰을 경험적 자아가 그런 것이라는 사실에 대한 증거와 실례로 사용할 수 있다. 그 까닭은 무엇보다도 우리 자신에 대한 직관에서 — 이 직관은 우리가 우리에게 현상하는 대로 우리 자신을 표상하도록 해준다. — 내감이 우리에게 제공하는 것에 대해 인식하기 위해서, 우리는 부분적으로는 A 38
아마 성가실 정도로까지 주의력을 기울여 내감을 촉발하라는 요구를 받기 때문이다. (왜냐하면 표상능력들의 사실적 규정인 사유들 역시 우리 상태에 대한 경험적 표상에 함께 속하기 때문이다.) 이에 반해 논 XX 271
리적 자아는 순수 의식에서 그 자체로 있는 대로 주체를, 그것도 수용성이 아니라 순수한 자발성으로 드러내지만, 이런 주체의 본성에 대해서는 더는 아무것도 인식하지 못한다.

아프리오리한 개념에 관하여

감성의 주관적 형식이 대상들의 형식으로서 객관들에 적용될 때,

객관이 감성의 대상들을 현상으로 간주하는 이론에 따라서 반드시 발생해야 하듯이 이 형식은 객관들의 규정에서 이 규정과 분리될 수 없는 표상을, 즉 합성된 것의 표상을 수반한다. 왜냐하면 우리는 공간을 그려 보임으로써만, 즉 하나의 공간에 다른 공간을 덧붙임으로써만 규정된 공간을 표상할 수 있으며, 시간도 사정은 마찬가지이기 때문이다.

A 39 그런데 그런 것들 가운데 하나인 합성된 것의 표상은 순전한 직관이 아니라 공간과 시간 안의 직관에 적용되는 한에서 합성된 것 자체[16]의 개념이 필요하다. 그러므로 이 개념은 (그 반대개념인 단순한 것이라는 개념과 함께) 직관들에 포함되어 있는 부분 표상으로서 직관들에서 이끌어낸 것이 아니라, 하나의 근본개념이며 게다가 아프리오리한 것으로서 결국 근원적으로 지성에서 감각능력의 대상들에 관한 모든 개념의 기초가 되는 유일한 아프리오리한 근본개념이다.

그러므로 감각능력에 주어지는 대상들이 종속해야 하는 아프리오리한 개념들은 의식을 가지고 합성(종합)하는 종류만큼, 즉 직관에 주어진 다양한 것의 통각의 종합적 통일의 종류만큼 지성에 놓여 있을 것이다.

A 40 이 개념들은 우리의 감각능력에 나타날 수 있는 모든 대상에 대한 지성의 순수개념들인데, 이 개념들을 아리스토텔레스는 비록 낯선 종류의 개념들과 뒤섞긴 했지만 범주들이란 명칭으로 나타냈고, 그와 동일한 실수를 범했던 스콜라 철학자들은 주술어들이라는 명칭으로 나타냈다. 만약 논리학이 판단들의 형식에서 다양한 것에 관해 가르친 것이, 이전에 체계의 연관성 속에서 열거되었더라면 체계적으로 정리된 표로 만들어질 수 있었을지도 모른다.

지성은 자신의 능력을 오직 판단들에서만 보여준다. 이 판단들은 개념 일반과 관련된 의식의 통일 — 비록 이 통일이 분석적인지 혹은

종합적인지는 확정되지 않았더라도—이외의 다른 것이 아니다.— XX 272
그런데 직관에 주어진 대상 일반에 대한 순수 지성개념들은 이 개념들이 직관 일반에서 주어진 다양한 것에 대한 통각의 종합적 통일을 A 41
아프리오리하게 표상하는 한, 마찬가지로 동일한 논리적 기능들이다. 따라서 범주들의 표는 앞서의 논리적 표와 나란히 완벽하게 기획될 수 있었지만, 이런 일은 순수 이성 비판이 출간되기 이전에는 실현되지 않았다.

그러나 이 범주들이나 다른 경우에 불리듯 주술어들은 공간과 시간 같은 (어쩌면 우리 인간에게만 가능한) 어떤 특정한 감성적 직관의 방식도 전제하지 않으며, 오히려 이 범주들은 어떤 종류의 직관이든, 설사 그것이 우리가 특수하게 개념을 형성할 수 없는 초감성적 직관일지라도 직관 일반의 대상에 관한 개념을 위한 사유 형식들일 뿐이라는 것은 명백하게 알아챌 수 있다. 그 까닭은 우리는 언제나 대상에 대한 개념을 순수한 지성으로 형성해야 하는데, 만일 우리가 나중에 그 개념이 한도를 넘어섰으며 또한 그 순수한 개념에 어떤 객관적
실재성도 마련해줄 수 없다는 사실을 나중에 발견한다 하더라도, 우 A 42
리는 이 개념에 따라 어떤 것을 아프리오리하게 판단하려고 하기 때문이다. 그래서 이 범주는 그 자체로 감성의 형식들, 즉 공간과 시간에 의존하지 않을 뿐만 아니라 우리에게는 전혀 사유될 수 없는 다른 형식들이 모든 인식에 아프리오리하게 선행하고 아프리오리한 종합 판단을 가능하게 하는 주관적인 것에 관계할 뿐이라면, 이런 형식들을 토대로 가질 수도 있다.

근원적인 지성개념들인 범주들에는 또 그런 개념들의 결합에서 생겨난, 따라서 파생된 아프리오리한 순수한 지성개념들이나 파생된 감성으로 제약된 아프리오리한 개념들인 준술어들도 포함된다. 이것들 가운데 처음의 것들[파생된 순수한 아프리오리한 지성개념]

에 관해서는 분량으로 표상된 현존, 즉 지속이나 대립된 규정들을 지닌 현존인 변화가 그 실례를 제시하며, 둘째 것[파생된 감성으로 제약된 아프리오리한 개념들]에 대해서는 공간에서 장소의 변화인 운동개념이 그 실례를 제공하는데, 이것들 역시 완벽하게 열거되어 체계적으로 하나의 표로 나타낼 수 있었을 것이다.

* * *

A 43 선험철학, 즉 모든 아프리오리한 인식 일반의 가능성에 관한 이론은 형이상학의 정초를 자기 목적으로 삼는다. 이 선험철학이 순수 이성 비판이며 이 순수 이성의 모든 요소가 이제 완전하게 제시되었다. 순수 이성의 궁극목적인 형이상학의 목적은 다시금 감성적인 것의 경계에서 초감성적인 것의 영역으로 순수 이성의 확장을 의도한다.
XX 273 이런 확장은 이행[17]이다. 이러한 이행이 결국 원리들의 동일한 질서 안에서 연속적인 진행이 아닌 이상 위험한 도약이 되지 않으려면, 여기에는 두 영역의 경계선에서 전진을 방해하는 의혹이 필요하다.

A 44 이런 사실에서 순수 이성의 단계들은 확실한 전진으로서 학문론, 정지상태인 회의론 그리고 형이상학의 궁극목적을 위한 도약으로서 지혜론으로 구분된다. 따라서 첫째 것은 이론적·독단적 학설을, 둘째 것은 회의적 지침을, 셋째 것은 실천적·독단적 학설을 포함하게 될 것이다.

순수 이성의 이론적·독단적 사용의 범위에 관하여 A 45

이 절에서는 '순수 이성의 이론적 인식의 범위는 감각능력의 대상들에까지만 미친다'라는 명제를 다루었다.

설명 가능한 판단인 이 명제에는 두 명제가 포함되어 있다.

1) 사물에 대한 아프리오리한 인식의 능력인 이성은 감각능력의 대상들에까지 미친다.

2) 이성은 자신의 이론적 사용에서 개념들을 낳을 수 있지만, 그렇다고 해도 감각능력의 대상일 수 없는 것에 대한 이론적 인식을 산출 A 46
할 수는 없다.

'어떻게 감각능력의 대상들에 대한 아프리오리한 인식이 가능한가?'에 대한 해명도 또한 첫째 명제의 증명에 속한다. 왜냐하면 이런 해명이 없다면, 우리는 앞서의 대상들에 대한 판단들이 실제로 인식될 수 있는지를 정당하게 확신할 수 없기 때문이다. 그러나 아프리오리한 그런 판단들의 특성이 문제가 될 경우, 이러한 특성은 판단들의 필연성에 대한 의식에 따라 자연스럽게 드러난다.

하나의 표상이 인식(그런데 나는 이 경우에 항상 이론적 인식을 의미한다)이 되려면 동일한 표상에서 결합된 하나의 대상에 대한 개념과 직관이 필요하며, 그래서 전자인 개념은 후자인 직관을 개념 아래에 포함하는 것으로 표상된다. 그런데 개념이 감각능력의 표상에서
가져온 개념이라면, 즉 경험적 개념이라면 이 개념은 특징으로서, 즉 XX 274
부분표상으로서 이미 감각 직관 안에 파악되어 있던 것을 포함하며, A 47
단지 그 논리적 형식에 따라서만, 즉 보편타당성에 따라서만 감각능력의 직관과는 구별된다. 예를 들면 말의 표상에서 네 발 달린 동물이라는 개념이 그런 것이다.

그러나 만일 개념이 범주, 즉 순수한 지성개념이면 개념은 전적으

로 모든 직관의 밖에 있다. 그러나 그 개념이 인식을 위해 사용되어야 한다면 그 개념에는 그럼에도 직관이 그 아래 놓여 있어야 한다. 더구나 이 인식이 아프리오리한 인식이어야 한다면 그 개념에는 순수 직관이 그 아래 놓여 있어야만 하며, 그것도 범주들을 통해서 생각된 직관의 다양한 것에 대한 통각의 종합적 통일성에 들어맞게 있어야 한다. 다시 말해 표상력이 순수 지성개념 아래에 아프리오리한 도식[18]을 두어야 하며, 이 도식 없이는 순수 지성개념은 결코 어떤 대상도 가질 수 없을 테고, 따라서 어떠한 인식을 위해서도 기여하지 못할 것이다.

A 48 그런데 인간이 할 수 있는 모든 인식은 감성적이며 인간의 아프리오리한 직관, 즉 공간이나 시간 양자는 대상들을 단지 감각능력의 대상들로만 표상할 뿐 사물 일반으로 표상하지 못한다. 따라서 우리의 이론적 인식 일반은, 아무리 이 인식이 아프리오리한 인식일지라도, 오직 감각능력의 대상들에 국한되어 있고 이 범위 내에서 감각능력 대상들의 총체인 자연에 인식을 아프리오리하게 지정하는 법칙들에 따라 틀림없이 독단적으로 진행할 수 있지만 인식의 개념들을 가지고 이론적으로 확장하기 위해서 이 영역을 결코 넘어갈 수 없다.

감각능력의 대상들을 그 자체로서, 즉 우리가 (결합된 지각들에 따라) 의식하는 경험적 표상들로 그런 것으로 인식하는 것이 경험이다. 그러므로 우리의 이론적 인식은 결코 경험의 영역을 넘어설 수 없다. 왜냐하면 모든 이론적 인식은 오직 경험과 일치해야 하므로 이런 일은 하나의 방식 혹은 다른 방식으로만 가능하기 때문이다. 즉 경험이
A 49 우리 인식의 근거이거나 아니면 인식이 경험의 근거이거나 둘 중 하나다. 따라서 아프리오리한 종합적 인식이 있다면, 그러한 아프리오리한 종합적 인식이 경험 일반을 가능하게 하는 아프리오리한 조건들을 포함해야 하는 것 이외에 어떤 다른 해결책도 없다. 아프리오리

한 종합적 인식이 경험 일반을 가능하게 하는 아프리오리한 조건들을 포함하는 경우, 이 인식은 또한 이 경험 일반의 대상들을 가능하게 하는 조건들을 포함한다. 오직 경험으로만 이 대상들은 우리에게 인식 가능한 대상일 수 있기 때문이다. 그러나 아프리오리한 원리들은 — 오직 이러한 원리들로만 경험이 가능하다 — 대상들의 형식들로 공간과 시간 그리고 범주들인데, 이 형식들은 오직 이 대상의 형식들 아래 경험적 표상들이 포섭될 수 있는 한해서 의식의 아프리오리한 종합적 통일을 포함한다. XX 275

따라서 선험철학의 최고 과제는 '어떻게 경험이 가능한가?'라는 문제를 해결하는 것이다.

'모든 인식은 오로지 경험에서 출발한다'는 원칙은 — 이러한 원칙은 사실의 물음과 관련된 것이다 — 따라서 선험철학의 과제에 속하지 않고 이러한 사실은 아무 의심 없이 인정할 수 있을 것이다. 그 A 50
런데 인식이 최상의 인식토대로서 경험에서만 도출될 수 있는지는 권리의 물음으로, 이에 대해 긍정하는 대답은 선험철학에 경험론을 도입하는 것이고 이에 대한 부정은 선험철학에 실재론[19)]을 도입하게 할 것이다.

선험철학에 경험주의를 도입하는 것은 선험철학과 모순된다. 왜냐하면 모든 인식이 경험적 기원을 갖는다면, 아프리오리하게 지성 안에서 근거를 갖고 우리가 언제나 인정할 수 있는 반성과 모순율에 따른 반성의 논리적 원리와 상관없이 경험의 본질을 형성하는 인식의 종합이 단지 경험적이게 되고 아포스테리오리한 인식으로만 가능하게 되어 결국 선험철학 자체가 난센스가 되기 때문이다.

그러나 예를 들면 '모든 변화는 변화의 원인을 갖는다'와 같이 가능한 경험에 아프리오리하게 규칙을 규정하는 명제들이 엄밀한 보편성과 필연성을 가짐에도 종합적이라는 사실은 부인될 수 없으므로 A 51

인식에서 우리 표상들의 이러한 모든 종합적 통일을 순전한 습관 문제로만 여기고 포기해버리는 경험주의는 전혀 견지될 수 없고, 비록 우리가 아무리 이성을 스스로 무효화하는 것으로 표상하고자 할 경우에도 전적으로 해결 불가능한 또 다른 과제가 등장할 것이므로 선험철학은 우리의 이성 안에 확고하게 기초를 두고 있다. 도대체 감각능력의 대상들에 그들 존재가 나란히 함께 있음이라는 결합성과 규칙성이 어디서 어떻게 부여되기에 지성은 대상들을 일반적 법칙으로 파악하고 대상들의 통일성을 원리에 따라 발견할 수 있을까? 감각능력의 대상들을 보편적 법칙으로 파악해서 원리에 따라 발견한다는 것은 모순율만으로는 불충분하다. 그럴 경우 불가피하게 이성주의를 불러들일 것이 틀림없기 때문이다.

그러므로 만일 우리가 경험 자체를 가능하게 하는 아프리오리한
A 52 원리를 부득이하게 발견해야 한다면, '이것이 어떤 종류의 원리인가?'라는 것이 문제가 된다. 하나의 경험을 이루는 모든 표상은 감성에 속할 수 있지만 오직 한 종류의 표상, 즉 결합된 것 자체의 표상은 예외다.

XX 276 결합은 감각능력에 속할 수 없으며 우리 스스로 만들어야 하므로 감성의 수용성에 속하지 않고 아프리오리한 개념으로서 지성의 자발성에 속한다.

주관적으로 볼 때 공간과 시간은 감성의 형식들이지만 순수 직관의 대상들인 공간과 시간에 대한 개념을 형성하려면 (이런 개념이 없다면 우리는 공간과 시간에 대해 아무것도 말할 수 없다) 결합된 것이라는 개념, 즉 다양한 것의 결합(종합)이라는 개념이 아프리오리하게 요구되며, 결국 이러한 다양한 것의 연결 속에 있는 통각의 종합적 통일이 아프리오리하게 요구된다. 통각의 종합적 통일이 공간과 시간 안의 대상들에 대한 직관적 표상들의 다양성에 맞추어 이 표상들

을 결합하는 다양한 기능을 필요로 하는데, 이 다양한 기능이 범주라 A 53
고 일컬어지고 아프리오리한 지성개념이 된다. 이 지성개념들은 비록 그 자체만으로는 아직 대상에 대한 어떤 인식도 근거 짓지 못하지만 경험적 직관 안에 주어진 대상에 대한 인식을 근거 짓는다. 그러고 나서 경험적 직관 안에 주어진 인식이 경험이 된다. 그러나 어떤 것을 매개로 하나의 대상이 그 현존에 따라 주어진 것으로 표상될 때 그 경험적인 것을 감각(감각, 인상)이라고 하며, 이 감각이 경험의 재료를 형성하고 의식과 결합되면 지각이라고 하는데, 경험을 경험적 인식으로 산출하려면 이 지각에 형식이, 즉 지성 안에 있는 따라서 아프리오리하게 사유된 통일, 다시 말해 지각에 대한 통각의 종합적 통일이 더해져야 한다. 또한 이를 위해서는 지성의 순전한 지성개념들에 따른 아프리오리한 원칙들이 필연적이다. 그 이유는 우리가 시간과 공간 안에서 지각의 모든 객관에 그것의 위치를 개념에 따라 지정해야 할 때, 우리는 공간과 시간 자체를 직접 지각할 수 없기 때문
이다. 이 지성개념들은 지성개념의 실재성을 감성적 직관으로 증명 A 54
하고, 아프리오리하게 주어진 직관의 형식에 따라 이 감성적 직관과 결합하여 경험을 가능하게 만든다. 이 경험은 전적으로 확실한 아포스테리오리한 인식이다.

* * *

그런데 외적 경험과 관련하여 이런 확실성에 반대해서 중요한 의심이 생겨나는데, 이 의심은 외적 경험에 따른 객관들의 인식이 아마도 확실하지 않을 것이라는 점에 있는 것이 아니라, 우리가 우리 바깥에 둔 객관이 아마도 우리 안에 언제나 없을 수도 있을 수도 있다는 점에 관한 것이다. 그렇게 해서 우리 바깥에 있는 어떤 것을 그 자

체로 확실하게 인정하는 것이 완전히 불가능할 수도 있다. 우리가 이
문제를 결정하지 않은 채 남겨둔다 해도 형이상학의 진보에서 잃을
것은 없다. 왜냐하면 어쨌든지 간에 그런 경우에도 지각들은—우리
는 이 지각들로 그리고 또한 이런 지각들 안에 있는 직관의 형식에
서 원칙들에 의거하여 범주들에 따라 경험을 만든다.—언제나 우리
안에 있을 것이며, 우리는 객관에서가 아니라 언제나 우리 안에 있는
XX 277 우리 지각들에만 의지하기 때문에 우리 바깥의 어떤 것이 지각들에
A 55 대응하는지 안 하는지는 인식 확장에 아무런 변화도 가져오지 않기
때문이다.

* * *

이런 사실에서 전체 형이상학을 구분하는 원리가 따라 나온다. 이성의 사변적 능력에 관한 한 초감성적인 것에 대한 어떤 인식도 가능하지 않다. (초감성적인 것에 대한 어떤 인식도 불가능하다.)

* * *

이성이 본래의 형이상학에서 한 발걸음 내딛기 이전에는, 게다가
확실히 본래의 형이상학으로 한 걸음 내디딜 수 있기 이전에는 우리
시대에 선험철학에서 그렇게도 많은 것이 발생했고 발생하지 않을
수 없었다. 이러는 사이에 독일에서 라이프니츠와 볼프의 철학은 고
A 56 대 아리스토텔레스의 모순율을 능가하는, 게다가 철학자들을 인도
해줄 하나의 새로운 나침반을, 구체적으로 말하면 개념들에 의거한
사물들의 순전한 가능성과 구별되는 사물들의 실존을 위한 충분한
근거의 원칙을, 그리고 직관과 개념들에 따른 인식을 구별하기 위해

모호한 표상들과 명백한 표상들, 혼동된 표상들과 명료한 표상들을 구별하기 위한 충분한 근거의 원칙을 그들 손에 넣었다고 생각하면서 다른 부분에서이긴 하지만 그들의 길을 언제나 확신에 가득 차서 계속 걸어갔지만, 이런 모든 작업에도 라이프니츠와 볼프의 철학은 알아차리지 못한 채로 항상 논리학 영역에만 머물러 있었다. 또 형이상학으로 한 걸음도 전진하지 못했을 뿐만 아니라 형이상학에서 오히려 더 적은 성과를 얻었을 뿐이다. 이러한 사실은 라이프니츠와 볼프의 철학이 종합 판단들과 분석 판단들의 구별에 어떤 명백한 지식도 갖지 못했다는 것으로 증명되었다.

"모든 것이 결과다"라는 명제와 상호 연결되어 있는 "모든 것은 그 근거를 갖는다"라는 명제는 단지 그런 한에서 논리학에 속할 수 있으며, 개연적인 것으로 생각되는 판단들과 확정적으로 여겨져야만 하는 판단들 사이에 구별이 생겨나고, 순전히 분석적이다. 왜냐하면 만약 이 명제가 사물들에 대해 타당한 것이어야 해도, 다시 말해 모 A 57
든 사물이 단지 다른 사물의 실존에서 나온 결과로 간주돼야 한다고 해도, 사물들을 이렇게 간주하게 해주는 충분한 근거는 어디서도 발견되지 않을 텐데, 이런 불합리에 반해서 "한 사물(스스로 안에 있는 존재자)은 물론 여전히 언제나 현존하는 자신의 근거를 갖지만 그 근거를 자기 자신 안에 갖는다는 명제, 즉 그것은 그 자신의 결과로서 존재해야 한다"라는 명제 안에서 도피처가 찾아질 수도 있겠지만, 여기서 이 불합리가 눈에 띄지 않아야 한다면 이 명제는 사물들이 아니라 단지 판단들에만, 그것도 단지 분석 판단들에만 타당할 수 있을 XX 278
것이기 때문이다. 예를 들면 "모든 물체는 분할할 수 있다"라는 명제는 물론 근거를 가지며, 그것도 자기 자신 안에서 근거를 갖는다. 즉 이 명제는 모순율에 의거하여, 다시 말해 분석 판단들의 원리에 의거하여 주어 개념에서 술어를 이끌어낸 것으로서 간주될 수 있다. 따라

A 58 서 이 명제는 단지 논리학의 아프리오리한 원리에 토대를 두며, 분석 판단이 아무런 기여도 못하는 아프리오리한 인식의 확장 여부가 중요한 문제가 되는 형이상학의 영역에서는 아무런 전진도 이루지 못한다. 그러나 이른바 자칭 형이상학자가 모순율 이외에도 또한 마찬가지로 논리적 근거의 원칙을 도입하고자 한다면, 그는 판단들의 양상을 아직 완전히 열거하지 못했을 것이다. 왜냐하면 그는 서로 모순되게 대립하는 두 판단 사이에 배중률을 추가해야만 하겠는데, 그와 같은 경우에 그 자칭 형이상학자는 이 판단들이 모두 하나의 원리, 즉 분석 판단들의 원리에 있는 한에서 개연적·확정적·명증적 판단들에서 판단들의 가능성과 진리 혹은 논리적 현실성 그리고 판단들의 필연성을 제시했을 것이기 때문이다. 이러한 것을 하지 않았다는 것이 분류의 완전성과 관련해서 형이상학자 스스로 논리학에 대해 한 번도 분명한 생각을 하지 않았다는 것을 증명하는 것이다.

A 59 그러나 표상들의 불명확함과 명확함이라는 논리적 구별에 관한 라이프니츠의 원리에 대해 말하면, 라이프니츠가 처음의 것, 즉 우리가 순전한 직관이라고 불렀던 표상방식이 본래 직관의 대상에 대한 혼동된 개념에 불과하고, 따라서 직관이 그 사물들에 대한 개념과 종류상 구분되는 것이 아니라 단지 의식의 정도에 따라서만 구별될 뿐이라고 주장한다. 예를 들면 물체의 직관은 그 직관 안에 포함된 모든 표상의 철저한 의식 안에서, 모나드들의 집합체인 그 물체에 대한 개념을 제공할 것이라는 주장이다. 이에 반해 비판철학자는 만약 우리가 단지 충분히 또렷하게 (부분 표상들에 대한 적절한 의식을 가지고) 볼 수 있다고 친다면, "물체들은 모나드들로 이루어져 있다"라는 방식으로 경험에서, 따라서 순전히 지각의 분해로 생겨날 수 있다고 말할 것이다. 그러나 이런 모나드들의 함께 있음은 단지 공간 안에서
A 60 만 가능한 것으로 표상되므로, 예전의 이 훌륭한 형이상학자는 우리

에게 공간을 서로서로 밖에 있는 다양하지만 나란히 있음에 대한 순전히 경험적이며 혼동된 표상으로 간주하도록 할 것이 틀림없다.

그러나 이 경우 그는 어떻게 "공간이 삼차원을 갖는다"라는 명제가 명증적인 아프리오리한 명제라고 주장할 수 있는가? 왜냐하면 그가 한 물체의 모든 부분표상을 매우 분명하게 의식한다고 해서 그것 XX 279
이 그렇게 있어야 한다는 것을 추측할 수 없으며, 기껏해야 단지 지각이 그에게 가르쳐준 대로 이것이 그렇게 있다는 것만 이끌어낼 수 있을 뿐이기 때문이다. 그러나 그가 삼차원이라는 성질과 함께 공간을 필연적인 것으로, 그리고 또한 물체의 모든 표상의 밑바탕에 아프리오리하게 놓여 있는 것으로 가정한다면, 어떻게 그는 이러한 필연성을—그는 이러한 필연성을 당치도 않을 말로 꾸며내어 없애버릴 수 없다—명백히 설명하려고 하겠는가? 왜냐하면 이 표상방식은 그럼에도 자신의 고유한 주장에 따라서 어떤 필연성도 제공하지
않는 순전히 경험적인 근원을 갖기 때문이다. 그러나 그가 또한 이러 A 61
한 요구를 개의치 않으려 하고 앞서의 명목상 혼동된 표상이 어떤 성질의 것이든 간에 이러한 공간의 특성을 갖는 공간을 가정하고자 한다면, 우리가 물체의 가능성을 순전한 개념들에 따라 파악할 수 있게 만들고자 할 경우, 비록 부분들에서 출발해서 그렇게 부분들로 이루어진 결합된 것으로 나아가면서 단순한 것을 그 밑바탕에 둘 수밖에 없다고 하지만 기하학은, 따라서 이성은 라이프니츠에게 허공에서 부유하는 개념들에 따라서가 아니라 개념들의 구성을 통해서 공간과 그리고 그런 까닭에 공간을 채우는 것인 물체가 절대로 단순한 부분들로 이루어져 있지 않다는 점을 증명할 것이다. 이렇게 됨으로써 이성은 결국 직관(이런 것으로는 공간의 표상이 있다)과 개념은 종류에서 완전히 다른 표상방식들이고 직관이 표상의 혼란함을 단순히
해결해서 개념으로 변형될 수 없다는 것을 인정하지 않을 수 없을 것 A 62

이다. 이와 같은 것은 시간 표상에서도 마찬가지다!

순수 지성개념들과 순수 이성개념들에 객관적 실재성을 부여하는 방식에 관하여

지성의 순수개념을 가능한 경험의 대상에서 생각할 수 있는 것으로 표상하는 것은 그 지성의 순수개념에 객관적 실재성을 부여하는 것이고 일반적으로 순수한 개념을 현시하는 것이다. 우리가 이런 일을 할 수 없을 경우, 그 개념은 공허하다. 즉 그 개념은 어떤 인식을 위해서도 충분하지 않다. 만일 객관적 실재성이 그 개념에 상응하는 직관을 거쳐 개념에 곧바로(직접) 부여된다면, 즉 그 개념이 직접 현시될 수 있다면, 이 활동은 도식화라고 불린다. 그런데 그 개념이 직접 현시될 수 없으며 단지 그 개념의 결과에서만 (간접적으로) 현시될 수 있다면, 그 활동은 개념의 상징화라고 불릴 수 있다. 처음 것인 도식화는 감성적인 것에 관한 개념들에서 발생하며, 둘째 것인 상징화는 본래 현시될 수 없고 어떤 가능한 경험 안에서도 주어질 수 없
XX 280 지만 필연적으로 하나의 인식에 속할 수 있는 초감성적인 것에 관한
A 63 개념들을 위한 하나의 구제책이다. 비록 이런 인식은 단지 실천적 인식으로만 가능하다 할지라도 말이다.

이념(혹은 이성의 개념)의 상징은 유비에 따른, 즉 대상들 자체가 전혀 다른 것일지라도 그 결과로 대상 자체에 부여되는 것으로서 특정 결과와 동일한 관계에 의한 대상의 표상이다. 예를 들면 만일 내가 유기체적 사물들과 같은 어떤 특정한 자연의 산물들, 즉 동물들이나 식물들을 시계가 [시계] 제작자인 사람과 맺는 관계에서 표상되는 것과 마찬가지로, 그것들[자연의 산물들, 동물들, 식물들]의 원인

과 맺는 관계에서 표상한다면, 즉 범주로서 인과성 일반의 관계에서 표상한다면, 두 경우에 그 인과적 관계는 동일하겠지만, 이 관계의 주체는 그것의 내적 성질에 따라 나에게 알려지지 않은 채 남아 있으며, 그래서 전자[시계 제작자]만이 현시될 수 있고, 후자[자연의 산물 제작자]는 결코 현시될 수 없다. A 64

이런 방식으로 나는 초감성적인 것에 대해, 예를 들면 신에 관해 원래 어떤 이론적 인식도 가질 수 없지만, 그럼에도 유비에 따라 — 이 유비는 정확하게 말해서 사유하는 이성에게 필연적이다 — 일종의 인식을 갖는데, 이 경우에 범주들이 그 밑바탕에 놓여 있다. 그 까닭은 범주들이 감성적인 것으로 향하든 혹은 자신만의 힘으로는 어떤 대상을 규정하지도 않고 어떤 인식도 형성하지 않아서, 바로 그렇기 때문에 초감성적인 것으로 향하든지 간에 사유 형식에 필연적으로 속하기 때문이다.

감성 없이도 지성개념들에 객관적 실재성을 허용하는 시도들의 허위성에 관하여

순전한 지성개념들에 따르면, 모든 내적인 (양과 질의) 규정들에서 완전히 동일한 두 사물을 상호 외적으로 생각하는 것은 모순이며 이것은 언제나 단지 하나의 동일한 사물을 두 번 생각하는 것이다.(수적으로 하나) A 65

이것이 라이프니츠의 구별 불가능성의 원칙[20]이다. 그는 이 원칙에 적지 않은 중요성을 부여했지만, 이 원칙은 이성에 상당히 위반된다. 왜냐하면 한 장소에 있는 물방울이 동일한 물방울을 왜 다른 장소에서 만날 수 없게 만드는지 이해될 수 없기 때문이다. 그러나 이런 충돌은 곧바로 공간 안의 사물들이 인식되기 위해서, 이 사물들은 단지 지성의 개념들에 따라 사물들 자체로 표상되어야 할 뿐만 아니라, 감성적 직관에 따라 현상들로도 표상되어야 한다는 것, 공간은 라이프니츠가 가정했던 것처럼 사물들 자체의 성질이나 관계가 아니라는 것, 그리고 순수한 지성개념들은 그 자체로는 아무런 인식도 제공하지 않는다는 것을 증명해준다.

제2부 A66; XX 281

라이프니츠와 볼프 시대 이후로 형이상학의 객관, 즉 형이상학의 궁극목적과 관련하여 달성된 것에 관하여

우리는 이 시기 형이상학의 진보를 세 단계로 구분할 수 있다. 첫째로 이론적·독단적 전진의 단계, 둘째로 회의적 정체(停滯) 상태의 단계, 셋째로 형이상학의 노정을 실천적·독단적으로 완성한 단계이자 형이상학이 자신의 궁극목적에 도달한 단계가 그것이다. 처음 단계는 단지 존재론의 한계 내에서 진행되며, 둘째 단계는 선험적이거나 A 67
순수한 우주론의 한계 내에서 진행된다. 이 우주론은 또한 자연론, 즉 응용 우주론으로서 물체적 본성의 형이상학과 사유하는 본성의 형이상학을 탐구하는데, 전자는 외감의 대상이고 후자는 내감의 대상(물리학과 이성적 심리학)이며, 이 양자에서 아프리오리하게 인식될 수 있는 것에 의거하여 탐구한다. 셋째 단계는 신학으로 인도하고 신학을 필연적인 것으로 만드는 모든 아프리오리한 인식을 갖는 신학의 단계다. 강단의 관습에 따라 일시적으로 형이상학에 삽입되었던 경험적 심리학은 여기서는 당연히 고려되지 않았다.

A 68 언급된 시기와 국가에서 형이상학의 첫째 단계

순수 지성개념들과 경험적 인식에 사용된 아프리오리한 원칙들
의 분해와 — 이러한 순수 지성개념들과 아프리오리한 원칙들의 분
해에서 존재론이 성립한다 — 관련해서 말하면, 우리는 언급된 두 철
학자의, 특히 유명한 볼프의 큰 공적을 부인할 수 없다. 그의 공적은
어떻게든지 이전에 혹은 독일 외부에서 형이상학의 분야에서 이루
어졌던 것보다 훨씬 더 많은 명확성과 정확성을 보여주고 논증적 철
저성을 얻으려는 노력을 수행한 것이다. 그러나 어떤 비판도 범주들
A 69 의 표를 확고한 원리에 의거하여 제시하지 않았다는 이유로 완벽성
을 결여했다고 비난하지 않더라도, 사람들이 원리로서 전혀 알 수 없
었던, 오히려 라이프니츠가 지성화해버린, 즉 순전히 혼동된 개념들
XX 282 로 변형했던 아프리오리한 모든 직관의 결핍은 라이프니츠가 순전
한 지성개념들로 표상할 수 없었던 것을 불가능한 것으로 간주하고
그래서 건전한 지성 자신에 폭력을 가하며 어떠한 지지도 얻지 못하
는 원칙들을 제시하는 원인이 되었다. 다음의 것들이 그런 원리들을
가지고 잘못 내디딘 걸음의 실례들이다.

1) 구별 불가능한 것들의 동일성 원칙이라는 것은, 만약 우리가 모
든 (양과 질의) 내적 규정들에 관해 볼 때 완전히 동일한 A와 B에 대
해 두 사물이라고 이해한다면, 우리가 잘못 생각하는 것이어서, 그것
A 70 들을 하나의 동일한 사물(수적으로 동일한 것)로 간주해야만 한다는
것이다. 그는 매우 유사하고 같은 공간들을 하나의 같은 공간이라고
주장하지 않고도, (우리는 이런 방식으로 무한한 공간 전체를 1세제곱
미터나 그보다 작은 것으로 만들 수 있으므로) 서로 따로따로 표상할
수 있기 때문에 우리가 그것들을 공간 안의 위치들로 구별할 수 있
다는 것을 인정할 수 없었다. 왜냐하면 그는 단지 개념들에 따른 구

별만을 승인했고 개념들과는 종류에서 구별되는 어떠한 다른 표상 방식도, 즉 어떤 직관도, 게다가 아프리오리한 직관도 인정하려 하지 않았으며 그는 오히려 이런 직관들을 함께 있음이나 잇따름의 개념들로 해소해야 한다고 믿었다. 그래서 그는 하나의 물방울이 한 장소에 있다면 이 물방울이 이것과 완전히 유사하고 똑같은 물방울을 다른 장소에 두는 것을 방해한다는 것을 결코 납득하지 못하는 건전한 지성과 충돌했다.

2) 라이프니츠의 충분한 근거의 원칙. 그는 이 충분한 근거의 원 A 71
칙 아래에 아프리오리한 직관을 두어서는 안 된다고 믿었으며, 오히려 이 충분한 근거의 원칙에 대한 표상을 순전히 아프리오리한 개념들로 환원했으므로 마치 데모크리토스에게는 우주 내의 모든 사물이 원자와 허공으로 결합된 것처럼, 형이상학적으로 고찰할 경우 모든 사물은 실재와 부정, 존재와 비존재로 결합되었고 부정의 근거가 어떤 근거도 — 이 근거로 어떤 것이 된다 — 다시 말해서 어떤 실재성도 존재하지 않는다는 것 이외에 어떤 다른 것일 수 없다는 결론을 이끌어냈다. 이렇게 해서 그는 하나의 공간을 어둠 속에 두려면 하나
의 물체, 즉 빛이 공간에 침투하지 못하도록 빛에 저항하는 어떤 실 A 72
재적인 것이 거기 있어야 한다는 것을 고려하지 않은 채 이런 종류의 선과 결합한, 이른바 형이상학적인 모든 악으로부터 순전한 빛과
어둠에서 나온 하나의 세계를 만들어냈다. 그에 따르면 고통은 단지 XX 283
쾌락의 결여를, 악덕은 단지 유덕한 동인의 결여를, 그리고 운동했던 물체의 정지는 운동하는 힘의 결여를 그 근거로 가질 뿐이다. 왜냐하면 직관 안에서, 예를 들면 아프리오리한 외적 직관인 공간 안에서 실재적인 것(운동하는 힘)은 다른 실재적인 것과, 즉 대립하는 방향으로 운동하는 힘과 대립하고, 또한 유비에 따라 내적인 직관에서 상호 대립되는 실재하는 충동들은 하나의 주체 안에서 결합될 수 있

으며, 실재성들 사이의 이런 충동의 아프리오리하게 인식 가능한 결과가 부정일 것이라는 것을 고려하지 않은 채, 순전한 개념들에 따른다면 실재성=a는 실재성=b가 아니라 단지 결여=0에만 대립할 수 있기 때문이다. 그러나 물론 그는 이를 위해 순전한 개념들에서가 아니
A 73 라 직관에서만 표상될 수 있는 서로 대립하는 방향들을 가정해야만 했다. 그는 그렇게 해서 건전한 지성에 반하는데다가 도덕과도 상충하는 원칙, 즉 근거인 모든 악은=0이라서 순전한 제한이라는 혹은 형이상학자들이 말하듯 사물들에서 형식적인 것이라는 원칙이 생겨났다. 이처럼 그는 충분한 근거의 원칙을 순전한 개념들에 두었기 때문에 이것은 분석 판단들의 원칙인 모순율을 넘어서 이성에 따라 아프리오리하게 종합적으로 확장할 수 있도록 그를 조금도 도와주지 않았다.

3) 그의 예정조화 체계는 비록 그가 이 체계로 본래 영혼과 육체 사이의 상호성을 설명하려고 했지만, 그보다 먼저 일반적으로 상이
A 74 한 실체들의 상호성—이 상호성으로 상이한 실체들이 하나의 전체를 형성한다—의 가능성에 대한 설명을 목표로 삼아야 했으며, 만약 다른 것이 이 실체들에 부가되지 않는다면, 실체들은 이미 실체들의 개념을 통해 완전히 고립된 것으로 표상되어야 하기 때문에 불가피하게 이것을 해명해야 했다. 왜냐하면 각각의 실체에는 실체들의 자존에 따라 다른 실체에 의존한 어떤 우유성도 내재해서는 안 되기 때문이다. 그뿐만이 아니다. 만일 다른 실체들이 실존한다 하더라도, 다른 실체들에 의존해서는 안 되며, 게다가 또 실체들이, 결과들이 결과들의 원인에 의존하는 것처럼 제삼의 것(근원 존재)에 의존한다 하더라도 다른 실체들에 의존해서는 안 되므로, 하나의 실체가 가진 우유성들이 이러한 실체들의 상태와 관련하여 똑같이 외적인 하나의 다른 실체에 기초를 두어야 하는지에 대한 어떤 근거도 없다.

그럼에도 실체들이 세계 실체들로서 상호성 속에 있어야 한다면, 이 상호성은 단지 관념적이어서 어떤 실제적인 (물리적인) 영향일 수 없다. (왜냐하면) 이 실제적 영향이란 상호작용의 가능성을 마치 실체들의 단순한 현존에서 이해된 것처럼 (실제로는 그렇지 않다) 가정하기 때문이다. 다시 말해서 우리는 그 자체로 완전히 고립되어 있는 이런 실체들을 그때그때 혹은 이미 세계의 시초에 그렇게 변경하거나 결과와 원인의 결합처럼, 마치 그 실체들이 서로서로 실제로 영향을 미치는 것처럼, 실체들이 서로 조화하도록 설계한 기술자인 현존의 창조자를 전제해야 한다. 따라서 기회원인들의 체계는 하나의 유일한 원리에서 해명하려면 후자처럼 그리 적절한 것 같아 보이지 않으므로 철학이 고안했던 가장 놀라운 허구인 예정조화의 체계가 생겨나야만 했는데, 이는 단지 모든 것이 개념들에서 해명되고 파악되어야 했기 때문이다. A 75; XX 284

이에 반해 우리가 마치 공간이 아프리오리하게 외적인 모든 관계의 밑바탕에 놓여 있고 오직 하나의 공간만이 있는 것처럼, 공간이라는 순수한 직관을 생각한다면 이로써 모든 실체는 물리적 영향을 가능하게 해주는 관계들 내에서 연결되어 있으며 또한 하나의 전체를 형성하게 됨으로써 모든 존재자는 공간 내의 사물들로서 오직 하나의 세계만 함께 형성해 서로 밖에 있는 다수 세계는 있을 수 없다. 세계의 통일에 관한 이 원칙은 앞서의 직관을 토대로 하지 않고 순전히 개념들에 따라서만 수행되어야 한다면 절대적으로 증명될 수 없다. A 76

4) 라이프니츠의 단자론. 순전한 개념들에 따르면 세계의 모든 실체는 단순하거나 아니면 단순한 것으로 결합되었다. 왜냐하면 이 결합은 단지 하나의 관계이며 이런 관계가 없이도 그 실체들은 실체들로서 자기 실존을 유지할 것이 틀림없지만, 그러나 만약 내가 모든 결합을 지양할 경우에 남아 있는 것은 단순한 것이기 때문이다. 따라

A 77 서 만약 누군가가 지성을 바탕으로 모든 물체를 실체들의 집적물이
라고 생각한다면, 모든 물체는 단순한 실체들로 구성된 것이다. 그러
나 모든 실체는 자신들의 관계와 힘들—이 힘들로 모든 실체는 서
로 영향을 미칠 수 있다—이외에도 또한 내적으로 이들 실체들에
내재하는 어떤 일종의 실재적 규정들을 가지고 있어야만 한다. 다시
말해서 실체들에 단지 외적 관계들 안에서만 있는 우유성을 덧붙이
는 것은 충분하지 않으며, 그것과 달리 우리는 실체들에 주체와 관련
되는 그와 같은 것, 즉 내적인 규정들을 인정해야 한다. 그러나 우리
는 표상들과 표상들에 의존하는 것 이외에는 단순한 것에 부여될 수
있는 어떤 내적이면서 실재적인 규정들도 알 수 없다. 그런데 우리
가 내적이면서 실재적인 규정들을 물체들에 부여할 수 없지만, 만약
XX 285 우리가 실체들인 이 부분들을 내적으로 완전히 공허한 것이라고 가
정하지 않으려면, 그럼에도 이 규정들을 물체의 단순한 부분들에 부
여해야만 한다. 그런데 라이프니츠는 자신 안에 표상들의 능력을 갖
는 단순한 실체들을 단자들이라고 지칭했다. 이 물체들은 구체적으
로 말해서 우주의 거울인 단자들로, 즉 사유하는 실체들의 표상 능력
A 78 들과는 단지 의식의 결여로만 구별되는 표상 능력들을 갖춘 단자들
로 이루어져 있으며 그런 까닭에 잠들어 있는 단자들이라고 부른다.
우리는 이러한 단자들에 대해 언젠가 한 번 운명이 이 단자들을 깨워
도 되는 것은 아닌지, 아니면 아마 이미 무한히 많은 단자를 하나씩
차례로 깨워왔으며 그리고 언젠가 다시 새롭게 깨워서 그리고 동물
로서 점차 인간 영혼으로 고양되고 그렇게 해서 계속 더 높은 단계로
올라갈 수 있도록 하려고 재차 잠으로 원상복귀하도록 했는지를 알
지 못한다. 이것은 일종의 마법의 세계로서 유명한 라이프니츠가 현
A 79 상들로서 감각능력의 표상들을 본래 그래야만 하듯이, 모든 개념과
는 전적으로 다른 표상방식으로, 즉 직관으로 간주하지 않고 감성이

아니라 지성 안에서만 자리를 잡은 개념들에 따른 인식이지만 단지 혼동된 인식으로 간주함으로써만 그런 마법의 세계를 가정하는 것으로 미혹될 수 있었다.

구별 불가능한 것들의 동일성의 원칙, 충분한 근거의 원칙, 예정조화의 체계, 마지막으로 단자론은 모두 함께 라이프니츠와 라이프니츠 이후 실천철학에서 매우 위대한 형이상학적 공적을 세운 볼프가 이론 철학의 형이상학으로 가져오고자 시도했던 새로운 것이다. 물론 이런 시도들이 형이상학의 진보를 위해 준비된 것이라는 점을 부인할 수는 없지만, 그럼에도 이런 시도들이 형이상학의 진보들이라 불릴 만한 자격이 있는지는 이 단계의 마지막에, 위대한 명성 때문에 오류를 범하지 않는 사람들의 판단에 맡겨도 좋을 것이다.

* * *

보편적인 이성적 자연론, 즉 감각능력의 대상들에 대한 순수 철학 A 80
은 형이상학의 이론적·독단적 부분에 속한다. 외감의 대상들에 관해서는 이성적 물체론이 속하고 내감의 대상들에 관해서는 이성적 영혼론이 속한다. 이러한 물체론과 영혼론을 바탕으로 경험 일반을 가능하게 하는 원리들은 두 가지 대상이 있다는 것 이외에는 어떤 경험적인 것도 밑바탕에 두는 일이 없이 두 시각에 적용된다. — 이 두 가
지 대상의 경우 학문이 있을 수 있는 것은 오직 수학이, 즉 개념들의 XX 286
구성이 적용될 수 있는 한해서만 그렇다. 따라서 대상들의 공간적인 것은 단지 하나의 차원만 가지며, 내감을 통한 직관의 토대가 되는 시간 형식보다 물리학의 대상을 위해 아프리오리하게 더 많은 것을 할 수 있다.

가득 찬 공간과 텅 빈 공간이라는 개념들이나 운동과 운동하는 힘

들의 개념들은 이성적 물리학에서 그 개념들의 아프리오리한 원리
A 81 들로 환원될 수 있고 환원되어야만 한다. 이에 반해 이성적 심리학에는 사유하는 실체의 비물질성 개념, 실체의 변화 개념 그리고 변화들에서도 인격의 동일성 개념 이외에는 어떤 다른 것도 아프리오리한 원리들을 표상하지 못한다. 나머지 모든 다른 것은 경험적 심리학이거나 오히려 단지 인간학일 뿐이다. 왜냐하면 인간 내의 생명원리(영혼)가 육체 없이 사유 내에서 어떤 것이든 할 수 있는지, 그리고 무엇을 할 수 있는지를 아는 것이 우리에게 불가능하며 여기서 모든 것은 단지 경험적 인식, 즉 우리가 생명 안에서, 다시 말해 영혼과 육체의 결합에서 획득할 수 있는 인식으로 되므로, 감성적인 것에서 초감성적인 것으로 이행하려는 형이상학의 궁극목적에 적합하지 않다는 것이 증명될 수 있기 때문이다. 이러한 이행은 우리가 이제 고찰하려는 철학에서 순수한 이성 시도들의 둘째 단계에서 만날 수 있다.

A 82

형이상학의 둘째 단계

형이상학의 첫째 단계는 존재론의 단계라 불릴 수 있는데, 그 이유는 이 단계가 논리학이 하듯이 사물들에 관한 우리 개념들에서 본질적인 것을 징표들로 분해함으로써 탐구하라고 가르치지 않으며, 오히려 직관 일반에서 우리에게 주어질 수 있는 것을 개념들로 포섭하기 위해 우리가 사물들에 대해서 어떻게 그리고 어떤 개념을 아프리오리하게 형성하는지를 가르쳐주기 때문이다. 이런 일은 다시금 공간과 시간 내의 아프리오리한 직관의 형식이 이 대상들을 사물들 자
A 83 체로서가 아니라 단지 현상들로서 우리에게 인식 가능하게 만드는 한에서만 발생할 수 있다. 이 첫째 단계에서 이성은 서로 종속하는

조건들의 — 이 조건들은 언제나 다시금 끝없이 조건 지어진다 — 계열에서 무제약적인 것으로 중단 없이 전진해 나아가도록 강제되어 있다는 것을 안다. 왜냐하면 각각의 공간과 각각의 시간은 주어진 더 커다란 공간과 시간의 한 부분으로만 표상될 수 있으며 무제약적인 XX 287 것에 도달하려면 각각의 직관에서 우리에게 주어진 것을 위한 조건들이 공간과 시간 내에서 찾아져야 하기 때문이다.

이제 형이상학에서 기대되는 둘째 중대한 진보는 가능한 경험의 대상들에서 제약된 것에서 무제약적인 것에 이르는 진보이며, 또한 이성에 따라(지금까지는 지성과 판단력에 따라 발생한 것이었다) 이 계열의 완성에 이르기까지 대상들의 인식을 확장하는 진보다. 이 때문에 형이상학이 이제 거쳐 가야 하는 단계는 선험적 우주론이라 할 수 있다. 왜냐하면 공간과 시간이 그것들의 전체 크기에서 모든 제약 A 84 의 총체로 고찰되며 또한 모든 결합된 실제적 사물의 용기로 표상될 수 있고, 그래서 현실적인 사물들이 공간과 시간을 채우는 한, 이런 사물들의 전체는 세계개념 아래에서 표상되어야 하기 때문이다.

무제약적인 것(조건 지어지지 않은 조건)에 도달하기 위해서, 사물들을 가능하게 하는 종합적 조건들, 즉 사물들의 규정 근거들(존재 근거들)은 이 경우에 특히 사물들의 조건들이 서로서로 종속되는 상향적 계열의 총체성 내에서 제약된 것을 위해서 찾아진다. 이성은 자기 자신이 만족하려고 이것을 요구한다. 조건에서 조건 지어진 것으로 내려가는 하향적 계열에 관해서는 어떤 어려움도 없다. 왜냐하면 이런 계열을 위해서는 어떤 절대적 총체성이 필요하지 않고 결과들이 의존하는 최상의 근거가 주어져 있다면 그 결과들은 자동으로 생 A 85 겨날 것이므로 총체성은 결과로서 언제나 완결되지 않은 채 남아 있을 수 있기 때문이다.

공간과 시간 안에서 모든 것은 제약되어 있다는 것과 제약들의 상향적 계열에서 무제약적인 것은 전적으로 도달 불가능하다는 것이 이제 밝혀졌다. 순전히 제약된 것을 무제약적인 것으로 생각하는 절대적 전체라는 개념은 모순을 내포한다. 이것이 모순인 이유는 이 무제약적이라는 것이 그 자체로는 다른 근거에서 나온 결과가 아니면서 또한 근거로서 이 계열을 한정하는 계열의 한 항으로만 간주되고 모든 종류의 범주가 결과와 근거 간의 상관관계에 적용되는 동안, 그러한 범주들을 관통하는 무근거성이라는 것은 공간과 시간 안의 대상들이 순전한 현상들로서가 아니라 사물들 자체로 여겨지는 한, 이성이 자신과 결코 해결할 수 없는 분쟁에 빠져들게 하기 때문이다. 이러한 것을 순수 이성 비판의 시대 이전에는 피할 수 없었고, 그래
A 86 서 정립과 반정립은 끊임없이 번갈아가며 서로 무효화했으며, 이성은 제일 희망 없는 회의론으로 추락할 수밖에 없었다. 바로 이 때문에 이 회의론은 형이상학에서 더없이 불행한 상태에 이를 수밖에 없었다. 이성이 무제약적인 것에 대한 자신의 요구와 관련해서 감각능
XX 288 력의 대상들에서 한 번도 만족할 수 없을 경우에는, 이성은 형이상학의 궁극목적을 형성하는 초감성적인 것으로 이행하는 일을 결코 생각조차 할 수 없었을 테니 말이다.*

그런데 무제약적인 것에 도달하기 위해 상향적 계열에서 세계 전체에서 제약된 것에서 [제약된 것의] 조건들로 우리가 전진해 나아
A 87 간다면, 주어진 세계 전체의 이론적·독단적 인식에서 이성이 자신과

* '시간과 공간 안의 모든 조건 전체는 무제약적이다'라는 명제는 거짓이다. 왜냐하면 공간과 시간 안의 모든 것이 (그 안에서) 제약되어 있다면, 공간과 시간 안의 모든 조건의 전체는 결코 가능하지 않기 때문이다. 따라서 순전히 제약된 조건들의 절대적 전체를 가정하는 사람들은 그 전체를 제약된 것(유한한 것)으로 가정하든 무제약적인 것으로(무한한 것으로) 가정하든지 간에 자가당착에 빠지지만, 그럼에도 공간은 그런 전체로 간주될 수 있고, 흘러간 시간도 마찬가지다.

맺는 참된 또는 순전히 외견상의 다음과 같은 모순들이 생겨난다. 이 모순들은 **첫째로** 동일한 것의 분할이나 결합의 수학적 이념들로, **둘째로** 조건 지어진 것의 실존을 무제약적 실존에 정초하는 역학적 이념들로 발생한다.

I. 세계를 측정할 경우, 다시 말해 세계에 대한, 특히 a) 그것의 공간 분량과 b) 시간 분량에 대한 양자가 현존하는 한에서,— 이 후자의 것은 따라서 세계 지속의 흘러간 시간을 측정해야 한다— 규정된 개념을 얻기 위한 척도로서 동종이고 동일한 단위를 첨부해 세계를 측정할 경우 그것의 **외연량**과 관련해서 생각해보자. 이 두 분량에 대해 이성은 동일한 근거를 가지고 '세계는 무한하다'고 주장하고 '세계는 무한하지 않고 유한하다'고 주장할 수 있다. 그러나 이 두 주장에 대한 증명은— 이것이 주목할 만한 것이다!— 직접적이지 않으며 단지 간접적, 즉 반대주장의 반박을 통해 증명하는 것이다. 그러므로

a) **정립**: 세계는 분량에서 볼 때 공간에서 무한하다. 왜냐하면 만약 A 88
'세계가 유한하다'고 한다면, 세계는 빈 공간으로 경계 지어져 있을 것이기 때문이다. 그런데 이 빈 공간은 그 자체로 무한하지만 실존하는 어떤 것도 아니다. 그럼에도 이 공간은 어떤 것의 실존, 즉 가능한 지각 대상의 실존을, 말하자면 실재적인 어떤 것도 포함하지 않는 공간의 지각 대상의 실존을 전제했을 수도 있다. 그럼에도 이 빈 공간은 실재적인 것의 경계로, 다시 말해 공간에서 서로 경계 지어진 것의 파악 가능한 마지막 조건으로서 실재적인 어떤 것을 포함했을 수도 있다. 그러나 이것은 자기모순이다.— b) **반정립**: 세계는 또한 경과한 시간에 의거해볼 때 무한하다. 왜냐하면 만일 세계가 시원을 갖 XX 289
는다고 한다면, 공허한 시간이 이 세계에 선행해야 하며, 그것은 세계의 생성과 또한 무를 가능한 경험의 대상으로 만들어야 하는데, 이

것은 모순이기 때문이다.

A 89 Ⅱ. 내포량이나 이 내포적 분량이 공간 혹은 시간을 채우는 정도를 고려할 경우에는 다음의 이율배반이 나타난다. a) 정립: 공간 안의 물질적 사물들은 단순한 부분들로 구성되어 있다. 왜냐하면 만일 그 반대가 타당할 경우, 그 부분들이 비록 실체들이겠지만 만약 순전한 관계인 실체들의 결합이 모두 제거될 경우에 모든 관계의 순전한 기체인 순전한 공간 이외에는 아무것도 남지 않을 것이기 때문이다. 그러므로 결국 물질들은 실체들로 이루어진 것이 아닐 텐데, 이는 전제에 모순된다. — b) 반정립: 물체들은 단순한 부분들로 구성되어 있지 않다.

첫째 것들[수학적 이념들]에 따르면 우리가 공간과 시간 내에 있는 세계 사물들의 분량에 관한 개념에서 철저히 제약되어 주어진 부분들에서 결합 안에서의 무제약적 전체로 올라가든, 아니면 주어진
A 90 전체에서 분할로 무제약적이라 생각되는 부분들로 내려가든 이율배반이 생겨난다.

— 말하자면 처음의 것[상향적 계열]과 관련해서 볼 때, 사람들은 세계가 공간 그리고 경과된 시간에 따라 무한하거나 유한하다고 가정할 수 있는데, 그렇게 해서 사람들은 불가피하게 자기모순에 빠지게 된다. 왜냐하면 만약 세계가 점유하는 공간과 경과된 시간과 마찬가지로 무한한 분량으로 주어져 있다면 이 세계는 주어진 분량일 텐데, 이러한 분량은 결코 완전히 주어질 수 없으며, 이러한 것이 자기모순이기 때문이다. — 각각의 물체 혹은 사물들의 상태 변화에서 각각의 시간이 단순한 부분들로 이루어져 있다면 공간뿐만 아니라 시간도 무한하게 나뉠 수 있으므로 수학이 증명하듯이 무한한 수량이 주어져야 하는데, 이 무한한 수량은 그것[무한한 수량]의 개념에 따라 결코 전체로 주어질 수 없기에 이것도 마찬가지로 자기모순이다.

둘째 유형의 역학적으로 무제약적인 것에 대한 이념들도 사정은 마찬가지다. 한편에서는 자유란 없으며 세계 안의 모든 것은 자연 필 A 91
연성에 따라 발생한다고 주장하기 때문이다. 말하자면 원인들과 관계하는 결과들의 계열에서는 자연의 메커니즘이 철저하게 지배한다. 즉 모든 변화는 선행하는 상태에 따라 미리 결정되어 있다는 것이다. 다른 한편에서는 이러한 일반적 주장에 반정립이 맞서 있다. 어떤 사건들은 자유에 따라 가능하다고 생각되어야만 하며, 이런 사건들은 모두 자연필연성의 법칙에 종속할 수 없다. 왜냐하면 그렇지 않다면 모든 것은 단지 조건 지어져 발생하며, 따라서 또한 원인들의 계열에서 무제약적인 어떤 것도 결코 발견될 수 없을 것이므로, 순전 XX 290
히 제약된 것의 계열에서 조건들의 총체성을 가정하는 것은 모순이기 때문이다.

마지막으로 '원인들의 계열에서 모든 것은 우연적이지 않으며 또한 전적으로 필연적으로 실존하는 어떤 존재자가 있을 수 있다'라는 A 92
역학적 유형에 속하는 명제는 보통 매우 명확하지만 그럼에도 '우리에게 언제나 사유 가능한 어떤 존재자도 세계 다른 존재자들의 전적으로 필연적인 원인으로 생각될 수 없다'라는 반정립에 따라 당연히 모순에 봉착한다. 이 경우 이 존재자는 세계 사물들과 함께 원인과 결과의 상향적 계열의 한 부분에 속하게 될 텐데, 이 계열 내에서는 어떤 인과성도 무조건적인 수 없다. 그럼에도 여기서 무조건적인 것으로 가정되어야만 하는데, 이것은 자기모순이다.

주석. 만일 '세계는 그 자체로 무한하다'라는 명제가 '세계는 (주어진 척도와 비교해서) 모든 수보다 더 크다'는 것을 의미한다면, 이 명제는 거짓이다. 무한수는 모순이기 때문이다.—만일 이 명제가 '세계가 무한하지 않다'는 것을 의미한다면, 이것은 물론 참이지만 이 경우 우리는 세계가 도대체 무엇인지 알지 못한다. 만일 내가 '세계가 유한하다'고 말한다면 이것 역시 거짓이다. 세계의 경계는 가능한 경험의 대상이 결코 아니기 때문이다. 따라서 나는 주어진 공간과 경과된 시간에 관련한 것은 항시 대립할 필요가 있다고 주장한다. 이 경우 둘 다 거짓이다. 왜냐하면 가능한 경험
A 93 은 경계를 갖지도 않고 무한할 수도 없으며, 현상으로서 세계가 단지 가능한 경험의 대상이기 때문이다.

*　　*　　*

여기서 다음과 같은 주목할 만한 점들이 밝혀진다.

첫째, '모든 제약된 것에는 전적으로 무제약적인 것이 주어져 있어야만 한다'는 명제는, 사물들의 결합이 순수 이성을 바탕으로 생각되듯이, 다시 말해 사물들 자체의 결합으로 생각되듯이, 모든 사물의 원칙으로 타당하다. 그런데 이런 원칙의 적용에서, 이 원칙이 공간과 시간 내의 대상들에 모순 없이 적용될 수 없다는 것이 밝혀지면, 우리는 가능한 경험의 객관들인 공간과 시간 안의 대상들이 사물들 자체가 아니라 순전한 현상들로 간주된다고 가정할 경우에만 이러한 모순에서 빠져나갈 수 있으며, 여기에서 이 현상들의 형식은 대상들을 직관하는 우리 방식의 주관적 성질에 의거한다.

A 94; XX 291 그러므로 순수 이성의 이율배반은 불가피하게 우리 인식의 제한성에 기인한다. 그리고 분석론에서 이전에 아프리오리하게 독단적으로 증명되었던 것이 여기 변증론에서는 동시에 자신의 고유한 능력에서 실행한 이성의 실험에 따라 반박할 수 없이 확증된다. 이성에 필요한 무제약적인 것은 공간과 시간 내에서는 만나질 수 없으며 완결될 것이라는 기대감 없이 조건들을 끊임없이 탐구해나가는 것만이 이성에 남아 있다.

둘째, 이성의 이런 명제들 사이의 상충은 순전한 논리적 상충, 즉 분석적 대립(모순 대립)의 상충이 아니다. 다시 말해 그것은 순전한 모순이 아니다. 왜냐하면 만일 그렇다면 이 명제들 중 하나가 참이면, 다른 하나는 반드시 거짓이어야 하며, 그 반대도 마찬가지이기 때문이다. 이것은 예를 들어 '세계는 공간적으로 무한하다'는 정립을 '세계는 공간 안에서 무한하지 않다'는 반정립과 비교해보면 알 것이다. 오히려 저 상충은 선험적 상충, 즉 종합적 대립(반대 대립)의 상충 A 95
이다. 예를 들어 '세계는 공간적으로 유한하다'는 명제는 논리적 대립에 필요한 것 이상을 진술하고 있다. 왜냐하면 이 명제는 단지 조건들로 진행할 때 무조건적인 것이 만나질 수 없다는 것만을 진술하는 것이 아니라 서로서로 종속되는 조건들의 이러한 계열은 또한 전적으로 하나의 절대적 전체라는 것도 진술하기 때문이다. 따라서 이 두 명제는 논리학에서 서로 반대적으로 대립하는 두 가지 판단처럼, 둘 다 모두 거짓일 수 있으며 또한 실제로도 둘 다 거짓이다. 이 명제들은 현상들에 관해 마치 사물들 자체인 것처럼 진술하기 때문이다.

셋째, 정립과 반정립은 논리적 대립에 필요한 것보다 더 적은 것을 포함할 수 있으며 그래서 논리학에서 단지 주어의 상이성을 통해 서로 대립하는 두 판단(준반대 대립 명제들)과 마찬가지로 이 둘 모두 참일 수 있다. 실제로 이것은 역학적 원칙들의 이율배반과 관련되어
있는데, 구체적으로 말해서 대립하는 판단들의 주어가 이 두 판단에 A 96
서 상이한 의미를 가질 경우에는 예를 들어 '감성계에서 현상들의 모든 인과성은 자연 메커니즘에 종속한다'는 정립에서 현상적 원인으로서 원인개념이 '이런 현상들의 몇몇 인과성은 이 법칙에 종속하지 않는다'는 반정립과 모순되는 것처럼 보이지만, 그럼에도 여기서 모순이 필연적으로 발견되지는 않는다. 왜냐하면 반정립에서 주어가 정립에서 주어와 다른 의미로 취해진 것일 수 있기 때문이다. 다시 말해

동일한 주어가 지성적 원인으로 생각될 수 있기 때문이다. 그리고 그럴 경우 두 명제는 모두 참일 수 있으며 또한 동일한 주어가 사물 자
XX 292 체로는 자연 필연성에 따르는 규정에서 자유로울 수 있지만, 현상으로는 자연 필연성의 작용과 관련해 자유롭지 않을 수 있다. 그리고 이것은 필연적 존재자 개념에도 마찬가지다.

A 97 **넷째**, 순수 이성의 이런 이율배반이 순수 이성의 회의적 정체 상태를 필연적으로 야기하는 것처럼 보이지만, 만일 사태 자체로서 지성체가, 비록 초감성적인 것일지라도 실제로 그리고 그것의 법칙들에 의거해 적어도 실천적 의도에서는 인식 가능하다는 점이 드러난다면, 순수 이성의 이율배반은 결국 비판을 매개로 해서 순수 이성의 독단적 진보들로 이끈다.

자유의지의 자유가 이런 초감성적인 것인데, 이것은 도덕법칙들에 따라 주관에 실제적인 것으로 주어져 있을 뿐만 아니라, 이론적 관점에서는 전혀 인식 가능한 것이 아니지만 실천적 관점에서는 형이상학의 본래적 궁극목적인 객관과 관련해서 규정하는 것이기도 하다.

역학적 이념들과 함께 나타나는 이성의 이런 전진 가능성은 다음
A 98 에 근거를 둔다. 즉 이 이념들에서 원인과 결과 또는 우연적인 것과 필연적인 것을 고유하게 연결하는 결합이 수학적 종합에서처럼 종류가 같은 것의 결합일 필요는 없으며, 오히려 근거와 결과, 조건과 조건 지어진 것은 상이한 것일 수 있다. 그래서 조건 지어진 것에서 조건으로, 감성적인 것에서 최상의 조건인 초감성적인 것으로 진행하면서 원칙들에 의거한 이행이 발생할 수 있다.

*　　*　　*

두 가지 역학적 이율배반은 이를테면 두 가지 개별적 명제가 서로 대립하려면 필요한 것보다 더 적은 것을 진술한다. 이 때문에 둘 다 참일 수 있다.

역학적 이율배반들에서는 동종의 것이 아닌 어떤 것이 조건으로 상정될 수 있다. — 마찬가지로 그 경우에 초감성적인 것(목적이 본래 향하는 신)을 인식할 수 있게 해주는 어떤 것이 있다. 자유의 법칙은 초감성적인 것으로 주어져 있기 때문이다.

궁극목적은 세계 안에서 초감성적인 것(영혼의 정신적 본성)과 세 A 99
계 바깥에서 초감성적인 것(신), 따라서 불멸성과 신학을 지향한다.

형이상학의 셋째 단계 A 100; XX 293
초감성적인 것으로 실천적·독단적 이행

우리는 무엇보다도 이 전체 논구에서 학술원이 제시한 과제에 적합하게 다음을 주목해야 한다. 즉 형이상학은 순전히 이론적 학문으로서 혹은 그밖에 사람들이 형이상학을 일컬을 수 있는 것처럼 **자연의 형이상학**으로 생각된다는 것, 그래서 이 학문에서 초감성적인 것으로 이행하는 것은 전혀 다른 학문으로, 말하자면 **도덕의 형이상학**으로 불릴 수도 있는 도덕적·실천적 이성학문으로 이행하는 것으로 이해되어서는 안 된다는 것이다. 왜냐하면 후자도 비록 어떤 초감성적인 것, 즉 자유를 대상으로 하지만, 그것의 본성에 따라서 있는 바의 것에 따라서가 아니라 오히려 능동적 행함과 피동적 행함의 관점에서 실천적 원리들을 위한 근거를 제공하는 것에 따라 자유를 대상으

A 101 로 삼으므로 저러한 이행은 완전히 다른 영역으로 이탈하는 것이기 때문이다.

그런데 무제약적인 것은 둘째 단계에서 시행된 탐구들에 따르면, 비록 그것이 필연적으로 상정되어야 하는데도 자연에서, 다시 말해 감성계에서는 전혀 조우될 수 없다. 그래서 초감성적인 것에 대한 어떤 이론적·독단적 인식도 있을 수 없다.(지성적인 것들에 대한 어떤 앎도 없다.) 그러므로 자연 형이상학의 실천적·독단적 이행은 자기 자신과 모순되는 것처럼 보이며, 형이상학의 이 셋째 단계도 불가능한 것처럼 보인다.

그러나 우리는 자연의 인식에 속하는 개념들 가운데 그것이 어떤
A 102 종류든 특수한 성질을 지닌 한 개념을 발견하는데, 이 개념으로 우리는 객관 안에 있는 것을 파악하는 것이 아니라 우리가 객관을 순전히 그 개념 속에 넣음으로써 이해 가능하게 만들 수 있는 것만을 파악한다. 그래서 이 개념은 본래 대상 인식의 구성 요소는 아니지만 그럼에도 이성에 따라 주어진 수단이거나 인식근거이며, 특히 이론적이지만 그런 한에서 그렇다고 독단적이지는 않은 인식의 수단이거나 근거다. 이것이 자연의 **합목적성**이라는 개념이다. 이 자연의 합목적성은 또한 경험의 대상일 수 있어서 내재적이면서 초험적이지 않은 개념이다. 이것은 눈과 귀의 구조에 대한 개념이 내재적이며 초험적이지 않은 개념인 것과 같은데, 이 구조에 대해 경험이 문제시될 때 에피쿠로스가 그것을 인정한 것 이상의 어떤 인식도 없다. 다시 말하면 자연이 눈과 귀를 만든 뒤, 우리는 그것들을 보고 들으려고 사용하지만, 그렇다고 해서 그것들을 산출해낸 원인 자체가 이 구조를 보고 듣는다는 목적에 적합하게 만들 의도가 있었다는 것을 증명하지
A 103; XX 294 는 않는다. 왜냐하면 우리는 이런 목적을 지각할 수 없으며, 그런 대상들에서 단지 합목적성을 인식하기 위해 당치도 않은 말을 꾸며내

끌어들일 수 있을 뿐이기 때문이다.

그러므로 우리는 자연의 목적론이라는 개념을 특히 아프리오리하게 가지고 있다. 그렇지 않다면 우리는 이 개념을 자연의 객관들에 대한 우리 표상 속으로 집어넣을 수 없으며, 단지 경험적 직관인 이런 표상에서 이 개념을 이끌어낼 수밖에 없다. 그리고 이러한 표상방식은 결코 인식이 아니며, 그것의 아프리오리한 가능성은 우리가 우리 자신 안에서 목적에 따른 결합[21]의 능력을 감지한다는 사실에 근거를 둔다.

따라서 (자연 목적들에 관한) 자연-목적론적[22] 이론들이 전혀 독단적이지 않고 또한 궁극목적에 대한 개념, 즉 목적들의 계열에서 무제약적인 것에 대한 개념을 제공해줄 수 없다 하더라도, 자유개념은 감성적·무제약적 인과성으로서 우주론에서도 등장하듯이 남아 있 A 104
고, 물론 회의적으로 공격받기는 하지만 그럼에도 반박되지 않은 채 남아 있다. 이 개념과 더불어 궁극목적이라는 개념도 마찬가지다. 실제로 비록 이 궁극목적이라는 개념에는 이 개념의 객관적 실재성이 주어지거나 생각된 대상들의 모든 합목적성의 객관적 실재성처럼 이론적·독단적으로 확보될 수 없다 하더라도, 이 개념은 도덕적·실천적 관점에서는 불가피한 것으로 간주된다.

순수한 실천이성의 이러한 궁극목적은 이것이 세계에서 가능한 한에서 최고선이다. 그런데 이 최고선은 단지 자연이 제공할 수 있는 것, 말하자면 지복(쾌감의 최대 합계)에서 구할 수 있는 것이 아니라, 오히려 최고 요청에서, 말하자면 이성만이 지복을 이성적 존재자에게 인정할 수 있게 해주는 조건에서, 동시에 이성적 존재자들의 도덕적이고 합법칙적인 행동 안에서 찾을 수 있다.

이성의 이러한 대상은 초감성적이다. 궁극목적인 이러한 대상으로 전진하는 것은 의무이므로 이런 이행을 하려는 그리고 이런 이

A 105 행에서 전진하려는 형이상학의 한 단계가 있어야만 한다는 것은 의심할 수 없다. 그러나 이것은 어떤 이론 없이는 불가능하다. 궁극목적은 전적으로 우리 권한 안에 있지 않기 때문이다. 이 때문에 우리는 궁극목적이 생겨날 수 있는 원천에 대한 이론적 개념을 만들어야 한다. 그럼에도 이러한 이론은 이 대상이 초감성적이기 때문에 우리가 객관들에서 인식하는 것에 따라서가 아니라 필요한 경우 우리가 요청하는[23] 것에 따라서 발생할 수 있다. — 그러므로 이 이론은 단지 실천적·독단적 관점에서만 생겨나게 되며, 또한 궁극목적이라는 이념에도 역시 이런 관점에서만 충분한 객관의 실재성이 확보될 뿐이다.

XX 295 목적개념에 대해서 말하면, 이 개념은 언제나 우리 자신이 만들며 궁극목적의 개념은 이성에 따라 아프리오리하게 형성된 것이 틀림없다.

이렇게 만들어진 개념들 혹은 이론적 관점에서 보면 오히려 초험
A 106 적 이념들은, 우리가 이것들을 분석적 방법으로 제시할 경우에 세 가지가 있는데, 말하자면 우리 안의, 우리 위의 그리고 우리 이후의 초감성적인 것이 그것이다.

1) 자유. 우리는 이 자유에서 시작해야 한다. 왜냐하면 우리는 세계존재의 이런 초감성적인 것에서만 법칙들을 도덕법칙들이란 이름 아래 아프리오리하게, 즉 독단적으로 그러나 단지 실천적 의도에서만 인식하고, 이런 실천적 의도에 따라서만 궁극목적이 가능하기 때문이다. 그러므로 이러한 법칙들에 따라 순수 실천이성의 자율은 동시에 자기 지배[24]로서 간주되는데, 이 자기 지배는 궁극목적의 형식적 조건인 도덕성에 관해 볼 때, 자연의 영향들이 감각적 존재자들로서 우리에게 저지를 수 있는 모든 나쁜 장애 아래에서도, 동시에 지성적 존재자들로서 여기 현세 삶에서도 이 궁극목적에 도달할 수 있

는 능력으로 간주되며, 다시 말해 최고선에 도달하려는 우리 안의 원리인 덕에 대한 믿음으로 간주된다.

2) 신. 최고선의 전적으로 충분한 원리인 우리 위의 신은 도덕적인 세계창조자로 이 세계 안에서 도덕성에 적합한 지복이라는 이 궁극목적의 내용적 조건에서 우리의 무능력을 보충해준다. A 107

3) 영혼불멸. 지상에 있는 인간들의 도덕적 태도에 적합한, 무한하게 계속해 나아가는 도덕적이고 자연적인 결과들과 함께 지상의 인간들인 우리 이후 우리 실존의 지속.[25)]

초감성적인 것에 대한 실천적·독단적 인식의 이러한 계기들을 종합적 방법에 따라 제시해보면, 이 계기들은 최상의 근원적 선의 무제한적 소유자에서 출발하여, 감성의 세계에서 (자유에 따라) 파생된 것으로 넘어가며, 내세의 지성적 세계 안에서 인간들의 이런 객관적 궁극목적의 결과들에서 끝난다. 따라서 이 계기들은 신, 자유, 영혼 A 108
불멸의 순서로 체계적으로 결합되어 있다.

실제적인 인식을 위하여 이 개념들을 규정하는 인간 이성의 적합성과 관련해서는 어떤 증명도 필요하지 않고 단지 이런 실제적 인식에 도달하기 위해 필요한 탐구가 된 이 형이상학은 이러한 목적을 위해 끊임없이 작업해왔기 때문에 어떤 정당화도 필요하지 않다. — 그러나 저런 초감성적인 것의 인식을 자신의 궁극목적으로 삼는 형이 XX 296
상학은 그것과 관련해 라이프니츠와 볼프 시대 이후에 도대체 무엇을 그리고 얼마나 많은 것을 달성했으며, 도대체 무엇을 달성할 수 있는가? 이것은 만약 궁극목적을 성취하기 위해 존재해야만 하는 형이상학이 이 궁극목적을 성취하려 한다면, 대답되어야만 하는 물음이다.

A 109 # 학술원 과제의 해결

Ⅰ. 형이상학은 초감성적인 것과 관련하여 어떤 진보를 이룰 수 있는가?

다음 사실들은 순수 이성 비판으로 충분하게 증명되었다. 즉 감각능력의 대상들을 넘어선 어떤 이론적 인식도 절대로 있을 수 없으며, 또한 이러한 경우에 모든 것은 개념을 바탕으로 아프리오리하게 인식되어야만 하므로, 어떤 이론적·독단적 인식도 있을 수 없다. 특히 이것은 모든 개념에는 어떤 방식으로든 그것들에 객관적인 실제성을 제공하는 직관이 놓여 있어야만 한다는 단순한 이유에서 우리의 모든 직관이 감성적이라는 점에서 그렇다. 이것을 바꾸어 말하면, 우리는 초감성적 대상들인 신, 우리 자신의 자유능력 그리고 (육체와
A 110 분리된) 우리 영혼의 본성에 대해 아무것도 인식할 수 없으며, 이런 사물들의 현존에 속하는 모든 것의 내적 원리, 그 원리들의 결과들과 영향들도—이러한 결과들과 영향들에 따라 이 사물들의 현상들이 우리에게 단지 아주 조금이나마 해명 가능해지며 또한 그 사물들의 원리, 객관 자체도 우리에게 인식될 수 있게 된다—우리에게는 전혀 인식될 수 없음을 의미한다.

그러므로 이제 초감성적인 대상들에 대한 실천적·독단적 인식이 있는지 없는지가 중요해진다. 이것은 형이상학의 전체 목적을 충족해주는 형이상학의 셋째 단계일 수 있다.

이 경우에 우리는 이 초감성적 사물을 그 자체로 탐구하는 것이 아니라 우리가 그것을 어떻게 생각해야 하고 그것의 특성을 어떻게 가정해야 하는지를 탐구해야 한다. 이것은 단지 우리 자신들을 위해서
A 111 순수한 도덕적 원리의 실천적·독단적 대상에, 즉 최고선인 궁극목

적에 적합하게 하려는 것이다. 여기서 우리는 그것도 순전히 필연적인 실천적 목적을 위해 우리가 만들 수 있긴 하지만, 아마도 우리 이 XX 297 념 바깥에서는 (비록 이것이 다른 경우에 모순을 포함하지 않는다 하더라도) 전혀 실존할 수도 없으며 존재할 수 없는 사물들의 본성을 탐구하지는 않는다. 그럴 경우 우리는 단지 한도를 넘어선 것으로 길을 잃게 될 테니 말이다. 이와 달리 우리는 단지 우리가 이성에 따라 불가피하게 필연적으로 만든 저 이념에 따른다면, 행위의 어떤 도덕적 원칙들이 의무가 되는지 알고자 할 뿐이다. 또 여기서 대상의 특성에 대한 실천적·독단적 인식이나 지식은 그에 대한 이론적 인식을 완전히 포기(판단의 지양)할 때에나 출현하게 될 텐데 전자, 즉 실천적·독단적 인식이나 지식에서는 우리가 대상을 참으로 간주하는 양상의 정도를 증명하는 데 사용되는 명칭[26]이 관건이고, 이것은 그러한 의도를 위해 이 명칭이, (순전한 의견처럼) 너무 적은 것을 포함하지도 A 112 않고 그렇다고 해서 (대상을 개연적인 것으로 간주하는 경우처럼) 너무 많은 것을 포함하지도 않도록 하기 위해서다. 만약 그렇지 않다면 이것은 회의주의자에게 승리를 가져다줄 수도 있다.

그러나 우리 자신이 그것[참으로 여김]이 순전히 주관적 근거들에 의거하는지 아니면 객관적 근거들에 의거하는지를 결정할 수 없는 참으로 여김이라는 신념은 순전한 느낌으로서 확신과 완전히 대립된다. 이런 확신에서 주관은 그 객관적 근거들의 명칭을 낼 수 없음에도, 따라서 이런 근거들의 객관과 결합에 관해 명확하게 파악할 수 없음에도, 이런 객관적 근거들과 또한 그 근거들이 충분하다는 것을 의식한다고 믿는다. 그런데 이 양자[신념과 확신]는, 이론적인 것이든 실천적인 것이든 간에 독단적 인식에서 참으로 여김의 양상들에 속할 수는 없다. 왜냐하면 독단적 인식은 원리들에서 비롯한 인식이어야 하며, 따라서 또한 명확하고 이해 가능하며 전달가능한 표상의 능력이어야 하기 때문이다.

A 113 그런데 이론적 의도에서 평가에 근거한 의견이나 앎과는 상이한 이러한 참으로 여김의 의미는 믿음이라는 말로 표현될 수 있다. 이 믿음은 가정이나 전제(가설)를 의미하는데, 이것은 행동의 객관적인 실천적 규칙이 필연적인 것으로 그 밑바탕에 놓여 있기 때문에 필연적이다. 우리는 이러한 행동의 객관적인 실천적 규칙에서 실행 가능성과 그것에서 드러나는 객관 자체의 가능성을 비록 이론적으로는 통찰하지 못하더라도, 행동의 객관적인 실천적인 규칙이 궁극목적과 일치하는 유일한 방식을 주관적으로 인식한다.

그러한 믿음은 예를 들면 '신은 있다'는 이론적 명제를 실천적 이성을 바탕으로 참으로 간주하는 것이고, 이러한 경우에 실천적 이성은 특히 순수한 실천적 이성으로 고찰된다. 이러한 경우에 우리 노력과 최고선의 일치인 궁극목적이 전적으로 필연적인 실천적, 즉 도덕
A 114 적 규칙에 종속하지만, 이 규칙의 작용은 우리가 근원적인 최고선의
XX 298 실존을 전제로 할 경우에만 가능한 것으로 생각될 수 있으므로 우리는 이 최고선을 실천적 의도에서 필히 아프리오리하게 가정하지 않을 수 없다.

그래서 곡물거래와는 무관한 부류의 사람들에게는 봄철 내내 가뭄이 지속된 다음 수확이 나쁠 거라고 전망하는 것은 순전한 의견이며, 그 일이 발생한 다음에는 앎이 된다. 하지만 이런 곡물거래로 이득을 올리는 것이 자기 목적이자 관심사인 상인에게는 수확이 좋지 않을 것이다. 따라서 사업과 일에서 잘 견뎌내려면 어떤 결단을 해야 하므로 그가 그의 비축물을 아껴야 하겠다는 것은 믿음이다. 그러나 이런 영리함의 규칙들에서 이끌어낸 결단의 필연성은 단지 조건 지어진 것이지만, 이에 반해 도덕적 준칙을 전제하는 결단은 전적으로 필연적 원리에 따른 것이다.

이 때문에 도덕적·실천적 관점에서 믿음에는 그 자체로 도덕적 가치가 있다. 그 믿음은 자유로운 가정을 포함하기 때문이다. 순수 실천이성의 신앙고백의 세 조항은 '나는 세계 내의 모든 선의 원천이며 궁극목적인 유일한 신을 믿는다.' '인간에게 달려 있는 한 나는 세계 내의 최고선, 즉 궁극목적과 일치할 가능성을 믿는다.' '나는 세계 내에서 가능한 최고선으로 세계가 끊임없이 다가가기 위한 조건으로서 내세의 영원한 삶을 믿는다'이다. 이 신조를 나는 자유로운 참으로 여김이라고 말한다. 이런 참으로 여김이 없다면, 이 신조에는 역시 어떤 도덕적 가치도 없을 것이다. 따라서 이런 믿음은 어떤 명령('믿어라')도 허용하지 않으며 이런 믿음의 정당성에 대한 증명도 이론적으로 고찰된 이 명제들이 참이라는 것에 대한 증명이 아니다. 또 이 명제들의 대상들이 현실적이라는 것에 대한 객관적 가르침도 아니다. 이런 객관적 가르침은 초감성적인 것에 관해서는 불가능하다. 오히려 이런 가르침은 단지 주관적이고 게다가 실천적으로 타당하다. 또 이런 의도에서는 마치 우리가 이 대상들을 현실적인 것으로 아는 듯이 다룰 수 있는 충분한 가르침이다. 여기서 이러한 표상방식은 물론 (너무 적게 가정하기보다는 오히려 너무 많이 가정하라는) 기술적·실천적 의도에서 영리함의 이론으로서 필연적으로 간주되어서는 안 된다. 그렇지 않으면 그 믿음은 정직한 것이 아니기 때문이다. 오히려 그 표상방식은 도덕적 의미에서만 필연적이라서 우리는 이미 우리 자신에게 의무로 부과한 것을 추구하고, 말하자면 우리가 저 객관들, 즉 신, 실천적 특성에서 자유 그리고 불멸성을 단지 우리에게 드러난 도덕적 법칙들을 요구한 결과로 만들고 그것들에 객관적 실재성을 자유의지로 부여함으로써 세계 내에서 최고선을 촉진하며, 또한 최고선의 가능성에 관한 이론을 위한 보충물을 기껏해야 순전한 이성이념들로 부가할 수 있다. 우리는 이러한 이념들에서

A 115 · A 116 · XX 299

A 117 어떤 모순도 발견할 수 없다는 것을 확신하기 때문이다. 또 이런 이
념들을 상정하고 이것들이 도덕적인 주관적 원리들과 이 도덕성의
강화, 그와 함께 능동적 행함과 피동적 행함에 역으로 작용하는 것은
그 자체로 다시 그 의도에서 도덕적이기 때문이다.

그러나 이러한 믿음이론의 결과로 신이 존재하고 신의 의지에 적
합하며, 최고선의 이념에 알맞은 도덕적 행위가 이 세계 안에서 발
견될 수 있고 모든 사람을 위한 내세의 삶이 개연적이라고 말해지는
데, 이렇게 말해지는 믿음이론들의 진리에 대한 이론적 증명이 또한
있어야만 하는 것은 아닌가? 그 대답은 개연성이라는 표현이 여기
에 적용될 경우에 완전히 불합리하다는 것이다. 왜냐하면 개연적인
것은 바로 충족적인 근거의 절반보다 더 큰 참으로 간주함의 근거를
그 자체로 갖는 것이며, 따라서 참으로 간주함의 양상에 대한 수학적
A 118 규정인데, 여기서 수학적 규정의 계기들은 동종의 것으로 가정되어
야 하며 또한 그래서 확실성으로 접근하는 것이 가능하지만, 이에 반
해 다소간 그럴듯한 것의 근거는 또한 이종의 근거들로 구성되어 있
으며 바로 이 때문에 이것이 충분한 근거와 맺는 관계는 전혀 인식될
수 없기 때문이다.

그런데 초감성적인 것은 우리에게 가능한 모든 인식을 넘어서므
로 감성적으로 인식 가능한 것과 그 종류에서조차 구별된다. 그러므
로 우리가 감성적인 것의 영역에서 확실성에 도달할 것이라고 희망
해도 좋도록 해주는 것과 동일한 전진을 거쳐 초감성적인 것에 도달
할 수 있는 길은 결코 없다. 따라서 확실성에 대한 접근도, 개연성이
라 불릴 수 있는 논리적 가치를 지닌 참으로 간주함도 결코 없다.

이론적인 관점에서 보면, 우리는 신의 현존, 최고선의 현존 그리
A 119 고 내세 삶의 임박에 대한 확신에는 이성의 뼈를 깎는 노력으로도 조
금도 다가설 수 없다. 왜냐하면 우리에게는 초감성적인 대상들의 본

성에 대한 어떤 통찰도 없기 때문이다. 그러나 실천적인 관점에서 보면, 우리는 마치 우리가 이 대상들의 이념을 우리 순수 이성의 궁극목적에 도움이 될 것이라 판단하는 것처럼 이 대상들 자체를 형성한다. 다만 이러한 궁극목적은 그것이 도덕적으로 필연적이기 때문에, 이 경우 주관적 관계에서, 말하자면 인간의 자유 사용을 위해서 실재성을 가지는 것을—이것이 이런 자유의 법칙들에 적합한 행동들에서 경험에 제시되므로—이 형식에 적합한 객관의 실존에 대한 인식 XX 300
으로 간주할 수도 있다는 착각을 당연히 야기할 수 있다.

* * *

이제부터 순수 이성이 이성 자신의 궁극목적으로 전진하는 데에서 형이상학의 셋째 단계가 그려진다.—이 단계는 하나의 원을 형성하는데, 그 원의 경계선은 자기 자신에게 되돌아온다. 그래서 초감
성적인 것에 대한 인식 전체를 종결하고 이 원의 경계 밖에 이런 종 A 120
류의 인식이 더는 없지만, 그럼에도 이 원은 또한 이런 이성의 요구를 충족해줄 모든 것을 포함한다.—이성이 말하자면 처음 두 단계에서 여전히 연루되어 있던 모든 경험적인 것에서, 그리고 단지 현상 안에서만 이성에 대상들을 표상해준 감성적 직관의 조건들에서 해방되고 자신의 대상들을 그 자체대로 고찰하게 해주는 이념들의 관점에 자리 잡고 난 이후 이성은 자신의 지평을 서술하는데, 이 지평은 초감성적이지만 도덕의 규준에 따라 인식 가능한 능력인 자유에서 이론적·독단적으로 시작한다. 또 실천적·독단적 의도에서, 다시 말해 이 세계 안에서 촉진되어야 하는 최고선인 궁극목적을 향한 의도에서 다시금 거기로[자유로] 되돌아온다. 여기에서 이런 궁극목적의 가능성은 신, 영혼불멸이라는 이념들과 도덕성 자체에 따라 명령

A 121 된, 이런 목적에 도달할 수 있다는 신뢰로 보완되며, 그래서 이 개념에 객관적이지만 실천적인 실재성이 마련된다.

다음과 같은 명제들이 있다고 해보자. 즉 '신이 존재한다.' '이 세계 본성에는 도덕적 합목적성과 일치하기 위한, 비록 파악 불가능하지만 근원적인 성향이 있다.' 마지막으로 '인간의 영혼에는 도덕적 합목적성을 향하여 끊임없이 전진할 수 있도록 해주는 성향이 있다.'—이 명제들 자체를 이론적·독단적으로 증명하기를 원한다면, 그것은 한도를 넘어선 것으로 빠져들게 될 것이다. 비록 둘째 명제에 관련해 볼 때, 세계 안에서 발견될 수 있는 자연법칙상의 합목적성으로 이 명제를 해명하는 것이 앞서의 도덕적 합목적성을 가정하는 것을 분명히 촉진할 수 있다 하더라도 말이다. 이와 동일한 것이 참으로 여김의 양상인 억측된 인식과 앎에 대해서도 타당한데, 이 경우에 모든 이념은 우리 자신이 자의적으로 만들고 객관들에서 도출한 것이 아니다. 따라서 이론적 의도에서는 가정 이상의 것을 하는 것은 정
A 122 당하지 않지만, 그럼에도 실천적 의도에서 이런 이념들을 가정하는 것이 이성에 적합한 주장으로 정당화된다는 것을 사람들은 쉽게 잊는다.

그런데 이러한 사실에서 생겨나는 놀라운 결과는 다음과 같다. 형
XX 301 이상학의 셋째 단계, 즉 신학 영역에서 형이상학의 진보는 궁극목적을 향해 가는 것이라는 바로 그런 이유에서 모든 것 가운데 가장 쉬운 전진이고, 또한 형이상학이 비록 여기서 초감성적인 것에 관계하지만, 그럼에도 이런 전진은 한도를 넘어선 것이 아니며, 오히려 철학자들과 마찬가지로 보통 인간 이성에도 파악 가능한 것이다. 그뿐만 아니라 철학자들은 보통의 인간 이성을 바탕으로 옳은 방향을 찾을 필요가 있고, 그래서 한도를 넘어서 나아가지 않는다. 철학은 지혜론으로서 단지 순수한 실천적 이성 능력, 즉 도덕 이외의 다른 것

이 아닌 사변적 학문으로서 철학에 대해 이러한 우위를 점하는데, 여기서 이 도덕은 비록 초감성적이지만 실천적인 그리고 아프리오리하게 인식할 수 있는 원리인 자유개념에서 도출된 것인 한에서만 그렇다.

형이상학의 궁극목적인 초감성적인 것과 관련된 것에서, 말하자 A 123
면 첫째, 최고의 근원적 선인 신적 본성의 인식과 관련해서, 둘째, 그 안에서 그리고 그것으로 도출된 최고선이 가능하다고 생각되는 세계의 본성에 대한 인식과 관련해서, 셋째, 이러한 궁극목적에 적합한 전진을 하기 위해 요구되는 자연 성질을 부여받은 한에서 인간 본성에 관한 인식과 관련해 이론적·독단적으로 확장하려는 형이상학의 모든 시도는 무용하다. — 나는 형이상학에서 라이프니츠와 볼프 시대가 끝날 때까지 행해졌던 모든 시도가 무용하다고 주장하며, 또한 동시에 미래에 행해질 수 있는 모든 시도도 필연적으로 실패할 것이라는 것은 이제 형이상학에서 이론적·독단적 방식으로는 그것의 궁극목적에 도달하는 어떤 구제책도 없으며 또한 이 영역에서 억측된 모든 인식은 초험적이라서 완전히 공허한 것이라는 사실을 증명할 것이다.

초험 신학 A 124

형이상학에서 이성은 모든 사물의 원천, 즉 근원존재자 그리고 그 근원존재자의 내적 성질에 대해 개념을 형성하고자 하며, 또한 주관적으로는 사물성 전반의 근원개념, 즉 그것의 개념이 비존재를 표상하는 것과 구별하여 그것의 개념 자체가 존재를 표상하는 데에서 출발한다. 그런데 다만 이성은 이 근원존재자에게서 무제약적인 것을 생각하려고 이 근원존재자를 실재성의 전체를 포함하는 가장 실재

적인 존재자로 표상하고 근원존재자의 개념을 최고 존재자의 개념
XX 302 으로서 철저하게 규정한다. 이런 일은 다른 어떤 개념도 할 수 없는 것이며, 또한 이런 존재자의 가능성이 문제가 될 경우, 라이프니츠가 덧붙인 것처럼 이 가능성을 증명하기는 어렵지 않다. 왜냐하면 순전
A 125 한 긍정들인 실재성들은 서로 모순될 수 없으며, 그것의 개념이 자기 모순이 아니기에 사유 가능한 것, 즉 그것에 대한 개념이 가능한 모든 것은 또한 가능한 사물일 수도 있기 때문이다. 그럼에도 이 경우에 이성이 비판을 매개로 지도받는 경우에는 틀림없이 고개를 가로저을 수 있다.

만약 형이상학이 가령 개념들을 사물로, 그리고 사물들 혹은 오히려 사물들에 대한 명칭을 개념으로 간주하지 않아서 당치도 않은 말을 꾸며내 공허한 것으로 빠지지 않는다면, 그것은 형이상학을 위해서 유익한 것이다.

우리가 사물 일반에 관하여, 즉 존재론적으로 하나의 개념을 아프리오리하게 형성하고자 할 경우, 우리가 언제나 근원개념을 위해 가장 실재적인 존재자의 개념을 사유 안에서 기초로 삼는다는 것은 참이다. 말하자면 한 사물의 규정으로서 부정은 언제나 단지 파생된 표상이다. 사람들이 먼저 부정에 대립하는 실재성을 정립된 어떤 것으로 생각하지 않고는 부정을 지양으로 생각할 수 없으며, 또 이처럼
A 126 우리가 사유의 이런 주관적 조건을 사태 자체에서 가능성의 객관적 조건으로 만든다면, 모든 부정은 단지 실재성들의 총괄개념의 제한처럼 간주해야 하니 말이다. 따라서 사물들 자체의 가능성이라는 이 하나의 개념 이외에 모든 사물은 단지 이것[실재성들의 총괄개념]에서 파생된 것으로 간주되어야 한다.

어떻게 그랬는지 놀랍게도 형이상학이 순식간에 만들어낸 이러한 일자[27]는 최고의 형이상학적 선이다. 마치 대리석이 수없이 다양한

조각상을 만드는 재료이듯이, 이 형이상학적 선은 모든 다른 가능한
사물을 산출하는 재료를 포함하는데, 이러한 산출은 단지 제한으로
만 (전체의 특정부분에서 나머지 것을 분리함으로써 오직 부정으로만)
가능하며, 또한 이렇게 해서 우주 전체를 침투하여 비추는 빛 속 그
림자처럼 악은 단지 사물들의 형식적인 것으로서 세계 내의 선과 구
별된다. 그리고 세계존재자들은 그것들이 단지 부분들이어서 전체
를 형성하지 못할 뿐만 아니라, 또한 단지 부분적으로만 실재하며 부 A 127
분적으로는 부정적이기 때문에 악하다. 이런 방식으로 세계를 주조
할 경우, 이러한 형이상학적 신(가장 실재적인 것)은 그럼에도 현존하
는 존재자들의 전체인 세계와 (스피노자주의[28]에 반대하는 모든 항
의에도) 동일한 것이라는 점에서 의혹을 받게 된다.

그러나 모든 이러한 비난은 제쳐두고 이제 그런 존재자의 현존에
대한 이른바 증명들을—그렇기 때문에 이 증명들은 존재론적 증명
들로 일컬어질 수 있다—검토해보자.

여기서 증명들은 오직 두 가지이며, 그 이상의 증명이 더 있을 수 XX 303
는 없다.—우리는 가장 실재적인 존재자 개념에서 그런 존재자의
현존을 추론하든가 또는 어떤 사물의 필연적 현존에서 우리가 그 사
물에 대해 형성해야 하는 규정된 개념을 추론할 수 있다.

첫째 증명[29]은 다음과 같이 추론한다. 형이상학적으로 가장 완전
한 존재자는 필연적으로 실존해야만 한다. 왜냐하면 그런 존재자가
실존하지 않는다면, 그 존재자에게는 하나의 완전성이, 다시 말해 실 A 128
존이 빠져 있을 것이기 때문이다.

둘째 증명[30]은 정반대로 추론한다. 필연적 존재자로서 실존하는
존재자는 모든 완전성을 가져야 한다. 왜냐하면 만일 이 존재자가 모
든 완전성(실재성)을 자신 안에 가지고 있지 않다면, 그 존재자는 자
신의 개념에 따라 아프리오리하게 철저히 규정된 것으로, 즉 필연적

인 존재자로 생각될 수 없기 때문이다.

첫째 증명의 근거 없음. — 이러한 증명에서 현존은 한 사물의 개념을 넘어 이 사물에 덧붙인 특수한 규정으로서 생각된다. — 현존이란 순전히 사물을 사물의 모든 규정과 함께 정립하는 것이기 때문이다. 이렇게 정립함으로써 이 개념은 전혀 확장되지 않는다. — 이러한 증명의 무근거성은 내가 주장하듯 너무 명확해서 사람들은 형이상학자들이 지지할 수 없다고 이미 포기한 것처럼 보이는 이 증명에 머물러서는 안 된다.

A 129 둘째 증명의 추론은 인식의 확장을 순전히 아프리오리한 개념으로 시도하지 않고, 오히려 어떤 것이 실존한다는 경험 일반이라 할지라도 경험을 토대로 둔다. 또 이것에서 모든 실존은 필연적이거나 우연적이어야 하지만, 후자의[우연적] 실존은 언제나 우연적이지 않은, 즉 필연적 존재자에서만 완전한 근거를 가질 수 있는 원인을 전제하므로 전자의 필연적 본성을 지닌 어떤 존재자가 실존한다고 추론한다는 점에서 더 그럴듯하다.

우리가 사물의 실존 필연성을 일반적으로 모든 필연성과 마찬가지로, 사물의 실존을 개념들에서 아프리오리하게 이끌어냄으로써만 인식할 수 있지만, 실존하는 어떤 것에 대한 개념은 철저히 규정된 사물에 대한 개념이므로 필연적 존재자에 대한 개념은 동시적으로 A 130 이 사물의 철저한 규정을 포함하는 개념이 된다. 그렇지만 우리는 그와 같은 것을 오직 유일한 개념, 즉 가장 실재적인 존재자의 개념으로 갖는다. 따라서 필연적 존재자는 근거이든 총체이든 간에 모든 실재성을 포함하는 존재자다.

이것은 뒷문에서 이루어진 형이상학의 진보다. 형이상학은 아프리오리하게 증명하고자 하면서도 경험적 자료를 토대에 둔다. 마치 XX 304 아르키메데스가 지구 바깥의 확고한 하나의 점(그러나 이 경우에 그 역시 지구에 있다)을 사용한 것처럼, 형이상학은 자신의 지렛대를 설치하려고, 그리고 인식을 초감성적인 것으로 들어올리기 위해 이런 경험적 자료를 사용한다.

그러나 '어떤 것이 전적으로 필연적으로 실존한다'라는 명제를 승인한다 할지라도, 우리는 이처럼 존재하는 어떤 사물에 대한 개념을 전혀 형성할 수 없다. 따라서 이 사물을 그 자체로 이 사물이 지닌 본성에 의거하여 결코 규정할 수 없다는 것이 그만큼 확실하다면(왜냐하면 필연성이라는 개념과 동일한 술어들인, 예를 들어 불변성, 영원성 A 131
그리고 또한 실체의 단순성과 같은 분석적 술어들은 규정들이 아니며, 따라서 그런 존재자의 통일성 역시 증명될 수 없기 때문이다), ―내가 주장하듯이 이런 존재자에 대한 개념을 형성하려는 시도가 이처럼 잘되지 않는다면, 이 형이상학적인 신에 대한 개념은 언제나 공허한 개념으로 남는다.

그런데 내가 어떤 존재자를 실재성 전체로 가정한다고 전제하더라도, 만약 내가 그 존재자를 사유 속에서 제거할 경우, 모순이 생겨나게 되는 본성을 지닌 존재에 대한 개념을 규정적으로 지시하는 것은 전적으로 불가능하다. 왜냐하면 내가 어떤 판단에서 술어를 제거하지만, 그럼에도 주어개념 안에 주어와 동일한 하나의 술어를 간직할 경우에는 판단에서 모순이 발생하지만 만약 내가 그 사물을 그것의 모든 술어와 함께 제거한다면, 예를 들어 가장 실재적인 존재자가 없다고 주장한다면, 결코 모순이 발생하지 않기 때문이다.

그러므로 우리는 그 자체로 절대적으로 필연적인 사물에 대해 어 A 132
떤 개념도 형성할 수 없다. (그 근거는 그것이 순전한 양상개념이라는 점이다. 이 양상개념은 사물의 성질이 아니라 사물에 대한 표상을 인식능력과 결합함으로써 객관과 관계를 포함한다.) 따라서 우리는 그 사물의 전제된 실존에서 그 사물에 대한 우리 인식을 그것의 필연적 실존의 표상 너머로까지 확장해 한 종류의 신학을 정초할 수 있는 규정을 조금도 추론할 수 없다.

그러므로 몇몇 사람이 이른바 우주론적이라고 부르지만, 그럼에도 선험적인 증명(이 증명은 실존하는 세계를 가정하기 때문에)은 세계의 특성에서 아무것도 추론하지 않고, 오히려 단지 하나의 필연
A 133 적 존재자의 가정에서, 즉 아프리오리한 순수한 이성개념에서 추론하는 것이므로 앞의 증명처럼 존재론에 속할 수 있으며 허사가 되고 만다.

XX 305 라이프니츠와 볼프 시대 이후 형이상학의 초감성적인 것으로 이행

자연의 제약된 모든 것에 대한 최상의 조건으로 자연의 토대가 되는, 다시 말해서 이론에서 토대가 되는 초감성적인 것으로 형이상학이 이행하는 첫 단계는 신학으로, 즉 신에 대한 인식으로 이행하는 단계다. 비록 세계와는 본질적으로 구별되는 모든 사물의 근원 근거인 지성적 존재자라는 개념과 신의 개념과 유비에 따른 것일지라도, 이러한 이론 자체는 이론적·독단적 의도에서가 아니라 실천적·독단적 의도에서, 따라서 주관적·도덕적 의도에서 이성에서 나온다. 다시 말하면 도덕성을 그 도덕성의 법칙들에 의거하여, 또한 그 도덕
A 134 성의 궁극목적에 의거하여 정초하려는 것이 아니다. 도덕성은 여기서 오히려 그 자체로 존립하는 것으로서 토대에 놓여 있다. 객관적이며 이론적으로 고찰할 경우, 우리 능력을 넘어서는, 세계 내에서 가능한 최고선이라는 이념에 우리 능력과 관계 속에서, 따라서 실천적 의도에서 실재성을 부여하기 위해서다. 이렇게 하려면 그런 존재를 사유할 수 있는 순전한 가능성만으로도 충분하지만 또한 동시에 이런 초감성적인 것으로 이행하는 것은, 즉 초감성적인 것을 인식하는

것은 단지 실천적·독단적인 관점에서만 가능하게 된다.

이것은 도덕적 존재자인 신의 현존을 인간의 이성을 위해서 이성이 도덕적·실천적인 한에서, 다시 말해 신의 현존을 가정하기 위해서 충분히 증명해주는 논증이다. 그리고 초감성적인 것으로 실천적·독단적인 이행으로서 초감성적인 것의 이론을 정초하는 논증이다. 따라서 본래 신의 현존에 대한 오롯한 증명이 아니라 단지 어떤 특정한 관점에서, 즉 도덕적 인간이 가지고 있으며 또 가지고 있어야만 하 A 135
는 궁극목적과 관계해서, 다시 말해 단지 신의 현존을 가정하는 합리성과 관계해서 신의 현존을 증명하는 것인데, 이 경우 인간은 도덕적 원리들에 의거하여 그가 스스로 만든 이념에, 마치 그가 이념을 현존하는 대상에서 이끌어낸 것처럼, 그의 결정에 영향을 미치는 것을 허용할 수 있는 권한이 있다.

물론 이런 방식의 신학은 도달 불가능한 신적 본성에 관한 인식인 신지학[31]은 아니지만, 그럼에도 우리가 단지 우리 안에서 궁극목적을 위해 불충분하다고 생각하며 그래서 다른 존재자에서, 즉 우리를 넘어선 최고 존재자에서 가정하는 우리 의지의 탐구 불가능한 규정 근거를 인식하는 것이다. 이것은 실천이성이 우리 의지에 지시하는 것을 따르기 위해 초감성적인 본성에 관한 이념에 따라 이론에는 여전히 결핍되어 있는 보완물을 우리 의지에 제공하려는 것이다.

따라서 도덕적 논증은 이성적 세계존재자 일반으로서 인간을 위 XX 306
해 타당한 것으로 인간에 의거한 논증이라 할 수 있으며, 단지 이런 A 136
저런 사람의 우연히 가정된 사유방식에 대해서만 타당한 것은 아니고 인간이 알 수 있는 것 이상의 것을 확실하다고 주장하는 참에 의거한 이론적·독단적 논증과는 구별되어야 한다.

A 137 ## Ⅱ. 라이프니츠와 볼프 시대에 도덕적 신학에서 억측된 이론적·독단적 진보

고려되는 철학에서 이 단계의 형이상학의 진보를 위한 특별한 분과는 물론 없다. 오히려 이 단계는 창조의 궁극목적에 대한 장에서 신학에 속하지만, 이 단계는 그럼에도 이 궁극목적이 신의 영광이라는 주어진 설명 안에 포함되어 있는데, 이런 해명을 거쳐 현실적 세계에 그런 목적연결이 존재한다는 것 이외에 다른 어떤 것도 이해될 수 없다. 이 목적연결이라는 것은 전체적으로 보면 세계에서 가능한
A 138 최고의 선을, 따라서 세계의 현존하는 목적론적 최상의 조건을 포함하고, 또한 도덕적 창시자인 신성에 적합하다.

그런데 세계의 완전성의 전체 조건은 아니라도 최상의 조건은 이성적 존재자의 도덕성이다. 이 이성적 존재자의 도덕성은 결국 자유개념에 의거한다. 이 존재자는 도덕적으로 선할 수 있으려면 다시금 스스로 무제약적 자발성인 이 자유를 의식해야 한다. 그러나 이런 전제하에서 이성적 존재자들을 창조해서, 즉 다른 존재자의 의지로 생겨난 존재자로서 이론적으로 그들의 합목적성에 따라 인식하는 것은 전적으로 불가능하다. 이는 마치 우리가 이성이 없는 자연적 존재자들에게 있는 합목적성을 세계와 구별되는 원인에 귀속할 수 있으며, 따라서 이 존재자들을 자연적·목적론적 완전성을 무한히 다양하게 가지고 있는 것으로 표상할 수 있지만, 이와 달리 근원적으로 인간 자체에 근거를 두어야 하는 도덕적·목적론적 완전성은 결과일 수
A 139 없으며, 따라서 또 다른 존재자가 감히 성취할 수 있는 목적일 수도 없는 것과 같다.

인간은 이론적·독단적인 관점에서는 그가 추구해야 하지만 자신
XX 307 이 전혀 마음대로 할 수 없는 궁극목적의 가능성을 전혀 이해하지 못

한다. 왜냐하면 만약 그가 그런 목적론의 자연적인 것과 연관해서 궁극목적의 촉진을 토대로 둘 경우 그는 이 궁극목적 안에서 가장 고귀한 것인 도덕성을 제거하기 때문이다. 그렇지만 인간은 그것 안에 그가 궁극목적을 정립한 모든 것을 도덕성에서 근거 짓는데, 이 경우 그가 인간의 궁극목적인 최고선 개념에서 분리될 수 없는 자연적인 것과 결합되어 있음에도 궁극목적을 현시할 수 없는 무능력을 보완해줄 것이 없음을 한탄한다 해도, 인간에게는 세계의 완전성이라는 이런 이상으로 이행하기 위한 실천적·독단적 원리는 여전히 남겨져 있다. 다시 말하면 현상으로서 세계의 진행이 완전성을 향한 전진을 훼방하는 반대에도, 객관 자체인 이 세계 안에는 인간에게는 파악 A 140
불가능한 자연의 질서에 의거하여 인간의 실천이성의 초감성적 목적인 궁극목적, 즉 최고선을 향해 나아가는 도덕적·목적론적 결합을 가정할 수 있는 원리는 남아 있다.

세계가 대체로 언제나 더 나은 상태로 진보한다는 것을 가정할 자격을 인간에게 주는 것은 이론이 아니라 명백히 순수한 실천이성이다. 이 순수한 실천이성은 이런 가설에 따라 행동하라고 독단적으로 명령하며, 또한 그렇게 이러한 원리에 따라 하나의 이론을 형성한다. 인간은 이런 의도에서 이 이론에 사유 가능성 이상의 것을 부가할 수 없는데, 이러한 것은 이상적인 것의 객관적 실재성을 입증하는 이론적 관점에서는 어디까지나 불충분하지만, 도덕적·실천적 관점에서는 이성을 충분히 만족시킨다.

그러므로 이론적 관점에서, 다시 말해 우리가 사는 세계의 초감성 A 141
적인 것(지성적 세계), 즉 파생된 최고선을 향한 이성의 전진은 불가능하지만, 여기 지상에서 인간의 품행을 마치 천상의 품행처럼 나타내려면 실천적 관점에서는 현실적이다. 다시 말해 우리는 자연론적 목적론과 유비에 따라 — 자연은 이 자연론적 목적론을 우리에게 지각하도록 해준다—(또한 이런 지각에서 독립해) 아프리오리하게 이 세계를 도덕적 목적론의 대상과, 즉 자유 법칙에 따른 모든 사물의 궁극목적과 일치하도록 규정된 것으로 가정할 수 있고 가정해야 한다. 이렇게 가정하는 것은 최고선의 이념을 추구하기 위해서다. 이 최고선은 도덕적 산물로서 인간 자체를 창조자로서 (이 도덕적 산물이 인간의 능력 안에 있는 한) 요구하는 것이다. 최고선의 가능성은 어떤 외적 창조자를 기반으로 한 창조로든, 이론적 관점에서 그런 목적
A 142 에 적합한 인간 본성의 능력을 통찰해서든, 라이프니츠와 볼프의 철
XX 308 학이 억지 주장한 것처럼, 이론적 관점에서는 타당한 개념이 아니라 한도를 넘어선 개념이지만, 실천적·독단적 관점에서는 하나의 실재적인 그리고 우리 의무를 위해 실천이성에 따라 승인된 개념이다.

A 143

Ⅲ. 라이프니츠와 볼프 시대에 심리학에서 억측된 형이상학의 이론적·독단적 진보

심리학은 인간의 통찰들에서, 인간이 내감의 대상으로서 자신을 아는 한에서 조건에 제한된 인간학, 즉 인간에 대한 지식 이상의 것이 아니며 또한 그 이상의 것일 수도 없다. 인간은 자기 자신을 자신의 외감 대상으로 의식한다. 다시 말해 인간은 인간의 영혼이라고 일컬어지는 내감의 대상과 결합된 육체를 갖는다.

인간이 전적으로 순전히 육체만이 아니라는 사실은 이러한 현상
A 144 이 사태 자체로 고찰될 경우 엄밀하게 증명된다. 왜냐하면 모든 인식(따라서 또한 자기 자신에 대한 인식)에서 필연적으로 마주쳐야 하는 의식의 통일이, 다수 주체 사이에서 분리된 표상들이 사유의 통일을 이뤄야 하는 것을 불가능하게 만들기 때문이다. 그러므로 유물론은 우리 영혼의 본성에 대한 설명 원리로 사용될 수 없다.

그러나 우리가 육체뿐만 아니라 영혼도 현상들로 간주하고 — 이 둘 모두 감관의 대상이므로 현상들로 간주하는 것이 불가능하지 않다 — 모든 현상에 토대로 놓여 있는 지성체, 즉 사물 자체인 외적 대상이 아마도 단순한 존재자일 수도 있다는 것을 숙고한다면….[**32)]

그러나 이런 어려움을 간과할 경우, 즉 영혼과 육체가 종류에서 상
이한 두 실체로서 — 이 실체들의 상호성이 인간을 형성한다 — 가정 A 145
된다면 모든 철학에서, 특히 형이상학에서 영혼이 무엇을 그리고 얼마나 많이 그리고 육체 자체가 무엇을 혹은 얼마나 많이 내감의 표상들을 위해 기여하는지, 그뿐만 아니라 만약 하나의 실체가 다른 하나의 실체에서 분리될 경우, 그 영혼이 모든 종류의 표상을 (직관, 지각 그리고 사유) 전적으로 상실하는 것은 아닌지를 발견하는 것은 불가능한 채 남아 있다.

그러므로 인간의 물질이 흩어져버리는 인간의 죽음 이후에도 영 XX 309
혼이, 비록 그 영혼의 실체가 남아 있다 할지라도 계속 살 수 있는지, 즉 계속 사유하고 의욕할 수 있는지, 다시 말해 영혼이 정신인지(사람들은 이 영혼이라는 개념을 육체 없이 자기 자신과 자신의 표상들을 의식할 수 있는 존재자로 이해한다) 아닌지를 전혀 알 수 없다.

라이프니츠와 볼프의 형이상학은 물론 이에 대해서 이론적·독단
적으로 우리에게 많을 것을 증명해 보여주었지만, 즉 영혼의 내세 삶 A 146
뿐만 아니라 인간의 죽음으로 영혼의 생명을 잃어버리는 것이 불가능함을, 즉 영혼의 불멸성을 증명했다고 사칭했지만 아무도 확신시키지는 못했다. 오히려 그런 증명이 전적으로 불가능하다는 것은 아프리오리하게 알게 된다. 왜냐하면 우리가 우리 자신을 알게 하는 것은 오직 내적 경험뿐이며, 모든 경험은 오직 생명 안에서만, 즉 영혼과 육체가 여전히 결합했을 경우에만 이뤄지므로 우리가 죽음 이후 무엇일 수 있으며 무엇을 할 수 있을지 전혀 알 수 없고, 육체에서 분

리된 영혼의 본성은 전혀 인식할 수 없기 때문이다. 그러므로 우리는 아직 살아 있는 동안 감히 영혼을 육체 바깥에 옮겨놓으려고 시도해야 할 테지만, 이런 시도는 누군가가 눈을 감은 채 거울 앞에 서서
A 147 '그가 그렇게 해서 무엇을 하려고 하는가?'라는 질문에 '나는 내가 잘 때 내가 어떻게 보이는지를 알고 싶을 뿐이다'라고 대답하는 것과 비슷한 시도가 될 것이다.

그렇지만 도덕적 관점에서 사후에 (이승에서 삶을 마친 뒤에) 인간의 생명을 영원한 것으로, 즉 영혼의 불멸성을 가정할 충분한 근거가 우리에게 있다. 그리고 이 이론은 초감성적인 것으로 실천적·독단적으로 이행하는 것이다. 이 초감성적인 것은 한갓 이념으로 경험의 대상도 될 수 없지만, 그럼에도 객관적이지만 단지 실천적 관점에서만 타당한 실재성을 갖는다. 궁극목적인 최고선을 향한 끊임없는 노력은 이런 노력의 무한성과 비례하는 영속성을 가정하도록 유발하고 또한 이론적 증명에서 결여된 것을 눈에 띄지 않게 보충해서 형이상학자는 자신의 이론이 불충분하다는 사실을 느끼지 못하게 된다. 왜냐하면 이 도덕적 영향이 형이상학자로 하여금 그 사물의 본성에서
A 148 거짓되게 이끌어낸 인식의 결함을—이 경우 이런 인식은 불가능하다—남모르게 알아차리지 못하게 하기 때문이다.

* * *

이것이 형이상학의 진정한 궁극목적을 형성하는 초감성적인 것으로 형이상학이 이행한 세 단계다. 사변과 이론 인식의 길에서 이 목
XX 310 적에 도달하려고 형이상학이 오래전부터 기울인 노력은 헛된 것이었으며, 이 학문은 다나오스 딸들의 구멍 뚫린 항아리[33)]가 되었다. 도덕적 법칙들이 인간 안의 초감성적인 자유를—어떤 이성도 자유

의 가능성을 설명할 순 없지만 실천적·독단적인 이론들에서는 자유의 실재성을 증명할 수 있다—밝혀낸 다음에야 이성은 초감성적인 것에 대한 정당한 인식을 요구하게 되었지만, 그러나 어디까지나 그것의 사용을 후자 관점[실천적 관점]에 제한해서 요구하게 되었다. 이 경우에 순수한 실천적 이성의 확실한 구조가 드러나게 된다. 첫째 A 149
로 세계 창조주인 보편적 입법의 주체, 둘째로 세계존재자들에게 적합한 궁극목적인 세계존재자들의 의지의 객관, 셋째로 세계존재자들의 상태.—이러한 상태 안에서 세계존재자들은 이런 궁극목적에 도달할 수 있고 실천적 의도에서 스스로 형성된 이념들이지만 이 이념들은 어떤 경우든 이론적 의도에서 제시되어서는 안 된다. 그렇지 않을 경우 신학에서 신지학을, 도덕적 목적론에서 신비론을, 심리학에서 정령학을 만들 것이며, 그렇게 해서 우리가 실천적 의도에서 인식하기 위해서 사용할 수도 있을 사물들을 한도를 넘어선 것으로 잘못 옮겨놓게 된다. 이런 경우 그 사물들은 우리 이성에 전혀 도달할 수 없으며 도달할 수 없는 것으로 남아 있다.

형이상학은 이 경우 그 자체로 순수 이성 비판이 완성된 이후에야 건설될 수 있으며 건설되어야 하는 체계로서 학문의 이념일 뿐이다. 이제 이 체계를 위해서 건축 재료는 설계도와 함께 존재한다. 즉 이 체계는 순수 논리학과 마찬가지로 확장할 필요도 없고 확장할 수도 A 150
없는 전체다. 만약 여기서 거처를 찾는 데 결코 게을리하지 않을 거미와 숲의 정령이 이곳에 둥지를 틀어 이성이 거주할 수 없도록 만든다면, 끊임없이 거주되어야 하며 수리되어 보존되어야 할 전체다.

이 건물은 그다지 광대하지는 않지만 명료함을 손상시키지 않는 정밀함에서 생겨나는 우아함이 있으므로 이 우아함을 영원히 변치 않게 하려고 다양한 기술자의 시도와 판단의 통일이 필요하지 않으며, 따라서 형이상학의 진보들을 단지 열거할 뿐만 아니라 형이상학이 거쳐 온 단계를 측정하라는 왕립학술원의 과제는 최근 비판의 시대에 완전히 해결되었다고 할 수 있겠다.

A 151; XX 311 전체를 개관하기 위한 부록

만일 어떤 체계가 다음과 같은 특성을 가진다면, 즉 첫째로 그 체계 속의 각각 원칙이 그 자체로 증명될 수 있으며, 둘째로 만약 누군가가 그 체계의 정당성을 우려할 경우, 순전한 가설들인 체계가 귀결들인 그 체계의 나머지 모든 원칙으로 불가피하게 끌고 간다면, 그 체계의 진리를 인정하려고 요구할 것이 더는 없다.

그런데 이성 비판이 형이상학의 모든 걸음을 세심하게 주시하고 그 걸음들이 결국 어디로 나아갈지 고려해본다면, 형이상학은 실제로 이런 상태에 있다. 구체적으로 말해 두 지도리가 있는데, 그 주위
A 152 를 형이상학이 돌고 있다. 첫째는 공간과 시간의 관념성에 관한 이론이다. 이 이론은 이론적 원리들에 관계할 경우 초감성적이지만 우리에게는 불가지의 것을 단지 지시할 뿐이다. 그런데도 이 이론이 감각능력의 대상들에 대한 아프리오리한 인식과 관련된 목표로 나아가는 길에서는 이론적·독단적이다. 둘째로 인식 가능한 초감성적인 것에 대한 개념인 자유개념의 실재성에 관한 이론이다. 여기서 형이상학은 여전히 단지 실천적·독단적이다. 그러나 이 두 지도리는 말하자면 서로 종속된 모든 조건의 총체성에서 무제약적인 것에 관한 이성개념이라는 기둥에 깊이 박혀 있는데, 여기서 현상들을 사물들 자체로 혼동함으로써 순수 이성의 이율배반을 야기하고 또한 이러한 변증론에서 감성적인 것에서 초감성적인 것으로 이행하도록 유도하는 가상이 제거되어야 한다.

부록 A 153; XX 313

No. Ⅰ. 셋째 자필원고에 따른 이 논문의 시작 A 155; XX 315

서론

왕립학술원의 과제는 자체 내에 다음과 같은 두 가지 물음을 암암리에 포함한다.

Ⅰ. 형이상학이 오래전부터 라이프니츠와 볼프 시대 직후까지 형이상학의 진정한 목적과 실존의 근거를 형성하는 것에 관해 볼 때, 도대체 한 걸음이라도 진전했는가? 왜냐하면 이런 일이 일어났을 경우에만 우리는 형이상학이 특정 시기 이후에 이뤘을 수도 있는 더 나아간 진보들에 대해 물을 수 있기 때문이다.

둘째 물음은 '이른바 형이상학의 진보가 실질적이었는가?'이다. A 156

사람들이 형이상학이라 부르는 것(나는 아직 형이상학에 대한 특정한 정의를 자제한다)은 그 명칭이 발견된 이후에 어떤 시대든 당연히 무엇인가 소유물을 가지고 있었음이 틀림없다. 그러나 사람들이 형이상학의 작업에서 얻고자 했던 소유물은 형이상학의 목적을 형성하는 것이지, 사람들이 이 형이상학의 목적을 위해 끌어 모은 수단의 소유가 아닌데, 이제 학술원이 이 학문이 실제적으로 진보했는지를 물었을 때 요구되는 것은 이 소유물에 대한 해명이다.

형이상학의 한 부분(존재론)에서 형이상학은 인간 인식의 아프리오리한 인식의 요소들을, 즉 개념들뿐만 아니라 원칙들의 요소들을 포함하며, 형이상학의 의도에 따라서도 이런 것들을 포함해야 한다. 그러나 예를 들면 원인의 개념과 모든 변화가 원인과 맺는 관계에 대
XX 316 한 원칙처럼 개념들과 원칙들은 거의 대부분 가능한 경험의 대상들에서 사용된다. 가능한 경험의 대상들에 적용된다. 그러나 어떤 형이상학도 그런 경험적 대상들을 인식하기 위해 기획된 적이 없으며, 형이상학에서 저 원리들을 어렵게 솎아내지만 그럼에도 이 원리들은 자주 불운하게도 아프리오리한 근거들에서 증명된다. 그래서 만약 우리가 매우 자주 경험을 수행할 때마다 이 원리들에 따른 지성의 피할 수 없는 수행방식과 이러한 경험을 통한 연속적 확증이 최선을 행하지 못한다면, 이성증명에 따라 이 원리를 확신시킬 수 있으리라 전망하기 어려웠다. 우리는 물리학에서 (가장 일반적 의미에서 볼 때, 사람들은 물리학을 모든 가능한 경험의 모든 대상에 대한 이성인식의 학문으로 이해한다) 언제나 이런 원리들을 마치 (물리학의) 범위에 함께 속한 것처럼 사용해왔지만, 그러면서도 그 원리들이 아프리오
A 158 리한 원리들이라는 이유로, 이 원리들을 분리해내 이 원리들을 위한 특수한 학문을 설립하지는 않았다. 왜냐하면 우리가 이 원리들과 함께 가지고 있던 목적은 단지 경험 대상들에 관계하는 것이었으며, 또한 경험 대상들과 관계 속에서만 이 원리들이 우리에게 이해될 수 있었지만, 이런 일은 형이상학의 진정한 목적이 아니기 때문이다. 따라서 만일 이런 경우에 이성이 더 고차의 관심을 — 경험 대상들에 대한 우리의 아프리오리한 인식에 토대가 되는 모든 기본개념과 원칙의 체계적 결합과 발견은 단지 이 고차적 관심을 위한 준비였을 뿐이

다—자기 자신에게서 발견하지 않았다면, 이성의 이런 사용을 목적으로 삼을 경우 분리된 학문으로 형이상학은 계획되지 않았을지도 모른다.

이 학문의 오래된 명칭인 μετὰ τὰ φυσικά[34]는 학문으로 의도되었던 인식의 유형을 이미 제시해준다. 사람들은 이런 인식을 매개로 하여 절대적으로 가능한 경험의 대상일 수 없는 것을 가능하다면 인식하려고 가능한 경험의 모든 대상을 넘어(자연적인 것을 넘어)가고자 A 159
한다. 따라서 이런 종류의 학문을 얻고자 노력하는 근거를 포함하는 의도에 의거하여 이 형이상학을 정의하면, 형이상학은 감성적인 것에 대한 인식에서 초감성적인 것에 대한 인식으로 전진하는 학문이다. (다시 말하면 여기서 나는 감성적인 것으로 다만 경험의 대상일 수 있는 것만 이해한다. 모든 감성적인 것은 다만 현상이고 표상 자체의 객관이 아니라는 것은 나중에 증명될 것이다.) 그런데 이런 일은 경험적인 인식 근거들에 의거하여 이루어질 수 없으므로 형이상학은 아프리오리한 원리들을 포함하게 될 것이다. 비록 수학도 또한 이런 아프리오리한 원리들을 갖지만 그럼에도 이 원리들은 언제나 가능한 감성적 직관의 대상들에 관계하며 이런 수학을 가지고 우리는 초감성적인 것으로 나아갈 수는 없다. 그래서 형이상학이 (개념들을 구성함 A 160; XX 317
이 없이) 아프리오리한 개념에서 나온 이성인식 전체인 철학적 학문이라는 특징을 가진다는 점에서 수학과 구별된다. 결국 감성적인 것의 경계를 넘어서는 인식의 확장을 위해서는 먼저 감성적인 것에도 적용되는 모든 아프리오리한 원리에 대한 완벽한 지식이 요구되므로 우리가 형이상학을 그 목적에 의거해서가 아니라 오히려 아프리오리한 원리들에 따라 인식 일반에 도달하려는 수단에 의거하여, 즉 형이상학의 수행방식의 순전한 형식에 의거하여 설명하고자 한다면, 형이상학은 개념들을 통한 사물들에 대한 모든 순수한 이성인식의 체계로 정의되어야 한다.

그런데 라이프니츠와 볼프 시대를 포함하여 이 시기에 이르기까
A 161 지 형이상학은 자신의 본질적 목적과 관련해볼 때 조금도 획득한 것이 없으며, 초감성적인 객관에 대한 순전한 개념조차 획득한 적이 한 번도 없다는 점이 매우 확실하게 입증될 수 있다. 그랬다면 그들은 동시에 이런 개념의 실재성을 이론적으로 증명할 수 있었을 것이며, 이런 일은 초감성적인 것을 향한 최소한의 가능한 전진이 되었을 수도 있었겠지만, 이 경우에도 모든 가능한 경험을 넘어 정립된 이런 객관에 대한 인식은 여전히 결여되어 있을 것이다. 그리고 또한 비록 선험철학이 경험 대상들에만 타당한 선험적 개념들과 관련해 여기저기서 어느 정도 확장을 획득한 것이 있다 하더라도, 이러한 확장이 형이상학으로부터 의도된 확장은 아니므로 우리는 이 학문이 이 시기에 이르기까지 자신의 고유한 사명을 향해 조금도 전진하지 못했다고 정당하게 주장할 수 있다.

따라서 우리는 형이상학의 어떤 진보가 요구되는지, 그리고 형이상학이 진정으로 문제 삼는 것이 무엇인지를 알고 있다. 그리고 우리는 아프리오리한 인식을—이 인식의 해명은 이 학문의 수단으로만
A 162 사용될 따름이지 이 학문의 목적을 형성하지는 않는다—다시 말하면 아프리오리하게 근거 지어졌지만 그 인식의 개념들을 위한 대상들을 경험에서 발견할 수 있는 아프리오리한 인식을 이 학문의 목적을 형성하는 인식과 구별할 수 있다. 다시 말해 이러한[목적을 형성하는] 인식의 객관은 모든 경험의 경계들을 넘어서 있으며 또한 형이상학은 전자의 인식에서 출발하여 후자의 인식으로 전진하는 것이 아닐 뿐만 아니라, 후자의 인식은 전자의 인식과 엄청난 간극으로 분리되어 있으므로 오히려 후자의 인식으로 넘어가고자 한다. 아리스토텔레스는 자신의 범주들을 가지고 단지 전자[경험 안에서만 발견한

수 있는 것]의 인식에 머물러 있었지만, 플라톤은 자신의 이데아들을 가지고 후자[경험의 경계 너머에 놓여 있는 것]의 인식으로 나아가고자 했다. 그러나 형이상학이 내용으로 삼는 재료에 대해 우선 설명한 이후에 형식이 또한—이 형식에 따라서 형이상학을 수행해야 한다—고찰되어야만 한다.

다시 말해 왕립학술원의 과제에 암암리에 포함되어 있는 둘째 요구는 우리가 형이상학이 이뤘다고 자부할 수 있는 진보들이 실질적이라는 것을 증명하기를 원한다. 이 영역에서 이른바 수없이 많은 거짓된 정복자가 이 둘째 요구를 파악하고 고려하고자 한다면, 이것은 이들을 난처하게 만들 어려운 요구다. XX 318 A 163

경험에서 그 대상들을 발견할 수 있는 모든 아프리오리한 인식의 기본개념들의 실재성과 또한 마찬가지로 이 대상들을 이런 기본개념들 아래로 포섭하도록 해주는 원칙들에 관해 보면 비록 우리가 이 개념들이 경험에서 도출되지 않고, 즉 아프리오리하게 순수 지성에서 이 개념들의 근원을 어떻게 가질 수 있는지 그 가능성을 통찰할 수 없다 하더라도, 경험 자체가 기본개념들의 실재성을 증명하려고 사용될 수는 있다. 예를 들면 실체개념과 모든 변화에도 실체는 지속하며, 단지 우연적 속성들만이 생성하거나 소멸한다는 원칙이 그런 것이다. 물리학자는 형이상학의 이러한 발견음이 실질적인 것이지 순진히 상상된 것은 아니라는 점을 주저 없이 인정한다. 왜냐하면 그는 이 실체의 개념이 어떤 하나의 경험으로 결코 반박되지 않으리라 확신하면서, 이 개념을 경험에 따라 진행되는 모든 자연탐구에 매우 A 164
성공적으로 사용하기 때문이다. 그 이유는 물리학자가 이 개념이 어떻게 지성에서 아프리오리하게 발견될 수 있는지를 증명할 수 없다 하더라도, 경험이 이 개념을 결코 반박한 적이 없기 때문이 아니라 그런 경험을 수행하기 위해 이 개념이 물리학자에게는 없어서는 안

될 길잡이이기 때문이다.

그러나 형이상학이 본래 관계하는 것, 즉 가능한 경험의 영역을 넘어서는 것에 대한 개념을 위해서 그리고 또 이런 개념에 의거한 인식의 확장을 위해서, 요컨대 이러한 확장이 실제적인지에 대해 하나의 시금석을 발견하는 일에서, 대담한 형이상학자일지라도 그에게 제기된 이런 요구를 단지 이해하기만 해도 거의 절망할 것이다. 만약 그가 그의 개념을 넘어서 — 이 개념으로 그는 대상들을 단지 생각할 수 있지만, 어떤 가능한 경험으로도 증명할 수 없다 — 전진한다면 그리고 이런 사유가 단지 가능한 것이라면 — 그 개념에서 그가 자기모순을 범하지 않았다고 파악함으로써 그는 이런 사유에 도달
A 165 한다 — 그가 원하는 대로 대상들을 생각하더라도 그는 자신을 반박하는 어떤 경험도 만나지 않을 수 있다고 확신하기 때문이다. 왜냐하면 그는 하나의 대상, 예를 들면 정신을 절대로 경험 대상이 가질 수 없는 바로 그런 규정들을 가지고 생각했기 때문이다. 말하자면 어떤 하나의 경험도 이러한 그의 이념을 증명해주지 못한다는 사실이 그에게 조금도 장애가 될 수 없었다. 그는 모든 경험의 경계 밖에 사물을 정립하는 규정들을 바탕으로 사물을 생각하고자 했다. 따라서 그
XX 319 런 개념들은 전적으로 공허하고 그 결과 그런 개념들의 대상들을 실재적인 것으로서 가정하는 명제들은 완전히 잘못 생각된 것일 수 있다. 그럼에도 이런 오류를 발견할 어떤 시금석도 존재하지 않는다.

초감성적인 것에 대한 개념 자체에 이성이 그토록 관심을 갖고 있기에, 형이상학은 최소한 시도로나마 일반적으로 존재하며 항상 있어왔고 앞으로도 있게 될 텐데, 이런 개념조차 객관적 실재성을 갖는
A 166 지 아니면 순전한 상상에 불과한지는 동일한 이유에서 이론적인 방법으로는 어떤 시금석으로도 직접 결정되지 않는다. 왜냐하면 초감성적인 것의 개념 안에서 모순이 발견될 수 없지만, 존재하고 존재할

수 있는 모든 것이 가능한 경험의 대상은 아닌지, 따라서 도대체 초
감성적인 것에 관한 개념은 전적으로 공허한 것이 아닌지, 또한 감성
적인 것에서 초감성적인 것으로 이른바 전진한다는 것도 전혀 실질
적인 것으로 간주할 엄두도 내지 못하는 것은 아닌지는 우리가 이 개
념을 가지고 실행할 수 있을 어떤 시험으로도 직접 증명되지도 반박
되지도 않기 때문이다.

그러나 이런 구별을 행하기도 전에 형이상학은 단지 초감성적인
것만을 대상으로 가질 수 있는 이념들을 여전히 경험 대상들에만 적
합한 아프리오리한 개념들과 섞어버렸다. 왜냐하면 형이상학은 이
념들의 기원이 다른 아프리오리한 순수개념들과는 상이한 것일 수
도 있다는 것을 생각조차 하지 못했기 때문이다. 이렇게 해서 인간
이성의 오류 역사에서 특히 눈에 띄는 일이 일어났다. 즉 인간의 이 A 167
성은 자연의 사물들과 가능한 경험의 대상일 수 있는 것에 관해 (자
연과학뿐만 아니라 수학에서도) 매우 많은 양의 아프리오리한 인식을
획득할 능력을 가지고 있다고 느끼며, 또한 이런 진보의 실재성을 실
행해서 증명했기 때문에 왜 인간의 이성이 자신의 아프리오리한 개
념들을 가지고 경험의 대상들에 속하지 않는 사물들이나 사물들의
성질들로까지 안전하게 침투해 들어가는 것에 이성이 성공을 거둘
수 없는지를 예견할 수 없었다. 이성은 필히 두 영역에서 나온 개념
들을 같은 종류의 개념들로 간주했음이 틀림없다. 왜냐하면 이 개념
들은 그것들의 근원에서 실제로 동일한 종류인 한에서 이 두 개념은
우리 인식능력에서 아프리오리하게 근거 지어진 것이고 경험에서
얻어온 것이 아니어서 이런 개념들을 실제로 소유하며 확장할 수 있 A 168
다고 똑같이 기대하는 것도 정당한 것처럼 보이기 때문이다.

그러나 다른 특이한 현상이 이념들을 바탕으로 가능한 모든 경험
의 경계를 넘어서 확장되었다고 잘못 생각된 이성의 지식을 베개 삼

XX 320 아서 잠든 이성을 결국 깨웠다. 이 현상은 바로 다음 사실을 발견한 것이다. 즉 비록 가능한 경험의 경계 안으로 제한된 아프리오리한 명제들은 물론 잘 조화될 뿐만 아니라 아프리오리한 자연인식의 체계를 형성하지만, 이와 달리 경험의 경계를 넘어서는 이념들은 비록 이 이념들이 비슷한 근원을 갖는 것으로 보인다 할지라도, 한편으로는 이념들 자신과, 다른 한편으로는 자연인식을 지향하는 개념들과 모순에 이르게 되어 서로 상처를 입히게 됨으로써 이것에 따라 이론적 영역에서 이성에게서 모든 신뢰를 앗아가고 제한이 없는 회의주의를 끌어들이는 것처럼 보이게 된다.

이런 불행에 대항할 수단은 단지 다음 수단밖에 없다. 순수 이성
A 169 자체가, 즉 어떤 것을 아프리오리하게 인식하는 능력 일반이 정확하고 세심한 비판에 예속되고, 게다가 그렇게 해서 감성적인 것과 관련해 이성을 통한 인식의 실질적인 확장 가능성이 통찰되며, 초감성적인 것과 관련해서도 동일한 가능성이 통찰되는 것이다. 이것이 불가능하다면 인식의 확장에 설정된 경계가 통찰되고, 형이상학의 목적인 초감성적인 것이 문제가 되는 경우에는 너무 자주 기만적인 것으로 밝혀지는 직접적 증명들에 따라서가 아니라 아프리오리한 규정들에 대한 이성의 권리를 연역함으로써 이성이 가질 수 있는 소유물을 확보하는 것이다. 수학과 자연과학이 순수한 이성의 인식을 포함하는 한 그 학문들은 인간 이성 일반에 대한 비판을 필요로 하지 않는다. 왜냐하면 수학과 자연과학의 개념들은 그 개념들에 상응하는 대상들이 주어지는 정도만큼만 나아가므로 그 명제들의 진리의 시
A 170 금석은 그 명제들 자체에 놓여 있기 때문이다. 이에 반해 형이상학에서 이 개념들은 이러한 경계를 넘어서 전혀 개념에 적합하게 주어질 수 없거나 최소한 개념의 의도된 사용이 요구하는 정도로 개념에 적합하게 주어질 수 없는 대상들에까지 확장되어 사용되도록 정해져

있다.

논문 A 171; XX 321

형이상학은 전체적으로 완전하게 제시될 수 있는 유일한 학문이
어서 후손들이 추가하여 형이상학을 내용적으로 확장할 수 있는 어
떤 것도 남지 않는다는 점에서 모든 학문 중 매우 각별한 것으로 두
드러진다. 실제로 형이상학의 이념에서 동시에 절대적 전체가 체계
적으로 생겨나지 않는다면, 형이상학의 개념이 올바르게 파악되지
않았다고 생각될 수 있다. 그 이유는 형이상학의 가능성이 전체 순수
이성 능력의 비판을 전제하기 때문이다. 이 비판에서 이성 능력이 가
능한 경험의 대상과 관련하여 혹은 (결과로 드러나게 될 것처럼) 똑같 A 172
겠지만, 경험 일반을 가능하게 하는 아프리오리한 원리들과 관련하
여, 따라서 감성적인 것을 인식하기 위해 아프리오리하게 무엇을 성
취할 수 있는지는 완전히 설명될 수 있다. 그러나 단지 순수 이성의
본성에 따라 강제된 형이상학이 초감성적인 것을 인식하기 위해서
아마도 무엇을 단지 묻기만 하고 무엇을 또한 인식하기도 하는지는
바로 그 순수한 인식능력의 성질과 통일로 정확히 제시될 수 있고 제
시되어야 한다. 이런 사실에서, 그리고 또한 무엇이 형이상학 안에서
발견될 수 있으며 발견되어야 하는지, 그리고 무엇이 형이상학의 가
능한 내용 전체를 형성하는지가 형이상학의 이념으로 또한 아프리
오리하게 규정된다는 사실에서, 이제 어떻게 형이상학에서 획득된
인식이 전체와 관계하는지 그리고 어떻게 한 시대 혹은 한 민족의 실
질적 소유물이 각각 다른 시대나 민족의 소유물과 관계를 가지며 또
한 마찬가지로 우리가 형이상학에서 찾는 인식의 결합과 관계를 가
지는지 평가할 수 있다. 그리고 순수 이성의 요구와 관련해서는 어떤 A 173

민족적 차이도 있을 수 없으므로, 한 민족에서 발생한 잘못되거나 성공한 사례에서 동시에 모든 시대나 모든 민족에 대한 학문 일반의 결함이나 진보를 하나의 척도에 따라 평가할 수 있고 그리하여 그 과제를 인간 이성 일반에 관한 문제로 해결할 수 있다.

그러므로 이 학문을 에워싸는 영역이 빈곤하고 협소하다는 오직 그 사실로 우리는 이 학문을 매우 간략하게, 그렇지만 그 학문의 진
XX 322 정한 소유물을 모두 평가하기에 충분할 만큼 제시할 수 있다. 그러나 이에 반해 비판을 거쳐 순수 이성이 도달한 소수의 원리는 상대적으로 대단히 다양한 결과를 도출해내므로 왕립학술원이 요구한 대로 이 학문의 소유물을 얼마 안 되는 지면 내에서라도 완벽하게 제시
A 174 하고자 시도하는 것은 상당히 힘든 일이다. 왜냐하면 부분적으로 실행된 탐구로는 형이상학에서 아무것도 달성되지 않으며, 모든 명제가 순수 이성 사용 전체와 일치할 경우에만 형이상학의 진보의 실재성이 보증될 수 있기 때문이다. 그러므로 지금 해결되어야 할 과제를 만족시키는 어려움보다 풍성하면서도 모호함으로 변질되지 않는 간결성으로 이어지는 논문은 훨씬 더 섬세한 주의가 필요할 것이다.

1절
자기 자신을 비판에 예속시키는 이성의 일반적 과제에 관하여

이 과제는 '어떻게 아프리오리한 종합 판단들이 가능한가?'라는 물음에 포함되어 있다.

예를 들어 '모든 물체는 연장되어 있다'는 판단처럼, 판단의 술어
A 175 가 주어개념에서 단지 불명확하게 생각되었을 뿐인 것을 명확하게 표상할 경우, 판단은 곧 분석적이다. 만일 우리가 이런 판단을 동일성 판단이라고 하려 한다면, 우리는 혼란만 일으키게 될 것이다. 왜냐하

면 예를 들어, '모든 물체는 물체적(다른 말로 물질적) 존재다'라는 판단처럼, 그런 [동일성] 판단은 모든 판단이 목표로 해야 하는 개념의 명확성을 위해 아무런 기여도 하지 않으며, 따라서 공허하다고 불리기 때문이다. 분석 판단들은 물론 동일성에 근거를 두며 동일성으로 해소될 수 있지만 동일성 판단은 아니다. 왜냐하면 분석 판단들은 분해를 필요로 하며, 이로써 개념 설명에 쓰이지만 이에 반해 동일성 판단들은 동일한 것을 동일한 것으로 설명하고 따라서 어떤 것도 설명하지 않기 때문이다.

종합 판단은 예를 들어, '모든 물체는 무겁다'는 판단처럼 주어개념에서 전혀 생각되지 않았던 것을 포함하는 술어로 주어개념을 넘어서는 판단들이다. 여기서 술어가 주어의 개념과 언제나 결합되어 A 176
있는지 아닌지는 전혀 묻지 않고, 단지 술어가 주어개념 안에서, 비록 이 술어가 주어개념에 필연적으로 부가되어야 한다 하더라도, 함께 생각되지 않았다는 사실만 말할 뿐이다. 그래서 예를 들어 '세 변으 XX 323
로 이루어진 모든 도형은 세 각을 가진다'는 명제는 종합명제다. 왜냐하면 만약 내가 세 직선이 하나의 공간을 둘러싸고 있다고 생각할 때, 이로써 동시에 세 각이 형성되지 않을 수 없다 할지라도, 나는 세 변이라는 개념 속에서 결코 이 변들 사이의 상호 경사를 생각하지 않기 때문이다. 즉 각이란 개념은 변이란 개념 안에서 실제로 생각되지 않는다.

모든 분석 판단은 아프리오리한 판단들이며, 따라서 엄밀한 보편성과 절대적 필연성을 지닌 타당한 판단들이다. 이 모든 분석 판단은 전적으로 모순율에 의거한다. 그러나 종합 판단은 예를 들어 '모든 물체는 무겁다'와 같은 판단처럼, 특정한 사물이 어떤 성질인지 우리 A 177
에게 가르쳐주지만 그 사물들이 필연적으로 그러해야 하며 다른 성질일 수는 없다는 것을 결코 가르쳐주지 않는 경험적 판단일 수도 있다. 이 경우 판단들의 보편성은 오직 상대적이다. 우리가 아는 한에서 모든 물체는 무겁다. 이런 보편성을 우리는 아프리오리하게 인식된 엄밀한 보편성인 이성적 보편성과 구별하여 경험적 보편성이라 할 수 있다. 그런데 만약 아프리오리한 종합 명제들이 있다면, 이 명제들은 모순율에 의거하지 않을 것이며, 따라서 이런 명제들에 관하여 결코 이전에는 일반적으로 제기된 적도 없었으며 더욱이 해결된 적도 없었던 물음, 즉 '어떻게 아프리오리한 종합 명제들이 가능한가?'라는 앞서 언급한 물음이 등장하게 될 것이다. 그러나 이런 명제들이 실제로 있다는 사실, 그리고 이성이 단지 이미 획득된 개념들을 분석적으로 설명하려고 (이것은 먼저 자기 자신을 잘 알기 위해 매우 필요하다) 쓰일 뿐 아니라, 더 나아가 이성은 자신의 소유물을 아
A 178 프리오리하게 종합적으로 확장할 수 있다는 사실 그리고 또한 형이상학은 비록 형이상학이 사용하는 수단에 관한 한 전자의 이성에 의존하지만, 형이상학의 목적에 관한 한 전적으로 후자의 이성에 의존한다는 사실이 지금 이 논문이 진행되면서 충분히 제시될 것이다. 그러나 후자의 이성이 이뤘다고 큰소리치는 진보들이 실질적인지 아닌지는 아직 의심스러울 수도 있으므로 순수 수학은 냉혹한 회의자의 공격에 맞서 오직 순수 이성만으로 확장된 인식의 실재성을 증명하고자 거상처럼 서 있다. 물론 수학은 자신의 요구들이 정당하다는 것을 보장하려고 순수 이성 능력 자체의 비판을 전혀 필요로 하지 않고 수학 자체의 사실만으로 정당화된다. 그럼에도 수학은 적어도 형이상학을 위해 매우 필요한 과제인 '어떻게 아프리오리한 종합 명제들이 가능한가?'라는 과제가 실재적임을 입증하는 확실한 예를 제공한다.

A 179; XX 324 숙련된 수학자인 플라톤의 철학적 정신을 다른 어떤 것보다 잘 증명해준 것은 기하학의 예상하지 못한 훌륭한 수많은 원리로 지성을

감동시키는 위대한 순수 이성에 플라톤이 크게 경탄했다는 사실이다. 그래서 그는 이 모든 지식을 우리가 현세의 삶에서 새롭게 얻은 것이 아니라, 훨씬 이전의 이데아—이것은 신적 지성과 공통성 못지않은 것에 기초를 두었을 수도 있다—에 대한 단순한 상기로 간주하는 몽상적 사유에 빠지기까지 했다. 순전한 수학자는 자기 이성의 이런 산물에 만족하여 혹시 큰 제물까지 바칠지는 모르지만, 이런 산물의 가능성 때문에 경탄에 빠지지는 않을 것이다. 왜냐하면 그는 단지 자신의 객관에 대해서만 숙고하며, 그 객관을 넘어서 그에 대해 깊게 인식할 수 있는 주관을 고찰하거나 경탄할 일은 없었기 때문이다. 이에 반해 아리스토텔레스와 같은 순전한 철학자는 자신에서 확 A 180
장해나가는 순수한 이성 능력과 경험적 원리들에서 이끌어지고, 추리로 더 보편적인 것으로 전진해나가는 이성 능력의 하늘과 땅만큼 큰 차이를 충분히 인지하지 못했고, 따라서 그런 경탄도 느끼지 않았다. 오히려 그는 형이상학을 단지 더 높은 단계로 올라가는 자연학으로 봄으로써 초감성적인 것으로 나아가는 형이상학의 월권 속에서 어떤 낯선 것 그리고 파악 불가능한 것도 발견하지 못했는데, 초감성적인 것으로 나아가는 열쇠를 발견하는 일은 실제로 그런 것처럼 매우 어려운 일임이 틀림없다.

2절 A 181

우리 안에서 순수 이성을 형성하는 인식능력들과 관련하여 논의되는 과제의 규정

위의 과제는 오직 우리가 이 과제를 먼저 인간의 능력과 관련하여, 즉 인간이 자신의 인식을 아프리오리하게 확장할 수 있는 능력 그리고 자신 내에서 특별히 자신의 순수 이성이라고 불릴 수 있는 것을 형

성하는 능력과 관련해 고찰함으로써만 해결될 수 있다. 왜냐하면 만
XX 325 약 한 존재자 일반의 순수한 이성이 경험에서 독립해서, 즉 감관표상
에서 독립해서 사물들을 인식할 수 있는 능력으로 이해된다면, 이를
통해 그와 같은 인식이 그 존재자에게서 (예를 들어 신이나 다른 고차
A 182 의 정신에서) 어떤 방식으로 가능한지는 전혀 규정되지 않으며, 따라
서 이 경우 그 과제도 규정되지 않기 때문이다.

이에 반해 인간이 문제될 경우, 인간의 모든 인식은 직관과 개념으
로 구성된다. 이 둘은 모두 물론 표상이지만 아직 인식은 아니다. 어
떤 것을 개념을 통해, 즉 보편적으로 표상하는 것은 **사유하는** 것이며,
사유하는 능력은 지성이다. 개별적인 것에 대한 직접적 표상은 직관
이다. 개념을 통한 인식은 **추론적**이며, **직관**에서 인식은 **직관적**이다.
실제로 하나의 인식을 위해 이 둘은 서로 결합될 필요가 있지만, 인
식은 내가 그때마다 인식의 규정 근거로서 특별히 주목하는 것으로
명명된다. 이 둘 모두 경험적이거나 순수한 표상방식들일 수 있다는
A 183 사실은 인간 인식능력의 특별한 성질에 속하며, 우리는 이 특성을 곧
자세히 고찰하게 될 것이다. 하나의 개념에 상응하는 직관을 통해 대
상이 **주어지며**, 이 직관이 없으면 그 대상은 단지 사유될 뿐이다. 개념
이 없이 순전한 직관에 따라 대상이 주어지기는 하지만 사유되지는
않으며, 상응하는 직관 없이 개념에 따라 그 대상은 사유는 될지언정
어떤 대상도 주어지지 않는다. 따라서 이 두 경우 모두 [대상은] 인식
되지 않는다. 만약 하나의 개념에 상응하는 직관이 아프리오리하게
주어질 수 있을 경우, 우리는 이 개념이 **구성된다**고 말하며, 그것이 단
지 경험적 직관이라면 우리는 이것을 개념에 대한 순전한 실례라고
한다. 또 이 두 경우에서 모두 개념에 직관을 덧붙이는 활동은 이 객
관의 현시라 하는데, 이런 현시 (이것이 간접적으로 일어나든 직접적
으로 일어나든) 없이는 어떤 인식도 있을 수 없다.

사유 혹은 개념의 가능성은 모순율에 의거하는데, 이를테면 사유하는 비물체적 존재자(정신)라는 개념이 그렇다! 단지 사유하는 것조차 불가능한 (즉 개념이 자기모순인) 사물은 그 자체로 불가능하다. 그러나 어떤 사물에 대한 개념이 가능하다 해도 그런 이유로 그 사물이 가능한 사물인 것은 아니다. 우리는 처음의 가능성을 논리적 가능성이라 부를 수 있으며, 둘째 가능성을 실재적 가능성이라 부를 수 있는데, 후자의 증명은 개념의 객관적 실재성에 대한 증명으로, 이런 증명을 요구하는 것은 언제나 정당하다. 그러나 그 증명은 오로지 개념에 대응하는 객관을 현시하는 것 이외에 달리 수행될 수 없다. 그렇지 않다면 이 객관은 언제나 단지 사유에만 머무른다. 이 객관이 하나의 실례에서 제시되기 전까지, 그 사유에 과연 어떤 대상이 대응하는지, 아니면 그 사유는 공허한지, 다시 말해 그 사유가 도대체 인식을 위해 사용될 수 있는지 그 사유는 항상 불확실하게 남는다.* A 184 XX 326

---

* 어떤 저자는 실제로 그 종류가 유일한 개념, 즉 필연적 존재자에 대한 개념의 경우를 들어 이런 요구를 무효화하고자 한다. 최종 원인은 석어노 난적으로 필연적인 존재여야 하기 때문에, 우리는 그런 필연적 존재자의 실존을 확신할 수 있으며, 따라서 그런 필연적 존재에 대한 개념에 대응하는 직관이 어떤 실례에서도 주어질 필요 없이, 그런 개념의 객관적 실재성은 증명될 수 있을 것이다. 그러나 필연적 존재라는 개념은 어떤 방식으로든 규정된 사물에 관한 개념이 결코 아니다. 왜냐하면 그 현존은 어떤 사물에 대한 규정도 아니기 때문이다. 또 어떤 사물은 그 현존에 따라서 독립적인 사물로 간주된다는 점에서 볼 때, 이 사물에 어떤 내적 술어들이 부가되는지는 이 사물이 단지 현존한다 — 이것이 필연적이라고 간주되든 필연적이지 않다고 간주되든 — 는 사실만으로는 결코 인식되지 않기 때문이다. A 185

A 186 ## No. Ⅱ. 형이상학의 둘째 단계

순수 이성의 회의주의 속에서 형이상학의 정지 상태

비록 정체가 진보하는 것이라고는 할 수 없고, 그래서 또한 진정으로 거쳐 가는 단계라고 할 수 없다 하더라도, 만약 어떤 특정한 방향에서 전진이 바로 그만큼 후진을 피할 수 없는 결과로 갖는다면, 그 결과는 마치 누군가가 그 자리에서 꼼짝도 하지 않았던 것과 마찬가지가 된다.

공간과 시간은 제약된 것과 그 조건의 관계를 포함한다. 예를 들면
A 187 한 공간의 규정된 크기는 단지 제약됨으로써만, 즉 그 공간을 다른 공간이 둘러쌈으로써만 가능하며, 마찬가지로 하나의 규정된 시간은 더 큰 시간의 부분으로 표상됨으로써만 가능하다. 이처럼 현상들인 주어진 모든 사물에도 사정은 매한가지다. 그러나 이성은 무제약적인 것을 요구하고 그것과 함께 모든 조건의 총체성을 인식할 것을 요구한다. 그렇지 않다면, 이성은 마치 아직 아무것도 대답되지 않은 것처럼 묻기를 중단하지 않는다.

그런데 이 사실 자체만으로 이성이 혼란에 빠지지는 않을 것이다. 왜냐하면 자연학에서 수없이 제기되는 왜라는 질문은 헛되지 않으며, 게다가 적어도 무지는 오류보다는 나으므로 무지에 대한 용서는
XX 327 타당한 것이라 생각되기 때문이다. 그러나 이성은 스스로 혼란에 빠진다. [즉 이성은] 가장 확실한 원칙들에 따라 인도되어 한 측면에서 무제약적인 것을 발견했다고 믿지만, 다른 한편에서는 마찬가지로 확실한 원리들에 따라 동시에 무제약적인 것이 반대 측면에서 구해
A 188 져야 한다는 것을 믿게 됨으로써 스스로 혼란에 빠진다.

이성의 이 이율배반은 이성을 이런 주장들 중 이것이나 저것 모두

에 대해 믿을 수 없다는 회의에 빠뜨릴 뿐만 아니라—그렇지만 이런 의심은 아직 이런저런 식으로 결정내릴 판단에 대한 희망을 남겨놓는다—이성 자체에 대한 절망에 빠뜨려 확실성에 대한 모든 주장을 포기하도록 만드는데, 우리는 이를 독단적 회의주의 상태라 할 수 있다.

그러나 이성의 자기 자신과의 투쟁은 그 자체로 특수한 것을 동반해서 이성은 자기 자신과의 이런 투쟁을 양자 대결로 생각하는데, 이 대결에서 이성이 공격할 경우에는 적을 물리칠 것이라 확신하지만, 이성이 방어해야 할 경우에는 또한 마찬가지로 패배할 것이라 확신한다. 다른 말로 하면 이성은 자기주장을 증명해낼 것을 기대하기보다 오히려 적의 주장을 반박해낼 것을 기대할 수 있지만, 적의 주장을 반박할 수 있을지도 전혀 확실하지 않다. 왜냐하면 만약 두 주장이 물음의 의미에만 우선 동의했다면, 두 주장 모두 잘못 판단할 수 A 189
도 있거나 아니면 두 주장 모두 정당한 것일 수도 있기 때문이다.

이 이율배반은 상쟁하는 것들을 두 가지 유형으로 구분한다. 이 두 유형 중에서 하나는 종류가 같은 것의 결합에서 무제약적인 것을, 다른 하나는 종류가 다른 것일 수도 있는 다양한 것에서 무제약적인 것을 찾는다. 전자는 수학적인 것으로, 또한 종류가 같은 분량의 부분들에서 덧붙여감으로써 절대적 전체로 나아가거나 전체에서 부분들로—이 부분들 중 어떤 것도 전체가 아니다—나아간다. 후자는 역학적인 것으로, 결과에서 최상의 종합적 근거로 나아간다. 즉 결과와 실제로 구별되는 어떤 것으로서 어떤 사물의 인과성을 규정하는 최상의 근거나 이 사물 자체의 현존 근거로 나아간다.

여기서 첫째 유형의 대립들은 말했듯이 두 가지 종류다. 부분들에 A 190
서 전체로 나아갈 경우 '세계는 시초를 갖는다'는 명제와 '세계는 시초를 갖지 않는다'는 명제는 모두 똑같이 거짓이며, 결과들에서 근거들로 나아가면서 종합적으로 다시 돌아가는 경우 두 명제는 서로 대립함에도 모두 참일 수 있다. 왜냐하면 하나의 결과는 다수 근거, 말하자면 선험적으로 상이한 근거를 가질 수 있기 때문이다. 즉 그 근거
XX 328 는 감성의 대상이거나 이성의 대상이며 [후자의 경우] 그 표상은 경험적 표상 속에 주어질 수 없다. 예를 들어 '모든 것은 자연 필연성이며 따라서 자유는 없다'는 [정립]은 '자유가 있으며 모든 것은 자연 필연성이 아니다'라는 반정립과 대립하며, 여기서 이성의 정체[35]를 야기하는 회의적 상태가 등장한다.

왜냐하면 첫째 유형의 대립에 관해 볼 때, 논리학에서 서로 반대로 대립하는 두 판단 중에서 하나의 판단이 대립에 필요한 것 이상을
A 191 진술하므로, 두 판단이 모두 거짓일 수 있는 것처럼, 형이상학에서도 마찬가지이기 때문이다. 그래서 '세계는 시초를 갖는다'는 명제와 관련하여 '세계는 시초를 갖지 않는다'는 명제는 대립에 필요한 것 그 이상도 이하도 포함하지 않으며 따라서 두 명제 가운데 한 명제가 참이어야 하고 다른 한 명제는 거짓이어야 한다. 그러나 내가 '세계는 시초를 갖지 않으며 영원하다'고 주장한다면, 나는 대립에 필요한 것 이상을 진술하고 있다. 나는 세계가 무엇이 아닌지뿐만 아니라 세계가 무엇인지도 주장하기 때문이다. 그런데 세계는 절대적 전체로 고찰될 경우, 하나의 지성체로 생각되지만 또한 시작이나 무한한 시간에 의거할 경우 현상체로 생각된다. 그런데 내가 세계의 이런 지성적 총체성을 주장하거나 지성체인 세계에 한계를 천명한다면, 두 주장 모두 거짓이다. 왜냐하면 감성계 안에서, 즉 시간 안에서 조건들의 절대적 총체성이라는 말로 세계를 가능한 직관 안에 나에게 주어진 무한한 것으로 표상하건 혹은 한정된 것으로 표상하건, 나는 자기모순을 범하기 때문이다.

A 192 이에 반해 논리학에서 서로 부분반대로 대립하는 판단들에서 각

각의 판단은 대립에 필요한 것보다 더 적은 것을 진술하므로 두 판단 모두 참일 수 있는 것처럼, 형이상학에서도 감각능력의 대상들에 관계하지만 결과가 근거들과 맺는 관계만을 다루는 두 종합 판단은 모두 참일 수 있다. 조건들의 계열은 두 가지 상이한 종류로, 즉 감성의 대상으로, 혹은 순전한 이성의 대상으로 고찰되기 때문이다. 제약된 결과들은 시간 안에서 주어지지만, 그와 더불어 생각되는 근거들이나 조건들은 다양할 수 있다. 따라서 내가 '감성계에서 모든 사건은 자연원인에서 발생한다'고 말한다면, 나는 현상으로서 조건들을 근거에 두는 것이다. 반대자가 '모든 것은 자연원인들(현상적 원인들)에서 생겨나지 않는다'고 주장한다면, 첫째 주장은 거짓이어야 한다. 그렇지만 내가 '모든 것은 순전한 자연원인에서만 생겨나지 않고 또 A 193 한 동시에 초감성적인 근거(지성적 원인들)에서도 생겨날 수 있다'고 말한다면, 감성계 안에 있는 조건들의 총체성에 대립하기 위해 필요한 것보다 더 적은 것을 진술하고 있다. 왜냐하면 나는 전자의 [현상적인] 종류의 조건들에 제한되지 않지만, 감관표상으로 제한되는 조 XX 329 건들을 가정하고 있고, 따라서 후자의 [지성적인] 종류의 조건들과 모순을 일으키지 않기 때문이다. 다시 말하면 나는 순전히 지성적인 원인을 표상하는데, 이 지성적인 원인에 대한 사유는 이미 그 안에 있는 모든 것이 조건 지어져 있는 현상계라는 개념에 놓여 있으며, 따라서 이성은 여기서 조건들의 총체성과 상충하지 않는다.

이러한 회의적 정체는 회의주의, 즉 가능한 경험의 한계 너머로 우리 이성인식을 확장하는 일의 확실성에 대한 포기를 포함하지 않으며, 오히려 매우 유익한 것이다. 그 이유는 만약 이러한 회의적 정체 상태가 없었다면, 우리는 형이상학이 자신의 궁극목적으로 삼는 인간의 숭고한 의무를 포기하고서 우리의 이성 사용을 단지 감성적인 A 194 것에 제한하거나 오랫동안 그래왔듯이 통찰을 얻으리라고 근거 없이 학자들을 기만해야 했을 것이기 때문이다. 법을 제정하는 형이상학을 양원으로 구분하여 경험론의 전제주의와 무제한적인 억견 숭배의 무정부주의적 비행을 제거한 순수 이성 비판이 그사이 나오지 않았다면, 그러했을 것이다.

A 195

No. Ⅲ. 덧붙이는 말

사물의 비존재의 무제약적 가능성뿐만 아니라 불가능성은 전혀 생각될 수 없는 초험적 표상들이다. 우리는 조건이 없이 어떤 것을 정립하거나 지양할 근거를 갖지 않기 때문이다. 따라서 '사물이 전혀 우연적으로 존재한다'든가 또는 '전적으로 필연적이다'라는 명제는 두 측면에서 모두 어떤 근거도 갖지 않는다. 따라서 이 선언 명제는 어떤 대상도 갖지 않는다. 그것은 바로 내가 '각각의 사물은 X이거나 X가 아니다'라고 말하지만 이 X를 전혀 알지 못한 경우와 마찬가지다.

* * *

A 196 모든 세계는 어떤 하나의 형이상학을 이성의 목적으로 가지며, 형이상학은 도덕과 함께 진정한 철학을 형성한다.

* * *

필연성과 우연성의 개념들은 실체에 관계하는 것처럼 보이지 않는다. 또 실체란 언제나 있었고 지속해야 하므로 우리는 실체의 현존

원인을 묻지 않고, 변화하는 것이 하나의 기체로서 자신의 관계를 무엇에 정초하는지 묻지 않는다. 실체 개념에서 원인 개념은 사라진다. XX 330
실체는 그 자체로 원인이지만 결과는 아니다. 어떻게 어떤 것이 자신 바깥에 있는 실체의 원인이어서, 후자[실체]가 전자[어떤 것]에 따라 자신의 힘을 지속하게 되겠는가? 그 경우 후자의 결과들은 단지 전자의 영향들이 될 것이며, 따라서 실체는 그 자체로 최후의 주체가 아닐 테니 말이다.

*　　*　　*

'모든 우연적인 것은 하나의 원인을 갖는다'는 명제는 '단지 제약 A 197
된 방식으로만 실존할 수 있는 모든 것은 하나의 원인을 갖는다'는 의미일 것이다.

마찬가지로 근원 존재자의 필연성은 그 존재의 무제약적 실존에 대한 표상과 다름없다. 그러나 필연성이라는 것은 그 이상의 것을 의미한다. 즉 우리가 그런 존재자가 실존한다는 것을 인식할 수 있으며, 게다가 그 존재자에 대한 개념에서 인식할 수 있다는 것을 의미한다.

*　　*　　*

제약된 것에서 무제약적인 것으로 상승하는 이성의 욕구는 개념들 자체와 관계한다. 모든 사물은 실재성을 포함하며, 게다가 실재성 정도를 포함하기 때문이다. 이러한 실재성 정도는 언제나 제약된 채로만, 다시 말하면 내가 가장 실재적인 것 — [다른] 모든 사물의 실재성 정도는 이러한 가장 실재적인 것에 대해 단지 제한만 포함할 뿐이다 — 에 대한 개념을 전제하는 한에서만 가능한 것으로 간주된다.

모든 제약된 것은 우연적이며, 그 반대도 마찬가지다.

*　*　*

최상의 존재자(가장 실재적 존재자)인 근원 존재자는 모든 실재성
A 198 을 규정으로서 자신 안에 포함하는 존재자로 생각될 수 있다. — 이런 근원 존재자는 우리에게는 현실적인 것이 아니다. 왜냐하면 우리는 모든 실재성을 순수하게 알 수 없으며, 적어도 우리는 모든 실재성이 매우 상이함에도 한 존재자에서 발견될 수 있다는 것을 통찰할 수 없기 때문이다. 따라서 우리는 그 근원 존재자가 근거로서 가장 실재적 존재자라고 가정하게 될 것이며, 이러한 가정으로 그 근원 존재자가 무엇을 포함하는 것에 대해 우리가 전적으로 알 수 없는 존재로서 표상할 수 있다.

*　*　*

무제약적으로 실존하는 객관만이 필연적으로 존재할 수 있으므로, 선험적 신학에서 그런 객관을 인식하고자 할 때 제일 먼저 그런 객관에 대한 무제약적 개념을 근거로 삼는 것은 커다란 기만이다. 이
XX 331 러한 기만에서 핵심은 제한된 대상에 대한 모든 개념이 부정이나 결
A 199 핍을 추가함으로써 파생되며 가장 실재적인 것에 대한 개념, 즉 그 안에 있는 모든 술어가 실재적 존재자에 대한 개념만이 논리적으로 근원적인(무제약적인) 개념이라는 사실이다. 이러한 것을 사람들은 단지 가장 실재적 존재자만이 필연적일 수 있다는 사실에 대한 증명으로 간주하거나 거꾸로 절대적으로 필연적인 것은 가장 실재적인

존재자라는 사실에 대한 증명으로 간주한다.

사람들은 가장 실재적 존재자는 필연적으로 존재한다는 것에 대한 증명을 피하고자 하며, 오히려 만일 그런 존재가 존재한다면, 그것은 가장 실재적 존재여야만 한다는 것을 증명한다. (따라서 이제 사람들은 실존하는 모든 것 중에서 하나의 존재만이 전적으로 필연적으로 존재한다는 것을 증명해야만 하는데, 아마 우리는 이것을 증명할 수도 있을 것이다.) 그러나 이 증명은 단지, 필연적 존재자는 자신의 실존에 따라 무제약적으로 실존한다는 것 이외에 우리는 이 존재자에 무엇이 속성으로 귀속되는지 전혀 파악하지 못한다는 사실만을 말해줄 뿐이다. 그리고 우리는 그런 존재자에 속하는 것이 무엇인지 알지 못한다. 사물들에 대한 우리 개념들 중 논리적으로 무제약적이지만 그럼에도 철저히 규정된 개념이 가장 실재적인 것이라는 개념이다. 따라서 우리가 이러한 개념에 상응하는 것으로서 하나의 대상을 가 A 200
정할 수 있다면, 그 대상은 가장 실재적 존재일 것이다. 그러나 우리는 우리의 순전한 개념을 위해 그런 대상을 가정할 자격이 없다.

어떤 것이 존재한다는 가정 아래 어떤 다른 것 역시 필연적으로 존재한다는 것이 귀결된다. 그러나 어떤 사물의 내적 술어들에 따라서 그 사물에 대한 개념들이 마음대로 가정될 수 있다 해도, 어떤 것이 필연적으로 실존한다는 사실이 전적으로 그리고 아무런 조건 없이 인식될 수는 없으며, 이것이 전적으로 불가능하다는 사실은 증명될 수 있다. 따라서 나는 어떤 존재자에 대한 개념을, 즉 그 가능성이 결코 이해될 수 없는 존재자에 대한 개념을 추론했다.

그런데 왜 나는 무제약적인 것을 추론하는가? 이 무제약적인 것이 제약된 것의 최상의 근거를 포함해야 하기 때문이다. 그러므로 추론은 다음과 같다. 1) 만약 어떤 것이 실존한다면, 무제약적인 것도 있다. 2) 무제약적으로 실존하는 것은 전적으로 필연적 존재로서 실존

A 201 한다. 후자의 추론은 필연적으로 귀결되지 않는다. 왜냐하면 무제약
적인 것은 어떤 계열을 위해서 필연적일 수는 있지만, 이 무제약적
인 것 자체는, 그리고 그 계열은 언제나 우연적일 수 있기 때문이다.
이 후자의 추론은 사물들의 술어(예컨대 이 사물이 제약적인지 무제
약적인지에 대해서처럼)가 아니라, 모든 술어를 가진 이 사물의 실존,
즉 이 사물이 그 자체로 필연적인지 아닌지에 관계하는 것이다. 그러
므로 이 후자의 추론은 대상이 우리의 개념과 맺는 순전한 관계일 뿐
이다.

모든 존재에 관한 명제는 종합적이며, 따라서 '신은 실존한다'는
명제도 또한 그렇다. 만약 이 명제가 분석적이라면, 그 실존은 그처
럼 가능한 존재자에 대한 순전한 개념에서 이끌어져 나올 수 있어야
만 한다. 그런데 이러한 것이 두 가지 방식으로 시도되어왔다. 1) 가
XX 332 장 실재적 존재라는 개념에는 그런 존재의 실존이 놓여 있다. 실존도
실재성이기 때문이다. 2) 필연적으로 실존하는 존재라는 개념에는
A 202 한 사물의 (만일 어떤 것이 존재한다면, 반드시 가정되어야만 하는) 절
대적 필연성이 생각될 수 있는 유일한 종류로서 최상의 실재성이라
는 개념이 놓여 있다. 그런데 필연적 존재자는 자신의 개념 속에 이
미 최상의 실재성을 포함해야 하지만, 이 최상의 실재성은 (No.1에서
말한 대로) 절대적 필연성이라는 개념을 포함하지 않고, 그 결과 이
개념들이 서로 교환될 수 없어서 가장 실재적인 것에 대한 개념은 필
연적인 것에 대한 개념보다 더 넓은 개념일 수 있다. 다시 말해 가장
실재적인 것과는 다른 사물들이 필연적 존재들일 수 있다. 그러나 이
런 증명은 바로 필연적 존재는 단지 하나의 유일한 방식에 따라서만
사유될 수 있다는 것으로 수행된다는 등등이다.

본래 최초 기만은 다음과 같은 점에 놓여 있다. 즉 필연적인 것은
자신의 개념 안에서 실존을 포함하고 따라서 철저히 규정된 것인 사

물의 실존을 포함하며, 그 결과 이러한 철저한 규정은 자신의 개념에서 (단지 추론된 것이 아니라) 파생된다. 이러한 것은 거짓이다. 왜냐하면 증명되는 것은 단지, 만일 철저한 규정이 하나의 개념에서 파생되어야 한다면, 그 개념은 가장 실재적인 것의 개념(이 개념만이 동 A 203
시에 철저한 규정을 포함하는 개념이다)이어야 한다는 것뿐이기 때문이다.

따라서 이것은 다음 사실을 의미한다. 만일 우리가 필연적인 것의 실존을 그런 것으로서 통찰할 수 있어야 한다면, 우리는 하나의 개념에서 사물의 실존을, 즉 철저한 규정을 이끌어낼 수 있어야만 한다. 그러나 이것은 가장 실재적인 것이라는 개념이다. 따라서 우리는 필연적인 것의 실존을 가장 실재적인 것이라는 개념에서 이끌어낼 수 있어야만 하는데, 이것은 거짓이다. 내가 개념에서 어떤 존재자의 현존을 필연적인 것으로 인식하기 위해 없어서는 안 될 특성을 어떤 존재자가 가지고 있다고 우리는 말할 수 없다. 설사 그 특성이 그 개념의 구성적 산물이 아니라 단지 필요조건으로 간주될 뿐이라 하더라도 그렇다.

결합이 공간과 시간에 따라 일어날 경우 그 결합은 우리가 스스로 A 204
형성해야 하는 유일한 아프리오리한 것이라는 사실은 아프리오리하게 종합적인 인식의 원리에 속한다. 그러나 경험을 위한 인식은 실재적 (선험적) 도식론이든 혹은 유비에 따른 (상징적) 도식론이든 도식론을 포함한다. — 범주의 객관적 실재성은 이론적이며 이념의 객관적 실재성은 단지 실천적이다. — 자연과 자유.

XX 333 # 형이상학의 진보를 위한 낱장 문서들

XX 335 ## 현상과제

1. 고대인들은 형이상학을 가지고 무엇을 원했는가? —초감성적인 것을 인식하는 것. 2. 이 구별은 철학만큼 오래된 것이다. 3. 고대인들은 지성적인 것을 아프리오리하게 인식할 수 있는 한에서 모든 대상이라고 생각했으며, 플라톤은 여기에 도형들의 성질을 포함시켰다. 그들은 본유적 개념들에 대해서도 논쟁했다. 4. 신, 자유 그리고 영혼불멸. 5. 첫째와 셋째 것에 대해서 고대인들은 쉽사리 의견 일치에 도달했지만, 둘째 것에 대해서는 그렇지 않았다. 6. 비판철학의 근원은 행위들을 책임질 능력에 관계하는 도덕이다. 7. 이에 관한 끊임없는 논쟁. 8. 모든 철학은 비판철학 이전에는 본질적으로 구별되지 않았다. 9. 철학의 객관들을 다루는 방식에서 순수 철학의 본질은 무엇인가?

모든 종류의 이론적 과제에 관해 볼 때, 만일 우리가 단지 자유개념을 기계적 필연성이라는 개념으로 변형한다면, 분석론도 형이상학도 전혀 필요하지 않다. 외감들의 대상들이나 내감의 대상들이 그 자체인 대로 우리에게 드러나는지 아니면 단지 현상하는 대로 드러나는지. 이 다양한 것을 경험이 되도록 보편적인 결합해주는 개념들이 경험에 앞서 아프리오리하게 주어지는지 아니면 경험에서 아포스테리오리하게 주어지는지는 이론적 탐구자에게는 중요하지 않은 문제다. 왜냐하면 …[36] 우리가 인식할 수 있는 모든 것은 … 감성계 내의 … 무제약적인 것을 목표로 삼는 … 것조차도 … 단지 감각능력의 대상으로 제한하는 결과를 낳을 뿐이다. (우리를 넘어서는 것은 우리에게는 아무것도 아니다.) 신과 영혼불멸에 대한 개념은 … 비록 인간동형론적이라 할지라도 언제나 가설로서 나타나며 … 자유가 전파해주는 도덕적 법칙이 되며 그리고 … 개념은 실재성에 관한 이론철학 전체와 … 결합될 수 없으므로 자유의 이론 및 그것과 더불어 도덕은 … 형이상학을 위해서 이성을 그리고 자연의 기계론을 폐기하는 것.

세계 내의 사건들 자체로 우연적인 (따라서 종합적인) 각각의 결과는 원인을 가져야 한다. 이 우연성은 합목적성에서 사유된다. XX 336

그런데 세계에서 행복과 행복할 자격의 조화는 (만일 이런 조화가 지속적으로 발생해야 한다면) 세계에서 일어난 일들의 우연적 결과다.

그러므로 만일 이런 조화가 있거나 요청되어야 한다면, 이 조화 역시 하나의 (그리고 세계 안의 모든 원인과 구별되는) 원인을 가져야 한다.

이 원인은 세계 안에 그리고 또한 세계 내에 있는 존재자들 안에 있어야 한다. 인과성의 법칙은 단지 감각적 존재자들에게만 관계하기 때문이다. 그러나 이런 조화는 그 완전성의 원리와 비교해보면, 영원성이나 세계 전체에 적합한 것으로 우리가 인식할 수 없으므로 이런 조화는 믿음 문제가 된다. 또는 오히려 이 조화의 가능성에 대한 인식은 지성적 근기에, 말하자면 이성적일 뿐만 아니라 자유로운 존재자의 현존하는 지성적 근거에 속하는데, 이런 존재자의 현존 원인은 범주에 따라.[37)]

선의지는 자기 자신에서 발생해야 하지만 그 의지가 현상은 아니다. 선의지는 준칙들과 관계하지 세계에서 발생하는 행위들과 관계하지 않기 때문이다. 행위들의 배열이 사건이다. 이에 관해 우리는, 신은 도덕성의 최고 총계의 창시자이며, 총계가 완전한 것이 아닌 한 신은 행복과 조화하는 가장 큰 창시자라고 말할 수 있다.

조화는 신이 도덕성의 원인이면서 또한 그에 비례하는 행복의 원인이라는 것으로 가능할 수도 있겠지만, 이것은 기계론이지 자유가 아니므로 생각될 수 없다. 인간은 자신을 세계에서 일어나는 자기 행위의 원인으로 간주하지만, 왜 그가 다른 방식이 아니라 그렇게, 게다가 자유롭게 행동했는지는 그조차 파악할 수 없다. 그것이 자유이기 때문이다. 우리는 준칙들의 세계인 선한 의지와 악한 의지에 대해 오직 유비에 의거해서 신이 선한 의지를 부여했고 그가 마음을 개선하거나 단호하게 만든다고 말한다. 우리는 단지 행위들과 이런 행위들을 우리 준칙으로 받아들이는 현상만 알 뿐이며, 이런 행위들이 근거를 두는 지성적 특성을 탐구할 수 없다.

XX 337 이런 조화 개념의 실재성은 최고선에 영향을 미치기 위해서, 또한 그렇게 해서 최고선을 우리 힘으로 가능한 것으로서 이념에서 생각하려고 자신의 근거를 실천이성에서 갖는다.

직관의 주관성이 직관의 이런 성질을 규정해야 한다. 그렇지 않다면 직관은 아프리오리할 수도 필연적일 수도 없다. 개념의 주관성, 즉 어떤 것 일반에 대한 개념을 형성하는 방법의 주관성 역시 마찬가지다. 이것이 없이는 필연성도 없다.

개념을 구성하는 것, 즉 개념들을 아프리오리하게 직관에서 제공하기 위해서 공간과 시간이 필요하다. 경험을 위해서는 아프리오리한 개념들 이외에도 또한 지각(경험적인 것)을 위해 현존(실재성)에 관한 개념이 필요하다. 그런데 구성하는 것은 언제나 시간을 위해서는 그 부분들이 동시적인 선을 그려 보는 것이 필요하며, 선을 위해서는 그 부분들이 잇따르는 시간이 필요하다.

한 존재자에 관한 개념에서 그 존재자의 필연성을 추론하는 것이 가능하지 않은 것처럼, 그 존재자의 필연성에서 우리가 그 존재자에 관해 형성해야 하는 개념을 추론하는 것도 가능하지 않다. 사물의 양상과 내용은 서로 공통된 것을 가지지 않기 때문이다.

이 세 단계 중에서 첫 단계는 형이상학의 두 분과, 즉 존재론과 보편적 자연학에서 형이상학의 진보를 포함한다. 존재론과 이성적 물리학. 이성적 물리학에서 객관들은 경험에 주어진 것으로 간주되지만, 이 객관들 중 외감들이나 내감의 대상들로 아프리오리하게 생각되어야 하는 것은 보편적 물체론과 보편적 자연학으로 표상된다. 이성적 물리학과 이성적 심리학. 보편적 자연학은 아프리오리한 조건들의 총체로서 존재론에 속한다. 이 아프리오리한 조건들 아래에서 존재론의 개념들에 객관적 실재성을 부여할 수 있다. 따라서 물질적 XX 338
본성과 사유하는 본성에 관한 경험론, 즉 경험적 물리학과 경험적 심리학은 여기에 등장하지 않는다.

이러한 형식적 자연학에는 1) 공간의 관념성 원칙이 감각능력의 외감 대상의 존재가 전혀 없어도 될 정도로 나아가는지, 2) 시간의 관념성 원칙이 의식과 구별되는 내감을, 즉 경험적 자아를 폐기하는 데까지 나아가는지에 대한 논의가 속한다. 이성적 자아는 인식을 주는 것이 아니라, 단지 인식 가능성을 위해 직관 전반의 다양한 것의 종합만을 제공한다.

우리의 표상들에 대한 의식과 구별되는 외감이 있는지. 내적 표상들에 대한 의식과 구별되는 내감이 있는지 없는지.

만일 처음 경우가 아니라면, 객관(나의 순전한 표상)이 오직 내 안에 있을 수도 있다. 그런데 나는 나의 전 상태를 의식할 수 있어야만 하므로 외적인 모든 것을 순전히 시간에 위치시킬 것이다. 그것의 부분들이 잇따르는 것인 공간을. 만약 내가 나를 나에게 현상하는 대로가 아니라 나인 대로 나 자신에 대해 안다면, 나의 변화는 내 안에서 모순을 만들어낼 것이다. 나는 결코 동일한 인간일 수 없다. 나의 동일성이 제거된다.

논리적 자아는 자기 자신에게는 인식의 객관이 아니지만, 아마도 물리적 자아 자체는 그것도 아프리오리하게 가능한 경우에 한해서 내적(경험적) 직관의 다양성의 결합방식인 범주들을 바탕으로.

만약 우리가 더 나은 삶을 향유할 수 있다면, 그것은 두 번 사는 것이다. — 마르티알[38]

첫째 단계의 성과는 인간의 이론적 인식능력이 감각능력의 대상
XX 339 들과 가능한 경험의 경계를 넘어서 나아갈 수 없으며, 또한 이 대상들은 사물들 자체가 아니라 순전히 그 사물들의 현상들이라는 것이다.

1. 분석 판단과 종합 판단의 구별

2. 아프리오리한 종합 판단과 경험적 종합 판단의

3. 어떻게 이 양자가 가능한가 — 개념 밑에 놓여 있는 경험적이거나 아프리오리한 직관들에 따라

4. 어떻게 아프리오리한 직관이

5. 어떻게 아프리오리한 개념들이 가능한가.

6. 어떻게 일반 논리학이 가능하며 그것은 무엇을 포함하는가.

7. 어떻게 선험 논리학은 가능한가.

8. 내재적 판단들의 논리학과 아무런 인식도 제공하지 않는 초험적 판단들의 논리학은 무엇인가. 그리고 전체 논리학에 관하여.

내가 직관의 주관적 형식에서 가져오지 않은 모든 개념은 경험적

이어야만 하며, 또한 결코 어떤 필연성을 동반할 수 없다. 그 개념들은 객관들에 대한 지각에서 이끌어냈기 때문이다.

직관[=]직접적 표상

1. 어떻게 도대체 종합 명제들이 가능한가? 내가 나의 개념들을 넘어서 개념의 밑바탕에 놓여 있는 직관에서 어떤 것을 징표로 가져오고 그것을 개념과 결합함으로써.—경험적·종합적 판단들은 그 판단들에서 경험적 직관이 대응하는 개념이 주어인 판단들이다. 아프리오리한 종합적 판단들은 그것의 주어에 아프리오리한 직관이 대응하는 판단들이다. —그러므로 아프리오리한 순수 직관들이 없다면, 종합 명제들도 (형이상학은 이런 명제들로 가득 차 있지만) 없다.

2. 순수 직관들은 어떤 것인가? 내감과 외감들의 감성 형식들. 모든 경험적인 것에 선행하는 공간과 시간

3. 어떻게 우리가 공간과 시간 안의 사물들의 성질들을 아프리오리하게 종합적으로 인식할 수 있는가?—우리가 이 형식들을 객관들에 귀속하는 것이 아니라 오직 주관적으로 표상하는 존재자에 속한 것으로 생각함으로써만 가능하다. 왜냐하면 공간과 시간의 조건들에 의존하는 대상들 자체에 속한 것이 아니라, 이 대상들이 주관에 필연적으로 현상해야 하는 방식만이 아프리오리하게 확정될 수 있 XX 340
기 때문이다.

4. 우리는 개념들만으로는 아프리오리한 어떤 종합 명제들도 산출할 수 없다. 공간과 시간이 혼란되게 표상된 사물들의 성질들이라고 가정한다면, 사물들의 성질들에 대한 지각은 단지 경험적 타당성만 가질 것이며, 이런 성질들은 필연성을 가지지 않을 테니 말이다. 왜냐하면 이 성질들은 종합적으로 그렇지만 아포스테리오리하게, 즉

경험적으로 지각에 따라 대상들에서 이끌어낸 것이기 때문이다.

5. 아프리오리한 개념이 없이 순수한 것이든 경험적인 것이든 간에 직관들만으로 종합적 인식을 위해 충분한가? 아니다. 아프리오리한 종합과 이런 직관의 다양한 것으로 결합된 것이라는 개념이 없다면, 어떤 아프리오리한 판단도 가능하지 않을 것이다. 왜냐하면 모든 판단을 위해 필요한 의식의 통일이, 그것도 아프리오리한 종합에서 의식의 통일이 그런 판단을 위해 필요하며, 또한 이 개념들은 직관들과 더불어만 인식을 제공하고 직관들이 없다면, 순전한 범주들로는 인식을 제공하지 않는 범주들이기 때문이다.

6. 이러한 아프리오리한 명제들이 어느 정도까지 확장될 수 있는가? 단지 현상 안의 대상들에까지만, 즉 감각능력의 대상들에까지만, 그것도 단지 이 대상들이 우리에게 현상하는 대로만.

7. 주체가 자기 자신을 한갓 현상으로 또한 직접적으로 의식하면서 동시에 자신을 '사물 자체'로 의식하는 것이 어떻게 가능한가? 전자는 경험적 통각을 통해, 후자는 순수 통각에 따라.

철학의 철학하는 역사에 관하여

모든 역사적 인식은 경험적이며, 따라서 사물들이 현상하는 대로 인식하는 것이지 그 사물들이 필연적으로 그렇게 있어야 한다는 것을 인식하는 것이 아니다.— 이성적 인식은 사물들을 이성적 인식의 필연성에 따라 표상한다. 따라서 철학에 대한 역사적 표상은 우리가 어떻게 그리고 어떤 순서로 지금까지 철학해왔는지를 설명한다. 그러나 철학함이란 인간 이성의 점진적 발전이며 또한 이런 발전은 경험적 방식으로 진행되거나 시작할 수 없으며, 순전한 개념들로만 가능하다. (이성적이거나 실천적인) 이성의 욕구가 있어왔음은 틀림없다. 이 이성의 욕구가 이성을 사물들에 대한 이성 자신의 판단들에서 그 근거들로 찾아 올라가 최초 근거에까지 올라갈 것을 강요해왔다. 처음에는 평범한 이성으로, 예를 들어 세계물체들과 그 물체들의 운 XX 341
동에 대해서. 사람들은 겨우 목적지에 도달했다. 그런데 이때 사람들은 모든 사물에 대한 이성 근거들을 찾아낼 수 있다는 것을 결국 알아차렸기 때문에, 그들은 이성의 개념들(혹은 지성개념들)을 열거하기 시작했지만, 그보다 앞서 객관 없이 사유 일반을 분해했다. 전자는 아리스토텔레스가 행했으며, 후자는 그보다 더 일찍 논리학자들이 이루었다.

철학의 철학적 역사 자체[39]는 역사적으로나 경험적으로 가능한 것이 아니라 이성적으로, 즉 아프리오리하게 가능하다. 왜냐하면 철학의 철학적 역사가 이성의 사실들을 제시하는 것이라고 할지라도, 이런 사실들을 역사적 서술에서 가져오는 것이 아니라 철학적 고고학으로서 인간 이성의 본성에서 이끌어내기 때문이다. 사람들 가운데 사상가들은 세계 내의 사물들의 기원, 목표 그리고 목적에 관해 무엇을 추론해낼 수 있었는가? 그것은 세계 내의 합목적성인가, 단지 원인들과 결과들의 연쇄인가, 아니면 인류가 그것에서 출발한 인류 자체의 목적인가?

서로 완전하게 전달할 수 없는 인간의 무능력에 관하여

이런 일은 현시될 수 있는 사물들의 경우에는 쉽다. 감정의 경우에는 더 힘들고 이념들에 따르는 기분들의 경우에는 가장 어렵다. 아리스티포스[40]는 이념들을 절대적으로 실재적인 것이라 믿었다. 그렇지만 전달은 의심스럽다. ―언어의 결함―도덕은 감정의 최고의 전달가능성을 포함하지만, 도덕이 가장 추상적일 때 그리고 결국 도덕에 대한 우리 수용성의 순전한 감정만을 규정근거로 가질 때, 도덕은 가장 성공적이다.

신과 내세에 관한 이념들은 도덕적 근거들을 통해서 객관적으로 이론적인 실재성을 획득하는 것이 아니라 순전히 실천적 실재성만 획득해서 마치 다른 세계가 있는 것처럼 행동하게 되는 것이다.

관념론. 우리는 시간을 단지 공간의 포착[41]에서만 (그리고 동시성을 위한 총괄에서만) 규정된 것으로 생각할 수 있다. 그런데 만약 공
XX 342 간직관에 외적으로 주어진 것으로서 아무것도 놓여 있지 않다면, 외적인 어떤 것의 표상은 단지 하나의 사유에 불과할 것이며, 따라서 외적인 것에 따라 마음에 실제로 주어진 것이 아닐 것이다. 그러므로 적어도 우리는 내적 표상들을 공간 안에 있는 것으로 생각할 수 있어야 하는데, 이것은 모순이다.

철학의 역사가 수학적으로 쓰일 수 있는가. 어떻게 독단주의가 발생하며 독단주의에서 회의주의가, 그리고 이 양자에서 비판주의가 생겨나는가. 그러나 어떻게 역사를 하나의 원리에서 우연적인 것을 도출하고 분류할 것을 요구하는 이성체계로 가져가는 것이 가능한가.

도덕성에서 객관적으로 실천적인 실재성을 갖는 첫째로 지성적인 것, 즉 자유에 관하여.

신개념을 모든 실재성의 총체가 아니라 모든 실재성의 근거로 규정하는 것에 관하여. 그렇지 않다면 그것은 의인관이다.

초감성적인 것과 관련해서 어떤 개연성도 없으며, 오히려 이성에 따른 완전히 다른 종류의 참으로 여김으로써 게다가 보편적으로 타당하지만 주관과 관계에서 사유된 것, 다시 말해 어떤 것을 필연적 의지의 준칙과 관련해 참으로 간주하는 것이 있으며 그렇지 않다면 객관 없는 공허한 의지일 것이 있다.

철학의 역사를 위한 도식이 아프리오리하게 기획되어, 마치 철학자들의 의견이 이러한 도식 자체를 염두에 두고 그들의 지식에서 이에 의거하여 진행해나가듯이 시기들, 즉 존재하는 정보들에서 나온 철학자들의 의견들이 이 도식과 부합하는가.

물론 그렇다! 형이상학의 이념이 피할 수 없이 인간 이성에 나타나고, 이성이 이 형이상학의 이념을 발전시키는 것이 필요하다고 느끼지만, 이 학문은 비록 맹아 상태로이긴 하지만 전적으로 영혼에 밑그림이 그려진 채 놓여 있다.

우리는 발생하지 않았으며 그에 대한 자료들이나 준비가 전혀 제 XX 343
공되지 않은 것에 대해 역사를 쓸 수 없다.

철학의 역사 자체가 철학의 한 부분일 수 있는지, 학문 전반의 역사여야 하는지.

철학이 어떤 진보를 이루었든 철학의 역사는 철학 자체와는 구별되거나, 아니면 철학은 인간 이성에 놓여 있는 순수 이성 철학의 원천에 대한 순전한 이상임이 틀림없으며, 이런 철학의 전개 역시 인간 본성에 그 규칙을 가지고 있다. — 펠레보른[42]

철학의 역사는 특수한 것이어서, 철학의 역사에서 무엇이 발생해야만 하며 따라서 또한 무엇이 발생할 수 있는지를 먼저 알지 않고는 무엇이 발생했는지 아무것도 설명할 수 없다. 이것을 먼저 탐구했는가 아니면 우리가 아무렇게나 궤변을 부렸는가. 왜냐하면 철학의 역사는 우연히 여기저기서 생겨난 의견들의 역사가 아니라 개념들에서 전개된 이성의 역사이기 때문이다. —우리는 누군가가 궤변을 부린 것을 알려는 것이 아니라 순전한 개념들에 의거한 추론으로 수행한 것을 알고자 하는 것이다. —철학은 여기서 이성의 수호신[43]과 같은 것으로 간주될 수 있고 우리는 이 이성의 수호신이 무엇을 가르쳐야만 하며 이런 일을 수행했는지 아닌지를 알 것을 요구한다. —우리는 진상을 규명하기 위해 사람들이 형이상학에 대해 어떤 관심을 가졌는지 그리고 왜 형이상학에 대해 그처럼 큰 관심을 가져왔는지를 탐구해야만 한다. 우리는 그 관심이 그토록 철학에 큰 관심을 가져온 것은 감각능력의 대상들에 사용될 수 있는 개념들과 판단들의 분석이 아니라, 특히 실천적 이념들이 근거로 삼는 한에서 초감성적인 것임을 발견하게 될 것이다.

학술원의 과제

A) 서설들

1. 사람들이 계속 형이상학이라고 불러온 것은 가장 오래전부터 어떤 종류의 앎이었는가? 이성의 대상에 대한 학문인가 아니면 이런 대상들에 대한 인식에 도달하는 이성 자체나 이성의 능력에 대한 학문인가?

XX 344 2. 가장 오래전부터 라이프니츠와 볼프 시대를 포함한 시대에 이르기까지 특히 독일에서 형이상학은 무엇이었는가?

B)

3. 오늘날 형이상학은 무엇인가? 형이상학은 최근에 독일에서 진보를 이뤘는가?

4. 만일 후자라면, 장차 형이상학의 운명은 무엇인가? 더 진보하겠는가 아니면 퇴보하겠는가? 아니면 증가도 감소도 할 수 없이 이성의 (소극적) 사용을 위해 보존되어야 하는 보관 상태에 있겠는가?

처음 두 질문에 대한 대답들은 서설들로서 서론으로 사용되며, 셋째 질문에 대한 대답만이 과제 해결을 위한 논문으로 사용되고, 넷째 질문에 대한 답은 논문에 대한 주석 혹은 보충이다.

Ⅰ. 형이상학이라는 개념. 형이상학이 무엇이어야 하는지를 완전하게 정의하지 않은 채 이 말로써 의미하려는 것은 무엇인가?

우리는 아프리오리한 개념들에서 생겨나는 모든 학문을 위해 형이상학을 갖는다. 이 형이상학은 이성을 통한 사물들에 대한 인식을 모두 포괄하지는 않는다. 즉 형이상학은 수학을 포함하지 않지만, 수학의 가능성을 판단한다.

1. 비판. 2. 체계. 3. 독일에서 라이프니츠와 볼프 시대에 속하는 것과 비교

여기서 중요한 것은 우리가 아프리오리한 인식을 갖느냐, 게다가 단지 설명적일 뿐만 아니라 주어진 개념을 넘어 확장하는 그런 아프리오리한 인식을 가지고 있느냐다. 후자는 대상들에 대한 아프리오리한 개념들을 포함한다.

a. 만일 초감성적인 것에 대해 어떤 개념이 가정되어야 한다면, 우리가 그 개념의 실재성을 어디에 정초해야만 하는지가 문제가 된다. 이 개념에 따라 주어진 인식 위에 정초할 수는 없다. 초감성적인 것에 관해서 그것이 불가능하기 때문이다. 따라서 단지 실천적인 것에 따라, 그것도 자연법칙들을 통해서가 아니라 실제로 자연법칙들에 반해서 규정하는 것이어야 하는 것의 근거인 실천적인 것에 따라서.

형이상학이 포괄하는 그 많은 다양한 것을 장황하지 않게, 게다가 XX 345

그 원천에 따라서 완벽하게 설명하는 것은 어려운 일처럼 보이지만, 실제로 이성의 최상의 통치 아래 모든 인식능력의 유기적 결합을 용이하게 만들어준다. 왜냐하면 우리는 많은 지점에서 출발할 수 있지만, 그럼에도 하나의 원칙에 의거하여 전체 범위를 완성해낼 수 있기 때문이다. 그래서 유일한 어려움은 단지 우리가 어떤 지점에서 출발하고자 하는지 선택하는 것뿐이다. 내가 보기에는 먼저 형이상학을 정초하는 것에 대한 관심을 유발하는 데에서 출발하는 것이 (도덕법칙들로 알려지는 한에서 자유) 가장 좋을 듯하다. 왜냐하면 이것과 결합된 어려움의 해결은 우리 인식능력들의 완전한 해부학을 얻게 해주며, 그렇게 해서 만일 여기서 초감성적인 것에 관한 개념이 그것의 (비록 단지 실천적인 것이라 할지라도) 실재성과 함께 주어진다면, 우리는 전 범위를 관통해나갈 수 있기 때문이다.

모든 저자는 초감성적인 세 존재자를 실재하는 것으로 만들려고 노력해왔는데, 이렇게 하도록 한편에서는 도덕성이 저자들을 움직였으며, 다른 한편에서는 이를 위해 규정된 개념만을 제공할 수 있었다.

(자제력을 지닌)[44] 사람이 그의 선의지의 모든 장애물을 능가한다고 직접적으로 확실하게 주장할 수는 없다. 도덕법칙은 이처럼 극복할 것을 명령하며, 따라서 이러한 극복은 가능해야만 한다. 예정설. 자연적 필연성은 여기서 시간에 달려 있으므로 비록 자연 존재자인 인간이 시간적 조건에 묶여 있다 하더라도, 자유 의지의 인과성은 시간조건에 묶여 있지 않아야 한다. 바로 이 점에서 현상으로서 인간 자신은 지성체로서 자신과 구별된다는 것이 귀결된다.

우리의 모든 인식에서 우리가 아프리오리한 인식으로 부르는 것은 제한하는 경험조건들에서 독립하여 이것보다 더 많은 객관으로 확장하므로 가장 고귀한 것일 뿐만 아니라, 아프리오리한 인식이 필연적인 인식 자체로서 경험판단들에 — 이 경험판단들을 가능하게 하는 토대에 아프리오리한 인식이 놓여 있다 — 주관적 조건들에서 독립적 타당성을 수여하기 때문에 가장 고귀한 것이기도 하다. 바로 이로써 경험적 판단들은 실제로 대상에 대해 타당한 것이 되며 인식이 된다. — 그러나 이러한 아프리오리한 인식은 동시에 하나의 비밀을 포함한다. 순수 이성 비판이 이러한 비밀을 형이상학보다 앞선, 아프리오리한 인식의 가능성을 이해하게 만드는 필연적인 선행 과제로 갖는다. 만약 아프리오리한 개념이 있다면, 이러한 개념들과 그 XX 346
개념들의 타당성(산출이 아니라)의 연역 그리고 아프리오리한 명제들이 있다면.

아프리오리한 인식은 경험에 의존하지 않아도, 이런 인식에서 표상들은 경험적인 것일 수 있지만 판단은 분석적이다. 그런데 판단이 종합적이라면 개념은 — 이 개념하에서 어떤 경험적인 것, 즉 일어난 어떤 것은 포섭된다 — 아프리오리한 개념이어야 한다. 경험적이며 상이한 개념들은 단지 경험에 따라서만 종합적으로 결합될 수 있기 때문이다. 게다가 아프리오리한 인식은 경험의 가능성 근거이거나 적어도 판단들에서 객관적 통일을 형성하는 것의 근거다. 인식을 위해서는 개념들과 직관 — 이 직관은 경험적이거나 순수한 직관이나 — 사유와 직관이라는 요소들이 필요하다. 직관이 없다면 어떤 객관도 없으며, 사유가 없다면 우리는 생각하지 못하고 객관을 인식하지 못한다.

순수한 이성개념들에 의거하여, 즉 자유원리들에 의거하여 생각해보면, 모든 대립[45]은 행위의 도덕적 동기나 정념적 동기를 자신의 준칙으로 받아들이는 인간의 자유의지를 내적으로 규정하는 근거들이 충돌하는 것인데, 이런 충돌은 (만일 인간의 순전한 능력들을 비유적으로 인격화하는 것이 허용된다면) 선한 정신과 악한 정신 사이의 투쟁으로 표상될 수 있다. 왜냐하면 자연적 충동들은 그 자체로 무해하며, 이 자연적 충돌들과 도덕법칙 사이에는 원래 아무런 투쟁도 없기 때문이다. 이런 자연적 충동에서 독립해, 게다가 자연적 충동들에 반해 도덕법칙의 준수를 자신의 준칙으로 만드는 것은 자연적 충동들과 상충하는 자유의 행위다. 경험은 이런 자유 행위의 현실성을 인
XX 347 간의 행동들에서 증명해주지만 그 가능성은 파악할 수 없다. 이 경우 현상은 인간 안에 거주하는 서로 투쟁하는 두 가지 자립적 원리의 유비에 따라 비유적으로 표현된다. 그러나 이 두 원리를 구별하는 기준을 모든 사람은 그들의 수중에 가지고 있다. 만일 법칙의 표상이 행위에서 즐거움과 고통 감정에 선행한다면 이 감정은 도덕적이며, 만일 이와 반대라면 이 감정은 정념적이다. 그런데 정념적인 감정을 무조건 자기 준칙으로 삼는 것은 악의 원리다.

만일 준칙에서 법칙의 표상이 선행하고 (자유의지의 대상에서 즐거움과 고통의) 감정이 바로 뒤따른다면, 이 감정은 도덕적이며 지적이고, 선한 원칙이 인간 안에서 지배한다. 만일 반대로 대상에서 즐거움과 고통의 감정이 법칙에 선행한다면, 감정은 정념적(감성적)이고 악한 원리가 인간 안에서 지배한다. 준칙이 무조건 (법칙과 관계하여) 감성의(육체의) 충동을 따르는 것은 언제나 악한 것이기 때문이다. (육체의) 감성은 원래 선한 원칙이 싸워야 할 것이 아니다. 육체의 감성은 무해한 것이기 때문이다. 오히려 감성의 이런 충동들에 의거해 자유로운 준칙을 채택하려는 경향이 우리 안의 악한 원칙이다. 그렇지만 육체는 정신에 맞서 싸우는 적이라고 부른다. 왜냐하면 만일 인간이 육체를 자신의 준칙으로 채택한다면, 또는 그렇게 함으로써 육

체는 간접적으로 법칙에 반하는 행위들을 산출하기 때문이다. 그런데 그런 준칙의 가능성을 설명하는 것은, 도대체 어떻게 자유로운 자유의지에서 행위들이 생겨나는지를 설명하는 것과 마찬가지로, 인간의 통찰을 전적으로 넘어선 과제들에 속한다.

만일 우리가 이것을 라이프니츠·볼프의 형이상학과 비교해본다면, 이들의 형이상학은 전적으로 이론적·독단적이며, 순수 이성 비 XX 348
판을 결하기 때문에 이 단계를 위해 공헌한 것이 없다. 만일 이들이 공헌한 것이 있다면, 그것은 그들의 형이상학이 이제까지보다 더 방법론적으로 진행되었기 때문에, 이성의 도덕 원리들이 보통의 인간 이성에 믿고 받아들이라고 이미 오래전부터 권유해왔던 것에 사변적 통찰의 겉모양을 제공하고 학문 전체 안에서 표면상 연관성을 통해 형식에 따라서(체계) 학문 전체에 입구를 마련해줄 수 있었는데, 이로써 적어도 이 분야에 종사하는 사람들에게 설명들과 증명들 그리고 배치에서 철저성이 요구되었다는 점이다.

필연적 존재자는 그 존재자의 개념에서 자신의 현존을 이끌어낼 수 있는 것이다. (No. 1에 따르면 이것은 가능하지 않다.) 따라서 만약 내가 그런 존재에 대해 아무런 개념도 가지지 않았다면, 나는 또한 그 현존을 아프리오리하게 인식할 수 없다. 왜냐하면 그 현존이 절대적으로 필연적으로 생각된다 할지라도, 그 현존이란 한갓 양상이고 존재하는 사물에 대한 개념을 제공하지 않기 때문이다. 내가 하나의 사물에 대한 어떤 종류의 것이든 개념을 형성하고자 해도, 나는 모순 없이 그 사물을 언제나 폐기할 수 있다. ―그것은….

변화에서 추론되는 세계의 우연성에서 세계와 구별되는 필연적 원인을 추론하는 것은 가능하지 않다. 세계의 우연성은 이로써 증명되지 않기 때문이다. 단지 합목적성만이 그런 것이어야 한다. 왜냐하면 이 합목적성은 우연적이지만, 사물들의 성질이 아니라 사물들의 가능성을 설명하기 위해서 우리가 사물들에 관한 우리 개념 속에 집어넣은 것이기 때문이다.

자연신학적 논증

신의 단일성과 신은 이름을 갖지 않는다는 것에 관하여. 신의 성질과 양은 단지 유일한 것이기 때문이다.

XX 349 실재성들의 집합체에 관하여. 이 집합체에서 의인관이.

유비에 따른 신 표상에 관하여

실재성에 관한 선험적 개념들에서 사유의 잠입 오류로 사람들은 개념을 사태로, 사유의 주관성을 사유된 것의 객관성으로 간주하는데, 객관성은 사유가 아니라 단지 직관에서, 또한 여기서는 경험적 직관에서만 발견될 수 있다. 그것이 감각 일반의 대상이기 때문이다. 이 감각 일반은 개념의 실례를 위해서, 다시 말해 경험적 직관의 대상에 주어져야만 하는 것으로 이런 일은 초감성적인 것에 관해서는 불가능하다. 그 개념이 비존재를 포함하는 것과 반대로 그 개념이 존재를 포함하는 것은 우리가 어떤 객관적 의미도 부여할 수 없는 정립과 제거의 양상들이다. 왜냐하면 이 양상들은 순전히 사유에서 주관적인 것만을, 다시 말해 주체, 즉 표상 능력 일반과 관계하는 술어의 계사만 포함하기 때문이다. 선험적 잠입의 오류. 안셀무스의 논증에 대한 라이프니츠의 보충.

가장 실재적인 존재자는 실존해야 한다. (가장 실재적인 존재자는 필연적인 존재자다.) 왜냐하면 만일 그 존재자가 실존하지 않는다면 그 존재자는 하나의 실재성, 즉 실존을 결할 것이기 때문이다.

반대로 (뒷문을 통해서) 필연적인, 즉 자신의 개념에 따라 철저하게 규정된 존재자는 모든 실재성을 포함해야만 한다. 왜냐하면 만약 이 존재자가 모든 실재성을 포함하지 않는다면, 이 존재자는 그 자신의 개념에 따라 완전히 규정되지 않을 것이며, 따라서 필연적이지 않을 것이기 때문이다.

그런데 필연적인 존재자는 현존한다. 등등. 이 마지막 명제는 동어반복이지 확장적인 것이 아니다. 만일 필연적 존재자라는 개념이 그 존재자의 객관적 실재성에 관해, 즉 객관적 실재성의 대상 규정에 관해 가능하다면, 그것은 마치 필연적 존재자가 필연적으로 현존한다고 말하는 것과 마찬가지일 것이다.— 대상을 이해할 수 있게 만들기 위해서 어떤 필연성을, 예를 들어 재료를— 이것이 없다면 공간조차도 지각 대상이 아닐 것이다— 전제해야 하는 필연성은 객관적 필연성으로 간주되며, 그러므로 여기서는 현상적 실재성이다.

개념을 사태로 간주하는 것 그리고 사태의 명칭을 개념으로 간주 XX 350
하는 것

사물에 대한 개념, 그 사물의 비존재가 그 자체로 자기모순인 사물에 대한 개념은 거짓이다.— 비존재는 결코 그 자체로 자기모순이 아니기 때문이다. (따라서 내가 어떤 사물을 그 자체로 필연적이라 부른다면, 나는 단지 그 사물의 비존재에 대한 개념을 가지지 않았다고 말하려는 것일 뿐이다.)

만일 내가 '어떤 것이 현존한다면, 어떤 다른 것도 전적으로 필연적으로 현존한다'고 말한다면— 왜냐하면 만일 아무것도 필연적으로 현존하지 않는다면, 모든 것은 우연적인 것이며, 따라서 다른 사물을 원인으로 가질 것이기 때문이다— '이 명제가 분석적인가 종합적인가?'라는 첫째 물음이 생겨난다. 분석 명제의 경우 존재는 개념 안에 포함되어 있으며, 종합 명제의 경우 현존은 개념의 규정으로서 개념을 넘어 부가된 것이다. 그러나 현존이 개념 속에 포함되어 있다든지, 현존이 사물의 규정으로서 사물에 대한 개념을 넘어서서 사물에 대한 개념에 부가되는 어떤 것이라는 두 가지 모두 거짓이다. 이런 것으로는 사물의 개념이 확장되지 않으며, 단지 사물 자체가 정립된다. 따라서 이 질문은 단지 사물들이 사유와 맺는 관계만을 포함하며, 사물들 상호 간의 관계를 포함하지 않는다. 나의 (정립하거나 제거하는) 사유가 필연적인가 아니면 우연적인가. 따라서 여기서 개념은 사태로 간주되거나 오히려 어떤 것의 현상이 된다.

철저한 증명은 단지 이론적·독단적 판단에 대해서만 타당하지만, 논증은 또한 실천적·독단적인 것에 대해서도 타당할 수 있다. 그러므로 이런 논증은 자유로운 동의를 정초하는데, 이 동의는 증명에 따라 확보한 것은 아니지만, 적어도 그처럼 생각한 사람이 실천적 의도에서 그 동의를 저버리지 않을 것이라 확신하는 정도로 확실한 자유로운 동의다. 이런 동의는 세 종류의 초감성적인 것에 관해서 발생한다. 이런 이념들에 관해 그처럼 생각한 사람은 이론적으로 보면 회의적일 수도 있지만, 그는 마치 이 이념들이 그에게 길을 밝혀줄 수 있는 것처럼, 이런 이념을 포기할 수 없다.

집적체인 가장 실재적인 것에 대한 표상의 의인관에 관하여. 나는
XX 351 이 경우 이런 존재자에게 (비록 우리 것과는 다르다 하더라도) 지성과 의지를 부여할 필요가 없다. 오히려 이 존재자는 우리가 오직 지성으로만 가능한 것으로 생각할 수 있는 모든 것의 근거이며, 따라서 또한 의지의 근거다.

만일 쾌의 감정이 법칙에 선행한다면, 그 쾌의 감정은 감성적인 것이지만, 그와 반대라면 그 쾌의 감정은 지성적인 것, 즉 도덕적 감정이다.

법칙에 대한 표상에 뒤따르는 감정과 비교하여, 법칙에 선행하는 감정에 관하여.

실천이성과 감성의 대립이 아니라 실천이성의 현상들 간의 대립

실천이성과의 유비에 따른 감성적인 것의 표상에 관하여.

학부논쟁

Ⅶ 1

이진오 · 이상헌

일러두기

『학부논쟁』(*Der Streit der Fakultäten*) 번역은 1798년 발표된 원전을 대본으로 사용했 고, 학술원판(*Abhandlungen nach 1781* in *Kant's gesammelte Schriften*, Bd. VII, pp.1-116, hrsg. von der Königlich Preußischen Akademie der Wissenschaften, 1911)과 바이셰델판(*Schriften zur Anthropologie, Geschichtsphilosophie, Politik und Pädagogik* in *Immanuel Kant Werke in zehn Bänden*, Bd. XI, pp. 263-393, hrsg. von Wilhelm Weischedel, Frankfurt, 1968)을 참조했다.

헌정

A Ⅲ; Ⅶ 3

괴팅겐의 박사이자 교수인

칼 프리드리히 스토이드린에게

저자 드림

머리말

A V; VII 5 계몽된 정부가[1] 인간 정신을 속박에서 벗어나게 하고, 사유에서
바로 이러한 자유를 바탕으로 좀더 자발적으로 순종하게 만들었다.
이 계몽된 정부가 이제 이 지면에 남은 이야기를 하도록 허락했다.
A VI 또 동시에 이러한 사태의 변화[2]에서 저자와 관련된 문제에 관하여
앞으로 짧게 말을 전하려고 나 스스로 선택한 자유에 대해서도 나는
이 지면에 근거를 두고서 동시에 책임을 지게 될 것이다.

군주인 프리드리히 빌헬름 2세는 용기와 성실성과 인간에 대한 사
랑이 있으며 — 어떤 기질적 특성을 제외하고는 — 모든 면에서 뛰어
나다. 그는 또 나와 개인적으로 인사를 나눴고 종종 내게 자신의 호
의를 표명했다. 훗날 종교부 장관으로 승진했으며, 자신의 내적 확신
에 근거를 둔 선한 의도를 지녔다는 것 이외에 그 어떤 다른 의도가
있다고 사람들이 평가할 만한 이유가 전혀 없던 한 성직자의 제안에
따라서 프리드리히 빌헬름 2세는 1788년에 종교칙령 하나를 선포하
도록 했고, 곧이어 검열칙령을 반포하도록 했다. 이 검열칙령은 저술
A VII 활동 전체를 매우 제한하는 것이며, 이로써 또한 저 종교칙령도 함께
강화하는 것이었다. 나중에 결과로서 발생한 폭발에 앞서 일어난 징
조는 저 종교부의 개혁이 필연적이라는 점을 정부에 충고하는 것이

었어야만 했다. 이러한 사실을 사람들은 부정할 수 없을 것이다. 저 부서는 미래의 공적인 민중교사들이 받는 현학적인 수업의 정체된 길 위에서 성립될 수 있는 것이었다. 왜냐하면 젊은 성직자들인 이 교사들이 해학을 이해할 줄 아는 사람이라면 회개하지 않을 것 같은 어조로 일치된 설교를 했기 때문이다.

그리하여 종교칙령이 국내 저술가들뿐만 아니라 외국 저술가들에게도 강력한 영향을 미쳤으나, 내 논문은 『이성의 오롯한 한계 안의 종교』*라는 제목으로 출간될 수 있게 됐다. 그리고 나는 몰래 불법을 저질렀다고 고발되지 않으려고 내 모든 저술에 내 이름을 내걸었다. 1794년에는 이 저술들 때문에 아래와 같은 왕실 명령이 내게 하달됐다. 이 명령의 존재를 나는 가장 신뢰하는 친구들에게만 알렸다. 따라서 이 명령이 지금 최초로 공개된다는 사실도 주목할 만하다.

A VIII; VII 6

A IX

신의 은총이 깃든 프로이센의 국왕 프리드리히 빌헬름 등이

품격 있고 학식이 높은 친애하는 충신이여, 우선 자비를 담아 인사드립니다! 이미 오래전부터 우리의 최고 인격께서는 매우 불만스럽게 지켜보았습니다. 성서와 기독교의 많은 주요 교설과 근본교실

---

* 이 제목은 저 논문이 (계시 없이) 오직 이성에 따른 종교를 의미하는 것으로 해석되는 것을 방지하기 위해 의도적으로 정해졌다. 그런 식으로 해석된다면 지나친 월권일 수 있다. 종교의 교설들이 초자연적으로 영감을 받은 사람들에 의해 생겨났을 수도 있으니 말이다. 그리고 나는 계시된 것으로 믿어진 종교의 텍스트 속에서도, 즉 성서라는 텍스트 속에서도 순전히 이성을 바탕으로 인식될 수 있는 것만 저 논문에서 하나로 연관해 보여주려고 했으니 말이다.

을 왜곡하고 평가절하하기 위해 당신이 어떻게 당신 철학을 오용했
A X 는지 지켜본 것입니다. 특히 당신의 책 『이성의 오롯한 한계 안의 종교』나 이와 유사한 다른 작은 논문들에서 당신이 어떻게 이러한 일을 저질렀는지 주목했습니다. 우리는 당신이 개선되길 바랍니다. 왜냐하면 당신이 그런 일로 젊은이들의 교사인 당신 의무에 역행하고, 당신이 너무도 잘 아는 조국의 의도에 역행하며 무책임하게 행동했다는 사실을 당신 스스로 통찰할 수밖에 없었을 것이기 때문입니다. 우리는 당신이 최대한 빨리 가장 양심적으로 책임을 다해줄 것을 촉구합니다. 또 당신이 우리의 극한 분노를 야기하지 않을 수 있기를 기대합니다. 그리하여 당신이 앞으로는 그와 같은 일로 죄를 범하는 대신 오히려 당신 의무에 따라 당신의 명망과 재능을 우리 조국이 바라는 바를 더욱더 성취할 수 있도록 사용하기를 기대합니다. 기대와
A XI 다르게 계속해서 거역하는 행동을 할 경우에는 불쾌한 조치가 내려질 수밖에 없습니다.

은총의 마음으로 그대에게. 베를린, 1794년 10월 1일.

국왕 폐하의 가장 자비로운 특별명령에 따라

뵐너

Ⅶ 7 특별히 — 프로이센 쾨니히스베르크의 품격 있고 학식 높은 우리의 교수이며 친애하는 충성스러운 칸트에게 1794년 10월 12일 반포함.

A XII 이에 대해 나는 가장 신민다운 답변을 내 처지에서 아래와 같이 내놓았다.

지극히 자비로우신 분 등에게

지고하신 국왕 폐하께서 10월 1일 저에 대해 공표하여 같은 달 12일 저한테 하달된 명령은 저에게 다음과 같은 것을 가장 경건한 의무로 부과했습니다. 첫째, "특히 저의 책 『이성의 오롯한 한계 안의 종교』와 이와 유사한 다른 작은 논문들에서 성서와 기독교의 많은 주요 교설과 근본교설을 왜곡하고 평가절하한 제 철학의 오용에 대해, 그리고 이로써 젊은이들의 교사로서 제 의무를 위반한 죄와 제게 매우 A XIII
잘 알려진 조국의 지고한 의도에 역행한 죄에 대해 양심적으로 책임을 질 것", 둘째, "앞으로는 그와 유사한 일로 제가 죄를 짓지 않도록 할 것"입니다. 이 두 가지에 대하여 이하 해명은 저의 가장 신민다운 복종의 증명으로서 국왕 폐하께 헌정되기에 부족함이 없을 것입니다.

첫 번째 것과 관련해서, 즉 저에 대해 제기된 고소와 관련해 제 양심적인 책임은 다음과 같습니다.

제가 이해하는 한에서 젊은이들의 교사로서 저는 학술적 강의에서 결코 성서와 기독교를 판정하는 일에 개입하지 않았고, 개입할 수도 없었다는 사실은 제가 기본으로 삼고 있으며 그러한 강의와 유일하게 연관됐을 바움가르텐의 교본들이 이미 증명할 것입니다. 왜냐하면 이 교본들에는 성서와 기독교에 대한 제목이 한 번도 등장하지 않으며, 한낱 철학의 제목으로도 [성서와 기독교에 대한 제목이] 포 A XIV
함될 수 없기 때문입니다. 그러나 의도한 한 학문의 경계를 넘어서거나 경계를 넘나들게 한 잘못을 저질렀다는 비난은 최소한 제가 받을 수 있을 것입니다. 학문의 그러한 잘못을 제가 늘 질책하고 경고해오더라도 말입니다.

또 제가 인민의 교사로서 저술들 속에서, 특히 『이성의 오롯한 한 VII 8
계 안의 종교』라는 책에서 저에게 알려진 조국의 의도에 역행하지 A XV

않았다는 것은, 즉 공적인 국가 종교에 해를 입히지 않았다는 것은 저 책이 그런 일에는 전혀 적합하지 않으며 오히려 대중에게는 이해될 수 없는 폐쇄적인 책이고, 인민은 전혀 주목하지 않는 학부 학자들 사이의 논의만 소개한 책이라는 사실로 이미 밝혀집니다. 그러나 그러한 논의와 관련해서 학부들 자체는 그들의 최고 지식과 양심에 따라서 공적으로 판단할 수 있는 자유로운 상태로 남아 있습니다. 그리고 (학교와 설교단상에) 투입된 인민의 교사들만이 국가권력이 공적인 강론을 위해 이들에게 허용하는 저 논의의 결과물에 묶여 있습니다. 왜냐하면 이 인민의 교사들은 그들의 고유한 종교신앙을 또한
A XVI 스스로 생각해내 전수할 수 있었던 것이 아니라 오직 다음과 같은 길을 거쳐서만, 즉 종교신앙에 대한 자격을 갖춘 학부들에(신학부와 철학부에) 의한 심사와 정정이라는 길을 거쳐서만 그 종교신앙을 전수할 수 있기 때문입니다. 따라서 이 학부들이 공적인 국가 종교에 도움이 된다고 여긴 모든 것을 통치를 위한 지식으로 만들도록 이 학부들에 허가하는 일과 요청하는 일도 국가권력의 권한이 되었기 때문에 그렇습니다.

언급된 이 책은 기독교에 대한 어떤 평가도 담지 않았으므로 사실 이 책에서 저는 죄가 될 만한 기독교에 대한 어떤 폄하도 하지 않았습니다. 이 책은 원래 자연종교에 대한 평가만 담았기 때문에 그렇습니다. 종교에 대한 어떤 순수 이성의 교설들을 확인할 목적으로 몇 가지 성서구절을 인용한 일이 유일하게 그러한 오해를 야기할 수 있
XVII 었을 것입니다. 그런데 바로 이런 식으로 성서구절을 자신의 철학적 도덕에서 다룬 고(故) 미하엘리스는 이 문제에 대해 이미 다음과 같이 해명한 적이 있습니다. 즉, 성서구절을 인용함으로써 그는 성서적인 어떤 것을 철학 속에 집어넣거나 철학적인 어떤 것을 성서에서 가져왔다고 여기지 않으며, 다른 이의 (아마도 시인과 연설가의) 판단

과 참된 일치나 추정적인 일치로 단지 그의 이성명제에 빛과 확증을
주었다고 해명한 적이 있습니다.—하지만 만약 여기서 이성이 마
치 그 자신만으로 충분하기라도 한 것처럼 말하고, 그래서 계시론이
과도한 것처럼 말한다면(만약 객관적으로 꼭 그렇게 이해된다면, 그러
한 일은 실제로 기독교를 폄하하는 것으로 여겨질 수밖에 없습니다), 이 A XVIII
는 이성 자신의 평가를 표현한 것 이외에 다른 어떤 것이 아닙니다.
즉 이성 자신의 능력에 따라서가 아니라 도덕적·실천적인 것(우리가
해야 하는 것) 속에 존속하는 어떤 종교 일반의 본질을 이루는 보편성
과 통일성 그리고 필연성이 이성에서만 생겨난 한에서 이성이 행하 VIII 9
라고 지시한 것에 맞게 이성이 자신의 평가를 표현한 것 이외에 다른
어떤 것이 아닌 것입니다. 이에 반해서 우리에게 역사적인 증명근거
를 믿게 하는 원인을 지닌 것은 (왜냐하면 여기서는 해야 한다는 당위가
해당되지 않기 때문에 그렇습니다) 즉 그 자체로 우연적인 신앙교설인
계시는 본질 이외의 것으로 여겨집니다. 하지만 그렇다고 해서 계시
가 불필요하다거나 과도한 것으로 여겨지는 것은 아닙니다. 왜냐하
면 계시는 순수한 이성신앙이 부정하지 못하는 이론적 결함을, 예를
들면 악의 근원과 이 악에서 선으로 이행하는 문제와 최종적인 상태
에서 인간의 확신에 대한 문제 등에 관련된 질문에 대한 이성신앙의 A XIX
이론적 결함을 보완하는 일에 기여할 수 있기 때문입니다. 또 이성
의 필요를 만족시키는 것으로서 계시는 시대와 개인의 상이성에 맞
추어 이성적 결함을 보완하는 일에 많건 적건 기여할 수 있기 때문입
니다.

더군다나 저는 다른 교설들 중 기독교의 성서적 신앙교설을 상당
히 존경한다는 점을 위에 언급한 책에서 다음과 같이 천명하며 증명
했습니다. 즉 이 책에서 저는 성서는 참되게 영혼을 개선하는 국가
종교를 무한한 시간 세우고 유지하는 데 유용한 현존하는 최고의 공

A XX 적인 종교지도 수단이라고 칭송했고, 그런 다음 또한 저는 비밀을 포함하는 종교지도의 이론적 교설에 대해 이의와 의심을 야기하는 학교나 설교단상과 대중저술의 불손한 행동에 대해 (그런데 학부에서는 이런 것이 허용되어야만 합니다) 꾸짖으며 해가 되는 짓이라고 선언했던 것입니다. 그러나 이러한 것이 기독교에 대한 최대 경의표시는 아직 아닙니다. 여기서 언급된 가장 순수한 도덕적 이성신앙과 기독교의 일치가 기독교에 대한 가장 지속적인 최고 칭송이기 때문입니다. 매우 빈번하게 변형된 기독교는 역사적인 것에 대한 많은 지식으로가 아니라 바로 그러한 일치로 언제나 다시 만들어지고, 더 나아
A XXI 가 장래에도 피할 수 없을 [변형이라는] 유사한 운명에서도 홀로 다시 만들어질 수 있을 테니 말입니다.

결론적으로 저는 신앙을 고백한 다른 사람들에게 항상 우선적으로 양심의 올바름을 권유만 했지, 그 정직함을 부추겨서 그들 자신이 확신하는 것과는 다른 것을 신앙의 조항으로 강요하지는 않았습니다. 저는 또 표현 속에 영혼을 부패하게 할 모든 오류뿐만 아니라 충격을 유발할 모든 경솔한 행동을 멀리하기 위해 제 책을 쓸 때도 바로 저 자신 안에 있는 [정직함이라는] 이 심판관이 늘 제 곁에 서 있
A XXII ; VII 10 다고 생각했습니다. 따라서 저는 또 속마음을 파악하는 세계 심판자에게 이 모든 것에 대해 곧 변명해야만 할지도 모른다는 생각이 쉽게 드는 71세인 지금에도 제 학설로 제게 주어진 현재 책임에 대한 해명의 글을 전적으로 양심에 따라 작성하여 숨기지 않고 제출할 수 있습니다.

둘째 점에 관련된 것을 말씀드리겠습니다. 즉 장래에 기독교에 대한 (고발된) 그와 같은 왜곡과 폄하로 앞으로 제가 결코 죄를 짓지 않아야 한다는 점과 관련해 말씀드리겠습니다. 그런 점에 대한 최소한의 혐의도 예방하기 위해 여기서 저는 국왕 폐하의 가장 충성스러

운 신민*으로서 다음과 같은 사실을 매우 엄숙히 천명하는 것이 가장 A XXIII
확실하다고 봅니다. 앞으로 저는 자연종교든 계시종교든 간에 종교와 관련된 모든 공적인 강론을 강의에서뿐만 아니라 저술에서도 철저히 삼갈 것입니다.

저는 가장 겸손한 자세로 노력하고 있습니다. 이만 줄이겠습니다.

이성에서 점점 더 멀어지는 신앙을 향한 지속적 충동에 대한 상세한 이야기는 잘 알려져 있다.

성직자가 되려는 신학생들에 대한 심사는 이제까지 신앙위원회에 맡겨져 있었다. 그런데 경건주의적 선별법에 적합한 심사방안을 토대로 삼았던 이 신앙위원회는 성직자가 되려는 신학의 수많은 양심적 신학생을 몰아내고 법학부에 사람들이 넘쳐나게 만들었다. 이것 A XXIV
은 밖으로 내보내기의 일종인데, 이로써 우연히 부수적인 이익도 얻었을 것이다. — 이 위원회의 정신을 조금이나마 이해하고자 한다면, 사면에 앞서서 깊이 참회하는 비탄을(영혼의 비통을) 반드시 담은 통곡의 뉘우침이 있어야 한다. 그런데 이 비탄에 대해 이때 다음과 같은 질문이 제기된다. 즉 깊이 참회하는 이 비탄이라는 것도 인간이 스스로 보여줄 수 있는 것인가? 대답은 정말 아니라는 것이었다. 크게 후회하는 죄인은 이러한 참회를 특별히 하늘에 간청할 수밖에 없다. — 그러므로 (자신의 위반에 대해) 여전히 참회를 간청해야만 하는 자는 [하늘에 참회를 아직도 간청해야만 하는 상태이기 때문에] 자신의 행위로 실제로는 참회하지 않았다는 점이 눈에 띈다. 이러한 사실은 그 간청이 기도를 의미할 경우에 그 기도가 응답될 수 있으려 A XXV

* 이 종교재판에서 내가 판단의 자유를 영원히 포기한 것이 아니라 단지 국왕 폐하가 살아 있는 동안에만 포기했다는 것을 나타내려고 나는 신중하게 이러한 표현을 또 선택했다.

면, 그것이 [응답의 조건인] 신앙 속에서 일어날 수밖에 없다는 것과 마찬가지로 모순으로 보인다. 왜냐하면 기도하는 자가 신앙을 가진 자라면 그러한 것을 간청할 필요가 없고, 만약 그가 신앙을 가지지 않은 자라면 응답을 들을 수 있는 간청을 할 수 없기 때문이다.

* * *

Ⅶ 11 이제 이러한 폐단이 제지되고 있다. 왜냐하면 종교를 국가에 가장 필요한 것으로 여기는 공동체 일반의 시민적 안녕을 위해서뿐만 아니라 학문 진흥을 위해서 마련된 상급학교평의회에 의한 학문들의 이익을 위해서도 최근 다행히 다음과 같은 일이 일어났기 때문이다.
A XXVI 즉 연방정부가 현명하게도 계몽된 정치인을 선발했고, 그는 어떤 한 특별한 학과에 대한 (즉 신학과에 대한) 일방적 편애에 따라서가 아니라 전체 교사 계층에 널리 퍼진 관심을 고려하여 그 관심을 촉진하는 데 필요한 직종과 재능과 의지를 갖고 있으며, 이런 그가 반계몽주의자들의 모든 새로운 공격에 대항해 학문 영역에서 문화의 진보를 보장할 것이라는 점이다.

* * *

'학부논쟁'이라는 총괄적인 제목 아래 이제 세 논문을 소개할 것이다. 이 세 논문은 내가 상이한 의도를 가지고 다른 시기에 썼지만,
A XXVII 하나의 작품으로 묶는 데 적합한 체계적 통일성을 지닌다. 나는 이 논문들이 (분산되는 것을 예방하려고) 하위학부와 세 상위학부의 논쟁으로서 책 한 권에 적절히 함께 있을 수 있다는 사실을 나중에야 의식했다.

목 차 A XXVIII; VII 12

제1편 철학부와 신학부의 논쟁 A 1; Ⅶ 15

서론 A 2; Ⅶ 17

학식에 관한 전체 총괄개념을 (원래는 학문에 종사하는 두뇌들을) 마치 분업을 통한 공장 작업방식처럼 다루겠다는 생각을 일단 하고, 그런 생각을 공적으로 실행하자고 제안한 것은 괜찮은 착상이었다. 분업에서는 학문들의 학과 수만큼 공적 교사들인 교수들이 그 학문을 갖춘 자로서 채용될 것이다. 이들은 함께 일종의 학식공동체인 대학을 (또한 상급학교를) 구성했는데, (학자들 자체에 대해서는 학자들만이 판단을 내릴 수 있으므로) 대학은 자치권을 지닐 것이다. 따라서 대학은 부분적으로는 자신들의 학부들*에 근거를 두고서 (학식을 담

---

* 그 학부들 각각에는 그 학부의 통솔자인 학장이 있다. 점성술에서 차용한 학장이라는 이 직함은 원래는 세 가지 별의 정령 중 하나를 의미했다. 세 A 4 정령은 황도대(黃道帶)의 한 표식보다 (30도만큼) 앞서 있으면서 10도씩 인솔한다. 이 직함은 처음에는 별자리에서 야전으로 옮겨졌고,[3] (살마시우스, 『갱년기 …에 대하여』, 56쪽을 볼 것) 최종적으로는 대학으로 옮겨졌다. 그러나 여기서는 10이라는 (교수들의) 수는 고려되지 않았다. 오늘날 정치인들이 자신들을 치장하는 데 사용하는 명예로운 직함들 거의 대부분은 학자들이 처음 고안했는데, 그런 치장을 학자들이 잊지 않았다는 사실에 대해 사람들은 나쁘게 생각하지 않을 것이다.

A 3 당하는 주요 학과의 상이성에 따라 대학의 학자들을 분류하는데, 그런
상이성에 따라 존재하는 소규모 다양한 단체에 근거를 두고서) 하급학
교에서 대학으로 올라오려는 견습생들을 받아들이는 권한을 지닐
것이며, 또 부분적으로는 (대학의 구성원을 이루지 않기에) 자유로운
박사라 불리는 교사에게 고유한 권력에 따라 선행시험 후 모든 이가
인정하는 하나의 서열을 부여할 (그들에게 하나의 지위를 부여할) 권
한을, 즉 그들을 임명할 권한을 지닐 것이다.

VII 18 이러한 동업자조합의 학자들 외에도 조합에서 자유로운 학자들도
있을 것이다. 이들은 대학에 소속되어 있지 않다. 그 대신에 이들은
학식[4]이라는 거대한 총괄개념 중 단지 한 부분만을 담당함으로써 그
A 5 만한 수의 작업장으로서 (학술원이나 학회라 칭해지는) 어떤 자유협회
를 만든다. 혹은 그들은 말하자면 학식의 자연 상태에 살면서 각자가
공적인 규정이나 규칙 없이 애호가로서 그 학식을 확장하거나 널리
퍼뜨리는 일에 종사한다.

학사들(대학에서 공부한 자들)은 본래적 의미의 학자들과 다시 구
별되어야 한다. 물론 이들은 정부의 도구로서 정부에 의해 (최선의
학문 자체를 위해서는 아니고) 그 정부의 고유한 목적을 위해 공무원
복장을 한 채 자신들의 학업을 한 것이 틀림없다. 그러나 공직은 공
직에 관한 근본이론에 따라 오직 학자들에게 근거를 둘 수밖에 없
다. 따라서 만약 그들이 시민을 위해 공직을 수행하는 데 필요한 만
큼만 남겨 갖고 있다면, 다시 말해 공직의 규약에 관한 경험적 지식
만을 (따라서 이것은 실천에 관련된다) 남겨서 갖고 있다면, 그들은 아
마도 (이론과 관련된) 그것들 중 많은 것을 결국 잊어버렸을 수도 있
다. 따라서 우리는 이들을 실무자나 학식을 갖춘 업무전문가라 칭할
수 있다. 그들은 정부의 도구들(성직자들, 사법부 공무원들과 의사들)
A 6 로서 대중에게 법률상 영향을 미치고 있고, 자신들의 고유한 지혜가

아니라 학부들의 검열하에서만 학식을 공적으로 사용하는 자유롭지 못한 학사들이라는 하나의 특수한 계급을 형성하고 있다. 또 그들은 (가령 평신도에게 다가서는 사제처럼) 우매한 이들로 이루어진 민중을 직접 대면하며, 그들의 학과에서 입법권력은 당연히 갖지 않지만 부분적으로는 행정적 강제력을 갖고 있다. 이 때문에 그들이 학부들에 귀속된 사법적 강제력을 무시하지 못하도록 정부에서 엄격히 규제해야만 한다.

학부들 전체 분류

도입된 관행에 따라 학부들은 두 부류로 분류된다. 즉 학부들은 상위학부 셋과 하위학부 하나로 분류된다. 이러한 분류와 명명작업에서 관건은 학자층이 아니라 정부였다는 사실을 우리는 잘 알 수 있다. 왜냐하면 학부들의 교설[5]이 이런 혹은 저런 성격을 지녀야만 하는지의 문제나 공적으로 강론되어야만 하는지의 문제가 정부 자체의 관심을 끄는 학부들만 상위학부에 포함되기 때문이다. 이와 반대로 [정부의 관심사가 아니라] 학문적 관심에만 주의를 기울이는 학 A 7
부는 하위학부로 지칭되는데, 그 이유는 이 학부가 자신들이 좋다고 VII 19
판단하는 관심을 자신들의 교의로 견지할 수 있기 때문이다. 그러나 정부는 자신이 민중에게 가장 강력하게 지속적으로 영향을 미칠 수 있도록 해주는 것에 가장 관심이 크다. 그런데 그와 같은 것이 상위학부들이 담당하는 대상들이다. 그래서 정부는 상위학부들의 수업 자체를 인가할 권리를 손아귀에 쥐고 있다. 이와 반대로 정부는 하위학부의 교설은 학식을 갖춘 민중 자체의 이성에 맡겨둔다. 그런데 정부가 수업을 인가할 때라도 정부 (그 정부) 스스로 가르치는 것이 아니다. 정부는 관련된 학부들의 어떤 교설이 그 학부들의 공적인 강론으로 채택되어야만 하는지와 그 학부들에 반하는 것이라서 제외되어야만 하는지에 대해서만 지시하길 원한다. 정부는 가르치지 않고, (진리와 상관이 있거나 어떻든 간에) 가르치는 자들에게 명령만 한다.
A 8 이 명령권은 가르치는 자들이 공직*에 들어설 때 정부와 합의한 계약에서 생겼다. 교설뿐만 아니라 학문을 확장하고 개선하는 일에도 손을 뻗치다가 귀하신 분이 몸소 학자의 역할까지 하려고 했던 어떤 정부는 딱 자신들의 이런 옹졸함에 상응하는 존중을 받게 될 것이다. 그리고 학문과 관련된 모든 것을 획일화해버리고, 농담을 전혀 이해하지 못하는 민중과(민중의 학식수준과) 자신을 같은 무리로 만드는 짓은 정부 품격에 맞지 않는다.

A 9 단언컨대 학자공동체를 위해 대학에는 학부의 교설과 관련해서 정부 명령에서 독립한 채** 어떤 명령을 내리지는 않지만 모든 것을

---

* 대영제국 의회의 원칙은 권좌에 있는 왕의 담화가 그의 장관의 작품으로 간주되어야만 한다는 것임을 (의회가 담화 내용을 판단하고, 검증하고, 반박
A 8 할 권한을 가지고 있는 게 틀림없지만, 오류나 무지 혹은 허위를 까발리는 일은 군주의 존엄을 거스르는 일이 되기 때문이다) 우리는 인정해야만 한다. 이 원칙이 매우 정교하고 바르게 고안되었다는 사실도 우리는 인정해야만 한다고 나는 주장한다. 이와 마찬가지로 정부가 공적인 강론을 위해 독점권을 갖고 승인한 특정 수업을 선택할지도 학자들의 검증에 맡겨놓아야만 한다. 왜냐하면 [만약 정부가 승인만 하는 것이 아니라 선택까지 한다면] 그 선택은 군주가 산출한 것으로 간주되는 것이 아니라 그 선택을 위해 명령을 받은 국가공무원이 산출한 것으로 간주되어야만 하는데, 이들은 지배자의 의지를 올바로 이해하지 못하거나 곡해할 수도 있다고 여겨지기 때문이다.

** 한 프랑스 장관이 가장 명망 있는 상인들을 소집한 후 상거래를 회복할 방법을 제안하라고 요구했다고 한다. 그 제안들 중 최선의 것을 그 장관이 이해하여 선택할 수 있는 제안을 하라는 것이었다. 어떤 사람은 이런 것을,
VII 20 또 다른 사람은 저런 것을 제안했다. 그런 다음 그때까지도 침묵을 지키던 한 늙은 상인이 다음과 같이 말했다. 좋은 방도를 마련하여 돈을 잘 제공하려면 즉석어음거래권 같은 것을 주시오. 그러나 그밖에 것들은 "우리가 하게 내버려두시오." 대략 이런 것이 철학부가 내놓음 직한 대답이 될 것이

판단할 자유를 지닌 학부가 하나 있어야 한다. 이성이 공적으로 말할 VII 20
수 있는 권리가 존재해야만 할 경우 학문적 관심을 다룰 학부, ― 즉 진리를 다룰 학부가 하나 있어야만 한다. 왜냐하면 이러한 학부가 없다면 (정부 자체에 해를 줄) 진리는 백일하에 드러나지 않겠지만, 이성은 그 본성상 자유로운 것이라서 (믿어라가 아니라 단지 하나의 자유로운 믿음뿐이라서) 뭔가를 참인 것으로 여기라는 명령을 받아들이
지 않기 때문이다. 그렇지만 이러한 학부가 (자유라는) 이 위대한 특 A 10
권에도 하위학부로 칭해지는 원인은 인간의 본성 속에서 찾을 수 있다. 즉 [정부관료처럼] 명령할 수 있는 사람은 다른 사람의 고분고분한 하인이다. 그런데도 그는 자유롭지만 누구에게도 명령해서는 안 되는 [철학자와 같은] 어떤 다른 사람보다도 자신을 더 고상하게 여기기 때문에 [철학자들이 속한 학부를] 그렇게 칭한 것이다.

1장 학부들 사이의 관계 A 11

제1절 상위학부의 개념과 분류 VII 21

경험적인 어떤 대상에서 (학식과 관련된 전체적인 현재 분야와 마찬가지로) 자신을 실천으로 증명해야 하는 (어떤 한 정부의 이념과 같은) 하나의 이성적 이념을 근거로 하는 모든 인위적 기관은 발생한 일을 그저 우연히 모으고 자의적으로 조합해서 설치되는 것이라고 할 수 없다. 그런 기관들은 비록 불명료하게라도 이성에 근거를 둔 어떤 원

다. 만약 정부가 식견과 학문의 진보를 저해하지 않으면서도 학자들 일반에게 지시해야만 하는 교설이 무엇인지 철학부에 묻는다면 말이다.

리와 그 원리에 따른 일정한 필연적 분류방식을 지닌 계획에 따라 설치된 것으로 보아야 한다.

A 12 따라서 어떤 대학조직의 강의반과 학부들은 결코 우연히 존재하는 것이 아니다. 정부는 과거의 지혜와 학식을 날조하지 않으면서도 이미 (일정한 교설로 민중에게 영향을 미쳐야 한다고) 스스로 짐작한 그런 필요성에 따라서 아프리오리하게 현재 채택된 것과 다행히 합치되는 분류원리를 파악할 수 있었을 것이다. 이 분류원리는 경험적인 근원을 지니는 것처럼 보인다. 하지만 이런 점이 정부가 오류를 범하지 않는다는 뜻은 아니다.

정부가 이성에 따라 (다시 말해 객관적으로) (민중에게 영향을 미칠) 정부의 목적을 달성하기 위해 이용할 수 있는 동인들은 다음과 같다. 첫째는 인간 각자의 **영원한** 평안, 둘째는 사회 구성원으로서 **시민의** 평안, 셋째는 신체의 평안(장수와 건강)이다. 정부는 **첫째** 것과 관련

VII 22 된 공적 교설로 신민의 내적인 생각과 가장 은밀한 의지규정에까지도 영향을 미칠 수 있다. 즉, 정부는 신민의 내적 생각을 발견하고 은밀한 의지규정을 조정하는 데까지 최대한 영향을 미칠 수 있다. 정부는 **둘째** 것과 관련된 교설로 신민들의 대외적인 활동을 공법의 틀 안에 묶어놓을 수 있다. **셋째** 것을 가지고 정부는 정부의 의도에 유용

A 13 하다고 판단되는 강인한 다수 민중의 생존을 보장할 수 있다. — 이상과 같은 측면에서 볼 때 이성에 따라 통상적으로 채택된 그 서열은 분명히 상위학부들 중에서 매겨질 것이다. 즉 첫째로 **신학부**, 둘째로 **법률가들**의 학부, 셋째로 **의학부**라는 서열이 매겨지는 것이다. 하지만 **자연본능**에 따르면 의사가 인간에게는 가장 중요한 사람이다. 의사는 인간의 **생명**을 연장하는 자이기 때문이다. 그다음으로는 인간에게 자신의 소유물[6]을 유지할 수 있게 해준다는 법률전문가가 중요하고, 마지막으로는 성직자다. 물론 성직자가 영원한 축복과 관련된 일을

하지만 인간은 (거의 죽음에 임박해서야) 성직자를 찾는다. 심지어 성직자도 내세의 행복을 찬미하면서도 내세의 행복에 대해 스스로 그 어떤 것도 직접 보여주지 못하고 의사의 도움을 받으면서 어떻게든 이승에 조금이라도 더 오래 머물기를 바란다.

*　　*　　*

[이상과 같은] 세 상위학부 전체는 정부에서 그들에게 위임한 교설의 문서에 근거를 두고서 존재한다. 즉 이 세 상위학부는 학식을 지도받은 한 민중의 [개인적] 상태에 따라 바뀔 수 없는 것이 무엇인지를 나타내는 문서에 의존한다. 이러한 문서가 없다면 민중이 준거 A 14
할 수 있는 규준, 즉 — 지속적이며 누구나 접근할 수 있는 그런 규준도 없는 것이기 때문이다. 하나의 문서란 (또는 책이란) 규약을 포함한다. 즉 — 그러한 문서에는 어떤 한 [단체의] 수장의 선택이 개입된 (그 자체 이성에서 발생하지 않은) 교설이 포함될 수밖에 없다는 사실 또한 자명하다. 문서는 정부에서 승인한 것이 아닐 경우에도 무조건 복종을 요구할 수 없기 때문이다. 이러한 상황은 법전에도 해당된다. 그리하여 그 자체 동시에 [수장의 자의에서뿐만 아니라] [보편적] 이성에서 도출되어 공적으로 강론될 수 있는 교설을 [수장의 자의로 만들어진] 저 법전은 이성의 명망을 고려하지 않고 한 입법자의 명령을 근거로 삼는다. 예를 들면, 상징적인 책들처럼, (학자들 또는 학자가 아닌) 공동체 구성원들이 개념을 더 쉽게 이해하고 이 개념을 확실하게 사용하게 하려고 학부들에서 법전의 정신을 (추측건대) 완벽하게 발췌해 편집한 책들은 많은 경우 규준 역할을 하는 법전과는 완
전히 구별된다. 그런 책들은 규준 역할을 하는 법전에 쉽게 접근하려 VII 23
는 도구가 되길 바랄 수는 있지만, 어떠한 권위도 갖지 않는다. 그리

A 15 고 어떤 한 학과의 가장 뛰어난 학자가 규범이 되는 문서를 대신할
책을 학과를 위해 타당한 것으로 합의하더라도, 권위가 인정되는 것
은 아니다. 그들은 권위와 관련된 것에는 전혀 권한이 없다. 다만 그
들은 시대 상황에 따라 변할 수 있는 교수법에만 권한을 갖는다. 즉
그들은 일반적으로 오직 강론의 형식적 부분에만 권한이 있다. 따라
서 그들은 입법의 실질적인 부분에 대해서는 아무것도 만들어내지
못하는 교수법 역할을 하는 책들을 한시적으로 채택할 권한이 있다.

그래서 (상위학부에 속하는 자인) 성서신학자는 자신의 교설을 이
성에 따라 만들지 않고 **성서**에 따라 만든다. 법을 가르치는 자는 자
연법이 아니라 **국법**에 따라 교설을 만든다. 약리학자는 대중에게 적
용할 치료법을 인체의 **생리학**에 따라서가 아니라 [정부가 공인한] 의
A 16 **료지침**으로 만든다. — 그런데 만약 이 학부들 중 어느 한 학부가 이
성에서 빌려온 무언가를 섞어 넣으려고 감행하면, 그 즉시 그 학부는
그 학부를 거쳐 명령을 내리는 정부의 권위를 손상시키는 셈이 된다.
이런 이유에서 정부는 그런 학부에서 이성에 의거해 기록한 것들을
가차 없이 박탈하고, 그런 학부를 평등과 자유의 척도에 따라 대하는
철학부를 간섭한다. — 이런 사정 때문에 상위학부들은 자신들의 규
약의 명망이 하위학부의 자유로운 사변에 해를 입게 되는 것을 방지
하려면 하위학부와 어색한 결혼을 감행하지 말아야 한다. 상위학부
는 하위학부에 존경을 받을 수 있는 정도로 미묘한 간격을 유지하려
고 늘 신경을 써야 한다.

A. 신학부의 고유성

유일신이 존재한다는 사실을 성서신학자는 유일신이 성서 속에서 이야기한 것으로 증명한다. 성서 속에서 유일신은 자신의 본성에 대해서도 (심지어 성서의 그 기록과는 이성이 상응할 수 없는 지점까지도,

예를 들면 유일신의 삼위의 인격성이라는 도달할 수 없는 비밀에 대해서도) 말한다. 그러나 신 자신이 성서에서 말하는 것은 하나의 역사문제이기 때문에 성서신학자는 자격을 내세워 그것을 증명할 수도 없고 증명해서도 안 된다. 그것을 증명하는 일은 철학부에 속한다.[7] 따라서 학자들을 대상으로 하여 성서신학자는 신앙의 문제로는 그것을[8] 성서의 신성에 대한 어떤 (당연히 증명될 수도 해명될 수도 없는) 느낌 자체에 근거를 두려고 할 것이다. 그러나 성서의 근원인 (기록된 의미대로) 신성과 관련된 문제를 민중을 대상으로 하는 공적 강론에서는 전혀 제기해서는 안 된다. 왜냐하면 민중은 학문적 문제인 그런 사안 A 17; Ⅶ 24
은 전혀 이해하지 못할 것이며, 이런 문제로 민중은 호기심에서 생긴 고뇌와 의심에 휩쓸릴 뿐이기 때문이다. 반대로 이와 같은 문제와 관련해서 민중이 [설교자와 사제 등] 그들의 교사에게 갖는 신뢰는 훨씬 확실하게 믿을 만하다. — 성서 구절들을 표현과 정확히 합치되지는 않지만 어찌 보면 도덕적 의미로 해석할 권한도 성서신학자는 가질 수 없다. 그리고 인간이면서 신에게 전권을 위임받은 성서해석자는 존재하지 않는다. 그렇기 때문에 성서신학자는 이성이 성서해석에 섞인다는 주장을 허용한다거나 (더 높은 모든 권위를 결여하는) 이성이 이성에 의한 해석을 타당하게 만든다는 주장을 허용하지 않는다. 그들은 오히려 모든 진리로 인도하는 어떤 한 정신에 의해 이해가 초자연적으로 열린다는 말에 의존할 수밖에 없다. — 끝으로 우리 의지가 신의 명령을 실행하는 일과 어떤 관련이 있는지 논하게 되면, 성서신학자는 당연히 천성을, 즉 인간의 고유한 도덕적 능력(덕)을 신뢰하지 않고 (초자연적이면서도 동시에 도덕적 작용인) 은혜를 신뢰 A 18
할 수밖에 없다. 그런데 또한 인간은 다름 아니라 내면 깊이 마음을 변화시키는 신앙으로 은혜를 입을 수 없지만, 이 신앙 자체는 오직 은혜로만 기대할 수 있는 것이다. — 그런데 만약 성서신학자가 이런 주장들 중 어떤 하나와 관련하여 [신앙이나 은혜뿐만 아니라] 이성도 최대한의 정직성과 진심에서 [신의 명령을 실행한다는] 동일한 목표를 이루기 위해 노력한다고 여기면서 이성에 관여한다면, (로물루스의 동생처럼)[9] 이 성서신학자는 유일하게 영원한 축복을 얻게 해주는 교회신앙의 한계를 넘어서 자신의 판단과 철학이라는 자유롭고 트인 벌판에서 길을 잃고 만다. 이때 성서신학자는 종교적인 통치체제에서 떨어져 나와 무정부 상태의 온갖 위험에 노출된다. — 그런데 사람들은 내가 여기서 평판이 좋지 않은 철학과 이성의 자유정신에 따라 아직 전염되지 않은 순수한 성서신학자에 대해 이야기한다는 사실을 분명히 알아야 한다. 왜냐하면 서로 별개인 두 가지 업무를 합쳐서 뒤섞자마자 우리는 그 업무들 각각의 고유성에서 특정한 개념을 만들 수 없기 때문이다.

B. 법학부의 고유성

A 19 법전에 대한 학식을 갖춘 법학자는 (정부의 공직자로서 그가 해야 할 바대로 처리할 경우에는) 내 것과 네 것을 보장해주는 법률을 그의
VII 25 이성에서 찾지 않고, 공적으로 입법이 되고 최고 부서에서 승인한 법전에서 찾는다. 이러한 법률의 진리성과 합법성을 증명하는 일을 그 법학자에게 요구할 수 없는 것과 마찬가지로 그러한 법률의 진리성과 합법성에 대한 이성의 반론을 방어하는 일도 그 법학자에게 정당하게 요구할 수 없다. 왜냐하면 법령이 어떤 것이 정당하다고 정해주는 것이지만, 이제 이 법령 자체가 정당한지 어떤지를 묻는다는 것은 법학자들에게는 불합리한 것으로서 곧바로 기각될 수밖에 없기 때문이다. [정부의 법률에 담긴] 대외적인 최상의 의지가 이성과 명목상 일치하지 않는다고 해서 그 의지에 복종하지 않으려는 것은 우스운 일이 될 것이다. 왜냐하면 정부의 권위는 그 정부가 합법과 불법

에 대해 신민들에게 신민들 자신만의 개념에 따라서 판단할 자유를 허용하는 데서 생기는 것이 아니라 입법 권력의 규정에 따라 합법과 불법을 판단할 자유를 허용하는 데서 생기기 때문이다.

그러나 실천과 관련한 다음과 같은 점에서는 법학부 사정이 신학부보다 낫다. 법학부는 눈으로 볼 수 있는 법률 해석자를 확보하고 있다는 점이다. 즉 재판관에게서나 이 재판관에 대한 항소의 경우에
는 법률위원회에서 그리고 (최고 항소심의 경우에는) 입법자 자체에 A 20
서 그 법률 해석자를 확보한다. 그런데 성서 중 해석이 가능한 구절들과 관련해서 신학부에서는 이런 일이 잘되지 않는다. 하지만 다른 면에서 보면 그런 장점은 적지 않은 단점들로 상쇄되고 만다. 다시 말해서 경험이 더 많은 것을 보장하고 더 나은 통찰을 보장하고 나면, 세상의 법전들은 변할 수밖에 없다. 이와 반대로 성서는 (감소나 증가) 그 어떤 변화도 보이지 않고 영원히 완결된 채 있다고 주장한다. 또 법률가들이 법집행을 위한 정확히 규정된 하나의 규준(확정법)을 바라는 것은 헛된 일이라고 하소연하는 경우가 있지만, 성서신학자들이 이런 하소연을 하는 일은 일어나지 않는다. 왜냐하면 이 성서신학자가 자신의 학설이 모든 경우에 대해 규정해주는 명확한 하나의 규준을 포함하지 않는다는 주장을 받아들일 수 없기 때문이다. 법학자와 신학자의 차이는 이뿐만이 아니다. 소송의뢰인에게 잘못된 것을 권고하여 손해를 입힌 법률실무자들은(변호사들이나 법무요원들은) 그럼에도 그것에 대해 책임을 지려고 하지 않는 반면에(그 권고가 아무에게도 견지되지 않는 반면에), 신학적인 일을 맡은 자들은(설
교자들과 사제들은) 그러한 것을 망설임 없이 떠맡는다. 즉 모든 것 A 21
은 그들이 이 세상에서 종결한 그대로 내세에서 심판될 것이라는 말에 따라서 신학적인 일을 맡은 자들은 그런 것이다. 그들에게 성서의 권위에 따라 확신하는 모든 진리에 대해 그들의 영혼을 걸고 감히 보

VII 26 증할 수 있는지 정식으로 밝혀보라고 요구할 경우에 그들이 그럴싸
한 방법으로 변명은 하겠지만, 이럴지라도 그들은 위와 같은 견지에
있다. 이 민중의 교사들이 지닌 원칙들에는 그들이 그러한 일에 대해
보증하는 것이 옳다는 것을 결코 의심할 수 없게 하는 것이 본질적으
로 있다. 그들은 이 세상을 살면서 겪게 되는 경험에 따라 그러한 보
증이 반박될 수 있다고 두려워해서는 안 된다. 그렇기 때문에 그들은
더욱더 확실히 보증하는 것이 옳다는 것을 의심하지 않을 수 있다.

C. 의학부의 고유성

의사는 기술자다. 그렇지만 의사의 기술은 자연에서 직접 빌려올
수밖에 없으며 의사를 위해 자연과학에서 도출될 수밖에 없다. 이런
이유에서 학자로서 의사는 어떤 하나의 학부에 소속되어 그 학부에
서 자기 학업을 마치고, 그 학부의 결정을 따를 수밖에 없다. 그런데
정부는 의사가 민중의 건강을 어떻게 챙기는지에 틀림없이 큰 관심
A 22 을 갖고 있다. 이 때문에 정부는 최고의료평의회와 의료지침들에 따른
의사들의 공적인 처리 절차를 감독할 정당성을 의학부에서 선출된
현장실무자들의(개업의들의) 총회에서 부여받았다. 그런데 의학부의
특성 때문에 의료지침을 앞의 두 상위학부처럼 수장의 명령에 따라
서가 아니라 사물의 본성 자체에서 끌어내야만 한다. — 그리하여 가
장 폭넓게 이해할 때 의학부의 교설도 근원적으로는 철학부에 속해
야만 했을지도 모른다. — 의학부의 이러한 특수한 성질 때문에 의료
지침은 의사가 행해야 할 일뿐만 아니라 행해서는 안 되는 일도 포함
하고 있다. 즉 의료지침에는 첫째로 의사는 대중 일반을 위해 존재한
다는 점과 둘째로 사이비 의사는 없다는 점을 포함하고 있다. (무가치
한 신체로 실험하라는 원칙에 따르면, 처벌받지 않을 살해권을 지닌 자는 없
다.) 이제 정부는 (민중의 건강과 관련해서) 첫째 원리에 따라서 공공

의 평안을 돌보고, 둘째 원리에 따라서 공공의 안전을 돌보지만, 이 두
사항은 경찰행정의 고유 업무다. 따라서 모든 의료지침은 원래 [의학 A 23
부 수장이 아니라] 의료 관련 경찰행정만이 담당한다.

의학부는 상위학부들 중 앞의 두 학부보다 훨씬 자유롭고, 철학부
와 아주 가까운 친척이다. 의사를 [학생들을] 양성하는 교설과 관련
해서는 완전히 자유롭다. 왜냐하면 의학부에는 최고 권위에 따라 승
인된 책들이 아니라 자연에 기인하여 만들어진 책들만 존재할 수 있
기 때문이다. 또 (사람들이 규칙을 입법자의 변하지 않는 의지로 이해 VII 27
할 때) 원래의 규칙이 아니라 단지 지침(지시)만 있을 수 있다. 이러한
지침을 아는 것이 의학부가 소유한 그 자체 교설들의 체계적 총괄개
념에 필요한 학식은 아니다. 정부는 (법전에 포함되지 않는) 총괄개념
에 대해 승인할 권한을 갖지 않으므로 [의학부에] 일임해야 한다. 이
와 대조적으로 정부는 의약품 조제소와 병원시설들을 통해 의학부
의 현장실무자들이 공적으로 그들의 현장활동을 벌일 때는 이를 장
려하는 일에만 신경을 쓴다. 이상과 같은 이유로도 의학부는 다른 두
상위학부와 달리 자유롭다. — 그러나 이 현업종사자들은(의사들은)
의료 관련 경찰행정 업무와 관련해 정부가 관심을 가지는 사례들에
대해서는 의학부의 판단을 따른다.

제2절 하위학부의 개념과 분류 A 24

단체장의 명령을 규준으로 삼지 않는 교설만 다루는 대학강의반을 우리는 하위학부라고 칭할 수 있고, 또 그러는 한에서 하위학부는 단체장의 명령을 규준으로 삼지 않는 교설만 다룬다. 물론 사람들이 하나의 실천적 교설을 복종심에서 따르는 일이 있을 수 있다. 그러나 그 실천적 교설이라는 것은 그것을 참으로 받아들이도록 (왕이) 명령

한 것이기 때문에 객관적으로나(존재해서는 안 되는 하나의 판단으로서) 주관적으로나(어떤 인간도 내릴 수 없는 하나의 판단으로서) 결코 불가능하다. 왜냐하면 [일부러] 잘못 생각하려는 자는 실제로는 그가 말한 것처럼 잘못 생각하지 않으며, 또 틀린 판단을 실제로 참으로 받아들이는 것이 아니기 때문이다. 그런 자는 마음속으로는 인정할 수 없는데도 단지 참으로 여긴다고 거짓을 꾸며대는 것이다. — 그래서 공적인 강론에서 진술되어야 할 어떤 교설의 진리가 문제가 될 경우 교수자는 최고 명령이라며 참으로 받아들이라고 호소할 수
A 25 도 없고, 학생들도 그 교설을 명령에 따라서 믿는 것처럼 거짓말을 할 수도 없다. 교사나 학생들은 단지 행위가 문제될 때만 그럴 수 있다. 그러나 이때도 교수자는 그런 명령이 실제로 내려졌다는 것을 자유로운 판단으로 인식해야만 한다. 이뿐만 아니라 그 명령에 복종할 의무가 있다거나 적어도 복종할 위치에 있다는 사실을 자유로운 판단으로 인식해야만 한다. 만약 그렇지 않을 경우에는 그가 받아들인 것은 공허한 기만과 거짓말이 된다. — 그런데 자율에 따라, 다시 말해 자유롭게 (사유 일반의 원리들에 따라) 판단하는 능력은 이성이라 칭해진다. 철학부는 자신이 받아들여야 하거나 단지 인정해야만 하는 교설의 진리 편에 있어야만 한다. 철학부는 그렇기 때문에 이런 한에서 자유로운 것으로 여겨져야만 하고, 이성의 입법 아래에만 있는 것으로 여겨져야지 정부 아래 있는 것으로 여겨져서는 안 된다.

VII 28 그런데 한 대학에는 그러한 분과 하나가 설립되어 있어야 한다. 다시 말하면 그 부문은 철학부여야만 한다. 세 상위학부와 관련해서 철학부는 이 세 상위학부를 제어하는 일에 종사하며, 이로써 상위학부에 유익한 존재가 된다. 모든 일에는 (학식 일반의 본질적이고 첫째가는 조건인) 진리가 문제가 되기 때문이다. 이에 반해서 상위학부들이
A 26 정부에 약속하는 유용성이란 단지 두 번째 순위를 차지할 수 있을 뿐

이다. — 그런데 '철학부는 신학부의 시녀'라는 의기양양한 신학부의 주장을 경우에 따라서 인정할 수도 있다. (이때도 다음과 같은 의문은 여전히 남는다. 즉 이 철학부는 자신의 은혜로운 귀부인인 신학부 앞에서 횃불을 들고 있는가 아니면 뒤에서 치맛자락을 들고 있는가.) 만일 사람들이 철학부를 쫓아내거나 철학부의 입을 봉쇄하지만 않는다면, 철학부는 오직 모든 학문의 유익을 위해 진리를 찾고 그 진리를 상위학부들이 임의로 사용할 수 있게 제시하는 역할을 한다. 이런 역할을 하려고 철학부는 자유롭게 있고자 하고 또 자유롭게 내버려두라고만 말할 뿐 별다른 요구는 하지 않는다. 이렇듯 요구사항이 없는 철학부는 의심할 것이 없으면서도 필수불가결한 존재로 자신을 정부에 추천해야만 한다.

현재 철학부에는 두 분과가 포함되어 있다. 그 하나는 역사적 인식에 관한 분과다. (여기에는 역사, 지리, 학술적 언어학, 인문학 등 경험적 인식에 따라 자연지식이 제공하는 것들이 모두 포함되어 있다.) 또 다른 하나는 순수한 이성인식에 관한 분과다(순수 수학과 순수 철학, 즉 자연[의 형이상학]과 윤리의 형이상학이 그것이다). 학문의 이 두 부분은 서로 관련되어 있다. 바로 이 때문에 철학부는 인간적인 앎과 A 27
관련된 모든 부분에까지 (그리하여 역사적으로는 상위학부들을 넘어서까지도) 그 영역이 뻗어 있다. 그렇지만 철학부가 모든 것을(즉, 상위학부 고유의 교설이나 명령을) 내용으로 삼는 것은 아니다. 철학부는 학문에 도움을 줄 의도에서 그것을 검토와 비판의 대상으로 삼을 뿐이다.

따라서 철학부는 진리 여부를 검사하려고 모든 교설을 요청할 수 있다. 만약 정부가 자신의 본래적이고 본질적인 의도에 역행하는 일을 하지 않는다면, 이 정부는 철학부에 어떤 금지조치도 내릴 수 없다. 또 상위학부들은 철학부의 공적 이의제기와 질문을 감수해야만 한다. 물론 상위학부는 이것을 부담스럽게 여길지도 모른다. 왜냐하면 이런 비판자가 없다면 상위학부들은 어떤 명칭으로 불리든 간에 그들이 차지하고 있는 기득권에 방해를 받지 않고 그 상태를 유지하면서 전제군주와 같은 명령을 내릴 수도 있기 때문이다. 그렇지만 저
VII 29 상위학부의 현장실무자들(성직자들, 사법공무원들, 의사들)만은 정부의 각 부서들이 지도하며 그들에게 위탁한 교설에 대해 공적으로 반론하지도 않고 철학자들에게 그 역할을 과감히 맡기지 않을 수도 있다. 하지만 그런 일은 단지 대학의 학부들에만 허용되는 것이지 정부
A 28 에서 임명된 이들 공무원에게는 허용되지 않는다.[10] 왜냐하면 이들은 자신들의 지식을 오직 저 학부들에서 가져오기 때문이다. 이들 중 예를 들어 설교자나 사법공무원이 민중을 대상으로 종교 관련 입법이나 세속적인 입법에 대해서 반론하고 의문을 제기하게 방치한다면, 이 설교자나 사법공부문은 이를 계기로 정부에 반대하여 민중을 선동할지도 모른다. 그러나 학부들은 그런 반론과 의문을 학자들로서 자기들끼리만 제기한다.[11] 민중은 [학부들의] 그러한 반론과 의문에 대해 알게 될 때도 별다른 관심을 갖지 않는다. 왜냐하면 민중은 사변적인 논의가 자신들의 일이 아니라는 사실을 겸허히 받아들이고, 그런 사항과 관련해 임명된 정부 공무원을 거쳐 통보된 내용만 지킬 의무가 있다고 느끼기 때문이다. — 그러나 하위학부에는 축소되어서는 안 되는 이런 자유로 상위학부들은 (그들 스스로 좀더 잘 깨우쳐서) 공무원들을 진리의 궤도로 더 가까이 이끄는 성과를 낸다. 이렇게 되면 공무원들은 자신들 처지에서 공무원의 의무를 좀더 잘 알게 되고, 강론을 변경해도 전혀 거부감을 느끼지 않을 것이다. 그 강론은 동일한 목적을 위한 수단을 좀더 잘 이해시키는 방법일 뿐이
A 29 며, 그러한 이해는 기존의 교수법에 대해 논쟁적이고 소란만 야기하는 공격을 가하는 것은 아니다. 또 그 이해는 이런 식으로 기존 교수

법의 실질적인 부분을 온전히 간직하면서 매우 적절히 이루어질 수 있다.

제3절 상위학부와 하위학부 사이의 위법적 논쟁

견해를 둘러싼 공적인 논쟁은, 다시 말해서 견해를 둘러싼 학술적인 논쟁은 만일 공적인 명제나 그 반대명제에 대해 판단하는 일이 허용되지 않고, 이로 말미암아 공적인 명제에 대해 논쟁하는 일 자체가 전혀 허용되지 않을 때는, 그 논쟁은 내용 때문에 위법적이다. 이에 반해 만약 그 공적인 가르침을 다루는 방식이 상대방의 이성에 맞춰진 객관적 근거에 기인하지 않고 계략(매수도 여기에 속한다)이나 폭력(협박)으로 상대방의 동의를 이끌어내기 위해 상대방 판단을 경향성을 통하여 규정하려는 주관적 동기에 근거를 둔다면, 그 논쟁은 순전히 형식 때문에 위법과 관련된다.

여기서 학부들 사이의 논쟁은 민중에 대한 영향력을 둘러싸고 일 Ⅶ 30
어난다. 그런데 민중의 평안을 자기 학부가 가장 잘 촉진할 수 있다
고 민중을 믿게 만들 수 있을 때에 학부들은 각자 영향력을 유지할 A 30
수 있다. 하지만 이때 학부들은 민중의 평안을 성취하는 방식을 각자 다르게 생각하므로 서로 직접적으로 대립한다.

그런데 민중은 자신들의 최상의 평안을 자유에서 찾지 않고 다음과 같은 세 가지 자연적 목적에서 찾는다. 즉 사후에 영생복락하고, 함께 사는 다른 사람들과 삶에서 공적인 법률로 자기 것을 보장받으려 하고, 마지막으로는 생명 자체를 물리적으로 향유하는 것(즉 건강과 장수)을 기대한다.

그러나 철학부는 소망하는 모든 것을 이성에서 도출된 지침으로만 다루고, 자유의 원리를 따른다. 이 때문에 철학부는 인간이 스스

로 행할 수 있고 또 행해야 하는 것만을 주장한다. 즉, — 정직하게 살 것, 어떤 부정도 행하지 않을 것, 절제하며 즐길 것, 질병을 견뎌낼 것, 그리고 이때 자연이 스스로 돕는다는 점을 특히 헤아리는 자세를 취할 것을 주장한다. 물론 이 모든 것을 위해서 그렇게 많은 학식이 필
A 31 요한 것은 아니다. 만약 사람들이 자신의 경향성을 묶어두고 이성의 통제를 따르려고 한다면, 대부분의 경우 이런 학식이 없어도 된다. 그렇지만 스스로 노력해야 하는 이런 일에 민중은 전혀 소질이 없다.

따라서 (즐기려는 자신의 경향성과 자신을 고치기를 거부하는 경향성 때문에 위의 교설들에서 저급한 본심을 발견하는) 민중은 세 상위학부에 좀더 만족할 만한 제안을 하라고 요구하게 된다. 이때 민중은 학자들에게 다음과 같이 요구한다. 나는 당신들의 철학자들이 거기서 무엇을 지껄이는지 이미 오래전부터 알고 있다. 이제 나는 당신들에게 다음과 같은 것에 대한 대답을 듣고 싶다. 내가 만약 악행을 일삼는 인생을 살았을 경우에도 어떻게 최후의 순간에 천국에 들어갈 입장권을 마련할 수 있는가? 또 내가 만약 불법을 저질렀음에도 어떻게 소송에서 이길 수 있는가? 그리고 내가 내 육체의 힘을 마음껏 남용하거나 오용했음에도 어떻게 건강을 유지하며 오래 살 수 있는가? 당신들은 당연히 이런 것들에 대해 연구해왔기 때문에 상식밖에 모르는 (그래서 당신들에게 무지한 자라 불리는) 우리 모두보다 아는 것이 확실히 더 많을 것이다. — 그런데 민중이 이렇게 요구하는 것은
A 32 마치 초자연적인 것에 대해 알고 있는 점술사나 마법사를 찾아가듯이 학자들을 찾아가는 꼴이다. 못 배운 사람은 학자에게 뭔가를 무리하게 요구할 정도로 그 학자에 대한 과장된 관념을 갖는 것이 일반적이기 때문에 그렇다. 따라서 누군가가 그런 기적을 행할 능력이 있는
VII 31 척 행동할 정도로 뻔뻔스럽다면, 민중은 그에게 푹 빠져서 철학부 쪽은 멸시하며 떠날 것이라는 사실이 자연스럽게 예측된다.

그런데 세 상위학부 현장실무자들의 교설을 뒤엎을 생각에서가 아니라 그들의 교설에, 그리고 교설과 관련된 관습법들에 대중이 미신적으로 부여하는 마법적 힘에 반대하기 위해서 그 현장실무자들에게 공적으로 맞서 그들을 저지하는 일이 철학부에 허용되지 않는다면, 그들은 그러한 기적을 행하는 자로 항상 존재할 것이다. 이는 대중들이 수동적으로 자신들의 모든 행위를 그 교묘한 안내인들에게 양도하며 책임을 면하는 꼴이고, 저 정해놓은 목적을 달성하려고 느긋하게 그 안내인들의 인도를 받는 꼴이 되는 것이다.

만약 상위학부들이 (분명히 그들의 규정에 없는) 그러한 원칙들을 받아들이게 된다면, 그들은 하위학부와 끝없이 논쟁을 이어갈 것이다. 그러나 이런 논쟁 또한 **위법적인** 것이다. 왜냐하면 상위학부들은 A 33
법률 위반을 전혀 개의치 않을 뿐만 아니라, 그들이 지닌 상당한 기술과 수완을 발휘하여 이런 기술과 수완이 없을 경우보다도 모든 것을 다시 좋게, 아니 훨씬 더 좋게 만들 수 있음을 보여줄 계기로 삼을 것이기 때문이다.

민중은 **이끌려가기를** 원한다. (대중정치가들의 표현으로) 다시 말하면 민중은 **기만당하길** 원한다. 하지만 민중은 학부의 학자들에게 이끌려가길 원하지 않는다. (그들의 지혜는 민중에게는 너무나 수준이 높다.) 민중은 (실행적 지식을 지닌) 조작할 줄 아는 그 현장실무자들에게, 다시 말해서 실무자이면서 원래 가장 유리한 추측을 하는 성직자들과 사법공무원들 그리고 의사들에게 이끌려지길 원한다. 이렇게 될 경우에는 오직 이들을 거쳐서만 민중에게 영향을 줄 수 있는 정부 자체도 학부 학자들의 사심 없는 통찰에서 생긴 이론을 학부에 요구하지 않고, 그 학자들의 실무자들이 민중에게 미칠 수 있는 영향을 고려한 이론을 강요하려는 **유혹**에 빠지게 된다. 민중이란 자연스럽게 그런 영향에 가장 의존하기 때문이다. 또 민중은 그때 최소한

스스로 노력하여 자신의 이성을 사용할 필요를 느끼고, 의무가 경향
A 34 성과 가장 잘 화해될 수 있다. 이런 이유에서 가령 신학과에서는 무
엇을 믿어야만 하는지는 조사하지 않고 (즉, 제대로 한번 이해해보지
않고) 문자적으로 믿으면 그 자체로 구원을 받는다고 말한다. 신학과
에서는 또한 일정한 지시규정에 맞는 격식을 수행하면, 죄가 즉시 정
화된다고 말한다. 법학과에서는 법칙을 문자 그대로 따르고 입법자
의 의도를 간과하라고 말한다.

바로 여기서 상위학부와 하위학부 사이의 본질적이며 결코 해소
VII 32 할 수 없는 위법과 관련된 논쟁이 발생한다. 왜냐하면 입법의 원리를
관할해야 할 정부가 그 임무를 포기한 채 상위학부에 법칙과 무관하
게 일할 수 있는 권한을 위임한 꼴이 되기 때문이다.—누군가가 자
신의 사적 의도에 유리하다고 여기는 것이나 경향성은 일반적인 경
우 결코 어떤 하나의 법칙이 될 자격이 없다. 따라서 상위학부는 그
런 것을 강론할 수 없다. 그렇기 때문에 그런 것을 승인한 정부는 스
스로 반이성적인 행동을 함으로써 저 상위학부와 철학부가 논쟁에
A 35 휘말리게 할 것이다. 이러한 논쟁은 철학부를 완전히 파멸할 것이기
때문에 결코 묵과할 수 없다. 물론 그런 식으로 철학부를 파멸하는
일이 논쟁을 종결하는 가장 빠른 길이지만, 또한 그것은 (의사들의 표
현을 빌리면) 죽음의 위험 속으로 이끌고 가는 마약 같은 수단이기도
하다.

제4절 상위학부와 하위학부 사이의 합법적 논쟁

내용과 상관없이 정부가 상위학부로 하여금 공적으로 강론하도록 승인할 수 있는 권한을 갖는 어떠한 교설들도 오로지 정부의 자의적인 뜻에 따른 규약으로만, 그리고 오류가 가능한 인간적 지혜로만 받

아들여지고 존중될 수 있다. 하지만 그 교설의 진리는 어떻든 정부와 무관해서는 안 된다. 그렇기 때문에 상위학부는 그 진리와 관련해서는 (철학부는 이성의 이러한 관심사를 챙겨야만 한다) 이성 밑에 놓여 있어야만 한다. 그런데 이러한 일은 철학부에 공적 검사를 위한 완전한 자유를 허용할 때만 가능하다. 최고 부서가 승인했다고 하더라도 이때 자의적 규정들은 이성을 통해 필연적인 것으로 제시된 교설과 A 36
항상 자연스럽게 합치하는 것은 아니다. 그렇기 때문에 첫째로는 하위학부와 상위학부의 논쟁이 불가피하고, 둘째로는 그럼에도 그 논쟁은 **합법적**이 될 것이다. 이는 비록 **전체** 진리를 공적으로 선언하는 것이 하위학부의 권한이나 의무는 아닐지라도, 이른바 원칙으로 수립된 **모든** 것이 참이라는 주장을 의심해야 하는 것이 하위학부의 권한이자 의무이기 때문에 그렇다.

승인된 어떤 교설은 그 원천이 역사적이지만 의심 없이 순종하는 신앙을 위해 마치 아주 신성한 것처럼 적극 추천될 수도 있다. 그런데 철학부는 비판적인 의심을 가지고 이 근원을 추적해볼 권리와 책임이 있다. 그 교설이 (계시로서) 역사적 인식인 양 주장되었을지라 Ⅶ 33
도 그 원천이 **이성적**이라면 역사적 강론 중 입법의 이성근거들을 찾아내고, 더 나아가 그 근거들이 기술적이며 실천적인지 아니면 도덕적이며 실천적인지를 그 학부가(하위학부가) 검사할 때 이를 제지할 수는 없다. 결국 법칙으로 선포되는 교설의 원천이 전적으로 **감성적** A 37
일 뿐이라면, 다시 말하면 그 원천이 교설과 연결된 어떤 감정에 근거를 두었다면, (이때 그 감정은 객관적 원리를 전혀 제시하지 않기 때문에 단지 주관적으로만 타당하다. 그렇기 때문에 그런 감정에 근거를 두어 초자연적 영향을 지닌 어떤 경건한 감정을 주는 보편적 법칙을 만드는 일은 쓸데없는 짓이 될 것이다), 그런 명목상의 교육근거가 어디서 왔으며 어떤 형태를 띠었는지 냉철한 이성으로 공적으로 검사하고 평가하는 일을 철학부 자유에 맡겨야만 한다. 또 정서적으로 경험된다고 주장되는 그 대상의 성스러움(거룩함)을 두려워하지 말고 결연히 그러한 추정된 감정을 파악하는 일도 철학부 자유에 맡겨야만 한다. — 그와 같은 논쟁을 이끄는 형식적 원칙과 그것에서 생기는 귀결은 다음과 같다.

1) 이 논쟁은 평화적 합의를 (즉 우호적 타협을) 통해서 조정될 수도 없고 조정하려고 해서도 안 된다. 이 논쟁은 (소송으로서) 하나의 판결을, 다시 말해 어떤 한 심판관의 (이성의) 확정적 선고가 필요한 것이다. 왜냐하면 조정은 불공정함과 분쟁의 원인을 숨기는 짓과 설득으로만 일어날 수 있는데, 이와 같은 준칙들은 진리의 공적인 서술을
A 38 다루는 철학적 학부의 정신에 전적으로 배치되기 때문이다.

2) 그러한 논쟁은 결코 중지될 수 없으며 철학부는 바로 그것을 위해 항상 무장되어 있어야만 한다. 자신의 모든 견해를 제한 없이 대중들에게 소리칠 자유는 한편으로는 정부에, 다른 한편으로는 대중들 자체에게 위험이 될 수밖에 없다. 이 때문에 공적으로 강론되는 교설에 대한 정부의 규약지침들이 항상 필요하다. 그러나 정부의 모든 규정은 [이성이 아니라] 인간에게서 나오며, 적어도 인간이 승인했으므로 언제나 오류를 범할 위험과 목적에서 벗어날 위험이 있다. 정부가 상위학부에 승인한 규정들도 그렇다. 그렇기 때문에 철학부는 철학부가 수호하도록 위임받은 진리를 위협하는 위험에 대항할 무장상태를 결코 해제할 수 없다. 상위학부들이 그들의 지배욕을 결코 내려놓지 않을 테니 말이다.

VII 34 3) 이러한 논쟁은 결코 정부의 명망에 흠집이 될 수 없다. 이 논쟁
A 39 은 정부와 학부들 사이의 논쟁이 아니라 서로 다른 학부들 사이의 논쟁이므로 정부는 그저 가만히 지켜만 볼 수 있다. 정부가 상위학부의 어떤 명제들을 특별히 보호하긴 한다. 그렇지만 상위학부의 그러한

명제들을 공적으로 강론하도록 정부가 그들의 현장실무자들에게 지
시하는 한에서 그렇게 한다. 그것도 정부는 공적으로 강론되어야 할
학부들의 그러한 교설과 견해 그리고 의견이 진리라서 학자 집단인
그 학부를 보호하는 것이 아니라 단지 그들(정부) 자신의 이익을 위
해 그 상위학부를 보호하는 것이다. 왜냐하면 정부가 그 교설의 내적
진리내용에 대해 결정하거나 정부 스스로 학자의 역할을 하는 것은
정부 품격에 맞지 않기 때문이다. — 달리 말하면 상위학부들은 공적
인 강론을 위해 그들이 정부의 현장실무자들에게 내린 지도와 가르침
과 관련된 일 이외에는 더는 무엇도 정부에 대해 책임질 일이 없다.
왜냐하면 그 현장실무자들은 시민공동체인 대중 속으로 들어가고,
이 대중에 대한 정부의 영향력을 손상할 수도 있다는 이유에서 정부
의 제재 아래에 있기 때문이다. 이에 반해서 이론가라는 이름을 지닌
학부들이 서로 합의한 교설과 견해는 다른 종류의 대중이라 할 수 있 A 40
는 교양공동체 속으로 들어간다. 민중은 그런 것에 대해 아무것도 이
해하지 못한다는 사실을 겸허하게 받아들이지만, 정부는 학문적인
일에 관계하는 것 자체를 품위 없는 일로 여긴다.* A 41

---

* 이와 반대로 만약 그런 논쟁이 (실행자라는 명칭을 가지고) 현장실무자들이 즐겨 시도하듯이 시민공동체 앞에서 (예를 들면 설교단상 위에서처럼 공적으로) 진행된다면, 그 논쟁은 (학식과 관련된 사안을 판단할 자격이 전혀 없는) 민중으로 구성된 재판관서 앞에 월권적으로 소환된 것이라서 학지적 논쟁은 멈춘다. 왜냐하면 이때는 앞에서 언급한 위법적 논쟁상태가 발생하고, 거기서 교설은 인민의 구미에 맞게 진술되며, 반란과 분파의 씨앗이 뿌려지게 되고, 이로써 정부는 오히려 위험에 처하게 되기 때문이다. 제멋대로 스스로 민중을 위하는 척하는 이 민중호민관들은 저 멀리 학자계층에서 나타나 시민헌정체제의 권리들에 (세속적인 일에) 관여한다. 원래 그들은 복원해석자라고 칭해진다. 참으로 혐오스러운 이 명칭이 새로운 교설과 교설형식을 만드는 창시자를 뜻하는 것으로 쓰일 경우에는 오해를 부른다. (어째서 과거의 것이 곧바로 항상 더 나은 것으로 여겨져야 한단 말인
가?) 그와 반대로 이들은 원래 전혀 다른 정부형태나 무정부상태를 초래하 A 41

VII 35 (학문집단 의회의 우파로서) 상위학부들의 학급은 정부의 규약을 수호한다. 이와는 반대로 진리가 문제가 되는 곳이자 진리가 존재해야만 하는 곳인 자유 헌정체제에는 철학부가 의석을 차지하는 반대당파가 (좌파가) 또한 있어야만 한다. 왜냐하면 철학부가 행하는 엄격한 검사와 이의제기가 없다면, 정부는 무엇이 자신에게 유리할지 불리할지 충분히 교육받지 못할 것이기 때문이다. — 그런데 만약 학부들의 현장실무자들이 공적인 강론지침과 관련하여 생각을 바꾸려 할 경우에는 정부는 정부에 위협이 될 수 있는 신진세력인 이 현장실
A 42 무자들을 감독하며 귀찮게 할 수도 있다. 그렇지만 정부는 이들을 직접 감독하지 않고, 상위학부에서 완화되고 가장 순종적인 감정평가에 따라 그들을 거부할 수 있다. 이 현장실무자들은 학부를 통해서만 어떤 교설에 대한 강론을 위임받을 수 있기 때문이다. —

4) 이런 논쟁은 학자공동체와 시민공동체가 조화를 이루면서 준칙들 속에 함께 충분히 존속할 수 있다. 이 준칙을 준수하면 더 큰 완전성을 위한 [상위학부와 하위학부라는] 두 등급 학부들의 지속적인 진보를 반드시 이룰 것이다. 또 그것은 결국에는 공적 판단의 자유와 관련해 정부가 자의적으로 행한 모든 제한을 해제할 것이다.

이런 식으로 장차 다음과 같은 일이 일어날 수 있다. 즉, 나중에 오는 것이 먼저 오는 것으로 (하위학부가 상위학부로) 될 수 있을 것이다. 그런데 이는 물론 권력소유로 그렇게 되는 것이 아니라 권력을 쥔 자의(정부의) 권고로 그렇게 될 수 있다. 그런 정부는 자신의 절대적 권위 속에서가 아니라 철학부의 자유 그리고 그것에서 성장하는

는 자들로 낙인을 찍는 것이 마땅한 자들이다. 왜냐하면 그들은 학식과 관련된 어떤 한 가지 사안을 민중이 결정하도록 넘기고, 그런 다음 민중의 습관과 감정, 경향성에 영향을 미쳐서 민중의 판단을 임의적으로 조정할 수 있으며, 이로써 하나의 합법적인 정부에 영향을 미칠 수 있기 때문이다.

철학부의 통찰 속에서 자신들의 목적들을 더 잘 달성해줄 수단을 발견하게 될 것이다.

결론 A 43

그렇기 때문에 이런 대립관계는, 다시 말해서 공동체의 어떤 궁극 목적을 위해 서로 통일한 두 당파 사이의 논쟁은(불화적 조화, 조화적 불화는) 전쟁이 아니다. 즉, ─ 그 논쟁은 학술적인 내 것과 네 것에 관 VII 36
련된 궁극적 의도들의 대립에 기인한 분쟁이 아니다. 정치적인 내 것과 네 것이 자유와 자산에서 성립하듯이 학술적인 내 것과 네 것은 자유라는 조건이 반드시 자산에 선행할 때 성립한다. 그래서 [상위학부의] 권리에 대해 교양 있는 청중에게 의문을 제기할 권리가 동시에 하위학부에도 허용되지 않는다면, 상위학부에 어떤 권리도 허락될 수 없다.

2장 부록 A 44
신학부와 철학부의 논쟁을 예시하며 학부들 사이의 논쟁을 해명함

I. 논쟁의 내용

원래 성서신학자는 다른 성서신학자의 자의로 시작된 규약들에, 즉 법칙들에 근거를 둔 교회신앙을 위한 문헌학자다. 이와 반대로 이성신학자는 모든 인간의 고유한 이성에 따라 전개될 수 있는 내적 법칙들에 근거를 둔 종교신앙을 위한 이성학자다. 이러한 점, 즉 종교

가 규정들에 (이 규정들이 매우 고상한 근원에 의거했을지라도) 근거
를 두는 것은 절대 불가능하다는 점은 종교의 개념 자체에서 명백해
진다. 종교는 신적 계시인 교설들의 총괄개념이 아니라 (그런 총합은
신학이라 칭해진다) 신적 명령인 (그리고 주관적으로 그 명령을 그대로
A 45 따르는 준칙인) 우리의 모든 의무 일반의 총괄개념이다. 도덕이란 의
무 일반과 관련된다. 그렇기 때문에 종교는 질료에 따라서는, 즉 대
상에 따라서는 도덕과 전혀 구별되지 않는다. 도덕과 종교는 단지 형
식 측면에서만 구별된다. 다시 말해서 종교란 도덕성 자체에서 산출
된 신의 이념을 통해 모든 의무를 수행하고자 하는 인간의 의지에 도
덕적 영향력을 부여하는 이성의 입법이다. 그런데 바로 이런 이유로
종교는 오직 한 가지만 있지 서로 다른 종교란 없다. 물론 이성에서
유래할 수 없는 신적 계시에 대한 다양한 신앙방식과 그 계시의 규약
에 관한 교설들에 대한 다양한 신앙방식이 분명히 존재한다. 즉 —
신적 의지에 마음에 대한 영향력을 갖춰주려고 그 신적 의지에 대한
감성적 표상방식이 상이한 형식으로 존재한다. 그런 형식들 중 기독
VII 37 교는 우리가 아는 가장 적합한 형식이다. 바로 이런 점들이 한편에서
는 종교 규범과, 다른 한편에서는 종교의 도구나 매개라고 하는 상이
한 두 부분으로 함께 형성된 채 성서 속에서 발견된다. 이들 중 첫째
A 46 것은 (규약 없이 이성에만 근거를 둔) 순수한 **종교신앙**이라 칭해질 수
있고, 둘째 것은 전적으로 규약들에 근거를 둔 **교회신앙**이라 칭해질
수 있다. 그 규약들이 성스러운 교설들과 생활 지침들에 영향을 주려
면 어떤 계시가 필요할 것이다. — 그러나 이러한 지도수단이 신적인
계시로 받아들여져도 될 때는 저 목적을 위해 필요한 의무이기도 하
다. 이런 이유로 성서에 근거를 둔 교회신앙이 종교신앙을 언급할 때
일반적인 경우에 어떻게 함께 이해되는지 해명될 수 있다.

성서신학자는 다음과 같이 말한다. 너희가 영생을 찾았다고 여기

는 성서 안에서 [영생을] 구하라. 그런데 [성서신학자가 말한] 이 영
원한 생명은 인간이 도덕적 개선이라는 영원한 생명의 조건을 성서
안에 집어넣지 않는다면, 누구도 성서의 그 어느 곳에서도 찾을 수
없다. 왜냐하면 그 영원한 생명의 조건을 [즉 도덕적 개선을] 위해 요
청되는 개념들과 원칙들은 원래 그 어떤 다른 것에 따라 가르침을 받
을 필요가 없고, 강론이 열릴 때 교사의 고유한 이성에서만 전개되어
야 하기 때문이다. 그런데 성서 자체에는 영생을 위해 요청되는 것보
다 더 많은 것이 포함되어 있다. 즉 종교신앙의 관점에서 볼 때 성서
는 순전히 감성적인 매개물로서 (어떤 인격이나 시대에) 당연히 도움 A 47
이 될 수 있는 것을 포함하나, 포함된 이것이 종교신앙의 필수요소는
아니다. 그런데 성서-신학부는 역사신앙에 속하지 않는 것을 신적
계시라고 주장한다. 성서-신학부는 이런 주장을 영생신앙이 종교에
속한다고 주장하는 경우와 같은 정도로 한다. 하지만 철학부는 이런
혼동과 관련하여 성서-신학부와 충돌하고, 본래적 종교를 넘어 그
자체로 참된 것을 갖는다는 주장과 관련해서도 성서-신학부와 충돌
한다.

교수법도 이런 매개물에 (즉 종교론을 넘어 더 추가되는 것에) 해당
한다. 그런데 이러한 교수법은 사도들 자체에 맡겨진 일로 여겨야지
신적인 계시로 여겨서는 안 된다. 오히려 교수법은 (인간적 지성에 따
른) 그 당시 사유방식과 관련되어 있다. 그렇기 때문에 그것 자체를
(진리에 따른) 시대적 교습항목으로 받아들일 수는 없다. 따라서 그런
교수법은 본질적으로 종교와 충돌하지 않는 그 당시 지배적 망상을
깨뜨리지 않기 위해 당시를 지배하던, 그 자체로 볼 때는 잘못된 특
정한 견해들을 (가령 귀신에 홀린 자들에 관한 견해들을) 소극적으로
그저 허용하는 것으로 여길 수 있겠다. 이제는 끝나야 할 그들의 옛
교회신앙에 대한 한 민족의 편애를 새 교회신앙을 도입하려는 목적

A 48 에서 적극적으로 이용하려는 것으로 그러한 교수법을 평가할 수 있
VII 38 다. (구약의 역사를 신약의 사건의 전형으로 해석하는 것이 그 예다. 그런데 그렇게 해석하는 것은 유대주의다. 그렇기 때문에 그 해석이 부당하게도 신앙교설의 한 항목으로 수용된다면 개탄스러운 일이다. 가령 키케로가 다음과 같이 말할 때 그렇다. 지금 여기 이 종교적인 유형들은 우리를 움직이게 만든다.)

이와 같은 이유로 기독교의 성서학 지식은 해석 기술에서 많은 어려움에 직면하고, 그 해석 기술과 원리에 관해 상위학부는 (다시 말해서 성서신학자는) 하위학부와 논쟁할 수밖에 없다. 이 논쟁에서 특별히 이론적으로 성서에 대한 인식을 조달하는 상위학부는 하위학부를 다음과 같이 의심한다. 하위학부가 계시론으로서 문자 그대로 받아들여야 할 모든 교설을 철학적으로 제거하고 그곳에 어떤 임의적 의미를 밀어 넣는다. 하위학부는 실천적인 것, 즉 교회신앙보다는 종교에 더 주의를 기울인다. 이에 반해서 저 상위학부는 그런 수단을 활용해 도덕적으로 되어야 하고 이성에 기인한 내적 종교가 되어야 하지만, 이러한 궁극목적을 완전히 간과하는 죄과를 범하고 있다. 그렇기 때문에 진리를 목적으로 삼으며 나중에 오는 것은, 즉 — 철학
A 49 은 성서구절의 의미에 대한 논쟁에서 그 의미를 규정할 특권이 자신에게 있다고 주제넘게 나서는 것이다. 이하에서 우리는 성서해석에서 철학적 원칙들을 살펴볼 것이다. 이하의 내용은 이 원칙들을 바탕으로 해석을 철학적으로 (철학을 확장할 목적으로) 해야만 한다는 것을 이해시키는 데 목적이 있는 것이 아니라 전적으로 해석의 원칙들이 철학적으로 만들어져 있어야만 한다는 것을 이해시키려는 것이다. 모든 원칙은 현재 하나의 역사적·비판적 해석에 관한 것이건 문법적·비판적 해석에 관한 것이건 또한 언제나 이성에 따라 지시되어야만 한다. 특히 여기서는 성서구절들 중에서 (전적으로 이성의 대상

일 수 있는) 종교와 관련해 찾아져야 하는 것은 이성에 따라서도 지시되어야만 한다.

II. 논쟁을 중재하기 위한 성서해석의 철학적 원칙들

I. 성스러운 것으로 공표되었지만 모든 (그 자체 도덕적인) 이성개념을 초월하는 이론적 교설들을 포함한 성서구절들은 실천이성의 이점에서 해석하는 것이 허용된다. 그러나 실천이성에 모순적인 명제를 포함하는 성서구절은 실천이성의 이점에서 해석해야만 한다.— A 50
이하의 내용은 이에 대한 몇 가지 사례다.

a) 삼위일체론을 문자적으로 받아들일 경우에는 그것이 이해되었다고 믿는다 하더라도, 그것이 우리의 모든 개념을 전적으로 넘어선다는 사실을 의식할 경우에는 실천적인 것을 위한 그 무엇도 삼위일 VII 39
체론으로 가능하지 않다.—학생은 신성을 세 가지 인격으로 신봉해야만 하든지 열 가지 인격으로 신봉해야만 하든지 상관없이 손쉽게도 다 똑같이 말씀으로 받아들일 것이다. 왜냐하면 학생은 다수의 인격 (의인화된 신의 위격들) 속에 있는 하나의 신에 대해서는 [합리적 이해에 필요한] 개념을 전혀 갖고 있지 않기 때문이다. 더군다나 학생은 이러한 신의 상이한 성격에서 그의 행실을 위한 상이한 규칙들을 전혀 끌어낼 수 없기 때문에 [삼위일체건 십위일체건 상관없이 그저 성스러운] 말씀으로 받아들인다. 이와 반대로 만일 사람들이 신앙교리 속에서 어떤 도덕적 의미를 찾는다면 (내가 『이성의 오롯한 한계 안의 종교』에서 그렇게 시도했듯이) 그 의미는 결과 없는 신앙을 간직하는 것이 아니라 우리의 도덕적 규정과 관련해서 이해될 수 있는 신앙을 간직하게 될 것이다. 신성을 지닌 한 인격이 [인간으로] 육화된다는 교설도 사정은 마찬가지다. 그렇기 때문에 만약 이 신적 인간

A 51 이 전적으로 신의 마음에 드는 도덕적 완전성 속에 있는 인간성이라고 하는 이념*으로, 즉 영원부터 신 안에 놓여 있는 그러한 이념으로 표상되는 것이 아니라 (같은 책 73쪽 이하) 한 명의 현실적 인간 속에 '육화하여 거주하는' 신성과 그 인간 속에서 두 번째 본성으로 작용하는 신성으로 표상된다면, 이러한 비밀에서는 우리를 위해 실천적
A 52 인 것이 아무것도 성취될 수 없다. 왜냐하면 우리는 우리가 마치 신처럼 그 비밀을 실행해야 한다고 우리 자신에게 요구할 수 없기 때문이다. 그렇기 때문에 [인간과 신성의] 그러한 통합이 단 한 번이라도 가능할 경우에 신성이 모든 인간을 그러한 통합에 참여하게 한다면, 모두가 남김없이 신의 마음에 들 텐데, 왜 그렇게 하지 않았나 하는 곤란한 질문을 거친 후에야 그 신이 우리를 위한 모범이 될 것이라고 생각한다. 이런 이유에서도 그 비밀에서는 우리에게 실천적인 것은 그 무엇도 성취될 수 없다. 바로 그 신적 인간의 부활과 승천 이야기에 대해서도 비슷한 점이 지적될 수 있다.

VII 40 [죽은 뒤] 앞으로 우리가 오직 영혼에 따라 살지, 아니면 지금 우리 육체를 이루는 동일한 물질이 [죽은 후 천국에서도] 우리 인격을 동일한 것으로 유지하기 위해 요구될지, 그리하여 영혼이 우리 육체

* 이와 관련해서 16세기 베네치아 포스텔루스의 열광은 매우 특이했다. 그는 순수한 이성이념을 감성화해서 감관의 한 대상으로 표상하도록 변화하면 어떤 오류에 빠지게 되는지, 더군다나 어떻게 이성을 미치게 하는지를 보여주는 좋은 사례다. 저 이념을 인간성이라는 추상으로 이해하지 않고 [몸을 지닌] 한 인간으로 이해할 경우 이 인간은 남자나 여자 중 한 성을 지녀야 한다. 신에 의해 창조된 이 인간이 남성(아들)이면서 인간의 약점을 지니고 있고 그 약점에 대한 책임을 스스로 진다면, 그 약점은 여성 특유의 약점에서 벗어나면서도 또한 남성의 약점과도 그 종류가 구별된다. 그리고 이 인간의 성별은 신의 여성대속자 격인 특별한 여성대리인일(말하자면 신의 딸일) 수도 있다고 충분히 생각할 수 있다. 이런 생각에서 포스텔루스는 이 여성대속자를 베네치아의 한 경건한 처녀의 인격에서 발견했다고 믿었다.

를 소생시킬 수밖에 없는 특별한 실체가 아닌지 하는 점들은 실천적 관점에서 볼 때는 우리에게는 어떻든지 상관이 없다. 자신의 육체에서 벗어날 수 있다고 가정한다면, 과연 누가 자신의 육체와 가능한 한 영원히 함께하고 싶을 정도로 자신의 육체를 사랑할 수 있단 말인가? 그렇기 때문에 "그리스도가 부활하지 (즉 육체적으로 되살아나지) 않았다면, 우리도 또한 부활하지 못할 (죽은 후 더는 전혀 살지 못할) 것이다"라고 말한 사도의 추론은 설득력이 없다. 하지만 그리스도가 부활하지 않았다고 말할지라도 (논증에서는 어떤 영감을 근거로 A 53
삼을 수 없기 때문에 그렇다) 그리스도가 여전히 살아 있다고 믿을 근거를 우리가 가지고 있다는 점과 그토록 완전한 인간이 (육체적) 죽음 후에는 살아 있지 않다 할지라도 우리 믿음이 허황된 것은 아니라는 점만을 사도는 위의 말로써 하려 했다. (모든 사람이 그렇듯) 그 사도에게 이성이 불어넣은 그러한 믿음은 그가 진심으로 참이라 여긴 공공연한 사건에 대한 역사적 믿음으로 그를 이끌었을 것이다. 앞으로의 삶에 대한 도덕적 신앙의 증명근거 없이는 이 전설에 믿음을 부여하기가 어렵게 된다는 점을 의식하지 못한 채 그는 그 공공연한 사건을 그러한 증명근거로 사용했다. 그 표상방식 속에는 그를 교육했던 학교개념들의 특징이 있었음에도 도덕적 의도가 여기서 달성된 것이다. — 이외에도 [부활이라는] 사안에 대해서는 중요한 이견들이 맞서 있다. 그리스도를 기념하기 위해 (비극적 대화를 나누는) 최후의 만찬을 포함시킨 것은 (단순히 곧 있을 재회를 기대하지 않는) 공식적 작별처럼 보인다. 십자가 위에서 탄식하는 말[12)]은 (그리스도가 살아 있을 때 유대인들을 참된 종교로 이끌고자 했던) 의도가 실패했음을 표현한다. 왜냐하면 [만약 유대인들을 참된 종교로 이끄는 일이 성공했다면] 그때는 [탄식이 아니라] 그 의도가 성취된 데 대한 기쁨 A 54
을 사람들은 기대했을 것이기 때문이다. 끝으로 누가복음에 나오는

"우리는 그가 이스라엘을 구원할 것이라 생각했다"라는 제자의 말은 [그리스도가 이스라엘을 구원하지 못했다고 해석될 수 있으므로] 그들이 3일 후 재회를 고대하며 준비했다는 것을 믿을 수 없게 만든다. 더군다나 이 구절은 그리스도 부활에 대한 어떤 이야기를 그들이 들었다고는 믿지 못하게 한다. — 그러나 종교가 관건이 된다면, 다시 말하면 그 종교를 위해 이성이 우리에게 불어넣은 실천과 관련된 믿음이 그 자체로 이미 충분하다는 점이 중요하다면, 항상 중립적 위치에 서 있어야만 하는 역사 진술 때문에 우리가 그리도 많은 학술적 연구와 논쟁에 얽혀야만 하는 것은 무엇 때문인가.

VII 41 b) 신적 본성과 의지에 대한 우리의 이성개념에 모순되는 표현이 담긴 성서구절을 해석할 때 오래전부터 성서신학자들은 인간적 방식으로 표현된 구절은 신에게 어울리는 의미에 따라서 해석되어야만 한다는 규칙을 따랐다. 그런데 성서신학자들은 [계시가 아니라 신이라는 개념에 따라 논리적으로 해석하려 했기 때문에] 이로써 이성이
A 55 성서에 대한 최상의 해석자라고 분명히 고백한 것이 되고 만다. — 그러나 사람들이 성서저자가 자신의 표현으로 실제로 나타내는 의미를 우리 이성과 완전히 모순되는 의미로 해석할 수밖에 없을 때조차도 이성은 이성 스스로 성서저자의 성서구절을 이성 자신의 원칙들에 맞는다고 여기는 대로 해석하는 것이 정당하다고 느낀다. 또 이성이 저 성서저자에게 [성서내용 속] 오류의 책임을 돌리고 싶지 않을 때는 글자 그대로 해석해서는 안 된다고 말한다. [이성이 따르는] 이 두 가지 점은 [위에서 인용한 성서신학자들의] 해석을 위한 최상의 규칙들과 상충하는 것으로 보인다. 그럼에도 이런 충돌이 가장 칭송받는 신의 학자들의 박수갈채 속에서 지금까지도 여전히 일어나고 있다. — 은총선택설[13]에 관한 성 바울의 교설과 함께 그런 식으로 이상과 같은 일이 발생했다. 성 바울의 교설에서 그의 사적 견해

는 가장 엄격한 말뜻으로 볼 때 예정론이 틀림없다고 확실히 판명되었다. 이 예정론은 한 거대한 프로테스탄트 교회가 그 교단의 신앙으로 받아들인다. 그런데 그 후로 그 교단의 대다수가 그것을 부정하거나 가능한 한 다르게 해석했다. 이런 한에서 그 교회는 예정론을 올바로 해석한 것이다. 왜냐하면 이성은 예정론을 자유론과 행위책임론과도 일치될 수 없고, 그렇기 때문에 도덕 전체와도 일치될 수 없는 것으로 여기기 때문이다. — 그리고 성서신앙의 교설들이 윤리적 원칙들을 일정하게 위반할 때가 아니라 단지 물리적 현상들을 판정 A 56
하며 이성의 준칙을 어기게 될 때도, 가령 귀신들린 자들에(악마의 사람들에) 대한 이야기가 성서의 다른 성스러운 이야기와 동일한 역사적 어조로 진술되어 그 이야기 저자가 그것을 문자로 표현된 그대로 진리로 여긴다는 점이 의심할 수 없는 사실이 될 때도, 성서해석자들은 자신들이 이 일에 권한이 있는지 따지지도 않고 대부분 찬동하면서 다수의 성서 속 이야기에 대한 진술들이 마치 이성과 공존할 수 있는 것이라도 되는 양 (모든 미신과 기만이 성서에 들어오는 것을 허용하지 않는 것인 양) 해석했다.

Ⅱ. 알려져 있어야 한다면 원래 계시되어 있어야만 하는 성서교설들에 대한 믿음은 그 자체로는 공덕이 아니라 공덕을 결여한 꼴이 된다. 이 믿음에 대립하는 의심 자체는 죄를 범하는 것이 아니다. 오히려 종교에서는 항상 행함이 관건이 된다. 모든 성서의 신앙교설에서는 이와 같은 궁극의도가 해석되어야 하고, 그렇기 때문에 또한 이 궁극의도에 맞는 하나의 의미가 해석되어야만 한다. Ⅶ 42

신앙교리들은 당연히 믿어야만 하는 것을 뜻하는 것이 아니다. (믿 A 57
음이란 명령을 허락하는 것이 아니기 때문이다.) 신앙교리들이란 증명될 수는 없을지라도 실천적(도덕적) 의도에서 받아들일 수 있는 것을 뜻하고, 합목적적이라서 그저 믿을 수 있는 것을 뜻한다. 만일 내가 신앙을 이런 도덕적 고려 없이 단지 이론적으로 참으로 여긴다는 의미에서, 즉 예를 들어 이야기된 대로 다른 사람의 증언에 근거를 두었다는 의미에서 하나의 원리로 받아들이거나, 또 내가 어떤 주어진 현상들을 이런저런 전제 아래에서와는 다르지 않게 내게 설명할 수 있다는 이유로 신앙을 하나의 원리로 받아들인다면, 그런 신앙은 한 사람의 더 선한 자를 만들지도 않거니와 그런 사람을 증명하지도 않기 때문에 결코 종교의 부분이 아니다. 하지만 그 신앙이 오직 두려움과 희망으로 강요되어 영혼 속에서 형성되었다면, 그런 신앙은 정직성과 상충하고, 그리하여 종교와도 상충한다. — 그렇기 때문에 [성서에서] 언명된 구절들이 계시론의 믿음을 그 자체로 업적처럼 간주할 뿐만 아니라 그 계시론의 믿음을 심지어 도덕적으로 선한 작업 너머로 고양하는 것처럼 말한다면, 마치 이성을 통해 영혼을 개선하고 고양하는 도덕적 신앙만이 그 구절들에서 생각된다는 듯이 그 구
A 58 절들을 해석해야만 한다. 예를 들어 거기서 믿고 세례를 받는 사람이 복되다는 등의 문자적 의미가 이러한 해석과 부딪친다고 해도 그렇게 해석해야 한다. 그렇기 때문에 저 규약에 관한 도그마를 의심한다고 해서, 그리고 그 도그마의 신빙성을 의심한다고 해서 도덕적이고 선한 마음을 지닌 한 영혼이 흔들릴 수 있는 것은 아니다. — 그럼에도 그런 명제들은 어떤 특정한 교회신앙의 강론을 위해 본질적으로 요청되는 것으로 간주될 수 있다. 하지만 그 교회신앙은 공공의 화합과 평화를 걱정하는 정부의 감시와 보호 아래에 있다. 이런 이유로 그 교회신앙은 교회들 내에서는 공적으로 반박되지 않을 수도 있고 쉽게 간과될 수도 있다. 그렇더라도 그 교회신앙은 단지 종교신앙을 운반해줄 수단일 뿐이다. 그렇기 때문에 교회신앙 자체는 변할 수도 있고 종교신앙과 일치할 때까지 차츰차츰 정화될 가능성도 분명히 있다. 이 때문에 사람들은 교회신앙을 신앙고백 조항으로까지 채

택하지는 않는다. 이와 반대로 교사는 그 자체로 존속하는 성스러움을 그 교회신앙에 덧붙이지 않도록 경고하는 일과 그 성스러움이 유도한 종교신앙으로 주저 없이 넘어가도록 해주는 일을 맡는다.

Ⅲ. 행함이란 인간 자신의 도덕적 힘들을 스스로 사용하는 일에 기인하는 것으로 표상되어야만 하지, 인간을 수동적 태도를 취하게 하 VII 43
는 어떤 외적이고 고차적인 작용인의 영향에 따른 결과로 표상해서 A 59
는 안 될 것이다. 그렇기 때문에 문자적으로 볼 때 후자의 성격을 지닌 것으로 보이는 성서구절들을 해석할 때는 의도적으로 전자의 원칙에 일치하도록 힘써야 한다.

만약 본성은 인간 내면에서 지배하는 자신의 행복을 촉진하는 원리로 이해하고, 은총은 우리 내면에 있는 개념화될 수 없는 도덕적 소질로 이해한다면, 즉 순수한 윤리성의 원리로 이해한다면, 본성과 은총은 서로 구별될 뿐만 아니라 자주 서로 대립한다. 하지만 본성을 (실천적 의미에서) 자기 자신의 힘 전체로 어떤 목적을 지향하는 능력으로 이해한다면, 은총은 인간의 본성과 다를 게 없다. 인간이 자신의 내면적이지만 초감성적인 원리(그 자신의 의무에 대한 표상)에 따라 행위를 하도록 정해져 있는 한에서 그렇다. 우리는 그 초감성적 원리를 해명해보려고 하지만 그 근거를 계속 모르고 있고, 우리 내면의 신성함으로써 우리 안에서 작용한, 선을 향한 소질의 토대를 우리 스스로 만들지 않았다. 이 때문에 그 초감성적 원리는 은총으로 표상 A 60
된다. —즉 만약 우리가 그 은총이 작용하도록 하기만 한다면, 다시 말해서 저 성스러운 본보기와 유사한 행실에 대한 마음씨가 활동하도록 만들기만 한다면, 죄가(인간적 본성 속의 사악함이) (바로 속박된 자를 위한 것인) 형법을 필연적으로 만들었으나 은총은(즉 우리 내면의 선을 위한 근원적 소질에 대한 믿음 그리고 신을 흡족하게 하는 인간성의 본보기인 신의 아들을 매개로 살아 있을 이 선의 실현에 대한 희망은) 우리(자유로운 자) 안에서 더욱 강력해질 수 있고 강력해져야만 한다. ― 그렇기 때문에 저 도덕적 소질 자체는 (원인을 이론적으로 탐색할 때) 모든 이성보다 더 높은 근원을 지닌 신성을 증명한다. 이런 이유에서 그 신성을 소유하는 것은 업적이 아니라 은총이다. 그렇지만 우리 안에 성스러움을 작동하는 외적 힘에 그저 수동적으로 내맡기는 것으로 보이는 성서구절들은 우리 안에 있는 도덕적 소질을 우리 스스로 계발해야만 한다는 점이 성서구절에서 밝혀지도록 해석되어야 한다.

A 61 Ⅳ. 인간 자신의 처신이 (엄격히 심판하는) 인간 자신의 양심 앞에서 충분히 정당화되지 못할 때, 이성은 이 불충분한 인간의 정의가 초자연적으로 보완된다는 사실을 (그 정의가 어디에 있는지도 이성이 규정하지 않고) 믿고 받아들일 권한이 있다.

이 권한은 그 자체로 분명하다. 왜냐하면 인간이 자신의 규정에 따르는 (다시 말해 성스러운 법칙에 걸맞게) 그런 것으로 존재해야만 하고,
Ⅶ 44 인간은 또한 그런 존재가 될 수밖에 없는데, 그러한 일이 자신의 힘에 따라 자연스럽게 가능하지 않을 경우에 인간은 그러한 일이 외부의 신적 협력에 의해 (어떤 방식이 됐든지 간에) 일어날 것이라고 희망해도 되기 때문에 그렇다. ― 또한 이렇게 보완될 것이라는 믿음이 영복을 얻게 해준다는 점을 추가할 수 있다. 인간이란 보완에 대한 그런 믿음을 바탕으로 오로지 (영복에 대한 희망의 유일한 조건인) 신의 마음에 들게 행위하며 살 용기를 가질 수 있고 그가 (신의 마음에 들게 된) 자신의 궁극의도가 성취된다는 데 대해 의심하지 않는 확고한 마음자세를 붙잡을 수 있기 때문에 그렇다. ― 그러나 어디에 이런 보상 수단이 (그렇지만 이 수단은 너무도 거대해서 신이 이에 대해 말해주고 싶어 하더라도 우리가 확실하게 이해하지 못한다) 존재하는지 인간이 반드시 알 수 있어야만 한다거나 그것을 꼭 명시적으로

제시할 수 있어야만 하는 것은 아니다. 그렇다. 이러한 지식까지 요구하는 것은 주제넘은 짓이다.—이런 점에서 그런 특수한 계시를 A 62
포함한 것으로 여겨지는 성서구절들은 지금껏 이 구절들이 널리 퍼진 그 신앙교설을 따르는 민중을 위한 도덕적 신앙의 수단이며 (모든 인간을 위한) 종교신앙에 해당되지는 않는 것으로 해석되어야만 한다. 그렇기 때문에 그런 특수한 계시를 포함한 것으로 보이는 성서구절들은 모든 사람이 공유할 수 없는 역사적 증명이 필요한, 전적으로 (예를 들어 유대기독교인들을 위한) 교회신앙에만 관련된 것으로 해석되어야 한다. 이와는 반대로 (도덕적 개념에 근거를 둔) 종교는 그 자체로 완전하며 의심할 여지가 없는 것이라야 한다.

*　*　*

그러나 나는 철학적 성서해석의 이념조차도 반대하는 성서신학자들의 통일된 목소리가 고조되는 것을 듣는다. 사람들은 이 이념이 원래 어떤 하나의 자연주의적 종교를 의도하지 기독교를 의도하지는 않는다고 말한다. 이에 대한 답변은 다음과 같다. 기독교는 본래적으로 이성에 근거를 두며, 또 그런 한에서 자연적일 수밖에 없는 바로 그러한 종교에 관한 이념이다. 그런데 기독교는 이 이념을 소개하는 매개수단으로 그 근원이 초자연적인 것으로 여겨지는 성서를 포함한다. 그리고 이 성서는 (그 근원이 무엇이든 상관없이) 이성의 도덕 A 63
적 지침들을 대중적으로 확산하고 내면적으로 고취하는 데 유익한 한에서 종교의 수단으로 생각될 수 있고 초자연적 계시로도 또한 생각될 수 있다. 그런데 어떤 종교가 초자연적인 계시를 전혀 인정하지 않는 것을 원칙으로 삼을 때에만, 우리는 이 종교를 자연주의적 종교라고 할 수 있다. 이렇게 볼 때 기독교는 그 자체로 하나의 자연적 종

VII 45 교이기는 하지만, 자연주의적 종교는 아니다. 왜냐하면 기독교는 성서가 자연적 종교를 소개하는 어떤 하나의 초자연적 수단이나 자연적 종교를 공공연히 가르치고 고백하는 교회를 건립하는 하나의 초자연적 수단이 될 수 없다고는 말하지 않으며, 종교론이 문제가 될 경우에만 이러한 [초자연적] 근원을 배제하기 때문이다.

III. 성서해석의 원칙에 관한 반론과 답변

나는 [위에서 살펴본] 이러한 해석규칙들에 반대하며 외치는 다음과 같은 소리를 듣는다. 첫째로 이 모든 해석규칙은 성서신학자의 일
A 64 에 제멋대로 참견하는 철학부의 판단이다. 이에 대한 나의 답변은 다음과 같다. 교회신앙을 위해서는 역사적 학문지식이 요구되지만, 종교신앙을 위해서는 단지 이성이 요구된다. 물론 교회신앙을 종교신앙의 수레라고 해석하는 것은 당연히 이성의 요구다. 그러나 단지 수단으로서 어떤 무엇이 궁극목적인 다른 무엇을 (가령 종교와 같은 것을) 위해 어떤 가치를 지니는 곳에서보다 [즉 철학부에서보다] 이러한 이성의 요구가 더 합당한 곳이 어디 있겠는가? 또 진리에 관해 논쟁할 때, 이성보다 더 높은 결정의 원리가 그 어디에 있을 수 있겠는가? 철학부가 신학부의 규약을 다루는 가운데 신학부와 합의하여 철학부의 교의를 강화한다면, 이것은 신학부에 해가 되는 것이 결코 아니다. 오히려 이로써 신학부가 명예를 얻게 될 것이라고 생각해야 한다. 하지만 성서해석에 관한 문제가 전적으로 철학부와 신학부의 논쟁이 되어야 한다면, 나는 다음과 같은 최선의 타협안을 소개한다. 만약에 자신의 명제들을 증명하기 위해 성서신학자가 이성을 사용하기를 중단할 때, 철학적 신학자도 그의 명제들을 증명하기 위해 성서를 사용하
A 65 는 일을 중단할 것이다. 그러나 나는 과연 성서신학자가 이러한 협약

을 수락할지 의문이다.—둘째로 저 해석들은 유비적이며 신비적이다. 그렇기 때문에 그것들은 성서적이지도 철학적이지도 않다. 이에 대한 답변은 다음과 같다. 사실은 오히려 그와 정반대다. 즉, 성서신학자가 종교의 표피를 종교 자체로 여길 경우, 예를 들면 성서신학자가 구약성서는 그 당시 이미 (더는 참일 수 없는) 참된 종교였을 것이라는 주장과 또 그렇기 때문에 신약성서가 필요 없게 됐다는 주장을 VII 46 받아들이고 싶지 않다면, 그는 구약성서 전체를 여전히 도래하는 종교상태에 대한 (전형과 상징적 표상들로 이루어진) 어떤 지속적 알레고리로 설명해야만 한다. 그런데 이른바 이성해석의 신비론과 관련하여 말하면, 철학이 성서구절들 속에서 어떤 하나의 도덕적 의미를 탐지해내고, 나아가 그 텍스트에 그런 의미가 있다고 주장한다면, 이 철학이야말로 신비론을 (예를 들어 스베덴보리의 신비론을) 막아낼 유일한 수단이다. 왜냐하면 환상이 초감성적인 것을 (즉 종교라 칭해지는 모든 것에서 생각되어야만 하는 것을) 도덕적 개념과 같은 이성적으로 규정된 개념과 결합하지 않는다면, 환상은 종교와 관련된 경우 불가피하게 열광적인 것으로 이어지게 되고, 이는 내적 계시에 대 A 66 한 예지신봉주의로 빠져들게 하기 때문이다. 이렇게 될 경우 각 개인은 각자 자신의 계시를 갖게 되어 진리를 위한 공적 판단기준이 더는 존재하지 않게 될 것이다.

그런데 위에서 언급한 일련의 해석규칙을 따라가며 우리가 방금 주목하고 부각하려는 성서에 대한 이성해석에 맞서서 이성 스스로 제기하는 다음과 같은 반론도 있다. a) 반론: 성서는 계시이기 때문에 자체적으로 해석되어야지 이성을 통해 해석되어서는 안 된다. 인식을 위한 원천 자체가 이성이 아닌 다른 곳에 놓여 있기 때문에 그렇다. 이에 대한 나의 답변은 다음과 같다. 성서가 신적인 계시로 받아들여진다는 바로 이 점을 근거로 해서 성서를 단지 (자기 자신과 합치하는) 역사교설들의 원칙들에 따라 이론적으로 해석해서는 안 되고 이성개념들에 따라 실천적으로 해석해야만 한다. 어떤 하나의 계시가 신적이라는 사실은 경험에 따라 주어지는 징표로는 결코 통찰할 수 없기 때문에 그렇다. (적어도 불가결한 조건으로서) 계시의 특성은 이성이 신에 대해 올바르게 설명하는 것과 언제나 일치한다는 것이다. —b) 반론: 하지만 실천적인 모든 것에는 언제나 어떤 하나의
A 67 이론이 선행해야만 한다. 그리고 계시론으로서 이 이론에는 우리가 깊이 들여다볼 수는 없지만 지지하고 따라야 할 의무가 있는 신적 의지의 의도가 들어 있을 수 있기 때문에 그러한 이론적 명제들에 대한 믿음은 그 자체로 편안함을 주는 것 같고, 이 명제들에 대한 의심은 잘못인 것처럼 보인다. 이에 대한 나의 답변은 다음과 같다. 만일 이것이 교회신앙에 대한 이야기일 경우에는 인정될 수 있다. 이 교회신앙에서는 지시된 것을 적용하는 일 이외에는 다른 실천을 목표로 삼지 않는다. 또 거기에서 그렇게 어떤 한 교회를 위해 시인되는 그 지시적 적용을 참으로 받아들이려면 단지 그 교설이 불가능한 것은 아니라는 점 이외에 더는 아무것도 필요가 없다. 이와 반대로 종교신앙을 위해서는 진리에 대한 확신이 요구된다. 하지만 진리에 대한 이 확신은 규약을 (이 규약이 신적인 언명이라는 것을) 통해서는 공증될 수 없다. 왜냐하면 그 규약이 신적 언명이라는 점은 그 자체 신적 계시라
VII 47 고 주장할 권한이 없는 이야기들로 항상 반복적으로 증명되어야만 할 그런 것이기 때문이다. 그렇기 때문에 처신을 위한 도덕성에 맞춰져 있는, 다시 말해서 행함에 전적으로 방향이 맞춰져 있는 이러한 종교신앙에서 역사적 교설을 참으로 여기는 일은 그것이 성서의 교설이라 할지라도 그 자체로 어떤 도덕적 가치도 없거나 가치와는 상
A 68 관없으며 무차별적인 것에 속한다. —c) 반론: 영적으로 죽은 자에게 생명을 불어넣는 어떤 초자연적 힘이 [외침과] 동시에 뒤따르지 않

는다면, 어떻게 사람들이 영적으로 죽은 그자에게 "일어나 걸어라!" 라고 외칠 수 있다는 말인가? 이에 대한 내 답변은 다음과 같다. 그 부르는 소리는 이성이 도덕적 삶을 위한 초감성적 원리를 자기 자신 속에 갖고 있는 한에서 인간 자신의 이성으로 인간에게 생기는 것이다. 물론 이러한 원리로 인간은 그 즉시 생명을 얻어 스스로 일어설 수는 없을 것이다. 그렇지만 (그런 힘이 단지 잠을 자는 것뿐이지 소멸되지는 않은 그런 어떤 한 사람이 그렇듯이) 마음이 움직여서 착한 처신에 힘쓰도록 일깨워질 것이다. 이미 이것은 어떤 외적인 영향이 필요하지 않은 행함이자 계속될 경우에는 의도한 변화를 촉발할 수 있는 행함이다. — d) 반론: 우리 자신의 결핍된 정의를 보완하는 우리 자신에게 알려지지 않은 방식에 대한 믿음은, 그렇기 때문에 어떤 한 타자의 착한 행동인 그 보완방식에 대한 믿음은 우리가 느낀 욕구들에 대해 근거 없이 가정한 하나의 원인(증명근거 요청)이다. 왜냐하면 우리가 최고 존재자의 은총에서 기대하는 것, 그것을 우리는 당연히 우리에게 주어져야 하는 것으로 생각해서는 안 되고, 오직 실제로 약속이 이루어졌을 때, 그리고 그에 따라 우리에게 발생한 특정한 약속을 마치 하나의 정식 계약처럼 수용함으로써 비로소 우리에게 주어지 A 69
는 것으로 생각해야 하기 때문이다. 그러므로 우리는 운에 따라서가 아니라 오직 신적인 계시로 실제로 확약받은 경우에 한해서만 [결핍된 정의에 대한] 서 보완을 희망하고 가성할 수 있을 것으로 보인다. 이에 대한 내 답변은 다음과 같다. "너의 죄를 용서하노라"라고 위로하는 이 선언에서 직접적인 신적 계시는 어떤 초감성적 경험일 텐데, 이런 경험은 불가능한 것이다. 그런데 이 경험은 (종교처럼) 도덕적 이성근거들에 의거하며, 따라서 — 적어도 실천적 의도에서는 — 아프리오리하게 확실한 것과 관련해서도 역시 필요하지 않다. 비록 나약할지라도 자신이 의무로 인식하는 모든 것을 능력껏 이행하려고 노력하는 피조물을 생각해볼 때 우리는 교회법령을 성스럽고 자상한 입법자에서 나온 것이라고밖에 달리 생각할 수 없다. 심지어 이성신앙뿐 아니라 앞서 언급된 그런 보완에 대한 신뢰조차도 경험을 통한 특정한 약속이 없이도 진실되고 도덕적인 신념을, 그래서 고대했던 은총표시에 대한 수용력을 경험적 신앙이 할 수 있는 것보다 훨씬 더 많이 증명해 보인다.

*　　*　　*

A 70; VII 48 그와 같은 방식으로 모든 성서해석은 계시에서 목적으로 삼은 윤리성의 원리에 따라서 행해져야만 한다. 그 해석들이 종교 문제와 관련되어 있는 한 그렇게 행해져야 한다. 이 원리가 없다면 그 모든 성서해석은 실천적으로 공허하거나 심지어 선의 방해물이다. ―또한 성서해석들은 그러할 때 오로지 본래적으로 신빙성이 있다. 다시 말하자면 그렇게 할 때에야 우리 안의 신이 바로 해석자가 된다. 우리는 우리 자신의 지성과 이성으로 우리에게 말하는 자 말고는 그 누구도 이해하지 못한다. 또 우리에게 공표된 교설의 신성은 이 교설이 순수하고 도덕적이라서 기만적이지 않는 한, 우리의 이성개념들 이외의 것으로는 인식될 수 없다.

교파들에 대한 총괄적 주해

원래는 종교로 칭해질 가치가 있는 것 안에는 교파적 상이성이란 있을 수 없다. (종교란 단일하고 보편적이며 필연적이라서 불변적이기 때문이다.) 하지만 교회신앙과 관련해서는 그 교회신앙이 오로지 성
A 71 서에 근거를 두든지 아니면 전통에 근거를 두든지 간에 그저 종교의

매개물에 대한 신앙이 그 종교의 강령으로 간주되는 한 교파적 상이성이 분명히 존재할 수 있다.

우리가 만약 기독교를 메시아 신앙[14]으로 이해한다면, 기독교 교파들을 모두 단순히 열거하는 일은 엄청난 작업이지만 보람이 없는 작업이 될 것이다. 왜냐하면 이때 기독교는 메시아적 신앙의 단지 한 교파*에 불과하고, 그래서 더 좁은 의미에서는 (기독교가 [유대] 민족에 대해 지배권을 나눠 갖지 못한 최근 시점에) 유대교와 대립하기 때문이다. 이때 다음과 같은 질문이 제기된다. "네가 여기에 와야 할 사람이냐? 아니면 우리가 다른 사람을 기다려야 하느냐?" 로마인들도 A 72; VII 49 처음에 그렇게 생각했던 것처럼 말이다. 하지만 이러한 의미에서라면 기독교는 규약과 성서에 근거를 둔 일종의 민족신앙일 텐데, 과연 이 민족신앙이 모든 인간에게 통용되는지, 아니면 계속 남아 있게 될 수밖에 없는 마지막 계시신앙인지를, 또는 목적에 점점 근접할 다른 신적인 규약을 기대할 수 있을지를 이 민족신앙에서는 알 수 없을 것이다.

그렇기 때문에 우리가 교파들에서 신앙교설을 분류하는 하나의 특정한 도식을 확보하려면 경험적 자료에서 시작할 수 없다. 그 대신

---

* 우리 종교의 추종자들을 그리스도들이라 칭하는 것은 독일어를 특별하게 사용하는 경우(혹은 오용하는 경우)다. 이런 명칭에 따르면 마치 [메시아인] 그리스도가 한 명 이상인 것 같고 신자들 각자가 그리스도라는 것과 같다. 따라서 그 추종자들을 그리스도주의자들이라 칭해야 한다. 그런데 이 명칭은 (프로테우스에게서 발생하듯) 여러 가지로 악하다고 험담할 수 있는 사람들의 한 교파를 칭하는 이름을 곧장 연상시킨다. 그와 같은 악행은 그리스도들에게는 일어나는 일이 아니다. — [독일어식 명칭으로 인한 이러한 오해를 피하기 위해] 할레 지역 신문의 한 비평가는 여호와[15]라는 이름은 야훼[16]로 발음해야 한다고 주장했다. 하지만 이렇게 바꾸어 부르게 되면 세계의 주인을 명명하는 것이 아니라 단지 한 민족의 신성을 칭하는 것으로 보일 것이다.

우리는 이성으로 아프리오리하게 사유될 수 있는 상이성에서 시작해야만 한다. 그리하여 신앙문제에서 사유방식의 차이들이 지닌 일련의 단계들에서 우선 교파적 차이를 정당화할 상이성의 단계를 찾아내야 한다.

신앙과 관련된 사안을 분류하는 원리는 가정된 사유방식에 따라서 종교이거나 이교(이것들은 A와 not A처럼 서로 대립한다)다. 첫째 것인 종교를 [신앙]고백하는 자를 통상적으로는 신자라고 칭한다. 둘째 것인 이교를 [신앙]고백하는 자는 통상적으로 불신자라고 칭한다. 종교란 신에 대한 모든 숭배의 본질을 인간의 도덕성 속에 정립
A 73 하는 신앙이다. 이교는 신에 대한 숭배의 본질을 인간의 도덕성 안에 정립하지 않는다. 이교가 이런 이유는 그 이교에 초자연적이면서 도덕적인 어떤 본질의 개념이 없기(원생적 이교) 때문이다. 또는 그 이교가 윤리적으로 잘 인도된 행실을 위한 마음가짐과는 다른 어떤 무엇을, 즉 종교에서 비본질적인 것을 종교의 항목으로 삼기(전형적 이교) 때문이다.

그리하여 동시에 신적인 명령으로 생각되어야 하는 신앙교리는 우리에게는 두 가지 중 하나일 텐데, 그 하나는 전적으로 규약적이라서 우리에게 우연적이고 계시론이 되는 것이다. 혹은 도덕적이라서 그 필연성에 대한 의식과 결합되어 있고 아프리오리하게 인식될 수 있는 것, 즉 신앙에 대한 이성론이다. 첫째 것인 계시론의 총괄개념은 교회신앙을 형성한다. 그러나 다른 교설의 총괄개념은 순수한 종교신앙을 형성한다.*

어떤 한 교회신앙에 대해서 보편성을 요구하는 것(사제계급 체계적

---

* 정밀히 전개하지 않고 통상적인 언어사용에 따라 내가 행한 이 분류는 여기서 잠정적으로 통용될 것이다.

가톨릭주의)은 일종의 모순이다. 무조건적 보편성은 필연성을 전제하
기 때문에 그렇다. 이 필연성은 신앙교리에 대해 이성 자신이 충분히 A 74
근거를 제시함으로써 교리들이 한낱 규약에 불과하지 않을 때만 생
긴다. 이와 반대로 순수한 종교신앙[17]은 보편타당성(이성적 가톨릭 VII 50
주의)을 합당하게 요구한다. 그렇기 때문에 신앙을 둘러싼 분파는 순
수한 종교신앙에서는 일어나지 않는다. 분파는 항상 교회신앙의 어
떤 결함에서 생긴다. 그렇기 때문에 교회신앙의 규약을(신적인 계시
자체를) 종교의 본질적 부분으로 여기고, 그리하여 신앙에 관한 경험
주의를 합리주의 밑에 밀어 넣는 짓은 한낱 우연적인 것을 그 자체
로 필연적인 것으로 칭하는 것이다. 그러므로 우연적인 교설들(교회
의 가르침) 중 교의들 일부가 서로 모순적이거나 교의들에 대한 해석
의 일부가 서로 모순적일 수 있다. 그렇기 때문에 단순한 교회신앙은
순수한 종교신앙으로 순화되지 않는다면, 신앙에 관한 무한히 다양
한 분파를 낳는 풍부한 원천이 된다는 사실을 우리는 쉽게 통찰할 수
있다.

이러한 정화가 언제 필요한지 확정해서 알리기 위해 사용할 수 있
는 가장 적합한 시금석은 다음과 같은 명제일 것이다. 즉, 어떤 교회
신앙 각각이 한낱 규약에 불과한 신앙교설을 본질적인 신앙의 교설
로 칭하는 한 그 교회 신앙 각각은 이교가 일정 부분 혼합된 것이다.
이교는 종교외적인 것(종교의 본질 밖에 있는 것)을 본질적인 것이라 A 75
고 칭하는 데서 성립하기 때문이다. 이러한 혼합은 다음과 같은 수준
까지 진행될 수 있다. 즉, 관습을 법칙이라 말하는 것을 넘어 종교 전
체가 한낱 교회신앙으로 이행하고, 그 후 그런 오명에 맞서 아무것도
못한 채 한낱 규약에 불과한 신앙교설을 신의 계시라고 말하는 명백
한 이교*가 되는 수준까지 이를 수 있다. 왜냐하면 앞의 규약 관련 교
설이나 교회의무 자체가 아니라 그것들에 첨가된 무조건적 (교설과

교회의무가 어떠한 내적이고 도덕적인 내용도 지니지 못하여 계시의 실질내용을 갖춘 게 아니고 계시를 실천적인 마음가짐에 수용할 때 형식만 갖추었는데도, 말하자면 그 자체가 매개가 아니라 종교항목인) 가치가 그러한 신앙방식에 따라 정당하게도 이교라는 명칭을 부여받았
A 76 기 때문이다. 그러한 신앙에 따라서 구원이나 죄를 선언하는 교회 당국은 성직자 계급이라 칭해질 것이다. 이렇게 호칭하는 개신교 신자가 만약 신앙명제와 계율에 대한 믿음을 그들 신앙교설의 본질적인 것으로 놓으려고 생각한다면, 그들 역시도 성직자 계급이라는 존칭에서 제외되지 않는다. 그런데 이때의 신앙명제와 계율이란 그것에
VII 51 대해 이성이 아무 이야기도 하지 않는 것이며, 가장 못되고 천한 인간이 최고 인간과 마찬가지로 고백하고 준수할 수 있는 것이다. 그런데 개신교도는 그들이 항상 원하던 덕망 있는 자라는 거대한 꼬리표 하나를 또 달 수 있다. 이 꼬리표는 교회의 권위라는 놀라운 힘에서 생겨났을 (그렇기 때문에 그 자체 고유한 뿌리를 지니지 않는) 것이다.

따라서 교회신앙이 순수한 종교신앙으로 자신을 교정하는 데 신경 쓰지 않고 자기 자신을 위해 권위적으로 이야기하기 시작할 때 교파분리도 시작된다. 그 이유는 (실천적 이성신앙인) 종교신앙이 자유의식과 묶여 있는 인간 영혼에 대한 자신의 영향력을 잃을 수 없는 반면, 교회신앙은 양심에 강제력을 행사하여 사람들 각자가 자신의
A 77 고유한 생각을 대변하기 위해 교회신앙에 집어넣으려 하거나 교회신앙에서 무엇인가를 끄집어내려고 하기 때문이다.

---

* 어휘풀이에 따르면 이교나 이단은 숲에 사는 민족의 미신을 말한다. 즉 어떠한 교회의 기본법도 갖추지 않아 공적인 규약이 없는 종교신앙을 지닌 무리의 미신을 말한다. 그런데 유대인이나 이슬람교도 그리고 인도인은 그들의 규약이 아니면 규약으로 여기지 않는다. 이들은 자신들과 똑같은 교회계율을 갖지 않은 다른 민족들을 (고이나 가우어 등) 배척하는 명칭으로, 즉 불신자로 부른다.

이 강제력은 교회와 단지 분리를(분리주의를), 즉 교회와 공적인 공동체이기를 단념하는 것을 야기하거나, 실질적 내용에서는 똑같은 교회를 시인하지만 교회의 형식과 관련해서는 다르게 생각하는 사람들의(분파주의자의) 공식적 분열을 유발한다. 또 이 강제력은 특정한 신앙교설 때문에 교회를 나간 사람들이 항상 비밀스러운 것은 아니지만 국가에 승인받지 않은 공동체에(종파주의자에) 공동가입하게 한다. 이러한 공동체 중 몇은 (말하자면 경건회원들은) 좀더 특별하여 많은 대중이 가입하지는 않은 비밀스러운 교설들을 똑같은 자산에서 가져온다. 결국 이 교회의 강제력은 다양한 종류의 신앙을 용해하면 이들을 모두 충분히 만족시킬 수 있다고 생각하는 잘못된 평화의 중재자들을(융합주의자들을) 등장시킨다. 그런데 이들은 종파주의자들보다 더 안 좋다. 이들에게는 종교와 관련된 모든 면에서 아무렇게나 해도 괜찮다는 생각이 깔려 있다. 즉, 이들은 일단 하나의 교회신앙이 국민들에게 있어야만 하며, 교회신앙을 정부에서 정부목적에 맞게 잘 조정만 한다면, 이 교회신앙이나 다른 교회신앙이나 마찬가지로 좋다고 한다. 그러나 통치자의 입에서는 그 자체 전적으 A 78
로 옳고 현명하기까지 한 어떤 원칙은 이러한 사안을 자신의 고유하고도 도덕적인 관심에서 검토해야 하는 신민들이 판단할 때는 정부가 종교를 극단적으로 하찮게 여긴다는 사실을 까발리는 것이 된다. 왜냐하면 종교의 수단 자체가 어떻게 만들어졌다고 하는지, 누군가 그의 교회신앙에 무엇을 받아들였는지 하는 문제는 종교에서는 아무렇게나 해도 되는 문제가 아니기 때문이다.

(개신교에서 발생한 것처럼 교회의 다양성 문제까지도 주요 사안으 Ⅶ 52
로 거론되는) 교파분리에 대해 사람들은 물론 다음과 같이 말하기도 한다. 즉 원래 한 국가 내의 교회신앙의 종류로 다양한 종교가 있는 것은 좋다. 그리고 이러한 것이 민중에게 신앙의 자유가 주어졌다는 사실을 보여주는 훌륭한 징표라면, 그것은 또한 올바른 것이기도 하다. 그러나 원래 이런 말은 정부에 대한 찬양에 지나지 않는다. 종교 자체만 놓고 볼 때 공적인 종교가 그러한 상태에 있는 것은 좋지 않다. 종교가 그러한 상태일 때는 종교라는 개념에 필요한 본질적인 신앙준칙의 보편성과 단일성을 지니지 않으며, 비본질적인 것이 야기하는 논쟁을 본질적인 신앙준칙과 구별하지 않는다. 그리고 이것이 그러한 종교상태에 있는 성질이다. 종교의 수단이 [본질적인 신앙준칙이라는] 이 궁극목적 자체에 (즉 사람들을 도덕적으로 개선하는 일에) 좀더 적절한지 덜 적절한지 혹은 좀더 부적절한지 덜 부적절한
A 79 지에 대한 의견 차이가 간혹 상이한 교회교파를 낳을 수도 있다. 그러나 그것이 종교의 (그렇기 때문에 보이지 않는 교회의) 보편성과 단일성에 바로 역행하는 상이한 종교교파를 야기해서는 안 된다. 그렇기 때문에 계몽된 가톨릭교도들과 개신교도들은 섞이지 않으면서도 서로 상대를 신앙의 형제로 볼 수 있다. 둘이서 다음과 같은 기대를 할 때 (그리고 이 목적을 위해 작업할 때) 그렇다. 즉 정부의 중재로 신앙의 형식성이 (신을 순수하고 도덕적인 마음가짐 이외의 다른 어떤 것으로 호의적으로 만들거나 화해시키면, 이러한 신앙은 반드시 하나의 신앙이 아니게 된다) 그것이 목표로 하는 가치에, 즉 종교 자체에 시간이 흐름에 따라 점점 가까워질 것이라고 양자가 기대할 때 그렇
A 80 다. — 이러한 일은 바로 유대인에 대해서도 (메시아 신앙으로서 기독교로) 전면적 유대인개종*을 꿈꾸지 않고도 가능하다. 유대인들 가운

* 멘델스존은 (인간에 대한 논증에서) 존경할 만한 명민함으로 이 요구를 기각했다. (그는 다음과 같이 말한다.) 신이 시나이산에서 우리의 율법을 바로 (천둥번개 가운데에서) 기한 없이 영원한 것으로 부여했던 것과 마찬가지
A 80 지 격식을 갖추어 이 율법을 폐지하지 않는다면, 우리는 이 율법에 묶여 있는 것이다. 이상과 같은 언급에서 멘델스존은 아마도 다음과 같이 주장하려 했을 것이다. 즉 — 너희 기독교인들이 먼저 너희의 고유한 신앙에서

데 지금 일어난 것과 같은 정화된 종교개념에 눈뜨고 이제부터는 아무 쓸모도 없으면서 오히려 모든 참된 종교적 마음가짐을 위협하는 낡은 예배의식의 옷을 벗어 던진다면 그렇게 된다. 그런데 정화된 종 Ⅶ 53
교개념들은 사람 없는 옷을 (종교 없는 교회를) 오랫동안 갖고 있었으나 옷이 없는 사람이라는 (교회 없는 종교라는) 것도 제대로 보존될 수 없다. 이런 이유에서 정화된 종교개념들은 이런 교화 상황에서 [인간을 도덕적으로 개선한다는] 궁극목적에 가장 알맞을 교회의 특정한 형식성을 필요로 한다. 그리하여 사람들은 이 국가에서 [메시아 신앙인] 예수종교를 (추측건대 복음서라는 이 종교의 수단과 함께) 수용하는 벤다비디드라는 뛰어난 두뇌의 생각을 큰 행운으로 여길 뿐만 아니라 유일한 제안으로 여길 수 있다. 이 제안을 실행하게 되면,
이 민족을 신앙문제에서 다른 민족들과 뒤섞지 않고도 교양과 좋은 A 81
도덕성을 갖춘 그리고 시민으로서 모든 권리능력을 지닌 민족으로 곧 깨닫게 될 것이다. 이 민족의 종교 또한 정부에 승인을 받을 수 있을 것이다. 이때는 물론 예수가 유대인에게 말했던 방식과 예수가 도덕적 교사로서 인간 전체에게 말했던 방식을 구별하려고 그들에게 (모세의 율법서인 토라와 예수의 복음서에 대한) 성서해석의 자유를 부여해야만 할 것이다. 유대교가 안락사한다는 것은 모든 낡은 규범교설을 버림으로써 순수한 도덕적 종교가 된다는 것이다. 그 규범교설 중에는 (구원자 신앙으로서) 기독교 안에 다시 보존돼 있어야만 하는 것도 물론 있다. 그런 교파적 차이는 종국적으로는 사라져야만 한

유대교를 제거하지 않는다면, 우리도 또한 우리 것을 포기하지 않을 것이다. — 그러나 그는 교우들에게 한 이 힘든 요구들로 자신의 교우들을 압박하는 짐을 최소화하려는 희망을 꺾은 것이다. 설령 그가 그 최소한의 짐을 그의 신앙의 본질에 속하는 것으로 간주했다 할지라도 그의 선한 의지를 존경할지 말지는 그 최소한의 짐 자체가 결정하게 될 것이다.

다. 그리하여 지상에서 종교적 변혁의 거대한 드라마의 결말이라 칭하는 때에는 (모든 것을 복원하는 일이) 최소한 정신에서는 일어나고, 이때는 오직 한 명의 목자와 [그를 따르는] 한 무리만이 등장한다.

* * *

만약 기독교가 무엇이냐고만 묻지 않고, 그러한 것을 사람들의 마음속에서 실제로 발견되게 하려면 (이는 더 나은 인간을 만들기 위해
A 82 종교신앙은 무엇을 해야만 하는가 하는 과제와 동일하다) 기독교의 교사가 어떻게 시작해야만 하는지 묻는다면, 목적이 한 가지이기에 교파 차이를 유발하지 않지만, 동일한 목적을 위해 어떤 수단을 선택할지가 교파 차이를 일으킬 수도 있다. 왜냐하면 한 가지 이상의 원인이 하나의 동일한 작용을 일으킬 수 있다고 생각해볼 수 있고, 이런 한에서는 어떠한 수단이 기독교의 목적에 적합하고 신적인 것인지에 대한 의견 차이와 종교 전반에서 (주관적 의미의) 본질적인 것 자
VII 54 체와 관련된 원리들에서도 분리를 야기할 수 있기 때문이다. 수단들이 어쩌다 행위에 영향을 주기도 하지만, 마음가짐에는 영향을 주지 않기 때문에 이러한 목적을 위한 수단들은 경험적일 수 없다. 초감각적인 것을 초자연적인 것으로 여기는 자에게는 이 때문에 위의 과제가 다음과 같은 질문으로 변형된다. 즉 (어떤 사람이 다른 새로운 사람으로 되는 회개의 결과인) 거듭남이 신의 직접적인 영향을 받아 어떻게 가능한 것인가, 그리고 이러한 영향을 불러일으키려면 인간은 무엇을 해야만 하는가? 나는 다음과 같이 주장한다. (의견을 떠올리게
A 83 할 수는 있지만, 그 의견에 필연성을 줄 수는 없는) 역사를 참조하지 않고서 불가피한 교파 차이를 아프리오리하게 미리 말할 수 있다. 어떤 하나의 자연적 작용에 대해 초자연적 원인들을 끌어들이는 일을 대

수롭지 않게 여기는 이들에게 이러한 과제가 교파 차이를 불가피하게 야기하기 때문이다. 더 나아가 이러한 분열이 두 상이한 종파를 명명하는 데 정당한 근거를 제공하는 유일한 것이라고 주장한다. 왜냐하면 사람들이 [종교교파 분열이라고] 그렇게 잘못 명명한 다른 분열들은 단지 교회종파들일 뿐이지 종교의 내적인 것과 관련이 없기 때문이다.— 그런데 모든 문제는 우선 과제를 제기하는 데서 생기고, 둘째로는 해결에서 생기며, 셋째로는 요구된 것이 최종적인 것으로 성취되었다는 사실을 증명하는 데서 생긴다. 그렇기 때문에 다음과 같이 정리할 수 있다.

1) (용감한 슈페너가 교회의 모든 선생에게 열정적으로 소리쳤던) 과제는 다음과 같다. 종교강론은 우리를 단지 더 나은 인간이 아니라 (마치 우리가 단지 어느 정도 선한 인간이기를 게을리했을 뿐 이미 선한 인간이기라도 한 것처럼) 다른 인간으로 만드는 일을 목적으로 해야만 한다. 이 명제는 (나쁘지 않게 고안된 명칭인) 정교도들의 길을 막고 있다. 정교도들은 (물론 위반에 따라 뒤섞여 있긴 해도 규율로 다시 A 84
개선될 수 있는) 존경할 만한 처신 외에도 순수한 계시론에 대한 신앙 속에서, 그리고 교회가 정한 규율들(기도, 교회출석, 성례전) 속에서 신을 흡족하게 하는 방식을 정하기 때문이다.— 그렇기 때문에 과제는 전적으로 이성에 근거를 둔다.

2) 그러나 해결은 매우 불분명한 것이 되었다. 마치 종교의 원리들로 된 초자연주의에서 기대할 수 있는 것과 같이 되었는데, 초자연주의는 인간이 원래 죄 속에서 이미 죽은 것으로 보므로 인간이 자신의 힘에 따른 개선을 희망할 여지를 주지 않을 것이다. 심지어 인간의 본성에 있는 근원적이고 거짓 없는 도덕적 성향으로도 이것은 가능하지 않다고 한다. 이 성향은 비록 초감성적인 것이나 마찬가지임에도 이 성향이 신의 정신이라는 유일한 원인에서 나오는 경우에도

VII 55 그 결과는 그와 달리 초자연적이지 않아서 육신이라 칭해지기 때문이다. 그 과제를 신비주의적으로 해결하면 초자연적 영향에 대한 감정 문제로 신도들이 두 교파로 나뉜다. 한 교파에서는 감정이라는 것이 마음을 으깨는(통회하는) 것이어야만 한다고 하고, 다른 교파에서는 마음을 녹이는(축복받은 공동체 속에 신과 함께 녹아드는) 것이어야만 한다고 주장한다. 그렇기 때문에 (악인을 선인으로 만드는) 문제
A 85 해결은 ("의욕은 물론 좋으나 수행이 부족한") 두 가지 서로 대립되는 상황에서 출발한다. 한 교파에서는 자신 속에 있는 악의 지배에서 벗어나는 것만이 문제시된다. 이 악의 지배에서 벗어나면, 선한 원리는 저절로 발견된다고 본다. 다른 교파에서는 선한 원리를 자신의 마음가짐에 받아들이는 것이 중요시된다. 선한 원리를 자신의 마음가짐에 받아들이게 되면, 초자연적인 영향에 따라 악이 더는 발붙이지 못하게 되고 선이 지배하게 될 것이라 한다.

그렇지만 도덕적 인간변형이지만 오직 초자연적 영향으로만 가능할 것이라는 인간변형에 대한 이념은 물론 이미 오래전부터 신앙인들의 머릿속을 어지럽게 했을 것이다. 하지만 이 이념은 근대에야 비로소 제대로 언급되었고, 회개론과 관련하여 슈페너-프랑케 교파와 메렌-친첸도로프 교파의 차이를 (즉 경건주의와 모라비아주의를) 불러일으켰다.

첫째 가설에 따르면 (인간 본성과 합금된) 악에서 선을 잘라내는 일은 어떤 하나의 초자연적인 수술로 일어난다. 즉 그것은 참회하는 가운데 마음이 통회하고 산산조각이 남으로써 일어난다. 이때의 참회는 거의 절망에 닿아 있지만, 그럼에도 하늘에 있는 정신의 영향에
A 86 서만 필요한 정도에 도달할 수 있는 비탄(영혼의 비통함)이다. 인간은 자신은 충분히 비탄해하지 않는다고 하는 (그리하여 인간에게는 괴로움이 마음에서는 전부 일어날 수 없다고 하는) 사실을 비탄해함으로써

그런 비탄을 스스로 간청해야만 한다는 것이다. 고인이 된 하만이 말했듯이 이러한 "자기인식의 지옥행은 거룩함에 이르는 길을 낸다." 다시 말하면 이러한 참회의 격정이 최고점에 이른 후에야 [거듭남을 향한] 돌파가 일어난다고 한다. 또 그런 후에야 거듭난 자가 지닌 순금속 응결물이 그를 둘러싸고는 있지만, 그를 오염은 하지 않는 석탄재들 사이에서 좋은 처신으로 신을 만족시킬 수 있게 빛난다고 한다. 그러므로 이러한 급진적 변화는 기적과 함께 시작되고, 이성을 규정하므로 다른 경우에는 사람들이 자연스럽다고 여기곤 하는 그런 것으로, 즉 도덕적으로 선한 행실로 마무리된다. 그러나 신비주의로 조 VII 56
율된 상상력이 절정에 이를 때라도 인간을 완전히 기계로 만들지 않고는 자기행위에서 면책시킬 수 없다. 이런 이유에서 멈추지 않는 열렬한 기도는 인간이 행해야 할 의무다. (이런 한에서 대개 사람들은 기도를 행위를 위한 것으로 취급하려 한다.) 그리고 이 기도에서만 인간 A 87
은 저 초자연적 결과를 스스로 약속할 수 있다. 그러나 이때 다음과 같이 망설여지기도 한다. 즉 기도는 그 명칭이 말해주듯이 믿음 가운데 일어나는 한에서만 응답될 수 있다. 그런데 이 믿음 자체도 은혜의 작용이다. 즉, 인간이 자신의 힘으로 도달할 수 없는 무엇이다. 이런 이유로 인간은 자신의 은총 수단과 함께 순환에 빠지게 되고, 결국에는 그것을 어떻게 붙잡아야만 한다는 것인지 애당초 알지 못한다.

둘째 교파의 견해에 따르면, 자신의 죄성을 의식하게 되는 사람을 개선하는 첫걸음은 매우 자연스럽게, 다시 말해 이성을 매개로 일어난다고 생각한다. 즉, 이성은 죄성을 의식한 사람이 비난받을 자신의 상태를 볼 도덕법칙이라는 거울을 그 앞에 둠으로써 도덕법칙을 앞으로도 자신의 격률로 삼는 결단을 그가 하도록 선을 위해 도덕적 소양을 사용한다. 이런 식으로 첫 번째 걸음이 일어난다는 것이다. 그러나 이러한 결단을 실행하는 일은 기적 중 하나다. 그 사람은 말하자면 악한 정신의 깃발에서 벗어나 선한 정신의 깃발 아래로 향한다. 이런 일을 하기는 손쉽다. 그러나 이제 다시 악에 빠지지 않고 선한 정신의 깃발에 머물며, 더군다나 선을 항상 더 향상하는 일은 인간이 자연스럽게 할 능력이 되지 않는다고 한다. 오히려 그런 일은 초자연적 공동체의 감정 이외에 최소한 그 어떤 것도 요구하지 않는다고 한다. 게다가 그런 일에는 하늘의 정신과 지속적으로 교류한다는 의식
A 88 이 필요하다고 말한다. 그런데 이때 저 감정과 이 의식 사이에는 한편으로는 질책이, 다른 한편으로는 사죄가 없을 수 없다. 하지만 만약 인간이 그 자체가 지속적인 기도행위 가운데 하나인 그 교제를 중단 없이 만들어가는 일에 신경을 쓰기만 한다면, (은혜에서) 벗어나거나 다시 타락하는 일을 염려할 필요는 없을 것이다.

이제 여기에는 새로운 인간이 된다는 과제를 해결할 열쇠와 관련해 두 가지 신비주의적 감정이론이 놓여 있다. 이때는 모든 종교의 객체와 목적이 (즉 신을 만족시킬 행실에 대해서는 두 부분이 의견일치를 보이므로 이 행실이) 문제되지 않는다. 여기서 문제가 되는 것은 저 이론을 우리 안에서 실현할 힘만을 우리가 얻을 주관적 조건들이다. 그렇기 때문에 여기서는 (공허한 이름 중 하나라는) 덕에 대해서는 이야기될 수 없고, 은혜에 대해서만 이야기될 수 있다. 왜냐하면
VII 57 두 당파는 여기서 이것이 자연스럽게 진행될 수 없다는 데서는 일치하지만, 다음과 같은 점에서는 서로 다시 갈라지기 때문이다. 즉 한 당파가 악한 정신의 힘에서 벗어나려면 악한 정신과 무시무시한 싸움을 견뎌내야만 한다. 이와는 반대로 다른 당파는 이러한 일이 전혀 필요 없다고 보고, 의로워질 수 있는 행위로는 [이러한 일이] 비난 대상이 된다고 여긴다. 그러면서 (추한 계약으로서) 악한 정신과 과거 동맹이 악한 정신에 대해 그 어떤 이의도 제기할 수 없게 하므로 이 다

른 당파는 곧바로 선한 정신과 동맹을 맺는다. 그렇다면 단 한 번 일 A 89
어났지만 항상 존재하는 선행하는 근본적인 영혼혁명으로서 재탄생이 양 당파의 서로 뚜렷이 대조되는 감정들로부터 교파 차이 또한 겉으로 알아챌 수 있게 할 수 있을지 모를 일이다.*

3) 만약 2번에 요구되는 것이 [즉 신의 은총이] 일어난다면, [거듭 A 90
남]이라는 1번 과제가 이로써 해결될 것이라는 증명인데, 이러한 증명은 불가능하다. 왜냐하면 [초자연적이면서 경험적이기에] 그 자체로 모순인 초자연적 경험이 자신 속에서 발생했다는 사실을 인간이 증명해야만 하기 때문이다. 인간이 (가령 새롭고 개선된 의지규정들을) 자신 속에서 경험을, 다시 말해 그 어떤 것도 아닌 기적으로만 자신에게 설명할지 알 수 있는 변화경험을, 그렇기 때문에 초자연적인 것에 대한 경험을 했을 거라는 사실은 경우에 따라서는 인정될 수도 있다. 그러나 (초자연적이라서) 우리 지성의 본성이 지닌 규칙에 환원될 수도 없고 이로써 보존될 수도 없는 경험이므로 인간이 이 경험이 실제로 존재한다는 점을 단 한 번이라도 그 경험으로 확신할 수 없

---

* (만약 이런 일이 가능하다면) 이러한 교파들 중 한 교파 안에서 양육되었을 어떤 한 민족 전체는 분명히 민족상(民族像) 같은 것을 가질 가능성이 있단 말인가? 왜냐하면 마음에 각인되는 인상들은, 특히 자주 반복되고 자연스럽지 않은 인상들은 몸짓과 말투로 표현되고, 얼굴 표정들이 결국에 가서는 고정된 얼굴 모습이 되므로 그런 특정한 상이 나타날 것이 분명하기 때문이다. 복 받은 얼굴이나 니콜라이께서 말하는 것과 같은 복스러운 얼굴들은 그 민족을 다른 교화되고 계몽된 민족과 (이것이 그 민족의 장점이 되지는 않겠지만) 구별할 것이다. 그것이 경건함을 풍자적으로 표현했기 때문이다. 하지만 (일종의 멸시와 항상 결합된) 경건주의자들이라는 명칭을 교파 명칭으로 삼는 것은 경건함을 멸시하는 일이 아니다. 그러한 명칭은 경건주의자들의 행실이 그들이 말하는 세상자손의 행실보다도 사람들이 알 수 있을 정도로 도덕성에서 최소한의 우수함이라도 보여주지 않는다. 오히려 그러한 명칭은 그들 자신을 초자연적으로 — 우대되는 하늘자손이라 특징짓는 공상적 월권이자 잔뜩 겸손을 가장한 오만한 월권이다.

는 경험은 어떤 느낌들에 대한 해석의 일종이다. 즉 경험으로부터 무엇을 해야만 하는지 알지 못하는 경험에 대한 해석의 일종이다. 경험이 인식에 속하는 어떤 하나의 사실적 대상을 지닐 수 있는지 아니면
VII 58 한갓 몽상인지 알지 못하는 경험에 대한 해석의 일종이다. 신성을 그 자체로 직접 느끼길 원하는 것은 자기 모순적 월권의 하나다. 신성의 이념이란 단지 이성 안에만 있으니 말이다. 그렇기 때문에 [위에서
A 91 말한] 하나의 과제와 그 해결책은 여기서 어떤 식으로도 증명될 수 없다. 또 이런 이유에서 어떤 이성적인 것도 그런 증명에서 이루어질 수 없다.

이제부터 중요한 일은 앞서의 스펜너 문제를 푸는 다른 원칙이, 다시 말해 앞에서 소개한 분파들에 적합한 원칙과 다른 원칙이 성서에 포함돼 있는지 찾아보는 것이다. 이런 원칙은 단순한 정교의 교회 원칙이 결실을 맺을 수 없는 상황을 바꿀 수 있을 것이라 한다. 실제로 그러한 원칙을 성서 안에서 만날 수 있다는 사실이 눈에 띈다. 이뿐만 아니라 오직 그와 같은 원칙으로만 그리고 이러한 원칙 안에 보존된 기독교를 통해서만 이 책은 매우 넓게 확장된 작용범위를 획득할 수 있었을 테고, 또 이로써 세계에 대한 영향력을 획득할 수 있었을 것이라는 사실도 설득력 있으면서 확실하다. [성서의] 이러한 작용은 인간의 영혼 자체에서 창조되지 않았을 것이라서 인간에게는 항상 낯선 것으로 남아 있어야만 하므로 [인간이 관여하는] (그 자체) 계시론도, 기적에 대한 신앙도, 많은 신앙고백자의 통일된 목소리도 아직 만들지 않았을 것이다.

이 원리는 만약 우리가 그것을 한 번이라도 목격한다면 결코 감탄을 금할 수 없는, 말하자면 우리 안의 어떤 것이다. 그리고 동시에 이
A 92 원리는 경험 대상으로서 인간에게서는 추측해서는 안 될 종류의 존귀함에 대한 이념 속에서 인간을 고양하는 어떤 것이다. 우리가 도

덕법칙 아래 던져진 존재이며 도덕법칙 자체를 준수하려고 이에 반하는 삶의 모든 쾌락을 희생하게끔 이성에 따라 규정된 존재라는 사실은 놀라운 일이 아니다. 저 도덕법칙에 순종하는 일은 순수 이성의 대상으로서 사물의 자연적 질서 속에 객관적으로 놓여 있기 때문이다. 그렇기 때문에 혹시 우리가 도덕법칙의 근원을 알기 전까지는 도덕법칙을 준수하는 일을 미루기 위해서나 심지어 도덕법칙의 진실성을 의심하기 위해서 도덕법칙이 어디서 우리에게 왔는지 묻는 일은 일반적이고 건전한 이성은 단 한 번도 생각하지 않는다는 것이다. 그런데 도덕에 우리의 감각적 본성과 매우 커다란 제물을 바칠 능력 또한 있다는 사실과 우리가 매우 쉽고 분명하게 파악한 것을 할 수 있고 해야만 한다는 사실과 우리 안의 초감성적 인간이 감성적 인간 위에 놓여 있다는 이 사실과 (만약 충돌이 일어난다면) 초감성적 인간에 대해 감성적 인간은 비록 감성적 인간에 고유한 시선에는 감성적 인간이 전부일지라도 아무것도 아닌 것이라는 사실은 즉 인간성에서 분리되지 않는 우리 안의 이러한 도덕적 소질은 최고 경탄 대 Ⅶ 59
상 가운데 하나다. 이 경탄은 우리가 이 참된 (즉 작위적이지 않은) 이상을 오래 응시하면 할수록 더 높아진다. 초감성적인 것은 초감성적 A 93
이지만 실천적이다. 그 초감성적인 것을 파악할 수 없다는 점에서 이 실천적 측면으로 잘못 이끌려 우리 안의 초감성적인 것을 초자연적인 것으로 여기는 이들이 있다. 이들은 그것을 완전히 우리 권한 안에 있거나 고유하게 우리에게 속하는 것으로 여기지 않고, 오히려 어떤 다른 더 상위 정신의 영향으로 여긴다. 그런데 이들은 기꺼이 용서받을 수는 있다. 그렇다고 해도 그들이 그렇게 여기는 것은 분명한 오류다. 왜냐하면 그렇게 되면 이러한 능력의 결과는 우리 행위가 아닌 것이 될 수 있고 우리에게 속하지 않는 것이 될 수 있기 때문이다. 즉 그것에 필요한 능력이 우리 것이 아닐 수 있기 때문이다. ―우리가 파악할 수 없는 방식으로 우리에게 거주하는 이러한 능력에 대한 이념을 이용하는 일과 청소년기의 이른 시기부터 그리고 공적인 강론에서 이 이념을 마음에 심는 일이 (새로운 인간에 관한) 저 문제를 진정으로 해결하는 길을 담고 있다. 그리고 성서에도 눈앞의 것 이외에는 나타나 있지 않다. 다시 말하면 성서는 이성을 대신해서 이러한 혁명을 일으켰을 것이라고 하는 초자연적 경험이나 열광적 감정을 가리키지 않는다. 성서는 그리스도가 자신의 정신을 가르침과 사례를 들어 증명했듯이 그의 정신을 우리 것으로 만들기 위해서 그리스도 정신을 제시한다. 혹은 성서는 그 정신이 근원적인 도덕적 소질과 함께 이미 우리 안에 있기 때문에 그 정신에 단지 공간을 마련해주기
A 94 위해 그리스도 정신을 제시하는 것이다. 영혼 없는 정교주의와 이성에 치명적인 신비주의 사이에 있는 성서적 신앙교설이 참된 종교론으로 존재한다. 이 신앙교설이 참된 종교론인 것은 그것이 이성을 매개로 우리 자신에서부터 전개될 수 있듯이 근본적으로 개선하기 위해 신적인 힘으로 모든 인간의 마음에 영향을 미치며, 이 사람들을 (눈에 보이지는 않지만) 하나의 보편적인 교회 안에 통일하면서 실천이성의 비판주의에 근거를 두기 때문이다.

* * *

그러나 이 주해서에서 원래 관건은 다음과 같은 물음에 대답하는 것이다. 즉 정부는 감정신앙의 한 교파를 하나의 교회로서 합법적으로 승인할 수 있을 것인가? 아니면 정부는 그 교파를 용인하고 보호할 수는 있으나 자기 목적에 거슬리지 않게 합법적 승인이라는 특권의 영예는 그 교파에게 줄 수 없다는 것인가?

만약 신민의 내세 영복을 챙기고, 신민에게 이 영복의 길을 안내하

는 일이 (군주조차도 보통 자신의 종교를 인민이나 인민의 교사에게서 VII 60
받는 것이듯 정부도 그러한 일을 당연히 신민 자신에게 맡겨야 하므로) 결코 정부의 일이 아니라는 것을 가정해도 된다면(그리고 우리는 합당한 근거로 이렇게 할 수 있다), (교회신앙이라는) 이러한 수단으로도 A 95
순종적이고 도덕적으로 선한 신민을 갖는 것만이 정부가 바랄 수 있는 일이 된다.

결국에 가서 정부는 우선적으로 자연주의를 (즉 성서 없는 교회신앙을) 승인하지 않게 된다. 자연주의에는 정부의 영향권 아래 놓이는 교회 형태가 없을 테니 말이다. 정부의 영향권 아래 놓인다는 것은 [자연주의라는] 전제와 모순되는 것이다. — 그렇기 때문에 정부는 대중적인 인민의 교사를 성서적 정교에 구속하려 할 것이다. 또 반면 성서적 정교의 경우를 보면, 성서적 정교는 연관된 학부들의 판정 아래 서게 될 것이다. 왜냐하면 만약 그렇지 않을 경우에는 자신들의 의도에 따라 인민을 지배하는 성직자 계급이, 다시 말하자면 교회신앙을 맡은 실무자들의 지배가 등장할 것이기 때문이다. 그러나 정부는 그 정교주의를, 즉 종교를 위해서는 교회신앙으로 충분하다는 견해를 정부의 권위를 바탕으로 확인해주지 않을 것이다. 왜냐하면 정부의 이 권위라는 것은 윤리성이 지닌 자연스러운 원칙들을 부차적인 것으로 만들기 때문인데, 그 이유는 이 윤리성의 자연적 원칙이라는 것은 오히려 정부가 자기 인민을 신뢰해야 할 때 기댈 수밖에 없는 주된 근거이기 때문이다.* 최종적으로 정부는 초자연적 영감 자체

* 종교와 관련된 일에서 정부의 관심은 오직 다음과 같은 것들에 있다. 즉 국가가 유용한 시민과 훌륭한 군인과 대다수가 충성스러운 신민을 갖기 위 A 96
해 그 종교적 사안을 다루는 교사가 가르칠 수 있는 것이 무엇인지다. 그런데 만약 국가가 이를 위해 정교신앙을 규약적 신앙교설과 바로 그러한 은총의 수단으로 엄격히 가르치기로 한다면, 이럴 경우 국가는 매우 해롭게 운영될 수 있다. 왜냐하면 여기서 이러한 규약을 수용하는 일은 쉬운 일 가

A 96 에 참여할 수도 있는 인민의 견해로서 적어도 신비주의만이라도 공
A 97 적 교회신앙의 위치까지 끌어올릴 수 있다. 왜냐하면 이 신비주의는 전혀 공적인 어떤 것이 아니기 때문에 정부의 영향에서 전적으로 벗어나 있기 때문이다.

평화협정과 학부분쟁 조정

Ⅶ 61 단지 순수하지만 실천적인 이성과 관련된 분쟁에서는 철학부가 강론할 특권을 지닌다는 것과 그 절차의 형식적인 것들과 관련된 일을 지시할 특권을 지닌다는 것은 반론할 여지가 없다. 그러나 실질적인 것과 관련해서는 신학부가 우위를 나타내는 팔걸이의자의 [즉, 상석의] 소유권을 차지할 수 있다. 그러나 이는 신학부가, 말하자면 이성과 관련된 사안에서 다른 학부들보다 더 많은 검열권을 요구할 수 있기 때문이 아니다. 신학부가 그 소유권을 차지할 수 있는 것은 실

운데 하나이고, 이는 선한 인간에게보다는 가장 나쁜 생각을 하는 인간에게 훨씬 더 손쉬운 일이기 때문이다. 그와 반대로 마음가짐의 도덕적 개선은 길고도 많은 노력을 요구하지만, 인간이 전자에서는 주로 자기의 영복을 기원하도록 배우게 된다. 따라서 인간은 다름 아니라 그가 하나의 틀림없는 수단을 손에 쥐고 있음으로써 자기 의무를 (하지만 가볍게) 위반하는 일과 모든 비밀에 대한 그의 정통신앙과 은총 수단을 급히 이용함으로써 (그가 때를 놓쳐서는 안 된다는 것만을 의미하는) 신적인 형벌의 정의에서 벗어나는 일은 결코 염려할 필요가 없게 되기 때문이다. 만약 반대로 저 교회의 교설이 곧장 도덕성을 향한다고 한다면, 인간의 양심 판단은 완전히 다른 소리를 낼 것이다. 다시 말하면 인간은 그가 행한 악에 대해서 [살아생전에] 배상을 할 수 없는 한, [죽음 이후] 장래 심판관에게 답변해야만 한다는 것이다. 그리고 이러한 운명은 그 어떤 교회적 수단이나 두려움 때문에 억지로 생긴 신앙이라도, 또한 그러한 기도도 피할 수 없다는 것이다. (신들의 운명이 간청을 들어줄 것이라는 희망을 버려라). 이렇게 된다면 국가는 어떤 신앙일 때 더 안전한가?

질적인 것과 관련된 일이 가장 중요한 인간의 일이고 그렇기 때문
에 최상위학부라는 (하지만 같은 것들 가운데 첫 번째 것으로서만 최상위
인 학부라는) 칭호를 갖도록 만들기 때문이다. 그렇지만 신학부는 아
프리오리하게 인식할 수 있고 순수한 이성종교의 법칙들에 대해서는
(신학부가 자신을 낮춰서 철학의 자리에 내려앉아야 하므로) 이야기를
하지 않는다. 그러는 대신 신학부는 특별히 성서라 칭해지는 책 속에
담긴 규약적 신앙지침들을 말한다. 다시 말하면 신학부는 수백 년 전
에 맺어진 인간과 신 사이의 구약과 신약의 계시에 대한 필사본이 담
고 있는 규약적 신앙지침들을 말하는 것이다. 그런데 역사신앙 중 하
나인 (그러나 도덕적 신앙 자체는 아니다. 도덕적 신앙은 철학에서도 산 A 98
출될 수 있을 것이다) 구약과 신약의 신빙성은 성서에 담긴 가르침과
교육들을 비판적으로 검토해서 제시된 증명에 따르기보다는 성서읽
기가 인간의 마음에 끼칠지 모르는 작용으로 더 기대될 수 있을 것이
다. 또 구약과 신약에 대한 해석도 평신도들의 자연스러운 이성이 아
니라 단지 성서학자들의 명민함에만 맡겨질 것이다.*

---

* 성서해석의 문제에서는 개신교 교회신앙의 체계에서보다는 로마-가톨릭
체계에서 더 일관적이다. — 개신교 설교자 라 코스트는 자신의 신앙 동료
들에게 다음과 같이 말했다. "원천(성서) 자체에서 신의 말씀을 퍼 올리시
오. 그렇게 하면 여러분은 그 원천에서 신의 말씀을 순수하고 거짓 없이 얻
을 수 있습니다. 그러나 여러분은 성서 속에서 우리가 발견하는 것과 다른 A 99
것은 절대 찾아서는 안 됩니다. — 사랑하는 친구들이여, 이제부터는 우리
스스로 그 안에서 찾을 필요가 없습니다. 그리고 우리가 그 안에서 발견했
다고 여기는 것은 성서를 잘못 해석한 것이라고 말하지 말고, 오히려 여러
분이 성서에서 발견한 것을 우리에게 말하시오." 가톨릭교회는 또 다음과
같은 명제를 언급한다. "(가톨릭) 교회 밖에는 구원이 없다." 이러한 언급은
개신교회가 사람들은 가톨릭으로도 구원받을 수 있다고 주장하는 경우보
다 훨씬 일관된 모습이다. (보시에 말처럼) 만약 그렇다면 당연히 사람들은
가장 확실하게 가톨릭이 선언하는 것을 선택할 것이다. 그 어떤 인간도 구
원 이상의 것을 요구할 수는 없으니 말이다.

A 99; Ⅶ 62 성서신앙이란 신과 아브라함의 약속에 관한 책을 근거로 한 메시아적 역사신앙 중 하나다. 이것은 모세적이고 메시아적인 교회신앙과 복음적이고 메시아적인 교회신앙으로 이루어져 있다. 이 교회신앙은 신의 민족의 근원과 운명을 총체적으로 이야기한다. 그리하여 이 교회신앙은 그 어떤 인간도 존재하지 않는 세계사 전체에 최상의 것에서 시작해서, 즉 (창세기의) 세계 시초에서 시작해서 (계시록에서) 모든 것의 종말에 이르기까지 세계 역사를 추적하는 것이다. 물론 이러한 작업은 신적인 영감을 받은 저자 이외에는 그 누구에게도
A 100 기대할 수 없는 일이다. 하지만 성스러운 연대기의 가장 중요한 시대와 관련하여 의심스러운 카발라-숫자들이 등장한다. 이 숫자들은 이 성서적 역사신앙 이야기의 신빙성을 어느 정도 약화시킬 수도 있다.*

---

* 계시록의 70개월은 (이 속에는 순환주기가 네 번 존재한다) 그 각각의 달이 29 하고도 2분의 1년에 해당하므로 2065년을 뜻한다. 이 숫자에서부터 대안식년(이것은 계시록의 시간 경과상 42번 있게 된다)으로서 각각의 49번째 해를 제외하면 바로 2023년이 남게 된다. 이해는 아브라함이 신이 선물한 가나안 땅에서 이집트로 갔던 해다. — 이때부터 이스라엘 자손들이 그 땅을 차지할 때까지 계시록의 70주가 (즉 490년이) 소요됐다. — 그리고 이러한 연을 의미하는 주를 네 번 곱하여 계산한 후 (이러면 1960년이 됨) 2023년을 더하면 페토의 계산에 따라서 그리스도가 탄생한 해가 (즉 3983년이) 되며 거기에서 아주 정확히 1년도 빠지지 않는다. — 이때부터 70년 후에 예루살렘 파괴가 (그리고 신비주의적 시기도) 있었다. — 하지만 어떻게 벵엘은 『시대의 순서』 9쪽과 218쪽 이하에서 그리스도 탄생의 해를 지시하는 숫자 3939를 산출하는가? 그렇더라도 이로써 7이라는 숫자의 신성함에는 어떤 변화도 없다. 왜냐하면 신이 아브라함을 소명한 해부터 그리스도 탄생까지의 숫자는 1960이며, 이해는 각각의 주기가 7번씩 7인 49년에 해당하는 40번의 계시록 주기를 뜻하기 때문이다. 그렇다면 각각의 49번째 대안식년과 490번째 해인 최대안식년의 해를 (합하여 44를) 빼면 바로
A 101 3939가 남는다. — 그렇기 때문에 상이하게 제시된 그리스도 탄생 해로서 3983년과 3939년은 단지 다음과 같은 점에서만 구별된다. 3983년이라는 시간 속에는 큰 주기 시간이 4번 해당하지만 3939년은 안식년의 수만큼 차감된다는 것이다. 벵엘에 따른다면 성스러운 연보는 다음과 같을 것이다.

인간의 이성에서 도출된 것은 아니지만 궁극목적에 따라서 이성 A 101; Ⅶ 63
과 완전히 일치하는 규약적인 (그렇기 때문에 어떤 계시에서 유래하
는) 신적인 의지를 담은 하나의 법전인 성서는 만약 오직 신의 말씀 A 102
인 것으로 확증되고 그 신빙성이 문서로 증명될 수 있다면, 시민과 인류를 현세에서나 영원에서나 평안으로 이끄는 가장 강력한 도구일지도 모른다. 그러나 이렇게 되는 데는 수많은 난점이 놓여 있다. 만약 신이 인간에게 실제로 말을 한다고 하더라도, 인간은 자기에게 말을 하는 이가 신인지를 결코 알 수 없기 때문이다. 인간이 자신의 감관으로 무한자를 파악하는 일은, 그리고 감각적 존재와 구별하면서 무한자를 알아봐야만 하는 일은 결코 가능하지 않다. — 그러나 인간이 그 목소리를 듣는다고 믿는 것이 신이 아닐 수 있다는 점은 몇몇 경우에 능히 확신할 수 있다. 왜냐하면 만약 그 목소리로 인간에게 명해진 것이 도덕법칙에 위배된다면, 이러한 현상은 인간에게 더욱더 위엄이 있고 전체 자연을 뛰어넘는 것처럼 생각될지도 모

2023년: 가나안 땅을 차지하도록 하는 아브라함에 대한 약속
2502년: 가나안 땅 취득
2981년: 첫 번째 성전봉헌
3460년: 두 번째 성전건축을 위한 명령하달
3939년: 그리스도 탄생
이런 식으로 대홍수가 난 해도 아프리오리하게 계산할 수 있다. 즉 490에 (70×7에) 대한 4년 주기는 1960에 해당한다. 이 숫자 1960에서 각각
의 7번째 해를 (즉 280을) 빼면 1680이 남는다. 이 1680에서 이 안에 포함 Ⅶ 63
된 각각의 70번째 해를 (즉 24를) 빼면 대홍수가 난 해인 1656년이 남게 된다. — 이해부터 아브라함에 대한 신의 부름까지는 온전한 366년이고, 이 중 한 해는 윤년이다.
그렇다면 이러한 사실에 대해 우리는 무엇을 말해야만 하는가? 성스러운 수라는 것이 세계운행을 조금이라도 규정하는가? 마찬가지로 프랑크의 안식년 순환호주기도 이러한 신비주의적 연대기의 중심점 주변을 맴돌고 있다.

를 일이지만 인간은 이 현상을 [그 비도덕성에 따른 신의 현현이 아니라] 기만으로 간주해야만 할 것이기 때문이다.*

A 103 그렇다면 교설과 사례에서 규범으로 쓰이는 복음과 구세주에 대한 신앙으로서 성서를 확증하는 일은 성서 저자의 식견에서 생길 수 없고 (이 저자는 항상 오류 가능성에 던져진 인간이었다), (학술적인 것에 대해서는) 바보인 이 인민 자체에서 나온 교사들에 의해 이 인민의 도덕성에 미치는 성서 내용의 작용 자체에서, 그렇기 때문에 각각의 보통 인간들 안에 존재하는 보편적인 이성종교의 순수한 원천에서 생겨나 관찰되어야만 한다. 이 이성종교는 바로 이러한 단순함으
Ⅶ 64 로 그 인간의 마음에 가장 넓고 강한 영향을 미칠 수밖에 없었다.— 성서는 특정한 규약적 지침들을 매개로 한 이성종교의 수단이었다. 이 이성종교는 시민사회 안에서 종교가 시행될 때 일종의 통치 역할을 하는 형식을 부여했다. 그리고 이 이성종교는 하나의 신적인 책으로서 (즉 신적 명령들인 우리 의무들에 대한 총괄개념으로서) 이 법전의 신빙성을 확증하고 법전의 정신에 (즉 도덕적인 것에) 관련된 것을
A 104 그 자체로 문서화한다. 그러나 그 법전의 글자들에 (즉 규약적인 것에) 관해서는 이 책의 규정들이 확증할 필요가 없다. 이 규정들은 그 책의 본질적인 것에 (즉 원리적인 것에) 속하지 않고, 단지 부수적인 것에 (즉 부속물에) 속하기 때문이다.— 하지만 이 책에 비본질적인

---

* 신의 명령에 따라 아브라함이 자신의 외아들을 도살하고 태워서 — (불쌍한 아이는 아무것도 모른 채 그곳에 나무를 지고 가기까지 했다) — 바치려 한 희생 제물에 대한 신화를 그 예로 들 수 있다. [인간의 순수 실천이성과 그 도덕법칙에 반하지 않는다면] 아브라함은 신의 것으로 추정한 이 목소리에 다음과 같이 대답해야만 했을지도 모른다. "내가 나의 선한 아들을 죽이지 말아야 한다는 사실은 참으로 확실하다. 그러나 나에게 나타난 그대
A 103 가 신이라는 점에 대해서는 나는 확신하지 않는다. 나는 다음과 같은 경우에도 그것을 확신할 수 없을 것이다." 즉 — 만약 그 목소리가 (눈으로 볼 수 있는) 하늘에서 내려왔다 할지라도 그렇다.

규약들을 신성시하기 위해 이 책의 근원을 저자의 영감에 (기계장치로 만들어진 신에) 두는 것은 이 책의 도덕적 가치에 대한 신뢰를 강화하기보다는 오히려 약화시킬 것이 틀림없다.

신적 기록인 그런 기록을 공인하는 일은 역사진술이 아니라 오직 이 역사진술의 검증된 힘에서 도출될 수 있다. 즉 인간의 마음속에 종교의 토대를 놓는 힘과 만약 그 종교가 여러 가지 (낡거나 새로운) 규정들을 통해 변질됐다면, 이 종교의 단순함으로 이 종교의 순수성을 되찾아주는 힘으로 그 기록을 공인하는 일이 도출될 수 있다. 이러한 작업은 자연의 작용과 진보하는 도덕적 도야의 성과물이 섭리의 보편적 과정 속에 있기 때문에 멈추지 않는다. 그리고 그러한 작업은 이 책의 현존이 비신앙적인 태도로 한낱 우연으로 치부되거나 미신적 태도로 기적으로 치부되지 않으려면 그리고 이성이 이 두 경 A 105
우에 좌초되지 않으려면 섭리 중 하나로 선언될 필요가 있다.

그리하여 여기에서 다음과 같은 결론이 나온다.

예전부터 교리문답식 강론에서뿐 아니라 설교학적 강론에서도 하나의 체계적인 신앙교설의 텍스트로서 성서가 사람들의 마음에 영향을 줌으로써 성서는 (도덕적인) 신성에 대한 공증근거를 실천적 의도에서 볼 때 충분하게 그 자체 안에 갖고 있다. 이때의 영향은 성서를 보편적이고 내적인 이성종교의 도구로 보전하기 위해서뿐만 아니라 내다볼 수 없는 시간 동안 성서를 길잡이루 사용하는 규약적 신앙교설의 유언으로 (즉 신약성서로) 보전하기 위해서 발휘된 것이다. 성서를 이성종교의 도구로 보전하고 규약적 신앙교설의 유언으로 보전하는 일은 이론적 관점에서 되돌아볼 때도 성서의 근원을 이론적이고 역사적으로 추적하는 학자들의 경우에나 성서의 역사를 증명하는 식으로 성서를 비판적으로 다루는 경우에도 다소 성서에서 벗어날 수 있다. — 성서의 도덕적 내용이 신적이라는 점은 고대 VII 65

의 양피지 문서처럼 종종 읽을 수 없어서 전체와 연관해 조정하고 추정하여 이해할 수 있게 만들어야만 하는 역사서사가 지닌 인간적인 면을 고려할 때 이성이 충분히 감내한다. 그런데 성서의 도덕적 내용
A 106 이 신적이라는 점은 이때 다음과 같은 명제를 정당화한다. 즉 성서는 그것이 신적인 계시이든 아니든 상관없이 보존될 만하고, 도덕적으로 이용될 만하며, 종교의 지도수단으로서 종교의 바탕이 될 만하다는 것이다. 교회신앙을 위한 이 지침에 자신을 맞추기에는 현재로는 이미 너무 컸다고 망상하는 힘찬 천재들의 경솔함 때문에 정부는 시민적 질서와 안정을 수립하고 지도하는 저 거대한 수단을 등한시하여 경솔한 자들의 손에 넘어가게 한 자신들의 관대함을 후회하게 될 것이다. 그 힘찬 천재들이 현재 신과 인간을 사랑하는 자로서 그들을 위해 세워진 공적인 교회 안에 모여 있거나 아니면 신비주의자로서 내적 계시의 등불 아래 모여 있거나 간에 그렇게 될 것이다. — 그런데 우리가 소유한 성서가 신뢰할 수 없게 된다면, 그 자리에 다른 하나가 나타날 것이라고 기대할 수도 없다. 왜냐하면 앞의 것이 지속되지 못하고 실패하면 뒤에 오는 것은 모두 믿질 못하게 되어, 동일한 일에서 공적인 기적은 두 번 다시 오지 않기 때문이다. — 그렇지만
A 107 다른 한편으로는 내적인 믿음의 내용보다는 형식에 더 관련되는 특정한 성서규약 때문에 이 성서의 저자들 자신도 어느 정도 질책을 받아야만 한다면, (나라가 위험하다고 말하는) 경고자의 외침은 주목하지 말아야 한다. 어떤 한 교설을 검토하는 일을 금지하는 것은 신앙의 자유에 위배되기 때문이다. — 그러나 역사신앙이 의무이자 영복에 속한다고 하는 말은 미신이다.*

* 미신은 자연법칙에 따라 설명될 수 있는 것보다는 — 물리적인 것에서든 도덕적인 것에서든 간에 — 자연적이지 않은 방식에 속하는 것으로 추정되는 것을 더 신뢰하는 성향이다. 그렇기 때문에 다음과 같이 물을 수 있

(성서해석 방법은 학문적 체계와 관련되기 때문에) 이것을 문외한들 A 108; Ⅶ 66
에게 맡길 수 없다. 그렇기 때문에 성서해석 방법에 (성스러운 것에 관
한 해석학에) 대해서 요구할 수 있는 부분은 종교 안의 규약과 관련해
서만이다. 즉 해석자는 그의 진술이 신빙성이 있다고 이해되어야 하
는지, 아니면 교리적이라고 이해되어야 하는지 해명하게 되는 것이
다. — 전자의 경우에 해석이 저자가 말하려는 의미에 문자적으로 A 109
(즉 문헌학적으로) 들어맞아야만 한다. 그러나 둘째 경우에는 성서작
가가 성서구절에 (철학적으로) 다음과 같은 의미를 부여할 자유가 있

다. (경험적 신앙으로서) 성서신앙이 또는 이와 반대로 (이성신앙과 종교신
앙으로서) 도덕신앙이 교사의 길잡이로 쓰여야 하는가? 그렇지 않다면 그
교설이 신과 관련되었으므로 성서 속에 있는 것인가? — 첫째 명제는 분명
히 일관되지 않았다. 그 책의 신적 명망이 여기서 그 책의 교설이 신적이라
는 사실을 증명하기 위해 전제되어야만 하기 때문이다. 그렇기 때문에 결
코 증명할 수 없는 둘째 명제만 가능하다. (즉 초자연적인 것에 대한 지식은 주
어지지 않는다는 명제만 가능하다.) — 이에 대한 예는 다음과 같다. — 모세
적이고 메시아적인 신앙의 제자들은 아브라함과 신의 약속에 따른 희망이
예수가 죽은 뒤 완전히 소멸되는 것을 목격했다. (우리는 그가 이스라엘을 Ⅶ 66
구원하길 원했다.) 그들의 성서에는 아브라함의 자손들에게만 영복이 약속
되어 있기 때문이다. 그런데 오순절에 제자들이 모였을 때 그들 중 한 명이 A 108
미묘한 유대의 해석 기술에 맞는 행운을 떠올리게 된다. 그것은 이교도들
도 (즉 그리스인들과 로마인들도) 아브라함이 (세계구원자라는 통합적인 희
망제물의 상징으로서) 그의 유일한 아들도 신에게 바치려 했던 희생 제물에
대해 믿는다면, 이 약속에 관련된 것으로 여길 수 있다는 것이다. 그들은
신앙 안에서 (처음에는 할례를 통해서이지만 나중에는 할례 없이도) 아브라
함의 자손들일 테니 말이다. — 어떤 대규모 군중집회에서 그러한 헤아릴
수 없는 전망을 연 이러한 발견이 최대 환호를 받으면서 마치 그 발견이 성
스러운 정신의 직접적 작용이었던 양 받아들여지고 하나의 기적으로 간주
되었다는 점과 그러한 하나의 기적으로서 그 발견이 성서의 (사도들의) 이
야기 속에 들어왔다는 점은 놀라운 일이 아니다. 그러나 그때 그 이야기를
사실로 믿는 것과 이러한 믿음을 자연적인 인간 이성에 강요하는 것은 결
코 종교에 속하는 것이 아니다. 그러나 영복에 필요한 것으로서 그러한 교
회신앙과 관련된 두려움을 바탕으로 강요된 복종은 미신이다.

다. 다시 말해 (배우는 자들을 교화하기 위한) 도덕적·실천적 의도에서 성서해석에서 채택할 의미를 성서구절에 부여할 자유가 있는 것이다. 단순한 하나의 역사적 명제에 대한 신앙은 그 자체로 죽은 것이기 때문이다. — 그런데 물론 첫째 경우는 성서학자에게 그리고 특정한 실용적 의도에서는 인민에게도 매우 중요할 것이다. 그러나 도덕적으로 더 나은 인간을 만든다는 종교교설의 본래 목적이 이때 빠지거나 방해받아서는 결코 안 된다. — (지속적으로 성서를 관통하는 어떤 기적과 같은 것을 상정하지 않는다면) 성스러운 성서작가들이라도 인간으로서 오류를 범할 수 있기 때문에 이런 사실이 중요하다. 예를 들어 성 바울은 아직 태어나기 전인 어떤 사람들을 버리는 일을 이해할 수 없다는 사실에 대해 스스로 큰 혼란에 처했음에도 모세적·메시아적 성서교설에서부터 복음적 성서교설 속에 신실한 마음에서 전달한 그의 [성서해석 방법인] 은총선택설로 오류를 범했다. 바울이 그렇게 했다고 해서 만약 사람들이 성서학자들의 해석학을 끊임
A 110; Ⅶ 67 없이 해석학자의 일부가 돼버린 계시라고 가정한다면, 종교의 신성을 지속적으로 저해할 수밖에 없을 것이다. — 그렇기 때문에 성스러운 저자가 어떤 한 의미 때문에 자신의 말과 결부했을 수도 있는 것을 (경험적으로) 알라고 요구하는 교설적 해석이 아니라 어떤 한 교설을 위한 성서의 텍스트로서 한 구절을 권유할 때 (선험적으로) 도덕을 고려해서 이성이 부가할 수 있는 것을 알라고 요구하는 교설적 해석만이 내적이며 보편적인 참된 종교 안에서 인민을 가르치는 유일한 복음적·성서적 방법이다. 이 종교는 역사신앙인 산발적 교회신앙과 구별된다. 이러한 구별이 가능할 때, 모든 것이 진정성과 개방성을 지니고 기만 없이 이루어진다. 하지만 이때 이와 반대로 인민이 누구나 파악하는 (유일하게 영복을 주는) 도덕적인 신앙 대신에 인민들 중 누구도 증명할 능력이 없는 역사신앙 중 하나에 (인민이 가질 수

밖에 없는) 인민의 의도로 기만당한 인민은 자신의 교사를 고소할 수 있다.

그렇다면 어떤 한 성서를 경외하도록 배운 민족의 종교를 그 의도에서 보건대 그 민족의 도덕적 관심에—교화, 도덕적 개선 그리고 그렇게 해서 영복을 얻는 것에—관련된 그 성서의 교리적 해석은 A 111 동시에 신빙성이 있는 해석이다. 다시 말하면 그렇게 신은 성서 속에 계시된 자신의 의지가 이해되었다는 것을 알고 싶어 한다. 왜냐하면 여기서 논의되는 것은 인민을 규율 아래 묶어두는 하나의 시민적 (즉 정치적) 통치가 아니라, 도덕적 마음가짐을 지닌 내면적인 것을 목적으로 하는 (그렇기 때문에 신적인) 통치이기 때문이다. 우리 자신의 고유한 (도덕적·실천적) 이성을 통해 말씀하시는 신은 이러한 자신의 말을 기만하지 않으며, [사람들이] 보편적으로 이해할 수 있는 해석자다. 그리고 또한 이 신의 말에 대해서는 어떤 다른 (말하자면 역사적으로) 공증된 해석자도 있을 수 없다. 종교란 순수한 이성의 일 가운데 하나이기 때문이다.

*   *   *

그리고 이렇게 하여 학부의 신학자들은 성서신앙을 바르게 지킬 의무를 스스로 지는 것이고, 따라서 그에 대한 권리도 갖는다. 하지만 이러한 사실은 성서신앙을 항상 이성의 비판 아래 놓는 철학자들의 자유와 무관하다. 이 철학자들은 위의 신학자들에게 어쩌면 짧은 기간 허용될 수도 있을 독재가 행해질 경우에 (다시 말해 종교칙령이 내려질 경우에) 엄격한 양식으로 자신을 가장 잘 보호한다. 집정관들은 국가가 어떤 손상도 입지 않도록 행정한다.[18]

A 112 **보론**

이 성스러운 책의 실천적 사용과 짐작된 지속시간에 관한 성서적·역사적 물음들

VII 68 [성서에 대한] 견해들이 모두 바뀌어도 성스러운 책이 오랫동안 존중받도록 하는 것은 정부가 지혜를 바탕으로 책임져야 하는 일이다. 이때 정부는 한 국가 인민의 안녕과 융화와 관련해서 이런 일에 큰 관심을 갖는다. 그러나 인민에게 영원을 보장하는 일이나 천년왕국설처럼 인민을 어떤 새로운 신의 나라로 넘어가도록 허용하는 일은 우리의 예언능력 전체를 넘어서는 것이다. — 그렇다면 만약 교회신앙이 인민을 이끄는 이 거대한 수단을 언젠가는 상실할 수밖에 없다면, 어떤 일이 일어날까?

누가 (구약과 신약이라는) 성서 책들의 편집자인가, 그리고 언제 [이 성서 책들은] 정경의 지위를 차지했는가?

A 113 문헌학적·고문서적 지식들은 한번 채택된 신앙규범을 유지하는 데 항상 유용할까, 또는 이성은 언제나 자연스럽게 그리고 보편적 동의로 그 지식을 종교에 적용하도록 규정하는 능력을 갖추게 될까?

이른바 70인역[19]에 따른 성서의 신빙성을 증명하는 문서들이 충분히 존재하는가, 그리고 그 문서들의 연대가 시작하는 시점은 정확히 언제부터라고 말할 수 있는가? 이와 같은 질문들이 있다.

* * *

설교에서 이 책을 실천적으로 사용하는 것은, 실천적 사용 중에 특히 공적으로 사용하는 것은 인간을 개선하고 그들의 도덕적 동인에 활력을 주는 데 (즉, 교화하는 데) 분명히 기여한다. 만약 다른 어떤 의도가 이 실천적 사용과 충돌한다면, 무엇보다도 실천적 사용을 우선시해야만 한다.—그리하여 사람들은 이 준칙이 아직까지 의심될 수 있었다는 사실에 놀라게 될 수밖에 없다. 또 사람들은 어떤 하나의 텍스트를 의역해 다루는 일이 그것을 훈계하기 위해 다루는 일보다 우선시되기는커녕 앞의 준칙에 따라 적어도 그늘에 가려져야만 했다는 사실에 놀라게 될 수밖에 없다.—성서에 대한 학식도, 이 학식을 매개로 대개는 그저 실패로 드러나는 추정들에 불과한 문헌학 A 114
적 지식으로 성서에서 끌어낸 것도 인민을 위한 강론을 이끌어서는 안 된다. 사람들이 도덕적인 사유방식으로 (그렇기 때문에 신의 정신에 따라서) 성서 속에 집어넣은 것이 인민에 대한 강론을 주도해야만 하고, 결코 기만하지 않고 또 치유작용이 없을 수 없는 교설들이 인민에 대한 강론을 이끌어야만 한다. VII 69

즉, 성스러운 성서 저자들이 텍스트에서 스스로 의미를 두려고 한 것을 추적하게 허용하지 말고, 거기에서 사유될 모든 윤리적인 것을 불러일으키는 것으로만 (아니면 주로 그렇게) 그 텍스트를 사용해야 한다는 것이다.—만약 설교로 감화된 마음씨가 순수해져야만 한다면, 궁극목적인 교화를 지향하는 설교는 (모든 것이 그와 같아야만 하지만) 듣는 자의 가슴에서, 즉 자연적이고 도덕적인 소질에서 나온 가르침, 더군다나 가장 못 배운 사람들의 가슴에서 나온 가르침을 펼쳐야만 한다. 이와 연관된 성시 증인들은 또한 이 교설들의 진리를 확증하는 증명근거여서는 안 되고 (여기서 윤리적으로—실행하는 이성에는 이런 증명근거가 필요하지 않기 때문이다. 또 경험적인 인식이 그것을 할 수도 없기 때문에 그렇다) 그 교설들의 진리를 좀더 직관적으로 만들어줄 목적으로 실천이성의 원리들을 성스러운 역사의 사실들에 적용하는 예로만 존재해야 한다. 그런데 교설들의 진리를 좀더 직관적으로 만드는 일 또한 전체 지구 위에 있는 민족과 국가를

A 115 위해서는 높이 평가할 만한 장점이다.

보론
종교 안에 있는 순수 신비론 중 하나에 대하여*

VII 70 저는 『순수이성비판』에서 다음과 같은 점을 배웠습니다. 말하자면 철학이란 표상들과 개념들 그리고 이념들에 대한 학문도 아니고 모든 학문에 대한 학문도 아니며 그밖의 유사한 무언가도 아니고, 인간
A 116 에 대한 학문이라고 배웠습니다. 즉 철학이란 인간의 표상과 사유와 행동에 대한 학문이라고 배웠습니다. 철학은 인간을 인간이 지닌 모든 구성요소에 따라 드러내야만 합니다. 즉 철학은 인간이 어떻게 존재하며 존재해야만 하는지 밝혀야만 합니다. 다시 말하면 철학은 인간을 인간의 자연적 규정에 따라서는 물론이고 상태와 자유의 상태에 따라 묘사해야만 합니다. 그런데 이 점에서 과거의 철학은 이 세계 내에 존재하는 인간을 기계 중 하나로 만듦으로써 인간에게 이 세계 내에 완전히 부적합한 위치를 부여했습니다. 기계는 그 자체로 완전히 세계나 외부 사물들과 상황들에 종속되어 있을 수밖에 없을 테니 말입니다. 그렇기 때문에 과거의 철학은 인간을 이 세계에서 거의 수동적인 것에 지나지 않는 한 부분으로 만들어버렸습니다. ― 그런데 지금은 이성비판이 등장하여 이 세계 내 인간을 철저히 능동적인

* 이것은 박사학위 논문인 『순수 신비주의와 칸트의 종교론 사이의 유사성에 대하여』(칼 아놀드 빌만스·빌레펠드 지음, 대학생 연맹, 할레 작센 1797)에 첨부된 한 편지에 담긴 내용 중 내가 당사자의 허락을 받아 서두와 결어를 생략하여 전하는 내용이다. 이 편지는 지금은 약학에 몰두하는 이 젊은이가 다른 학과들에서도 상당히 기대할 만한 인물이라는 사실을 보여준다. 하지만 이때 나는 그의 표상방식과 나의 표상방식의 저 유사성을 무조건 인정한다고는 생각하지 않는다.

현존의 하나로 규정합니다. 인간 자신이 원래 자신의 모든 표상과 개념의 창조자이고 자신의 모든 행위에 대한 유일한 창시자여야만 합니다. [인간에 대한 자연적 규정인 이 문장에서] 앞의 '이다'와 [인간에 대한 도덕적 규정인] 뒤의 '해야만 한다'는 인간에게 두 가지 완전히 상이한 규정이 됩니다. 여기에서 우리는 인간 안에서도 또한 서로 본질적으로 구별되는 두 가지 완전히 상이한 부분을, 즉 한편으로는 감성과 지성을, 다른 한편으로는 이성과 자유의지를 목격하게 됩니다. 모든 것은 자연 안에 존재합니다. 하지만 자연에서 당위의 문
제는 있을 수 없습니다. 그런데 감정과 지성은 항상 모든 것이 무엇 A 117
이며 어떤 상태인지 규정하는 것만 목적으로 합니다. 따라서 감성과 지성은 자연을 위해, 즉 이 지상세계를 위해 정해져 있을 수밖에 없고, 따라서 자연에 속할 수밖에 없습니다. 이성은 기꺼이 감성적인 자연을 넘어선 상태로 있기를 원하기라도 한 듯 초감성적인 것 안으로 끊임없이 진입하려고 합니다. 그리하여 이성은 이론적인 능력이긴 하지만 전혀 이 감성을 위해 규정되어 있지 않은 것처럼 보입니다. 그런데 자유 의지는 외부사물에 대한 독립성 속에서 존립합니다. 이 외부사물들은 인간 행위의 동인이어서는 안 됩니다. 그렇기 때문에 자유의지는 더더욱 자연에 속할 수 없습니다. 그렇다면 자유의지는 어디에 속할까요? 인간은 두 가지 완전히 상이한 세계를 위해 정해져 있을 수밖에 없습니다. 말하자면 한 번은 감각과 지성의 왕국과 관련해서, 즉 이 지상과 관련해서 규정된 채로 있습니다. 또한 인간은 우리가 알지 못하는 어떤 다른 세계와 관련해서 규정되어 있습니다. 즉 인간은 윤리의 왕국과 관련해서 규정되어 있습니다.

그렇기 때문에 지성과 관련해서 말해보면, 이 지성은 이미 그 자체로 자신의 형식에 따라 이 지상세계에 한정되어 있습니다. 지성은 오로지 감성적인 사물들과만 관련될 수 있는 범주들로, 즉 외면화방

식들로 이루어졌기 때문입니다. 그래서 지성에는 지성의 한계가 분명하게 그어져 있습니다. 범주들이 중단되는 곳에서 지성 또한 멈춥니다. 범주들이 지성을 최초로 형성하고 합성하기 때문에 그렇습니
A 118 다. (또 지성이 오로지 지상세계에 대해서만 규정한다거나 자연에 대해서만 규정한다는 것에 대한 한 가지 증명은 내가 보기에 다음과 같습니다. 즉 만약 우리가 지성능력들을 되돌아볼 경우 가장 영리한 인간부터 가장 우둔한 동물까지 하나의 사다리를 자연 안에서 발견하게 된다는 것입니다. 우리는 본능조차도 지성의 한 종류로 볼 수 있습니다. 이런 한에서 자유의지는 한낱 지성에 속하는 것이 아닙니다.) 하지만 인간성이 멈추는 그곳에서 멈추는 것이자 모든 인간에게 근원적으로 동일한 것인 도덕성을 고려하면 그렇지 않습니다. 그렇기 때문에 지성이란 오로지 자연에만 속해야 합니다. 그리고 만약 인간이 이성이나 자유의지 없이 또는 도덕성 없이 오로지 지성만 갖고 있다면, 짐승들
VII 71 과 하등 차이가 없게 될 테며, 아마도 단지 짐승들의 사다리 맨 꼭대기에 서게 될 것입니다. 그런데 인간이란 이와 반대로 도덕성을 지니면서 자유로운 존재로서 전적으로 그리고 본질적으로 짐승들과 구별되기 때문에, 그리고 또한 가장 영리한 짐승과도 (이 동물의 본능은 종종 인간의 지성보다도 더 명확하고 확실하게 작용하지요) 구별됩니다. — 그러나 이러한 지성은 전적으로 인간이 지닌 능동적 능력 중 하나입니다. 즉 지성의 모든 표상과 개념은 오로지 지성의 창조물입니다. 인간은 근원적으로 지성으로 사유하며 그렇게 자신의 세계를 만듭니다. 외부사물들은 단지 지성이 작용하게 되는 계기들에
A 119 불과합니다. 즉 외부사물들은 지성의 활동을 자극하고, 이러한 활동의 산물이 표상들과 개념들입니다. 그렇기 때문에 이 표상들과 개념들이 관계하는 사물들은 우리 지성이 표상하는 그것이 아닐 수 있습니다. 즉 지성은 오로지 표상들과 지성의 대상들만 만들 수 있지 실

제 사물들을 만들 수 있는 것은 아닙니다. 다시 말하면 사물은 지성에 따른 이 표상들과 개념들 자체로는 있는 그대로 인식되기가 불가능합니다. 우리 감성과 지성이 나타내는 사물들은 오히려 그 자체로는 단지 현상들일 뿐입니다. 즉 이 사물들은 지성의 작용과 [지성이 작용할] 계기들이 만나서 산출된 대상들에 불과합니다. 그렇다고 하더라도 그로써 이 대상들은 가상이 아닙니다. 그것들은 우리가 실제 삶 속에서 우리한테는 우리 표상들에 상응하는 실제 사물과 대상으로 여길 수 있는 것입니다. 그 이유는 바로 우리가 그 실제 사물들을 저 계기들이라고 전제해야만 하기 때문입니다. 자연과학이 한 사례를 제공합니다. 외물사물들은 활동능력이 있는 어떤 신체에 작용하고 이로써 이 신체가 활동하도록 자극합니다. 이러한 것의 결과가 삶입니다. — 그러나 삶이란 무엇입니까? 그것은 세계 내에 있는 그 삶의 현존과 이 삶이 갖는 외부사물들과 관계를 물리적으로 인정하는 것입니다. 즉 신체란 외부사물들에 반응하고 외부사물을 자신의 세 A 120
계로 여기며 살아가는 것이고, 외부사물의 본질까지는 챙기지 않지만 그것들을 자기 목적을 위해 사용하면서 살아가는 것입니다. 만약 외부사물들이 없다면 이 신체는 살아 있는 신체가 아닐 테며, 신체의 활동능력이 없다면 외부사물들은 신체의 세계가 아닙니다. 지성의 경우도 사정은 마찬가지입니다. 지성이 외부사물들과 만나면서 비로소 지성의 이 세계가 생성됩니다. 만약 외부사물들이 없다면 지성은 죽은 것입니다. 그러나 지성이 없다면 그 어떤 표상들도 없고, 표상들이 없다면 그 어떤 대상들도 없으며, 이 대상들이 없다면 지성의 이러한 세계도 없습니다. 이런 식으로 해서 마찬가지로 만약 우리가 어떤 하나의 다른 지성을 갖게 된다면, 또한 다른 어떤 하나의 세계가 거기 존재하게 될 것입니다. 이러한 점은 광인들의 사례에서 확실해집니다. 그러므로 지성은 자기 대상들의 창조자이며 이 대상들로

Ⅶ 72 이루어진 세계의 창조자입니다. 하지만 그렇게 하여 실제 사물들은
지성활동의 기회원인이 되며 따라서 표상들의 기회원인이 됩니다.

이제 이로써 인간의 이러한 자연능력들이 이성 그리고 자유의지
와 본질적으로 구별됩니다. 이 둘 또한 능동적 능력을 형성하지만 이
둘이 작용하는 계기들은 이 감성세계에서 취해져서는 안 됩니다. 그
렇기 때문에 이론적 능력으로서 이성은 이곳에서는 결코 대상들을
A 121 지닐 수 없습니다. 이성의 작용들은 단지 이념들, 즉 그 이성의 작용
들은 표상들일 수 있습니다. 이 이념들, 즉 이 이성의 표상들에는 그
어떤 대상들도 상응하지 않습니다. 왜냐하면 실제 사물들이 아니라,
말하자면 지성의 유희만이 이성 활동의 계기이기 때문입니다. 그렇
기에 이론능력, 즉 사변능력으로서 이성은 여기 이 감성세계 안에서
는 결코 사용될 수 없고 (그리고 그 결과 이성은 어쨌든 그 자체로 일단
은 그러한 능력으로서 현존하므로 하나의 다른 어떤 세계에 대해 규정
하는 것이어야만 합니다) 오로지 실천능력으로서 이성이 자유의지를
위해서 사용될 수 있는 것입니다. 이 자유의지는 이제 순전히 실천적
이며 단지 실천적일 뿐입니다. 이 자유의지에 본질적인 것은 그 의지
의 활동이 반응이 아니라 하나의 순수하고 객관적인 행위여야만 한
다는 데 있거나, 그 의지의 활동 동인들이 그 동인들의 대상들과 맞
아떨어져서는 안 된다는 데 있습니다. 그러므로 그 의지는 지성 표상
들의 뒤집히고 변질된 어떤 작용방식을 야기하기 때문에 그 지성의
표상들과는 독립된 채 행위해야만 하고, 또 사변적 이성의 이념들과
독립된 채 행위해야만 합니다. 왜냐하면 이 사변적 이성은 실제적인
것이 하나도 상응하지 않으므로 쉽게 어떤 하나의 잘못되고 근거 없
는 의지규정의 원인이 될 수 있기 때문입니다. 그렇기 때문에 자유의
지의 행위 동인은 인간 자체의 내적 본질에 근거를 두면서 의지의 자
유 자체와 떼어놓을 수 없는 것으로 존재하는 어떤 것이어야만 합니

다. 그렇다면 이것은 도덕법칙입니다. 도덕법칙은 우리를 전적으로 A 122
자연에서 벗어나게 하고 자연을 넘어서 고양합니다. 그리하여 도덕
적 존재로서 우리가 자연사물들을 의지 행위의 원인이나 동인으로
도 필요로 하지 않을 수 있고, 그것들을 우리 희망의 대상들로도 여
기지 않을 수 있으며, 이 사물들의 자리에는 오히려 인간성을 지닌
도덕적 인격만이 들어서게 됩니다. 저 법칙은 그리하여 오로지 인간
에게만 고유하며, 인간을 그밖의 다른 모든 자연부분과 구별하는 하
나의 특성, 즉 도덕성을 우리에게 보장해줍니다. 우리는 이 도덕성
이 있어 독립적이고 자유로운 존재입니다. 그리고 도덕성 자체는 이
러한 자유에 근거를 둡니다. — 그렇기 때문에 지성이 아니라 이러
한 도덕성이 인간을 비로소 인간으로 만듭니다. 물론 지성도 전적으
로 능동적인 능력이며, 이러한 한에서 자립적인 능력이지만, 그럼에
도 지성은 활동을 위해 외부사물들이 필요하고 또한 동시에 그것들
에 국한되어 있습니다. 이와는 반대로 자유의지는 전적으로 독립적 VII 73
이고 오로지 내적 법칙에 따라서만 규정되어야 합니다. 다시 말해서
인간이란 오로지 자신의 근원적 존엄을 향해 고양하고, 법칙 이외의
모든 것에서 독립성을 위해 고양되는 한에서만 자신을 통해 규정되
어 있습니다. 그렇기 때문에 이러한 우리의 지성은 그의 이 외부사물
들 없이는 아무것도 아니게 되고, 적어도 이러한 지성이 아니게 됩니
다. 이성과 자유의지는 그 작용범위야 어떻든 간에 그가 원하는 그 A 123
런 것으로 동일하게 남습니다. (여기서 다음과 같은 참으로 초자연적
인 추론은 어느 정도 개연성을 지니고 성립될 수 있나요? 그 추론은 다
음과 같습니다. "인간 신체의 죽음과 함께 이 인간의 지성도 죽고 지성
의 모든 현세적 표상들, 개념들 그리고 지식들도 함께 사라진다. 항상 이
지성은 오직 현세적이고 감성적인 사물들에만 사용될 수 있기 때문이
다. 그리고 인간이 초감성적인 것 속으로 올라서기를 원하게 되는 순간

이때 즉시 모든 지성 사용은 중단된다. 그리고 이와 반대로 이성의 사용이 등장하게 된다." — 이러한 것은 제가 나중에 신비주의자들에게서도 발견하게 되는 생각 중 하나인데, 이들은 이 생각을 주장하는 것이 아니고 단지 모호하게 사유하는 것이라고 합니다. 그리고 이 생각은 많은 사람을 안정시키는 데 확실히 기여할 것이며, 또한 어쩌면 많은 사람을 도덕적으로 개선하는 데도 기여할 것이라고 합니다. 신체만큼이나 지성은 인간 자체에 의존하지 않습니다. 신체구조의 어느 한 부분의 결함도 사람들은 감수합니다. 사람들은 신체구조가 본질적인 것이 아니라는 점을 알기 때문입니다. — 즉 어떤 하나의 잘 만들어진 신체라는 것은 단지 여기 지상에서만 강점들을 지닌다는 것을 압니다. 이와 같은 일이 지성에서도 마찬가지일 것이라는 생각이 보편화된다고 가정한다면, 이는 인간의 도덕성에 유익해야만 하지 않을까요? 인간에 대한 좀더 새로운 본성
A 124 론은 이러한 생각과 매우 잘 어울립니다. 이 새로운 자연론은 지성을 단지 신체에 종속된 어떤 것으로 여기고 뇌의 작용에 따른 결과물 가운데 하나로만 여기기 때문입니다. 이와 관련해서 라일의 생리학 저술들을 보십시오. 또 영혼의 물질성에 대한 오래된 견해들은 이 저술에서 어떤 실재적인 것으로 환원되었습니다.)

인간의 영혼능력에 대한 비판적 연구들이 계속되는 과정에서 다음과 같은 자연적인 물음들이 제기되었습니다. 모든 이론적 근거는 그 자연적 본성에 따르면 저 생각을 확고히 하고 보장하는 데 쓸모없으므로 세계의 한 창조자이며 또한 우리 자신과 도덕법칙의 창조자에 대한 불가피하고 억제할 수 없는 이성의 이념도 분명히 어떤 하나의 타당한 근거를 지니는가? 여기에서 신의 현존에 대한 아주 멋진 도덕적 증명이 탄생했습니다. 이 증명은 이들이 비록 의도한 것은 아닐지라도 모든 사람에게 비밀스럽게도 분명하고 충분하게 증명하는 것이어야만 합니다. 그러나 이 증명으로 지금 근거를 갖게 된 한 분,

세계 창조자에 대한 이념에서 결국에는 우리의 모든 의무를 위한 보편적인 도덕적 입법자에 관한 실천적 이념이 생겨났습니다. 이 도덕적 입법자는 우리 안에 거주하는 도덕법칙의 창시자입니다. 이러한 이념은 인간에게 하나의 완전히 새로운 세계를 제공합니다. 인간은 지성과 감관의 왕국과는 다른 어떤 한 왕국을 위해, 말하자면 하나의 도덕적 왕국을 위해, 즉 하나의 신의 왕국을 위해 창조되었다고 스스로 느낍니다. 이제 인간은 자신의 의무들을 동시에 신적인 명령들로 인식합니다. 그리고 그 자신 속에서 하나의 새로운 인식이, 즉 하나의 새로운 감정이, 다시 말해서 종교가 발생합니다. ― 존경하는 사부님, 사람들이 분리주의자라 칭하지만 스스로는 신비주의자라 칭하는 인간 한 무리를 제가 알게 됐을 때, 저는 선생님의 저술 서재 속에 도달했습니다. 저는 신비주의자들이 선생님의 교설을 거의 문자적으로 실천에 옮긴다는 사실을 발견했습니다. 이 교설을 이 사람들의 신비주의적 언어 안에서 다시 발견하는 일이 물론 처음에는 어려웠습니다. 그러나 저는 이것을 지속적으로 탐색한 뒤 성취했습니다. 이 사람들이 예배를 전혀 올리지 않고 살았다는 사실이 제게는 인상적이었습니다. 이들은 예배의식이라 칭해지는 것을 모두 폐기하고 자신의 의무들을 충족하는 일에 속하지 않은 것은 모두 폐기했습니다. 즉 이들은 자신을 종교적 인간으로 여겼고 분명히 기독교인이라 여겼지만, 성서를 법전으로 보지 않습니다. 이들은 단지 어떤 하나의 내적인 기독교에 대해서만, 다시 말해 영원부터 우리 안에 거주하는 기독교에 대서만 말했습니다. ― 저는 이 사람들의 처신을 추적했고, 그들에게서 (창포병 걸린 양들은 제외합니다. 이들은 사적인 이익을 쫓는다는 점에서 모든 무리 가운데 발견되는 자들이지요) 순수한 도덕적 마음가짐을 발견했고, 그들의 행위에서는 거의 스토아적 언행일치를 발견했습니다. 저는 그들의 교설과 원칙들을 연구했고, 본질에서

VII 74
A 125

A 126 완전히 선생님의 도덕과 종교론을 다시 발견했습니다. 그렇지만 이와 함께 저는 다음과 같은 차이도 항상 발견했습니다. 즉 그들은 그들이 칭하듯이 내적인 법칙을 하나의 내적인 계시로 여기며 그리하여 분명히 신을 그 법칙의 창시자로 간주한다는 사실이 그것입니다. 그들은 성서를 신적인 근원을 지닌 책으로 여기지만, 그들이 더는 관여하지 않는 그런 종류의 하나의 책으로 여긴다는 점은 사실입니다. 하지만 좀더 정확히 연구해보면, 그들이 성서의 이러한 근원을 일차적으로 그들의 내적 법칙과 성서의 일치에서, 다시 말해 그 내적 법칙과 성서 속에 포함된 교설 사이의 일치에서 추론한다는 점이 발견됩니다. 왜냐하면 만약 사람들이 그들에게 '왜 그래?'라고 묻게 된다면, 그들은 다음과 같이 대답하기 때문입니다. 성서는 나의 내면에서 합법화된다. 만약 그대들이 그대들의 내적 법칙이 지시하는 것을 따르거나 성서의 교설들을 따른다면, 그대들도 이를 똑같이 발견하게 될 것이다. 바로 이런 이유로 또 그들은 성서를 그들의 법전으로 여기지 않습니다. 그들은 성서를 단지 근원적으로 그들 자신 안에 근거가 있는 것을 다시 발견하게 되는 하나의 역사적 확인 작업으로만 여깁니다. 한마디로 말해서 이 사람들은 (제가 이런 표현을 쓰는 것을 용
VII 75 서해주십시오!) 참된 칸트주의자들입니다. 그러나 그들 대다수는 상인 계층이나 수공업자들이나 농부들입니다. 하지만 저는 가끔 더 높은 신분이나 식자층 중에서도 몇몇을 발견했습니다. 그렇지만 신학
A 127 자는 한 사람도 찾지 못했습니다. 신학자들에게 이 사람들은 진정으로 눈엣가시입니다. 왜냐하면 그들의 모범적 처신과 모든 시민적 질서에 복종함으로써 신학자들에게 전혀 피해를 주지는 않지만, 이 사람들은 신학자들의 예배의식이 그들에게 도움이 되지 않는다고 여기기 때문입니다. 이 분리주의자들은 종교원칙들에서는 퀘이커교들과 구별되지 않지만, 이 종교원칙들을 공동의 삶에 적용하는 데서는

확실히 구별됩니다. 그들은 예를 들면, 풍습대로 옷을 입고, 모든 국가의 세금은 물론이고 교회의 세금도 내기 때문입니다. 그들 중 교육을 받은 이들에게서 저는 광적인 신앙은 결코 발견하지 못했고, 종교적 대상들에 대해 자유롭고 선입관 없이 이성적으로 따지고 판단하는 것을 발견했습니다.

제2편 철학부와 법학부의 논쟁

다시 제기되는 물음: 인류는 더 나은 상태를 향해 지속적으로 진보 A 131; VII 79
하는가?

1. 이 물음으로 알고 싶은 것은 무엇인가?

사람들이 알고 싶어 하는 것은 인류 역사의 한 부분, 그것도 지나간 시대가 아니라 다가올 시대의 역사이며, 따라서 예측하여 말할 수 있는 역사다. 이런 역사는 (일식이나 월식처럼) 이미 알려져 있는 자연법칙에 따라 인도되는 것이 아니라면, 점술적이면서도 자연적인 것이라고 일컬어질 것이다.* 하지만 초자연적인 소통과 미래를 내다 A 132
보는 것 이외에 다른 방식으로 얻어질 수 없는 것이라면 이런 역사는 예언적(예언자적)이라고 일컬어질 것이다. 그런데 인류가 (전체적으로) 더 나은 상태를 향해 지속적으로 진보하고 있는가 하는 물음이 제기될 때, 이 물음에서 문제가 되는 것은 인간의 자연사에 관한 것(새로운 인간 종이 미래에 등장할지 아닐지)이 아니라 인간의 도덕적 역사에 관한 것이다. 그리고 여기서 인간은 유개념에 따라 이해된

* 날림으로 점을 치는 (지식이나 진정성 없이 점을 치는) 사람에게 이렇게 말한다. 그는 점을 친다. 피티아스와 집시 여인 같은 이들이 이런 사람들이다.

인간(개개의 인간)이 아니라 이 세상에서 사회를 이루어 모여 살면서 종족적으로 나뉘어 있는 인간들 전체(전체의 인간)를 말한다.

2. 어떻게 그것을 알 수 있는가?

미래에 닥칠 일들을 점치듯 말하는 역사 진술로서, 따라서 그때가 되면 일어날 사건에 대한 아프리오리하게 가능한 기술로서의 역사
VII 80 에 대해 묻는다. 어떻게 아프리오리한 역사가 가능할 수 있을까? 답변은 이렇다. 만일 점쟁이가 자신이 앞서 알려준 사건들을 스스로 만들어내고 일어나게 한다면 가능할 것이다.

유대의 선지자들은 자신들의 나라가 타락할 뿐만 아니라 완전히 소멸할 날이 머지않아 닥쳐올 것을 제대로 예언했다. 그 이유는 그들
A 133 자신이 이러한 운명의 주인공이었기 때문이다. 민족 지도자로서 그들은 자기 나라 헌법에 너무 많은 교회의 짐과 그에 따른 신민적 짐을 부과했고, 그리하여 그들의 나라는 스스로 존립하기에 전혀 적합하지 않게 되었다. 특히 이웃한 민족들과 함께하기에 적합하지 않았다. 그래서 사제들의 탄식은 당연히 허공으로 사라지는 헛된 것일 수밖에 없었다. 이들은 자신들이 만들었지만 지탱될 수 없는 헌법의 뜻을 완강하게 고수했으며, 그리하여 그들 자신이 그 결말을 오류 없이 예견할 수 있었다.

우리 정치가들도 그들의 영향력이 미치는 범위에서 그와 똑같은 짓을 한다. 그리고 그들의 예언도 마찬가지로 운 좋게 잘 들어맞는다. 그들이 말하기를, 우리는 사람들을 있는 그대로 이해해야지 세상에 대해 알지 못하는 학자나 선량한 몽상가가 사람들이 어떠해야 한다고 꿈꾸는 대로 이해해서는 안 된다. 그러나 사람들의 있는 그대로

모습이라고 하는 것은 우리가 무언가를 위해 부당한 강제로, 정부의 손을 빌려 자행한 배신적 음모로 사람들을 이를테면 고집 세고 격분하기 쉽게 만들어놓은 것을 말한다. 그런 경우에 정부가 조금만 고삐를 느슨하게 한다면 자칭 영리하다는 저 정치인들의 예언이 적중하는 참담한 결말이 뒤따른다.

또 성직자들도 때로 종교의 완전한 몰락·파괴와 적그리스도의 임 A 134
박한 출현을 예언하는데, 그렇게 할 때 그들은 적그리스도를 소환하는 데 필요한 바로 그런 행위를 일삼는다. 이런 일이 일어나는 이유는 성직자들이 교구를 좀더 나은 상태로 직접 인도하는 도덕적 원칙을 교구에 부과하는 것이 아니라 간접적으로 교구에 영향을 미칠 것으로 생각되는 의무 준수와 역사적 믿음을 본질적인 것인 양 날조하기 때문이다. 물론 여기에서 기계적인 만장일치 제도가 시민 헌법에서 자라날 수는 있지만, 도덕적 성향 속에서 자랄 수는 없다. 그러나 그런 상황에서도 성직자들은 무신앙에 대해 불평을 늘어놓는다. 그런데 무신앙은 성직자들 자신이 야기한 것이며, 그리하여 특별한 예언자적 재능이 없어도 누구나 예견할 수 있는 것이었다.

3. 우리가 미래에 대해 미리 알고자 하는 것에 관한 개념의 분류 Ⅶ 81

미래에 대해 앞서 예측할 수 있는 경우는 세 가지다. 인류가 더 사악한 상태를 향해 계속 퇴보하거나, 도덕적 방향에서 더 나은 상태로 지속적으로 진보하거나 혹은 피조물들 가운데에서 현재의 도덕적
단계에 영원히 정지해 있다는 것이다. (이 정지 상태는 동일한 점의 주 A 135
위를 궤도를 그리며 영원히 회전 운동을 하는 것과 같은 것을 말한다.)

우리는 첫째 주장을 도덕적 공포주의라 하고, 둘째 주장을 행복주의라 할 수 있다. (이 둘째 주장은 또한 진보의 목표를 넓은 관점에서 본다면 천년왕국설[20]이라 할 수 있다.) 셋째 주장은 압데라주의[21]라고 할 수 있다. 왜냐하면 도덕적인 것에서 참된 정지란 불가능하므로, 끊임없이 변화하면서 상승하는 경향과 또 마찬가지로 그만큼 빈번하고 심각한 퇴락(말하자면 영원한 요동)의 경향이 있다면 그것은 주체가 동일한 장소에 정지해 있는 것과 다를 바 없기 때문이다.

a. 인류 역사에 대한 공포주의적 표상방식에 관하여

더 사악한 상태로 퇴락하는 것이 인류 역사에서 끊임없이 계속될 수는 없다. 그러한 상태라면 어느 단계에서 인류 역사는 소멸해버릴
A 136 테니 말이다. 그러므로 산처럼 쌓여가는 잔악한 행위와 그에 상응하는 사악함의 거대한 성장에 관해서 우리는 다음과 같이 말할 수 있다. 이제 더는 나빠질 게 없다. 종말이 우리 눈앞에 다가왔으며, 이때 경건한 광신자는 이미 이 세상이 불꽃 속으로 사라져버리고 난 시간 이후 새로워진 세상과 모든 사물의 복원을 꿈꾼다고.

b. 인류 역사에 대한 행복주의적 표상방식에 관하여

우리의 본성에 동화되어 있는 선한 소질과 악한 소질의 양은 항상 동일하다는 것, 그리고 한 개인에게 그 양이 증가하지도 감소하지도
VII 82 않는다는 사실은 언제나 인정될 수 있다. 어떻게 우리의 자연적 소질 속에 있는 선의 양을 늘릴 수 있겠는가? 그것은 오로지 주체의 자유로만 가능한데, 그러기 위해서 주체에는 다시 현재 지닌 것보다 더 많은 선의 자산이 필요하다. 결과는 작용하는 원인의 능력을 넘어설

수 없다. 그러므로 인간 속에서 사악함과 혼합되어 있는 선의 양은 일정한 양을 초과할 수 없다. 그 양을 초과할 때라야 인간은 더 높은 단계로 상승하고, 그리하여 더 나은 것으로 진보할 수 있을 텐데 말 A 137 이다. 그러므로 행복주의는 그것의 낙천적 희망과 더불어 유지될 수 없는 것처럼 보인다. 또 행복주의는 역사를 선을 향한 길을 끊임없이 넓히며 진보해가는 것으로 바라보는 예언적 인류 역사에 대해서도 거의 약속하는 것이 없다.

c. 인류 역사를 예정된 것으로 보는 압데라주의적 가설에 관하여

이 견해는 많은 사람이 동조하는 주장일 듯하다. 부산스러운 어리석음이 우리 종의 특징이다. 사람들은 선으로 향하는 길로 서둘러 출발하지만, 그 길을 확고부동하게 유지하지는 못한다. 그리고 하나의 목적에만 매달리는 것을 피하려고, 심지어 단지 다양성을 위해서 진보의 계획을 전복한다. 사람들은 허물어버리기 위해 건설하며, 시시포스가 다시 굴려 떨어뜨리려고 바위를 산 위로 굴려 올리는 것과 같은 희망 없는 수고를 자기 자신에게 부과한다. 그러므로 인류의 자연적 소질 속에 내재하는 악의 원리는 선의 원리와 융합(용해)된다기보다는 오히려 두 원리가 각기 상대 원리들로 인해서 중화되는 것처 A 138 럼 보인다. 그래서 결과적으로 무기력함(여기서는 정지 상태라고 함)만이 남는다. 선과 악을 번갈아서 앞서거니 뒤서거니 하게 만드는 일은 헛된 노고다. 우리 종이 지상에서 우리들 상호 간에 한 모든 교류의 행위는 단순한 익살극으로 여겨질 수 있을 뿐이다. 그렇기에 이성의 눈으로 볼 때 우리 종의 헛된 노고는 같은 일을 더 적은 비용으로 지성의 낭비 없이 해내는 다른 짐승들이 갖는 가치보다 더 큰 가치를 우리 종에게 제공할 수 없다.

VII 83

4. 진보의 문제는 경험을 통해서 직접 해결될 수 없다

인류가 전체적으로 볼 때는 오랜 세월 전진해왔고 계속 진보해왔다고 느껴진다 해도, 인류의 자연적 소질 덕분에 바로 지금부터 인류가 퇴보 시기로 들어가지는 않을 것이라고 보증할 수 있는 사람은 아무도 없을 것이다. 또 이와 반대로 인류가 그와 반대방향으로 나아가
A 139 고, 더 나쁜 것을 향해 빠른 속도로 나아가더라도, 인류가 전환점[22]을 만나지 못할지 모른다고 실망할 필요도 없다. 전환점은 인류에 내재한 도덕적 소질로 말미암아 다시금 더 나은 상태로 되돌아서는 바로 그 지점을 말한다. 우리는 자유롭게 행위를 하는 존재들을 다루기 때문이다. 이런 존재들에 대해서는 그들이 행해야 할 것을 미리 부과할 수는 있지만, 그들이 무엇을 행하게 될지를 예언할 수는 없다. 그리고 이들은 자신들이 야기한 악에 대한 감정으로 인하여 사태가 아주 나빠질 때, 그 사태를 이전 상태보다 더 낫게 만들려는 강한 내적 동기를 가질 줄 안다. 그렇지만 (수도원장 코이어는) "죽음을 면치 못하는 불쌍한 존재들이여, 그대들에겐 무상함 말고는 변함없는 것이 없구나!"라고 말한다.

인간사의 전개가 그렇게 부조리해 보이는 것은, 아마 우리가 인간사를 보는 관점을 잘못 선택했기 때문일 것이다. 지구에서 보면 행성들은 어떤 때는 후진하기도 하고 어떤 때는 정지하기도 하며, 또 어떤 때는 전진하기도 한다. 그러나 오직 이성만이 할 수 있는 일인데, 태양에서 보는 관점을 취하면 행성들은 코페르니쿠스의 가설에 따
A 140 라 항상 규칙적인 경로로 진행한다. 그런데 보통은 어리석지 않다고 생각되는 사람들도 자신들이 일단 채택한 관점과 현상들에 관한 자신들의 설명방식을 완고하게 고집하기를 좋아한다. 그래서 그들은 행성 운동에 관해 논할 때 티코 브라헤의 원과 주전원[23]으로 억지 논

리를 펴기까지 한다. 그러나 정말 안됐지만, 자유로운 행위를 예측하는 것과 관련해서 우리는 행성의 운행에 대해 말할 때와 같은 관점에 설 수 없다. 그런 관점은 인간의 모든 지혜를 초월한 섭리의 관점이 될 테니 말이다. 여기서 섭리는 인간의 자유로운 행위에까지 뻗쳐 있을 것이다. 우리는 인간의 자유로운 행위를 목격할 수 있지만 확실하게 예견할 수는 없다(이 점은 신의 눈으로 본다고 해도 다르지 않다). 왜냐하면 인간의 행위를 예견하려면 자연법칙들에 따른 연관이 필 Ⅶ 84
요한데, 미래의 자유로운 행위들에 관해서는 그러한 연관에 대한 지침 혹은 안내가 없기 때문이다.

만일 인간에게 비록 제한적이라도 선천적이며 변치 않는 선한 의지가 있다면, 인간은 더 나은 상태를 향한 인류의 진보를 확실하게 예측할 수 있을 것이다. 더 나은 상태로 향하는 인류의 진보는 인간 스스로 할 수 있는 일들과 관련이 있기 때문이다. 그러나 인간의 소 A 141
질 속에는 우리가 알 수 없는 정도로 선과 악이 섞여 있어서 우리는 그것으로부터 어떤 결과가 기대될 수 있을지 알 수 없다.

5. 그 어떤 경험이 인류의 예언적 역사와 관련되어 있음이 틀림없다

인류에게는 그 어떤 경험이 존재하는 게 분명한데, 그 경험은 더 나은 상태를 향한 진보의 원인이자 (이 진보는 자유를 부여받은 존재의 행위여야 하므로) 그 진보의 창조자인 인류의 성향과 능력을 보여준 하나의 사건이다. 그런데 주어진 어떤 원인에서 어떤 사건을 결과로 예측하는 것이 가능하다. 만일 그러한 인과관계를 일으키는 데 영향을 미치는 상황이 발생한다면 말이다. 그러한 상황이 언젠가는 발생할 것이 틀림없다는 것 역시 우리가 어떤 놀이를 할 때 확률을 계산하는 것처럼 일반적으로 예측할 수 있을 것이다. 그러나 그렇게 예측한 사실이 나의 일생에 일어날지, 또 내가 그러한 예측을 확증해주는 경험을 하게 될지는 확실하지 않다. 그러므로 인류의 역사에서 시간을 확정하진 못해도 그러한 원인이 존재하고, 그러한 원인이 인과적으로 작용함을 지시하는 사건, 그리고 인류가 더 나은 상태로 진보한다는 것이 불가피한 결론이라고 추리하게 하는 사건을 탐구해야 한다. 그런 연후에 우리는 그 결론을 지나간 역사에까지도 확장할 수 있을 것이다(우리는 항상 진보해왔다고). 이때 그 사건은 그 자신이 역사의 원인으로서가 아니라 단지 암시적인 것으로서 **역사적인 상징**[24]으로 간주되어야 한다. 그리고 이 역사적 상징은 전체로서 인류, 다시 말해 개별 인간으로 고찰되지 않고 (왜냐하면 그럴 경우에 끝없이 열거하고 계산해야 하기 때문에) 민족 집단이나 국가로 분리되어 지상에 존재하는 것으로서 인류의 성향을 드러낼 것이다.

A 142

Ⅶ 85 6. 이러한 인류의 도덕적 성향을 입증해주는 우리 시대의 한 사건에 관하여

이 사건은 인간이 감행한 어떤 행위나 저지른 범죄 행위에서 성립하는 것이 아니다. 그러한 행위들로 인해 인간들 사이에서 위대했던 것이 보잘것없는 것이 되기도 하고 보잘것없었던 것이 위대하게 되기도 한다. 또 이 사건은 번영하던 옛 국가가 사라지고 마치 마술처럼, 그 대신 다른 국가가 땅속에서 솟아나듯이 출현하는 것도 아니다. 그런 사건은 존재하지 않는다. 이런 거대한 변혁의 움직임에서 자기 자신을 공개적으로 드러내고, 다른 편 경기자들에 반대해서 한

A 143

쪽 편 경기자들에 대해 보편적이면서도 사심없는 공감을 표현하는 것은 구경꾼의 사고방식일 뿐이다. 그들은 이런 편파성이 자신들에게 매우 해가 될 위험이 있음에도 불구하고 그런 공감을 공공연하게 표현한다. 그러나 이 사고방식은 (그 보편성 때문에) 인류 전체의 특징을 나타내주며, 동시에 (그 사심없음 때문에) 적어도 인류의 소질 속에 도덕적 특징이 있음을 밝혀준다. 이러한 도덕적 특성은 더 나은 상태로의 진보를 기대할 수 있게 할 뿐 아니라, 그런 능력이 현재 충분히 있는 한에서 이미 그 자체가 하나의 진보다.

우리가 우리 시대에 발생해서 목격한 재능있는 국민의 혁명[25]은 성공할 수도 있고 좌절될 수도 있다. 그런데 그 혁명은 비참함과 잔혹행위로 가득 차 있어서, 지각 있는 사람이라면, 그와 같은 혁명을 A 144
재차 감행하여 성공적으로 수행할 것을 바랄 수는 있어도, 결코 그와 같은 대가를 치르면서까지 같은 실험을 반복하려고 하지는 않을 것이다. 그럼에도 이 혁명은 (이러한 움직임에 직접 참여하지 않은) 모든 구경꾼의 가슴속에 동참하고자 하는 열광에 가까운 소망을 불러일으킨다고 생각한다. 그리고 마음을 표현하는 것 자체가 위험스러운 일이었으므로 사람들이 혁명에 참여한 원인은 다른 어떤 것이 아니라 인류의 도덕적 소질에서 찾을 수밖에 없다.

이런 사건의 과정에 개입된 도덕적 원인은 양면적이다. 첫째, 그것은 어떤 국민이든 자신들을 위해 좋을 것으로 생각되는 시민적 정치 체제를 만들 때 다른 강대국에 방해받지 말아야 한다는 권리에 대한 것이다. 둘째, 그것은 그 국민의 정치 체제는 그 자체로 정당하고 도덕적으로 선해야 한다는 목적(동시에 의무이기도 한)에 관한 것이다. 그래서 그것은 본성상 침략 전쟁을 원칙적으로 삼가도록 설계되어야 하며, 다음과 같은 이유로 최소한 이념적으로는 공화적 정치 체제 이 VII 86

A 145 외에 다른 것일 수 없다.* 공화적 정치체제에서는 전쟁(모든 악과 도덕적 타락의 원천)이 저지되고 아무리 결함이 많더라도 인류에게 더 나은 상태로의 진보가 소극적으로는 보장된다. 다시 말해 더 나은 상태로의 진보에 적어도 방해되지는 않는다.

이것과 더불어 격정적으로 선에 참여하는 것, 즉 열광적인 참여는,
A 146 격정 자체가 비난받아 마땅하기 때문에 전적으로 인정받지는 못하겠지만 이러한 역사를 매개로 인간학에서 중요한 다음과 같은 말을 할 계기를 준다. 말하자면, 진정한 열광은 항상 이념적인 것이고 순수하게 도덕적인 것, 즉 권리 개념과 같은 것에 관련되며 사적인 이익에 접목될 수 없다. 금전적 보상으로는 혁명을 일으키는 것에 반대하는 이들로 하여금 순수한 권리 개념이 그들 안에서 끌어냈던 것과 같은 열정과 고귀한 정신에까지 이르게 할 수 없었으며, 심지어 옛날의 호전적인 귀족의 명예 개념(열광에 비유되는 것)조차도 그들이 소
A 147 속되어 있는 국민의 권리를 염두에 두고 있고, 그래서 자신을 그것의
VII 87 수호자로 자처하는 사람들의 무기 앞에 자취를 감추었다.** 그리하여

---

* 그러나 이것은 군주제의 헌법을 가진 국민은 그 법을 뒤엎거나 법을 바꿔
A 145 보려는 소망을 은밀하게라도 품어야 한다고 말하는 것이 아니다. 왜냐하면 아마도 매우 확장된 유럽에서의 위치 때문에 강력한 이웃들의 틈바구니에서 스스로를 보존할 수 있는 유일한 헌법이 바로 그것일 수도 있기 때문이다. 마찬가지로 만일 우연히 자국 정부가 외국이 공화국화되는 과정을 방해할 경우, 국민들의 불평은 정부의 국내 정책이 아니라 외국에 대한 행동 때문에 생겼는데, 이 불평은 자국의 헌법에 대한 불만족의 증거가 아니라 사랑의 증거다. 왜냐하면 다른 나라 국민들이 공화국화될수록 자국은 그만큼 더 위험으로부터 안전해지기 때문이다. 그럼에도 중상을 일삼는 자들은 자기 자신을 뽐내기 위해서 이러한 무해한 정치적 대화를 혁명욕이나 자코뱅주의 내지는 국가를 위험에 빠뜨리는 작당모의로 간주하려 한다. 그러나 특히 혁명의 현장에서 100마일도 더 떨어진 곳에는 그런 주장에 대한 최소한의 근거도 존재하지 않는다.

A 146 ** 왜 아직까지 어떤 지배자도 그 자신에 대항하는 국민의 권리를 인정하지

혁명에 참여할 생각 없이 밖에서 구경하던 대중들이 고양된 감정으로 공감하게 되었다.

않는다고, 국민의 행복은 그것을 그들에게 가져다준 정부의 자선 덕분일
뿐이라고, 그리고 정부에 반대하는 권리(이것은 허용된 저항의 개념을 포함
하고 있으므로)를 추구하는 신민의 월권은 불합리하고, 심지어 처벌받을 Ⅶ 87
수도 있다고 과감하게 고백하지 않는가? 그 이유는 이렇다. 그러한 공개적 A 147
인 선언으로 모든 신민이 그에게 반항하게 될 것이기 때문이다. 그들은 선
하고 이해심 많은 주인이 이끄는 유순한 양들처럼 잘 먹고 강력하게 보호
받고 있어서 그들의 복지에서 불평할 만한 것이 전혀 없을지라도 말이다.
왜냐하면 자유를 부여받은 존재는 다른 사람에 의해(그리고 여기서는 정부
에 의해) 그에게 주어진 생활의 안락함을 누리는 것으로 만족하지 못하기
때문이다. 오히려 중요한 것은 그러한 안락함을 얻을 때 따르는 원칙이다.
그러나 복지는 그 혜택을 받는 사람을 위한 원칙도 없고 그것을 분배하는
사람을 위한 원칙도 없다(어떤 사람은 여기에, 또 다른 사람은 저기에 복지를
주장한다). 왜냐하면 여기서는 의지의 질료가 문제인데 그것은 경험적이며,
그래서 규칙의 보편성이 발견될 수 없기 때문이다. 자유를 부여받은 존재
는 이성이 없는 동물에 대한 자신의 우수성을 의식한다면 자신이 속한 국
민을 위한 정부로 국민이 함께 입법적인 정부 이외에 다른 정부를 그 자신
의 선택의지의 형식적 원리에 따라 요구할 수 있으며, 또한 요구해야 한다.
다시 말해, 지배되는 사람의 권리가 복지에 대한 고려보다 반드시 우선해
야 하며, 이것은 (유용성의) 모든 가치보다 고귀한, 그리고 아무리 국민에
게 자비롭게 베푸는 정부라고 할지라도 건드릴 수 없는 신성한 것이다. 그
러나 이 권리는 언제나 하나의 이념일 뿐이며, 이 이념을 실현하는 것은 그
수단이 도덕성과 일치한다는 조건 아래서만 가능할 수 있는데, 국민은 이
러한 조건에서 벗어나서 이념을 실현하려고 해서는 안 된다. 다시 말해서,
저 이념의 실현은 언제나 정당하지 못한 혁명을 통해서 일어나서는 안 된
다. 독재적으로 통치하지만 그럼에도 공화적으로, 즉 공화주의의 정신에서
공화주의에 비견되는 방식으로 통치하는 것은 국민으로 하여금 자기 나라
의 헌법에 만족하게 만든다.

7. 인류의 예언적 역사

이성이 순수한 것으로 표상하지만, 그러나 동시에 그것의 크고 획기적인 영향 때문에 이성이 인간 영혼의 승인된 의무로서 제시하는
A 148 그 어떤 도덕적인 것이 원칙적으로 있어야 한다. 또한 그것은 전체로서 인류(개별적 존재가 아니라 보편적 존재)에 관한 것으로서 그것에 대한 성취를 희망하고 그것을 실현하려는 노력에 일반적으로, 그리고 사심없이 참여하는 일은 환영할 만하다. 이 사건은 혁명의 현상이 아니라 (에어하르트가 말하듯) 자연법적 헌법이 진화해가는 현상이
A 149 다. 이러한 진화는 야만적인 투쟁 아래에서는 결코 이루어지지 않는다. 국내에서 발생한 전쟁이든 외국과의 전쟁이든 전쟁은 지금까지
VII 88 유지되어온 모든 성문화된 헌법을 파괴해버리기 때문이다. 그러나 이러한 진화는 호전적이지 않은 헌법, 말하자면 공화적인 헌법을 추구하도록 인도한다. 그러한 진화는 국가 형태 자체가 공화적인 것이 되는 방향으로 진행되거나, 통치 방식에서만 공화적인 것이 되는 방향으로 진행될 수도 있다. 후자는 국민이 스스로 보편적 법의 원칙에 기초해서 제정한 법률에 준해 통치권자(군주) 한 사람이 국가를 지배하도록 하는 것이다.

이제 나는 인류에 대하여 우리 시대의 양상과 징조로 볼 때 인류가 이러한 목적에 도달할 수 있으며, 그리고 이제부터 더는 완전히 후퇴하지 않는 더 나은 상태를 향한 진보가 가능할 것이라고 예언자적 정신을 거론하지 않고도 예견할 수 있다고 주장한다. 왜냐하면 그와 같은 현상은 인류 역사에서 결코 망각되는 것이 아니기 때문이다. 즉 그것은 더 나은 상태를 향해 나아가려는 인간 본성 속의 소질과 능력을 드러내준다. 그리고 이러한 것을 그 어떤 정치가도 이제까지 사건

의 진행 과정에서 간파해내지 못했다. 그것은 권리의 내적 원리에 준거하여 인류 속에 통합되어 있는 자연과 자유만이 약속할 수 있는 것이다. 그렇지만 시간과 관련해서 말한다면 그것은 단지 불확실하게만, 그리고 우연적인 사건으로만 약속될 뿐이다. A 150

그러나 이러한 사건과 관련해서 의도된 목적에 지금까지도 도달하지 못했다 하더라도, 한 국민의 혁명 혹은 헌법의 개혁이 결과적으로 실패했다 하더라도, 혹은 (요즘 정치가들이 예언하듯이) 얼마간 시간이 지난 다음 다시 모든 것이 이전과 같은 상태로 되돌아간다고 하더라도, 앞서 말한 철학적 예견은 그 힘을 전혀 잃지 않을 것이다. 왜냐하면 그러한 사건은 너무나 중요하고, 인류의 관심과 너무나 긴밀하게 얽혀 있으며, 그 영향이 세계의 모든 지역에까지 두루 미쳐서 국민들이 그 어떤 유리한 상황을 만났을 때 기억하지 못할 리 없고, 그래서 이 같은 종류의 시도를, 새로운 시도를 되풀이할 수 있기 때문이다. 그렇게 되면 인류에게 매우 중대한 문제에서 인류의 의도가 담긴 헌법이 빈번한 경험을 통한 가르침이 모든 사람의 심정 속에 생기게 하는 데 부족함이 없는 견고함을 언젠가는 반드시 확보하게 될 것이다.

그러므로 다음의 명제는 단순히 선의에서 한 말이나, 실천적인 면에서 추천할 만한 명제가 아니라 어떠한 의심에도 가장 엄밀한 이론 A 151
으로도 타당한 명제일 것이다. 인류는 항상 더 나은 상태로 진보하는 과정에 있으며, 앞으로도 계속 진보해나갈 것이다. 이 명제는 어 Ⅶ 89
떤 한 국민에게 일어날 수 있는 것만을 보지 않고 점차 그러한 진보에 참여하게 될 지상의 모든 국민으로 확장되는 것까지 고려한다면 무한한 시간으로 전망을 열어준다. 물론 이것은 (캄페르나 블루멘바흐가 말하듯이) 아직 인간이 출현하기 이전 동물이나 식물의 왕국을 멸망시켜버린 자연의 대변혁의 첫 번째 시기에 이어서 다른 피조물을 자연의 무대에 등장시키기 위해 인류에게도 같은 일이 벌어지는 두 번째 시기가 도래하지 않을 것이라는 점을 전제로 한다. 왜냐하면 자연의 전능함이나 인간이 도달할 수 없는 자연의 최상의 원인에 견주어볼 때, 인간은 너무나 미미한 존재에 불과하기 때문이다. 그러나 인류의 지배자들이 자신의 동족인 인간을 자기의 목적을 달성하기 위한 도구로 삼아 혹독한 짐을 지우거나 몰살하기 위해 서로 싸우게 만들어도 된다는 식으로 생각하고 그렇게 대우한다면 그것은 사소한 일이 아니라 창조의 궁극목적 자체를 전복시키는 일일 것이다.

A 152; VII 89

8. 최상 세계로의 진보에 적용되는 준칙들을 공개적으로 다루기 어려운 점에 관하여

국민 계몽이란 소속된 국가에 대한 국민의 의무와 권리를 공개적으로 국민에게 가르치는 것이다. 이때 문제되는 것은 오직 공통의 인간 지성에서 유래하는 자연적 권리뿐이므로, 국민 가운데서 그러한 것을 알려주고 설명해주는 사람들은 국가에 의해 임명되어 직무를 수행하는 법률가가 아니라 자유로운 법률 선생들, 즉 철학자들이다. 철학자들은 그들에게 허용된 이 자유 때문에 항상 지배하려고만 하는 국가에는 불쾌한 존재이며, 그래서 이들은 계몽가라는 이름으로 불리며, 국가에 위험한 인물들이라는 비난을 받기도 한다. 그런데 이들의 목소리는 비밀리에 국민에게 전달된 것이 아니다(국민은 이들의 목소리와 또 이들의 저술에 거의 혹은 전혀 주목하지 않는다). 오히려 정중하게 국가를 향했으며 국가로 하여금 국민의 정당한 권리 요구를 마음에 새겨달라고 간청하는 것이었다. 만일 온 국민이 불만(고충)을 제기하고자 한다면, 그 경우에는 공개적으로 다루는 방법 이외에 다른 방법이 있을 수 없다. 그러므로 공개적인 논의의 금지는 국민의 최소한의 요구, 즉 자연적 권리에 관련된 것에서조차 더 나은 A 153
상태를 향한 국민의 진보를 방해하는 일이다.

비록 쉽게 간파될 수 있다고 해도 합법적인 방식으로 국민에게 명 Ⅶ 90
령된 또 다른 은폐는 헌법의 참된 속성에 관한 것이다. 영국을 절대 군주 국가라고 말하는 것이 영국 국민의 위엄에 모욕을 가하는 것이라고 생각될 수도 있다. 오히려 사람들은 영국이 국민의 대변자로서 두 개의 의회를 통해 군주의 의지를 제한하는 헌법을 갖고 있다고 말하고 싶어 한다. 그렇지만 우리 모두는 군주가 국민의 대표자들에게 행사하는 영향력이 너무도 커서 의회는 군주가 의욕하는 것이나 군주가 자신의 장관을 통해 제안한 안건 이외에 어떤 것도 의결하지 못한다는 사실을 우리 모두 아주 잘 알고 있다. 군주는 (예컨대 노예무역에 관한 안건처럼) 부결될 줄 잘 아는 안건을 제의하여 그렇게 되도록 조작하기도 하는데, 이것은 의회의 자유에 대한 가상의 증거를 보여주려는 것이다. 사태의 본성에 관한 이 같은 표상은 사람들을 착각에 빠뜨리는 어떤 점을 가지고 있어서 법에 충실한 참된 헌법은 더 이상 추구되지 않는다. 왜냐하면 사람들은 그러한 헌법이 이미 위에 A 154
서 든 보기에서 발견되었다고 잘못 생각하고 있기 때문이며, 거짓된 공론이 국민이 만든 법에 따라 제한된 군주제*라는 착각을 심어주어

* 우리가 그 본성을 직접 통찰할 수 없는 원인은 그 원인과 불가피하게 연결되어 있는 결과를 통해 드러난다. — 절대 군주란 무엇인가? 그는 전쟁이 필요하다고 말하면 그의 명령으로 곧바로 전쟁이 일어나게 되는 그러한 자다. 그러면 제한된 군주란 무엇인가? 그는 미리 국민에게 전쟁을 할지 하지 않을지를 묻고, 만일 국민이 "전쟁이 일어나서는 안 된다"라고 대답하면 전쟁을 일으키지 않는 군주다. 왜냐하면 전쟁이란 국가의 모든 힘이 국가 최고 통치자에게 징집되는 상태이기 때문이다. 그런데 영국의 군 A 155
주는 국민의 동의를 구하지 않고 상당히 많은 전쟁을 수행했다. 따라서 그는 헌법에 따르면 그럴 수 없지만 절대 군주다. 그는 바로 저 국가 권력을

국민을 속이기 때문이다. 또 한편으로 뇌물로 매수된 국민의 대변자들은 슬그머니 국민을 절대 군주에게 예속시켜버렸기 때문이다.

* * *

인간의 자연적 권리에 일치하는 헌법이라는 이념, 다시 말해 법에
복종하는 사람들이 그 법으로 결합되어 있을 뿐만 아니라 동시에 입
VII 91 법하는 자이어야 한다는 이념은 모든 정치체제의 기초가 된다. 그리
A 155 고 그러한 이념에 따라 순수한 이성 개념을 통해 생각된, 이른바 플
라톤적 이상(이상적 공화국)이라 불리는 공통의 존재는 공허한 상상
물이 아니라 모든 시민적 헌법 일반에 대한 영원한 규범이며, 그래서
모든 전쟁을 멀리한다. 이와 같은 이념에 맞게 조직된 시민 사회는
자유의 법칙에 따라 경험 속의 사례(현상적 공화국)에서 그러한 이념
을 재현한 것이며, 그것은 다양한 방면의 투쟁과 전쟁을 거친 후에야
힘겹게 얻어지는 것이다. 그러나 그러한 이념에 일치하는 헌법은 일
단 큰 규모로 승리하기만 하면 전쟁, 다시 말해 모든 선한 것의 파괴
A 156 자를 없애는 최선의 것임을 증명할 것이다. 그러므로 그와 같은 헌법
을 갖추는 것은 하나의 의무다. 그런데 (그런 일은 곧바로 이루어지지
않기 때문에) 잠정적으로는 군주들이 독재적으로 지배한다 해도 공
화적(민주적이 아니라)인 방식으로 통치하는 것은 군주의 의무이다.
이런 방식의 통치는 (마치 성숙한 이성을 지닌 국민이 자기 스스로 규
정하는 것처럼) 자유의 법칙의 정신에 적합한 원칙에 따라 국민을 대

통해, 즉 국가의 모든 고위 관직을 자기 마음대로 수여함을 통해 국민 대표들의 동의를 보장받을 수 있기 때문에 항상 헌법을 지나쳐 갈 수 있다. 그렇지만 이 같은 매수 제도는 물론 공개되어서는 성공할 수 없다. 따라서 이 제도는 매우 투명한 비밀의 장막에 가려져 있다.

우하는 것이다. 물론 군주가 문자 그대로 국민들의 동의를 일일이 구하지는 않겠지만 말이다.

9. 더 나은 상태로 진보하는 것이 인류에게 가져오는 이득은 무엇인가?

심성 속에서 점차 증가하는 도덕성의 양이 아니라 어떤 동기에서 비롯한 것이든 간에 의무에 충실한 행위 속에서 합법성의 산물이 증가한다는 것이 그것이다. 다시 말해 더 나은 상태를 향한 인류의 진보가 가져다주는 이득(결과)은 점점 더 풍부해지고 점점 더 나아지는 인간의 선한 행위 속에서만, 즉 인류의 도덕적 특성을 보여주는 현상 속에서만 설정될 수 있다. 왜냐하면 우리는 우리 예측의 토대로 삼은 경험적 자료(경험)만 가지고 있기 때문이다. 이것은 우리 행위가 실 A 157
제 일어나고, 따라서 그 자체가 현상인 한에서 그 행위의 물리적 원인이며, 어떤 것이 행해져야 하는지에 관한 의무개념, 오로지 순수하게 아프리오리하게 성립할 수 있는 의무개념을 포함하는 도덕적 원인은 아니다.

점차로 강자의 편에서의 무력행사는 줄어들고 법칙에 대한 복종이 증가할 것이다. 한편으로는 명예심으로, 다른 한편으로는 자기 이 VII 92
익에 대한 올바른 이해로 말미암아 국가 안에서 자선이 더 많이 행해지고 약속에 대한 신뢰가 더 커지며, 소송으로 가는 다툼은 더 줄어들 것이다. 그리고 이러한 현상은 마침내 국가들의 대외적 상호관계에까지 확장되어 우리는 세계 시민 사회로까지 뻗어나가게 될 것이다. 그러나 이때 인류의 도덕적 토대는 조금도 증대되지 못한다고 할 수 있다. 그러려면 일종의 새로운 창조(초자연적 힘의 영향)가 필요할 것이다. 우리는 더 나은 상태로 진보하는 인류에 대해 너무 많은 A 158 것을 약속해서는 안 된다. 이것은 우리가 인간의 희망을 미친 사람의 몽상으로 간주하려고 하는 정치가의 조롱에 빌미를 주지 않기 위해서다.*

10. 더 나은 상태로의 진보는 어떠한 순서로만 기대될 수 있는가?

이 물음에 대한 답변은 다음과 같다. 더 나은 상태로의 진보는 아래에서 위로 향하는 진행과정을 통해서가 아니라 위에서 아래로 향하는 과정을 통해서 가능하다. 어린아이들을 가정교육에서, 나아가서 하급 학교에서부터 최고 학부까지 학교에서 종교적 가르침에 따라 강화된 정신 문화와 도덕적 문화 속에서 교육시킴으로써 마침내 좋은 시민을 길러내는 데 그치지 않고 항상 더욱 발전하고 스스로를 돌

---

* 이성의 요구(특히 법률적 의미에서)에 부응하는 국가 헌법을 생각해보는 것은 기분 좋은 일이다. 하지만 그것을 제안하는 것은 주제넘은 일이며, 더욱이 현재의 국가 체제를 제거하도록 국민을 선동하는 것은 처벌받을 만한 일이다.

플라톤의 *아틀란티스*, 모어의 *유토피아*, 해링톤의 *오세아나*, 드니 베라스 달레의 *세바랑브* 등은 계속 무대 위에 올려졌다. 그러나 (독재 공화국이라는 크롬웰의 실패한 괴물을 제외하고) 그것을 실현하려는 시도는 결코 이루 A 159 어지지 않았다. 정치적 창조는 세계를 창조하는 것과 마찬가지다. 어떤 인간도 그러한 창조에 동참하거나 그 현장에 있을 수 없었다. 만일 그렇지 않다면 그는 자기 자신의 창조자였을 것이기 때문이다. 여기서 우리가 생각하는 국가 모습이 아무리 늦더라도 언젠가는 완성되리라고 희망하는 것은 달콤한 꿈이다. 그렇지만 그것에 계속 접근해가는 것은 생각할 수 있는 것일 뿐만 아니라, 그것이 도덕법칙과 양립할 수 있는 한 의무, 즉 시민이 아니라 국가 통치자의 의무다.

볼 수 있는 선한 사람으로 길러낼 것이라는 기대는 원하는 만큼의 성
과를 바라기 어렵다. 왜냐하면 국민들은 어린아이의 교육에 소요되 A 159
는 경비를 그들 자신이 아니라 국가가 부담해야 한다고 생각하지만 VII 92
정작 국가는 모든 국고를 전쟁을 위해 다 써버렸기 때문에 (뷔싱[26]이
한탄하듯이) 자신의 직무에 충실한 책임감 있고 유능한 교사들의 급
료를 지불할 재정적 여유가 없기 때문만은 아니다. 오히려 이러한 교
육의 전체적 메커니즘은 만일 국가 최고 권력이 면밀히 검토한 계획
에 따라 그들의 의도에 맞춰 설계되고 수행되고 항상 일관성 있게 유
지되지 않는다면, 아무런 관련성도 가지지 못할 것이기 때문이다. 국 A 160
가는 이러한 목적을 위해 계속 개혁을 실천하고 혁명 대신 진화를 추
구하면서 더 나은 상태를 향해 지속적으로 진보해나가야 한다. 그런
데 이러한 교육을 담당해야 할 사람들 역시 인간이므로 이들 또한 그
러한 목적을 이루기 위해 교육을 받아야만 한다. 그러므로 그와 같은
결과를 가능하게 하는 상황의 우연성에 좌우되는 인간 본성의 취약
함을 고려할 때 인간의 진보에 대한 희망은 단지 위에서 아래로 향하
는 지혜(그것이 우리에게 보이지 않는 경우에 섭리라고 불리는 것) 속
에서만 긍정적인 교육으로 기대될 수 있으며, 인간에 의해서 기대될
수 있고 요구될 수 있는 것은 단지 이러한 목적을 추진하기 위한 소
극적 지혜일 뿐이다. 이를테면 인간들은 도덕적인 것의 최대 장애물,
즉 항상 그러한 진보를 되돌려놓는 전쟁을 처음에는 점차로 더욱 인
간적이게 만들고, 그 횟수를 줄여나가 마침내는 침략 전쟁이 완전히
사라지도록 자신에게 강요하는 것이다. 이렇게 해서 인간들은 그 본
성상 그리고 힘의 손실 없이 진정한 법의 원리에 기초를 두며, 지속
적으로 더 나은 상태를 향해 진보할 수 있는 헌법을 마련하게 될 것
이다.

A 161; Ⅶ 93

결론

빠른 쾌유를 기대하게 하여 하루하루 환자를 안심시켜온 의사가 있었다. 어떤 환자에게는 맥박이 좋아졌다고 하고, 또 어떤 환자에게는 배설 상태가 좋아졌다고 하고, 또 다른 환자에게는 땀을 흘리는 상태가 좋아졌다고 하면서 말이다. 어느 날 이 의사에게 친구 중 하나가 찾아왔다. 의사는 "친구여, 병은 좀 어떤가?" 하고 물었다. 그러자 친구가 대답했다. "어떤 것 같은가? 그냥 나아지고 있어 죽겠네!" 나는 국가가 저지른 악을 보고 인류의 건강과 더 나은 상태로의 진보에 대해 낙담하는 사람들을 비난하지 않는다. 단지 흄이 인용한 신
Ⅶ 94 속한 치료를 불러올 것 같은 영웅적 처방에 의존하려고 한다. "서로 전쟁하는 나라들을 보면, 마치 술에 취한 두 남자가 도자기 가게 안에서 막대기를 휘두르며 싸우는 모습을 보는 듯하다. 왜냐하면 그들이 서로 상대방에게 입힌 상처를 치유하는 데 오랜 시간이 걸린다는 것이 다가 아니다. 그뿐만 아니라 이후에 그들이 야기한 모든 손해
A 162 에 대해 돈을 지불하고, 또 갚아야 할 것이다." 프리지아 사람들은 너무 늦게 현명해진다. 그렇지만 현재 진행 중인 전쟁의 고통스러운 귀결은 정치 예언가로 하여금 인류가 더 나은 상태로의 진보를 향해 방향전환할 때가 임박했음을 고백하게 할 수도 있다. 그것은 이미 현재 전망되고 있다.

제3편 철학부와 의학부의 논쟁 A 163; Ⅶ 95

병적인 감정을 결심만으로 다스리는 마음의 힘에 관하여 A 165; Ⅶ 95

추밀고문관이신 후펠란트 교수에게 보내는 답신

1796년 12월 12일에 교육적이고 재미있는 선생의 저서 『인간 수명을 연장하는 기술』을 선물받고, 그것에 대한 감사의 말 자체가 긴 수명을 염두에 둔다는 사실을 선생께서 올해[1798] 1월이라는 이 답장의 날짜에서 추론해내신다면 그것은 까닭이 있을 것입니다. 비록 늙었다는 사실 자체가 중요한 결정을 자주 미루게 된다는 것을 의미하지는 않는다 하더라도, 아마도 죽음을 미루고자 하는 경향과 같은 것을 가지고 있다면 말입니다. 죽음은 우리에게는 언제나 너무 일찍 A 166
다가오고 우리는 죽음이 기다리게 할 변명을 쉽없이 생각합니다.

선생은 "인간의 신체적 요소들을 도덕적으로 다루려는 시도, 다시 말해 물리적 측면을 포함해 전체 인간을 도덕성에 기초를 두어 생각하는 존재로 제시하려는 시도, 그리고 도덕적 수양이 인간 자연본성의 신체적 완성에 본질적임을 보여주려는 시도"에 대해 제 견해를 요청했습니다. 그리고 선생은 다음과 같이 덧붙였습니다. "적어도 이것이 선입견이 아니었으며, 인간 자연본성을 이런 식으로 다루게 했던 것이 내 작업이며 탐구 자체였음을 확언할 수 있다."

사태에 대한 이러한 견해는 단순한 이성기술자가 아니라 철학자임을 보여준다. 즉 그것은 프랑스인 집회의 책임자처럼 의학의 목적을 실현하려고 경험을 토대로 하여(기술적으로) 이성이 규정한 수단을 적용하는 데 능숙한 사람의 견해일 뿐만 아니라, 순수 이성에서 얻어낸 의사협회의 합법적 구성원으로 치료법이 무엇인지 처방하는 숙련성이 있으며 또한 자신에게 주어진 의무가 무엇인지 처방[규정]
A 167; Ⅶ 98 하는 지혜도 있는 사람의 견해다. 이렇게 도덕적이고 실천적인 철학은 또한 그것이 모든 문제에 대한 완벽한 해답은 아니라고 해도 어떠한 처방에도 결여되어서는 안 되는 보편의술 역할을 한다.

하지만 이 보편의술은 단지 양생법과 관계있다. 다시 말해, 그것은 단지 소극적인 방식으로만, 즉 질병을 예방하는 기술로 기능한다. 그러나 이런 종류의 기술은 필요조건으로서 철학 혹은 철학의 정신만이 제공할 수 있는 능력을 전제로 한다. 양생법에서 최고 과제는 이 철학의 정신과 연관이 있으며, 다음과 같은 주제들을 포함한다.

병적인 감정을 오직 확고한 결심만으로 다스리는 인간 마음의 힘에 관하여

이 주장의 가능성을 확인하는 사례들을 나는 다른 사람의 경험에서 이끌어낼 수 없고, 우선 나 자신이 경험한 것에서만 이끌어낼 수 있다. 왜냐하면 그것들은 내가 나 자신을 의식할 때 생기는 것이며, 그런 다음에야 나는 다른 사람들에게 그들도 나와 같은 것을 지각하지 않았는지를 물을 수 있기 때문이다.—따라서 나는 나 자신에 대해 말하지 않을 수 없게 되었다. 비록 이것이 교설적 강의*에서 겸손하지 못하다는 인상을 줄 수 있겠지만, 만약 이것이 평범한 경험이 아니라 내적 체험이나 관찰을 다룰 경우에는 용서될 수 있을 것이다. 왜냐하면 누가 알려주지 않아도 저절로 모든 사람에게 떠오르는 것이 아닌 어떤 것을 다른 사람에게 평가받고자 할 때에는 그것을 먼저 자기 자신 앞에 세워보았어야 하기 때문이다. 그것은 (나에게) 주관적 중요성을 갖지만 (모든 사람에게 타당한) 객관적 중요성을 갖지 않을 것이다. 하지만 만약 자기 자신에 대한 이런 식의 주목과 여기에서 생겨난 관찰이 그렇게 평범한 것이 아니라 누구에게나 권할 만할 정도로 필요하고 그럴 만한 가치가 있는 일이라면, 다른 사람들에게 자신의 개인적 느낌들을 이야기하는 불편한 상황은 적어도 용서될 수 있을 것이다.

양생법의 관점에서 내가 행한 자기 관찰의 결과를 제시하기 전에 나는 후펠란트 교수가 양생법, 다시 말해 질병을 예방하는 기술의 과 A 169; VII 99
제를 질병을 치료하는 **치료법**과 구분해 어떻게 제시하는지에 관하여 몇 마디 해야겠다.

후펠란트 교수는 양생법을 '인간 수명을 연장하는 기술'이라고 한다.

그는 어쩌면 그렇게 바람직한 것은 아닐지 몰라도 사람들이 가장 열렬히 희망하는 것에서 이러한 명칭을 이끌어낸 듯하다. 사람들은

---

* 교설적·실천적 성격을 지닌 강의에서—예를 들어 누구에게나 부여되는 A 168
의무를 겨냥하여 행해진 자기 관찰을 언급할 때—강연자는 '나'가 아니라 '우리'라고 지칭해 말한다. 그러나 만일 그가 (환자로서 의사에게) 자신의 사적 경험 혹은 개인적 경험 자체를 기술한다면 그는 '나'라고 지칭해 말해야 한다.

비록 두 가지 소망, 즉 오래 사는 것과 사는 동안 건강한 것, 이것이 동시에 이루어지기 바라지만, 둘째 소망이 첫째 소망의 필요조건은 아니다. 장수에 대한 인간의 소망이 무조건적이기 때문이다. 수년 동안 병상에 누워 있으면서 고통받는 궁핍한 환자를 생각해보자. 그리고 그가 죽음이 곧 다가와서 그를 고통에서 구제하기를 얼마나 자주 소원하는지 들어보라. 그의 말을 믿지 마라. 그것은 그의 진심이 아니다. 비록 그의 이성은 그가 죽음을 바라도록 유도하지만, 그의 자연적 본성은 살기를 원한다. 그가 자신의 해방자로서 죽음을 손짓해서 부를 때, 그는 항상 한숨 돌릴 시간을 요구하며, 긴급명령을 연기할 어떤 종류의 핑계를 댄다. 통제할 수 없는 분노에 휩싸여 자기 삶
A 170 을 스스로 마감하기로 한 사람의 결심 역시 마찬가지다. 그의 결정은 거의 정신이상이라고 할 정도로 고조된 감정적 동요에서 생긴 것이다. — 자식으로서 의무에 대한 두 가지 약속("이로써 네가 잘되고 이 땅에서 장수하리라") 가운데 장수는 이성의 판단에서조차, 좀더 강력한 유인을 포함한다. 다시 말해 그것을 준수하는 것이 칭찬할 만한 의무로 여겨진다.

노년을 공경할 의무는 우리가 연장자의 쇠약함으로 말미암아 연소자에게 보살핌을 기대하는 것이 당연하다는 생각에 근거하지 않는다. 연로자의 쇠약함은 연소자에게 마땅히 존경받을 근거로 볼 수 없기 때문이다. 그러니까 공경받을 만한 공적이라고 할 만한 것이 연로자에게 있다면 그것은 연로함이다. 그리고 그 이유는 가령 노장군 네스토르의 나이에 도달했을 때 사람들은 다채롭고 오랜 경험으로 젊은이를 인도할 지혜를 얻게 되었다는 데 있지 않다. — 그것은 그렇게 오래도록 살아남은 사람 — 다시 말해서 죽음, 이성적 존재에게 선고될 수 있는 가장 굴욕적인 문장("당신은 티끌과 같고 티끌로 되돌아갈 것이다")으로 표현되는 죽음을 그렇게 오래도록 모면하는 데 성

공한 사람은 그런 한에서 말하자면 불멸성을 얻었다는 데 있다. 이것 A 171
이 바로 살아 있는 동안 부끄러운 일을 하지 않은 한 노인들이 존경
받아야 하는 이유다. 그러한 사람은 그렇게 오래도록 자신의 생명을
유지하고 있으며 그로써 본보기가 되었기 때문이다.

다른 한편, 사람들의 두 번째 자연적 소망, 즉 건강에 대한 소망이 Ⅶ 100
충족될지 어떨지는 언제나 불확실하다. 사람들은 (자신의 생명력에
대해 유쾌한 감정으로 판단하여) 건강하다고 느낄 수 있지만, 자신이
건강함을 결코 알 수는 없다. 자연적 죽음의 원인은 언제나 질병이
다. 질병을 느끼든 느끼지 못하든 간에 말이다. 조롱하려고 하는 말
이 아니다. 항상 아프다고 말하지만 전혀 병에 걸릴 수 없는 사람들
이 많다. 그들의 양생법은 생활방식을 바꾸면서 벗어나고 되돌아가
기를 지속적으로 반복하는 데 있으며, 이렇게 해서 그들은 원기 왕성
한 삶은 아니라 해도 그럭저럭 건강하게 장수한다. 나는 많은 내 친
구나 지인보다 훨씬 오래 살고 있다. 그런데 그들은 자신들 안에서
죽음의 씨앗(질병)이 개발되기만을 기다리며 잠복했지만, 완벽한 건
강을 뽐내며 최종적으로 채택한 노년의 양생법에 의존하며 살았다.
그들은 스스로 건강하다고 느꼈으며 자신이 병들었다는 것을 알지
못했다. 자연적 죽음의 원인은 언제나 질병인데, 그 인과성은 느낄 수 A 172
있는 것이 아니기 때문이다. 거기에는 지성이 관여되는데, 지성의 판
단이 틀릴 수도 있다. 반면에 감정은 우리를 속이지 않는다. 그러나
사람들은 스스로 아프다고 느낄 때에만 질병이라는 이름을 인정한
다. 비록 스스로 느끼지 못하는 질병이 자기 안에 숨어 있어 이윽고
발병할 준비가 되어 있다고 해도 말이다. 그러므로 스스로 아프다고
느끼지 않는다면, 그 사람의 안녕에 관하여 그 사람이 겉보기에 건강
하다는 것 말고는 인간의 표현 가운데 다른 것이 허용되지 않는다.
그래서 돌이켜 생각해보면, 장수는 건강하게 살았음을 증명할 뿐이

며, 양생법은 일차적으로 (삶을 누리는 기술이 아니라) 삶을 연장하는 기술로서 그 기능 혹은 과학성을 증명해야 할 것이다.

양생법의 원칙

사람의 수명을 연장하는 양생법은 안락함을 목표로 해서는 안 된다. 자신의 힘과 감정을 이런 식으로 돌보는 것은 자기 자신을 응석받이로 만드는 것이다. 다시 말해, 결과적으로 나약하고 무기력해지며 스스로를 단련하지 못한 탓에 생명력은 점차 소진될 것이다. 그것은 생명력을 너무 자주, 너무 지독하게 사용함으로써 생명력이 고갈되는
A 173 것과 마찬가지다. 이런 이유로 양생법의 원칙으로서 **스토아주의**[27] (인내하고 절제하라)는 단지 **덕론**으로서 실천적 **철학**에 속하는 것이 아
VII 101 니라 **의술**로서도 실천적 **철학**이라고 할 수 있다. 의술은 자신에게 부과한 원칙으로 자신의 감성적 느낌을 다스리는 인간 안의 이성의 힘이 생활 방식을 결정할 때 **철학적**이라고 한다. 이에 반해 의술이 이런 감각을 자극하거나 저지하려고 자기 밖의 물리적 수단(약물이나 수술)에서 도움을 구하고자 한다면, 그것은 경험적이고 역학적이라고 한다.

아프지 않은 사람이 체온을 따뜻하게 유지하는 것, 잠자는 것, 자신을 극진히 돌보는 것은 안락함이라는 나쁜 습관에 물들게 한다.

1) 내 경험으로 볼 때, 나는 "사람은 머리와 발을 따뜻하게 해야 한다"라는 말에 동의하지 않는다. 나는 그와 반대로 머리와 발을 차갑게 하는 것이 더 낫다고 생각한다(러시아인들은 거기에 가슴을 포함시킨다). 이것이 바로 감기에 걸리지 않도록 세심하게 신경 쓰는 것이

다. 물론 겨울에는 거의 얼음물이나 다름없는 물보다는 미지근한 물에 발을 씻는 것이 좀더 안락하다. 하지만 차가운 물을 사용하면 심 A 174
장에서 멀리 떨어진 혈관의 이완 증상을 예방하는 데 도움이 된다. 혈관 이완 증상은 노인들에게 종종 발에 치료 곤란한 질병을 유발한다. 배를 따뜻하게 하는 것, 특히 추운 날씨에 그렇게 하는 것은 안락함을 위한 것이라기보다는 양생법의 처방이 될 수 있다. 배에는 액체가 아닌 물질을 긴 과정을 거쳐 운반해야 하는 창자가 있기 때문이다. 노인들이 복대(복부 전체를 둘러싸서 복부 근육을 지지하는 넓은 띠)라고 하는 것을 착용하는 이유는 배를 따뜻하게 하기 위해서라기보다 바로 이것 때문이다.

2) 긴 시간 잠을 자는 것 혹은 (간헐적으로 낮잠을 잠으로써) 잠을 많이 자는 것은 깨어 있는 때의 생활에 불가피하게 수반되는 불편을 많이 줄여준다. 그런데 삶의 대부분을 잠을 자는 것으로 소모해버리려고 긴 수명을 원한다는 것은 다소 기이하다. 그러나 여기서 실제로 중요한 것은 긴 수명을 위해 가정되는 이러한 수단, 즉 안락함은 그 본래 목적과 모순된다는 점이다. 왜냐하면 긴 겨울밤에 깨어났다 다
시 잠드는 것은 전체 신경계를 마비시키고, 부서뜨리고, 기만적인 휴 A 175
식 속에서 활력을 소진시키기 때문이다. 따라서 여기서 안락함은 수명 단축의 원인이다. 잠자리는 많은 질병의 보금자리다.

3) 일부 나이든 사람들은 불편한 일(예컨대, 나쁜 날씨에 외출)을 회피하거나 일반적으로 스스로 할 수 있는 일을 다른 사람에게 떠넘김으로써 단지 자기 힘을 아끼기 위해, 그래서 생명을 늘리기 위해
스스로 자기를 돌보거나 보살핌을 받는데, 이러한 배려는 정반대의 Ⅶ 102
결과를 불러온다. 다시 말해 조로와 수명 단축을 불러온다. 또한 고

령자들이 대부분 기혼자였다는 것도 증명하기는 어렵다. 어떤 가족에서는 장수가 유전되며, 그런 가족 안에서 근친결혼은 이런 종류의 가족적 특성을 잘 근거지을 수도 있다. 또한 결혼을 장려하기 위해 기혼자가 장수한다고 선전하는 것은 나쁜 정치적 원칙은 아니다. 비록 경험은 결혼한 쌍이 예외적으로 고령까지 생존한 사례를 상대적으로 드물게 보여주지만 말이다. 그러나 여기서 우리는 자연의 질서
A 176 에 따른 장수의 생리적 원인에만 관심을 두고, 정치적 이유로 장수에 할당되었을 수 있는 원인에는, 즉 공적 의견의 방식으로 국가의 관심이 요구하는 것에는 관심을 두지 않는다. 또 철학자이지 않고도 철학하는 것은 많은 유쾌하지 않은 감정을 피하는 수단이며, 게다가 자기 일에 관심을 유발하는 마음에 대한 자극이 된다. 그것은 외적인 우연들과 무관하기 때문에 단지 놀이로서 힘을 갖고 진정성이 있으며, 생명력이 멈추지 않고 유지되게 한다. 다른 한편으로 철학은, 그 관심이 이성의 궁극목적(절대적 통일) 전체에 있는데, 삶의 가치에 대한 이성적 평가로 노년의 신체적 나약함에 대해 어느 정도 보상이 될 수 있는 힘의 감정을 가져다준다. 그러나 우리 지식을 증진한다는 새로운 전망들을 여는 것은, 그런 전망들이 철학에 직접 속하지 않는다 해도, 철학과 동일한 기능 혹은 유사한 기능을 수행한다. 그리고 수학자는 (수학을 다른 목적으로 이용하려는 도구로 생각하지 않고) 수학
A 177 에 직접 관심을 갖는 한에서 또한 철학자이며, 고갈되지 않고 연장되는 원기회복된 삶에서 자기 능력을 자극받는 이점을 누린다.

그러나 제한적인 지성을 지닌 사람들에게는 근심걱정 없는 속편한 상황에서 그냥 시시덕거리는 것이 거의 같은 기능을 하는 대체물이며, 언제나 어떤 일도 바쁘게 하지 않는 사람도 보통 오래 산다. 나이가 매우 많은 한 노인은 자기 방에 시계를 여러 개 놓고 같은 시간에 울리지 않고 늘 순차적으로 울리게 만들어놓는 데서 큰 재미를 발

견했다. 그 재미란 그와 시계공에게 모두 하루 종일 소일하기에 충분한 것이었고 또한 시계공에게는 생계 수단이 되었다. 또 다른 노인 Ⅶ 103
은 아침에 일어나 식사를 할 때부터 밤에 잠자리에 들 때까지 자신의 지저귀는 새를 돌보고 모이를 주는 데서 충분한 일거리를 찾았다. 어느 부유한 늙은 여인은 물레를 하면서 쓸데없는 잡담을 하는 것으로 시간을 때우는 방법을 발견했다. 그리고 아주 나이가 들었을 때 마치 좋은 친구들을 잃은 것처럼 더는 손가락 사이에서 실에 대한 감각을 느낄 수 없게 되자 이제 지루해서 죽을 것 같다고 불평했다.

하지만 이제 장수에 대한 내 논의가 지루해지거나, 또 그래서 보잘 A 178
것없는 것이 되지 않도록 하려고, 비록 사람들이 책망까지는 하지 않겠지만, 노년에 흔히 나타나는 결점이라고 비웃는 수다스러움을 이 정도로 그치려고 한다.

1. 심기증에 관하여

구체적으로 말할 수 있는 어떤 내용도 없이 병들었다는 막연한 느낌에 자신을 힘없이 내맡기는 (그래서 이성으로 이 병적 감정을 다스리려고 시도하지 못하는) 나약함, 즉 우울증(부랑자 심기증*)은 그 원인을 신체의 어떤 특정한 자리에서 찾을 수 없으며, 상상력이 만들어 낸 산물이므로 이 역시 허구적 질병이라고 할 수 있다. 그리고 이 우울증 환자가 책에서 읽은 모든 질병의 증상이 자신에게서 발견된다고 믿을 경우, 이 나약함은 자신의 병적 감정을 극복하고자 하는 마음의 능력과 정반대되는 힘을 발휘한다. 다시 말해서 우리에게 닥

---

* 국지화된 심기증(장 심기증[28])과 구별되는 것으로서.

칠 수 있는 병에 대해 병이 실제로 생겼을 때 이겨내지 못할 것이라
A 179 는 두려움을 속에 품고 있는 절망 상태가 되는 것이다. 그것은 일종의 정신착란이라 할 수 있다. 왜냐하면 (가스가 차 더부룩한 위나 변비같이) 질병 유발 요소가 물론 그 원천일 수 있지만, 이런 상태는 감각기관이 자극될 때와 같이 직접 느껴지지 않고, 곧 다가올 질병으로서 허구적 상상력으로 꾸며져 나타나기 때문이다. 그런 다음에는 정신을 가다듬는 대신에 자학으로 의사의 도움을 호출한다. 그러나 이
Ⅶ 104 것은 아무 소용이 없다. 왜냐하면 그 자신만이 자기 생각의 유희라는 양생법을 실행함으로써 실제로 닥친다면 예방될 수도 없는 질병의 의도치 않은 관념들을 야기하는 성가신 관념들을 종결할 수 있기 때문이다. 이러한 질병을 가진 사람에게 오로지 확고한 결심만으로 자신의 병적 감정을 다스려야 한다고 요구할 수 없다. 그가 이렇게 할 수 있다면 그는 심기증에 걸린 것이 아니다. 이성적인 사람은 어떠한 심기증도 거부한다. 만일 그에게 불안한 감정이 생기고 그것이 우울증, 즉 스스로 고안한 질병으로 발전할 위험이 있다면, 그는 자신의
A 180 불안이 대상이 있는 것인지를 자신에게 물을 것이다. 만일 자신의 불안에 대해 타당한 이유를 제공할 수 있는 어떤 것도 발견하지 못한다면, 혹은 만일 실제로 그러한 이유가 있다고 해도 그 결과를 막으려고 어떤 것도 할 수 없다면, 그는 자신의 내적 감정에 신경이 쓰인다 하더라도 그날을 위한 일을 진행할 것이다. 다시 말해서 그는 결국 (단순히 국소적인 것일 뿐인) 자신의 불안감을 (마치 자신과는 아무 관계가 없는 것처럼) 그 자리에 그대로 남겨놓고 자신이 해야 할 일들에 집중한다.

나는 가슴이 평평하고 좁기 때문에 심장과 폐의 운동을 위한 공간이 충분하지 않으며, 그래서 자연스럽게 우울증 성향이 있다. 그리고 내가 어렸을 때 이런 성향은 나에게 삶에 대해 싫증을 느끼게 만들었

다. 그러나 이 같은 심장 압박의 원인이 순전히 기계적인 것이며 제거될 수 없을 것이라고 생각하게 됨으로써 이내 그것에 관심을 두지 않게 되었다. 그 결과 내가 가슴에 압박감을 느끼는 동안에도 내 머릿속은 고요하고 맑은 상태가 되었다. 그래서 사회생활에서도 (심기증 환자들이 그렇듯이) 기분의 조울증적 변덕에 따라 소통하는 것이 아니라 의도에 따라 자연스럽게 소통하는 데도 부족함이 없다. 그리고 우리가 느끼는 삶의 기쁨은 우리가 향유하는 것보다는 삶에서 자유롭게 행하는 것으로 얻어지므로 정신적 작업은 단지 신체적일 뿐인 방해들에 대항하여 다른 종류의 촉진된 삶의 감정을 제공할 수 있다. 압박감은 여전히 나에게 남아 있다. 그 원인이 나의 신체적 구조 A 181
에 있기 때문이다. 그러나 나는 그것이 내 생각과 행동에 미치는 영향을, 마치 그것이 나와 아무 상관이 없는 것처럼 그런 감정에서 내 관심을 다른 곳으로 돌리는 식으로 다스려왔다.

2. 잠에 관하여

터키인들에게는 그들이 갖고 있는 운명 예정의 원칙들 때문에 절제에 대해 다음과 같은 말이 있다. 즉 세상의 시초에 개개 인간에게 평생 먹게 될 양이 할당되었으며, 주어진 부분 가운데 매번 많은 양을 먹어치우게 되면, 그만큼 더 줄어든 시간만큼만 먹게 될 테고, 또 그 시간만큼만 살게 될 것이라는 말이다. 이 속담은 양생법에서 어린 VII 105
이 교육에 유용할 뿐 아니라 (음식섭취에서 의사들은 종종 성인 남성들도 마치 어린아이인 양 취급하므로) 다음과 같은 규칙에도 유효하다. 즉 모든 인간에게는 신의 뜻에 따라 애초부터 일정양의 잠이 할당되어 있으며, 청장년일 때 너무 많은 시간을 (3분의 1 이상을) 잠에 소비

한 사람은 잠잘 수 있는 오랜 시간을 기대할 수 없고, 따라서 오랫동
A 182 안 살고 오랫동안 늙어갈 것을 기대할 수 없다는 것이다. 달콤한 쾌락(스페인 사람의 낮잠)으로 혹은 (긴 겨울밤에) 소일거리로 잠에 많은 시간(일생의 3분의 1 이상)을 할애한 사람 혹은 매일 일정한 시간 이어서 자지 않고 쪼개서 자는 사람은 생명의 양에 관해서, 즉 그 정도에 관해서든 길이에 관해서든 매우 잘못하는 것이다. 사람에게 잠이라는 것이 전혀 필요하지 않기를 바라기는 어렵다(사람들은 긴 일생을 오래 지속되는 고생으로 느끼며, 일생 가운데 상당한 시간을 자면서 보내는데 그만큼의 시간은 고된 삶으로부터 모면해 있는 것이다). 그래서 감정을 위해서나 이성을 위해서나, 쾌락도 없고 활동도 없는 이 3분의 1의 시간은 완전히 제쳐놓는 것을 권고할 만하다. 그것은 반드시 필요한 자연의 회복을 위해 포기되는 시간이다. 그렇지만 언제 잠을 자기 시작하고 얼마나 잘지 그 시간을 정해 정확하게 규칙적으로 지키는 것이 필요하다.

*　　*　　*

A 183 정해진 시간에 규칙적으로 잠을 자지 못하는 것 또는 깨어 있는 상태를 유지할 수 없는 것은 병적인 감정의 일종이다. 이 둘 가운데는 불면증이 더 나쁘다. 불면증은 잠을 자려고 자리에 누웠지만 잠들지 못하는 것을 말한다. 머릿속에 아무 생각도 하지 말라는 것은 물론 의사가 불면증 환자에게 해주는 일반적 조언이다. 하지만 어떤 생각을 몰아내면 또 다른 생각이 끊임없이 그 자리로 돌아와 계속 깨어 있게 된다. 그 어떤 생각이든 생각이 내적으로 지각되거나 의식되었을 때 (마치 눈을 감아 이것을 다른 면으로 돌리는 것처럼) 곧바로 주의를 딴 곳으로 돌리라는 것 이외에는 달리 조언이 될 것이 없다. 불면

증 환자가 의식하는 생각을 이런 식으로 방해하면 점차적으로 관념들의 혼란이 생기고, 그로 인해 그는 자신의 신체적(외적) 상태에 대한 의식을 멈출 수 있게 된다. 그리고 완전히 다른 질서, 다시 말해 상상력의 무의식적 유희(건강한 상태에서 이것은 꿈이다)가 일어난다. 꿈은 우리 동물적 조직의 놀라운 장치인데, 우리는 꿈을 꿈으로써 동 Ⅶ 106
물적 운동에 대해 신체를 이완하고 생명 운동에 대해 진정으로 자극을 받는다. 그리하여 우리가 깨어나서는 꿈을 기억하지 못한다고 해 A 184
서 꿈을 꾸지 않은 것이 아니다. 꿈이 완전히 결여되어 있다면, 즉 표상의 자리인 뇌에서 흐르는 신경 에너지가 내장의 근육의 힘과 조화롭게 작동하지 않는다면, 생명은 일순간 유지되지 않을 테니 말이다. 그렇기 때문에 모든 동물이 잠을 잔다면 아마도 꿈을 꿀 것이라고 생각된다.

그러나 잠을 잘 준비를 하고 잠자리에 누웠을 때 이런 식으로 생각을 다른 데로 돌리려고 해도 잠에 들지 못하는 경우는 누구에게나 때때로 있는 일이다. 이럴 때 사람들은 뇌에서 무언가 경련하는 것을(경련성 증상처럼) 느낄 텐데, 그 느낌은 우리가 침대에 그대로 누워 있을 때보다 깨어 일어났을 때 키가 2분의 1인치 더 커졌다고 느낀다는 관찰과도 연관이 있다. 불면증은 노년의 나약함에서 오는 결함이고 일반적으로 우리 몸의 왼쪽이 오른쪽보다 약하기 때문에,* 나는 A 185

* 사람의 사지 사용에서 운동과 조기 교육이 사람의 몸 가운데 어느 쪽을 더 A 185
튼튼하게 하거나 더 약하게 하는지를 결정하는 유일한 요인이라고 종종 이야기된다. 전투에서 샤브레를 오른손으로 다룰지 왼손으로 다룰지, 기수가 말안장에 오를 때 오른쪽에서 왼쪽으로 오를지, 아니면 반대로 왼쪽에서 오른쪽으로 오를지 등도 마찬가지다. 그러나 이런 주장은 매우 부정확하다. 경험이 우리에게 가르쳐주는 바에 따르면, 만일 우리가 왼쪽 발에서 얻은 측정치로 신발을 구하면 왼쪽 신발이 딱 들어맞는데, 오른쪽 신발은 너무 꽉 조일 것이다. 그리고 우리는 이 문제에 대해 우리가 아이였을 때 우리에게 더 잘 가르쳐주지 않았다고 부모를 원망할 수는 없다. 왼쪽에 비

아마도 일 년 전에 이런 경련 같은 발작과 이런 종류의 매우 감각적인 자극들을 느꼈던 것 같다(비록 그 느낌은 경련처럼 실제로 눈에 보이는 사지의 움직임은 아니었지만 말이다). 그리고 나는 다른 사람들이 기술해놓은 것을 보고 나서 그것을 통풍성 발작이라고 생각해 의
A 186; Ⅶ 107 사를 찾아가야 했다. 그러나 나는 잠을 방해받는 느낌을 참을 수 없어서 이내 내 생각을 무작위로 선택한 중립적 대상(예를 들어, 많은 연관된 관념을 포함하는 이름인 키케로)에 강제로 고정하는 스토아적 치료법에 의지했다. 나는 내 주의를 잠을 방해하는 그 감각에서 다른 곳으로 돌렸다. 그 결과 감각이 빠른 속도로 둔화되었으며, 졸음이 몰려왔다. 나는 밤잠을 살짝 방해하는 이런 종류의 발작이 되풀이될 때면 늘 이런 식으로 대응했고 언제나 똑같이 좋은 결과를 얻었다. 그것은 내가 보기엔 단지 상상된 고통인 듯했다. 그러나 나의 왼발 발가락이 다음 날 열은 붉은색이었다는 사실은 그것이 상상된 고통이 아니었음을 확인해주었다. 나는 먹고 마시는 것이 쾌락에 매우 심각한 장애가 되지 않는다면 통풍성 발작이 이런 식으로 확인될 수 있다고 확신한다. 심지어 경련과 간질성 발작도 그렇다(비록 이것이 필요한 정도로 강인한 결심의 힘을 갖고 있지 못하는 여성과 노인에게는 적용되지 않지만 말이다). 또한 불치라고 포기되었던 발가락 통풍도 통증이 발작적으로 느껴질 때마다 굳은 결심으로 (주의를 고통에서 딴
A 187 곳으로 돌려) 막고, 그래서 점차 치료되게 할 수 있다.

해 오른쪽의 장점은 또한 다음과 같은 사실에서도 확인된다. 만일 우리가 넓은 배수로를 가로질러 건너려고 한다면, 우리 몸무게를 왼발에 싣고 오른발로 뛰어넘을 것이라는 사실 말이다. 그렇지 않으면 배수로에 떨어지는 위험에 빠질 것이다. 프러시아 보병이 왼발로 출발하도록 훈련받았다는 사실은 이와 같은 주장을 반박하기보다는 확인해준다. 그들은 공격의 자극에 대해 오른발을 사용하려고 지주 위에 올려놓은 것처럼 왼발을 올려놓았다. 이렇게 하면 왼발을 배경으로 오른발을 사용할 수 있다.

3. 먹고 마시는 것에 관하여

사람이 건강하고 젊었을 때는 음식섭취 문제에서 그 적당한 때와 양에 대한 최선의 지침은 그냥 욕구(배고픔과 갈증)에 묻는 것이다. 그러나 노년에서 발견되는 나약함이 있는 경우에는 검증되고 효력이 발견된 생활방식의 습관화, 다시 말해 매일매일 정해진 방식으로 어떻게 하루를 지내는지가 그의 수명을 길게 하고 건강한 삶을 살게 하는 양생의 원칙이다. 다만 식욕이 거부할 때는 적당한 예외를 둔다는 조건에서 말이다. 노년에는 물 같은 것(수프 또는 다량의 마실 물)을 많이 섭취하기를 거부하는데, 특히 남성의 경우에 그렇다. 반면에 거친 음식과 자극적인 음료(예컨대 포도주)를 원한다. 이것들은 모두 혈액 순환의 기계적 작동을 유지하는 데 도움이 되는 자극적 요소들을 혈액 순환계로 가져가고, 대장의 연동 운동을 촉진한다.(모든 내장 가운데 창자는 가장 고유한 생명을 지니고 있는 듯하다. 왜냐하면 창자 Ⅶ 108
는 여전히 온기가 있는 상태에서 동물에게서 제거하여 조각 냈을 때 벌 A 188
레처럼 꿈틀거리며, 우리는 그것이 작동하는 것을 느낄 수 있을 뿐만 아니라 작동하는 소리를 들을 수도 있기 때문이다.)

노인들에게 물은 한번 혈액 속에 흡수되면 혈액에서 신장을 거쳐 방광에 이르는 오랜 분리 과정을 완료하기까지 긴 시간이 걸린다. 혈액으로 흡수되는 요소들과 (포도주처럼) 혈관을 자극하는 요소들을 포함하지 않을 때는 말이다. 이런 경우에 포도주는 약으로 쓰인다. 그리고 이런 이유로 포도주의 인위적 사용은 실제로 예방적 양생법에 포함되지 않는다. 물을 마시고 싶은 욕구(갈증)의 갑작스러운 변화는 대부분 습관일 뿐이며, 그래서 그런 욕구가 생길 때 즉시 욕구를 충족하지 않고 그것에 대해 확고한 결심을 함으로써 우리는 단단한 음식에 물을 첨가하려는 자연적 욕구에 대한 자극을 줄일 수 있다. 노년에는 물 같은 것을 많이 섭취하는 것은 자연적 본능이 있다고 해도 거부된다. 더욱이 물을 많이 마시면 숙면을 취할 수 없게 되고, 적어도 깊이 잠들지 못하게 된다. 물을 많이 마시면 혈액의 온도가 낮아지기 때문이다.

A 189 다음과 같은 물음이 종종 제기된다. 그것은 가령 하루 24시간 동안 잠을 한 번 자는 것처럼, 양생법의 규칙에 따라 하루 동안 식사도 단 한 번 하는 것이 허용될 수 있는지 혹은 밤에도 먹기 위하여 점심식사에서 식욕을 약간 절제하는 것이 더 좋지 (건강 더 도움이 되지) 않은가 등의 물음이다. 물론 시간을 보내는 데에는 저녁식사를 하는 것이 더 좋을 것이다. — 그리고 나 역시 이른바 인생의 한창때(중년기)에는 저녁식사가 더 유익하다고 생각한다. 그러나 그 이후에는 낮에만 식사하는 것이 더 좋다. 왜냐하면 장에서 진행되는 소화 과정의 단계들은 노년이 되면 완료되는 데 분명히 더 오랜 시간이 걸리므로 첫 번째 소화 과정이 아직 진행될 때 (저녁식사를 함으로써) 자연에 새로운 과업을 부여하는 것은 건강에 해롭다고 믿을 만하기 때문이다. 이러한 이유로 낮에 적당하고도 만족스러운 식사를 한 이후에 저녁식사를 하려는 충동은 병리적 느낌이라고 여길 수 있다. 그래서 우리는 그러한 충동을 느끼는 것을 완전히 없어질 때까지 점차 줄여가겠다는 확고한 결심으로 그런 충동을 완전히 다스릴 수 있다.

A 190; VII 109 4. 적절하지 않은 때에 하는 사유에서 비롯하는 병적인 감정에 대해서

학자에게 생각하는 것은 식량이다. 깨어 있을 때나 홀로 있을 때 학자는 생각하지 않고는 살 수 없다. 그리고 생각한다는 것은 공부(책

읽기)와 성찰(숙고와 통찰)로 이루어져 있다. 그런데 그가 먹거나 걸으면서 이와 동시에 어떤 특정한 생각에 몰두한다면, 즉 머리와 위 혹은 머리와 발을 두 가지 일로 동시에 괴롭힌다면 이 중 하나는 심기증을 유발하고, 다른 하나는 현기증을 유발한다. 이런 병적 상태를 양생법으로 다스리려면 그는 위 혹은 발의 기계적 작업을 생각이라는 정신적 작업과 교대로 해야 하며, (휴식에 할당된) 이 시간에는 의도적인 사유는 억제하고, (기계적인 놀이와 유사한) 상상력의 자유로운 놀이는 억누르지 않고 활동하도록 해야 한다. 그러나 이를 위해 학자에게는 사유와 관련하여 양생법을 일반적으로 따르겠다는 냉정하고도 확고한 결심이 요구된다.

혼자 식사하면서 동시에 책을 읽거나 깊은 생각에 빠지게 될 때, 병적인 감정이 들 때가 있다. 머리 쓰는 일로 생명력이 위에서부터 A 191
방향을 바꾸게 되고 그것이 위를 괴롭히기 때문이다. 걷는 동안에 반성적 사고를 하는 것 또한 이러한 느낌이 생기게 한다. 발이 하는 작업이 이미 그 사람의 생명력을 소모하기 때문이다*(익숙하지 않은 경우에 밤에 등불을 켜놓고 공부하는 것 역시 여기에 덧붙일 수 있다). 하지만 적절하지 않은 때에 하는 지적 작업에서 오는 이런 병적 감정은 단순한 결심에 따라 직접적이고도 즉각적으로 제거할 수 있는 것이 아니다. 우리는 그런 습관에 반대되는 원칙을 세우고 그런 습관을 깨

---

* 학구적인 습관을 지닌 사람이 혼자 산책할 때, 그가 반성적 사고를 즐기는 것을 그만두기는 어렵다. 그러나 만일 그가 산책하는 동안에 힘겨운 사고를 한다면, 그는 곧 지치게 될 것이다. 반면에 만일 상상력이 자유롭게 활동하도록 자신을 내맡긴다면, 움직임이 그를 회복시킬 것이다. 이것에 대해 내가 물어본 다른 사람들의 보고들은 내 경험과 일치한다. 만일 걷는 중에 생각하는 것에 덧붙여 대화까지 한다면 그는 훨씬 더 지칠 테고, 사고의 놀이를 계속하려면 자리에 앉아야 할 것이다. 자유롭게 산책하는 것은 대상을 바꿔가면서 모든 개별 대상으로 주의를 분산해 주의력을 이완하려는 것이 목적이다.

뜨리는 방식으로 오직 점차적으로만 그런 감정들을 제거할 수 있다.
A 192 그리고 여기서는 직접 다스릴 수 있는 감정들에 대해서만 언급할 수 있다.

VII 110
5. 호흡에 관한 결심으로 병적인 발작을 극복하고 예방하는 것에 관하여

몇 년 전 나는 가끔 비염과 기침으로 고생했으며, 어떤 때는 잠자리에 들려고 할 때 이 두 가지가 발작해서 훨씬 더 괴로웠다. 나는 밤에 잠자는 것을 이렇게 방해받는 데에 거의 화가 나서 비염 발작과 관련해서는 입술을 굳게 다물고 오로지 코로만 숨을 쉬겠다고 결심했다. 처음에는 휘파람 소리 같은 것이 나게 가늘게 겨우 숨을 쉴 수 있었다. 하지만 포기하지 않고 또는 느긋하게 계속 노력한 결과 내 호흡은 계속해서 더 나아졌으며 이내 완전히 숨을 들이마실 수 있게 되었고 코로도 자유롭게 숨 쉴 수 있게 되었다. 그리고 내가 이 수준에 도달했을 때, 나는 즉시 잠들었다. 발작적 헛기침, 즉 경련적으로 사이사이에 일어나는 들숨소리를 동반하면서 (웃음처럼 계속 이어지지는 않지만) 간헐적으로 큰 소리를 내며 내뱉는 날숨의 호흡에 대해 말하면, 특히 영국에서 보통 (침대에 누운) 노인의 기침이라고 하는
A 193 그런 기침의 경우, 내게 훨씬 더 괴로웠다. 그 이유는 이 기침은 침대에 들어가 몸을 데우자마자 가끔 찾아와 잠드는 것을 늦추었기 때문이다. 이런 기침은 입으로 들이마신 공기가 후두를 자극할 때 발생하기 때문에* 이 기침을 억제하기 위해 역학적 (약리적) 치료법이 필요

* 유스타키오관을 도는 대기의 공기가 (입술을 다물고 있을 때) 산소를 뇌 가

한 것이 아니라 직접적 마음 조작이 필요하다. 말하자면 (이미 앞에서 A 194
논의한 경련성 발작과 마찬가지로) 어떤 다른 대상에 억지로 주의를

까이에 있는 우회로로 가져감으로써 생명 기관들에 활력이 증가한 것과
같은 느낌을—공기를 들이마신 것과 같은 느낌을—만들어내는 것이 가
능할까? 그리고 그 공기는 독특한 냄새가 있는 것이 아니지만 이런 식으로
후각 신경과 공기를 흡수하는 인접한 혈관을 강화할까? 우리는 어떤 날씨
에는 공기를 마셔도 이러한 상쾌함을 느끼지 못하지만, 또 어떤 날씨에는
산책하면서 공기를 길게 들이마실 때 실질적인 쾌감을, 즉 입으로 공기를
들이마실 때 얻지 못하는 쾌감을 느낀다. 그러나 입을 다물고 코로 깊이 숨
쉬는 데 익숙해져서 심지어 깊이 잠들어 있을 때조차 다르게 숨 쉴 수 없
고, 입으로 숨을 들이마시자마자 즉시 깜짝 놀라서 잠에서 깨어날 정도가
되는 것이 양생법에서는 가장 중요하다. 내가 이런 식으로 숨 쉬는 습관을
들이기 전에도 이런 일이 한 번쯤은 내게 일어났을 것이다. 급하게 혹은 오
르막길을 걸을 때, 우리는 이 규칙을 어기지 않겠다는 더욱 강한 결심과 이 A 194
규칙에 예외를 만들기보다는 자기 보폭을 조절하겠다는 생각이 필요하다.
활발한 운동에서도 이와 같은 것이 참이다. 그리고 자기 학생의 운동을 지
도하는 선생님은 입으로 숨을 쉬기보다는 소리가 나지 않게 숨을 쉬며 지
도해야 한다. (예전에 나의 청강생이었던) 젊은 친구들이 이런 양생법적 준 Ⅶ 111
칙들을 보증되고 유익한 것으로 추천했으며, 그것이 의사 도움 없이도 사
용할 수 있는 민간요법에 불과하다고 하찮게 여기지 않았다. 여기서 다음
과 같은 점에 주목할 필요가 있다. 오랜 시간 말을 하는 사람이 입을 열 때
마다 매번 입으로 숨을 쉬고, 그래서 아무런 제재 없이 그 규칙을 깨는 것
처럼 보일 수도 있지만, 이것이 실제로는 그렇게 되지 않는다. 그럴 때조
차 그는 코로 숨을 쉰다. 왜냐하면 화자의 코가 막혔을 때, 우리는 그가 실
제로는 코를 통해 말하지 않지만 코를 통해 (매우 유쾌하지 못한 소리로) 말
한다고 하기 때문이다. 그리고 그 반대로 그가 실제로는 코를 통해 말할 때 A 195
코를 통해 말하지 않는다고 하기 때문이다. 추밀고문관 리히텐베르크[29]가
익살스럽고도 정확하게 지적했듯이 말이다. 오랫동안 큰 소리로 말해야
하는 사람들(강연자와 설교자)이 목이 쉬지 않고 한 시간 동안 이야기할 수
있는 것은 이와 같은 이유에서다. 다시 말해 그들이 코로 숨을 들이마시고
입으로는 단지 내쉬기만 할 뿐이기 때문이다. 혼자 있을 때 혹은 적어도 대
화에 참여할 때, 입술을 꼭 다물고 숨을 쉬는 습관의 우연적 장점은, 항상
분비되어 목구멍을 촉촉하게 만들어주는 침이 또한 소화제[30]로서 작용하
고, 아마도 (삼켰을 때) 배변을 돕는 완하제로도 작용한다는 것이다. 물론 A 196
침을 낭비하지 않겠다는 결심이 충분히 확고하다면 말이다.

돌림으로써 이런 자극에서 주의를 다른 곳으로 완전히 돌리는 마음의 조작이 필요하다. 그렇게 하면 숨을 내뱉게 되는 것이 멈춘다. 그때 나는 분명히 얼굴에 피가 쏠리는 느낌을 받는다. 하지만 이런 자극에 따라 생긴 액체성 타액이 이 자극의 작용을, 즉 숨을 내뱉게 되는 것을 억제하여, 이내 이 액체를 삼키게 한다. 이러한 마음의 조작은 매우 수준 높은 굳은 결심을 요구하지만, 그런 굳은 결심은 그래서 그만큼 더욱 유익하다.

6. 입술을 꼭 다물고 호흡하는 습관의 결과에 관하여

이것의 **직접적** 결과는 그 습관이 잠자는 동안 계속 이어진다는 것
A 195 인데, 가령 어쩌다가 입술을 열고 입으로 숨을 쉬자마자 깜짝 놀라 잠에서 깬다. 이것은 잠이 그리고 잠잘 때 꾸는 꿈이 자기 상황에 대한 어떠한 주의도 끼어들 수 없을 정도로 깨어 있는 상태가 완전히
VII 112 부재하는 것은 아니라는 사실을 보여준다. 다음 날 (가령 산책하려고) 평소보다 더 일찍 일어나겠다고 그 전날 결심한 사람들은 실제로 더 일찍 잠에서 깬다는 사실 역시 여기에서 이끌어낼 수 있다. 짐작건대 이 사람들은 시청의 시계탑 종소리 때문에 깨어난다. 그들은 잠자는 중에도 그 소리를 들었고 거기에 주의를 기울였다. 이러한 칭찬할 만한 습관의 **간접적** 결과는 그런 습관이 깨어 있을 때뿐만 아니라 잠들어 있는 중에도 (가래를 내뱉기 위해 의도적으로 기침하는 것과 구별해서) 자기도 모르게 하는 어쩔 수 없는 기침을 막아주며, 그래서 순
A 197 전히 결심의 힘으로 질병을 피하게 된다는 점이다. 나는 게다가 그런 습관에 그 이상의 결과가 있다는 것을 발견했다. 언젠가 나는 불을 끄고 잠자리에 든 뒤에 갑자기 심하게 목이 마르다고 느껴서 물 한

잔을 찾아 어둠 속에서 다른 방으로 갔다. 나는 물병을 찾아 더듬거리다가 코로 공기를 들이마실 생각이 들었다. 다시 말해 여러 차례 깊게 숨을 들이 쉬고 가슴을 활짝 펴보았다. 이렇게 하니까 몇 초도 되지 않아 갈증이 완전히 해소되었다. 갈증은 반대 자극에 의해 중화될 수 있는 병적 자극이었다.

결론

이성적 동물의 최고의 힘인 사람의 변함없는 확고한 의지로 다스릴 수 있는 모든 병적인 감정의 발작은 모두 경련(경련과 같은) 종류다. 그러나 반대로 우리는 모든 경련성 발작이 굳은 결심만으로 억제되거나 제거될 수 있다고 뒤집어 말할 수는 없다. 왜냐하면 그것들 가운데 일부는 발작을 결심의 힘에 종속하려는 시도로 인해 발작성 질병이 악화되기도 하는 그런 것이기 때문이다. 이것은 약 한 해 전 A 198
코펜하겐 신문이 "머리의 압박감을 수반하는 유행성 점막염"이라고 기술한 질병에 걸렸을 때 내 경우에는 참이었다.(나는 그것으로 일 년 전 자리에 누워 있었는데 증상은 이와 비슷했다.)* 그 결과로 나는 머리 쓰는 일을 하는 게 어려워졌다—혹은 적어도 약해지고 둔해졌다. 그리고 이러한 압박감이 내 노년의 자연적 나약함에 던져진 것이었 VII 113
으므로 그것은 오로지 삶과 더불어서만 종결될 것이 되었다.

하나의 개념(연관된 표상들에 대한 의식의 통일)을 확고하게 붙들고 있는 사고가 수반하고 악화시키기까지 하는 환자의 병적인 상태는 사고의 기관(뇌)의 경련성 상태의 느낌, 즉 머리를 짓누르는 느낌

---

* 나는 그것이 부분적으로 뇌를 덮친 통풍이라고 생각한다.

을 갖게 하는데, 이것은 사고와 숙고 자체, 또한 과거에 생각했던 것
A 199 에 관한 기억을 실제로 약화시키지 않는다. 그러나 그것은 (말로 하는 것이든 글로 쓰는 것이든) 강연에서는 표상들을 시간 순서대로 확고하게 결합시키고 다시금 해체하는 일을 확실히 해야 하건만 환자의 저런 병적인 상태가 뇌의 의도치 않은 경련성 상태를 야기하기도 하는데, 이것은 서로 잇따르는 표상들을 교체하는 일에서 표상들에 대한 의식의 통일을 유지할 수 없는 무능력 상태다. 그래서 나는 다음과 같이 한다. (독자에게든 청중에게든) 말을 하려고 할 때는 늘 내가 말하고 싶은 것을 준비하고, 논의를 전개해나가려는 대상을 예견하여 말하며, 그러고 나서 논의를 시작했던 출발점으로 돌아온다. 그러고는 논의의 출발점과 도달점을 연결한다(이 두 참조점이 없으면 논의가 일관성을 갖지 못할 것이다). 나는 청중에게 (혹은 조용히나 자신에게) 한번 다음과 같이 묻는다. 이제 내가 어디에 도달했는가? 내가 어디에서 시작했는가? 어떤 오류가 정신의 오류 혹은 단지 기억의 오류라기보다는 오히려 (표상 결합에서) 정신의 현전의 오류, 다시 말해 의도치 않은 산란함의 오류이며, 매우 성가신 오류인가? 저술에서 (특히 철학적 저술에서) 그런 오류를 막으려고 애써야 한다.(출발점으로 뒤돌아오는 것은 언제나 쉽지는 않기 때문이다.) 이런 오류는 아무리 노력해도 완전히 피할 수는 없다.

A 200 개념 혹은 그 대체물(양의 기호 혹은 숫자 기호)을 직관 중에서 제시하고 제대로 진행하는 한 모든 것이 정확하다고 확신하는 수학자의 경우는 철학의 분야, 특히 순수철학(논리학과 형이상학) 분야 종사자와 사정이 다르다. 철학 분야 작업자는 그들이 다루는 대상을 자신 앞에 공중에 떠다니도록 두어야 하고, 언제나 단지 부분적으로만 현시하지 않고 동시에 하나의 체계(순수 이성의 체계) 전체에서 현시해야 한다. 그러므로 형이상학자가 다른 분야 학자들이나 응용철학

자보다 더 빨리 무능력하게 된다는 것은 놀랄 일이 아니다. 그렇지만 VII 114
형이상학에 전적으로 헌신하는 소수의 학자들이 있어야 한다. 형이상학이 없으면 철학이 있을 수 없기 때문이다.

이와 같은 사실은 어떤 사람이 그에게 부여된 일에 관해서 볼 때 환자 목록에 들어가 있어야 함에도 어떻게 그 나이에도 건강함을 자랑할 수 있는지를 설명해준다. 왜냐하면 무능력은 그로 하여금 생명력을 사용하지 않게 만들고, 또 그에 수반되는 생명력의 소진과 고갈
을 막기 때문이다. 그는 (식물처럼 사는 존재로서) 낮은 수준으로만, A 201
말하자면 먹고 걷고 잘 수 있는 삶을 유지한다. 그래서 그는 동물적 현존에서는 건강하지만, 시민적 (공적인 일을 맡고 있는) 현존에서는 병들어 있다. 다시 말해 무능력하다. 그래서 이 죽음의 후보자는 전혀 모순되지 않는다.

그래서 인간의 수명을 연장하는 기술은 다음과 같은 귀결을 낳는다. 즉 우리는 결국 살아 있는 것들 사이에서 오로지 견딜 뿐인데, 이것은 가장 유쾌한 상황은 아니다.

그러나 이런 점에서 나에게도 과실이 있다. 왜 나는 위쪽을 향해 발버둥치는, 나보다 더 젊은 사람들에게 기꺼이 자리를 양보하지 않는가? 왜 나는 그냥 살아남기 위해 익숙한 삶의 즐거움을 축소하는가? 왜 나는 쇠약해진 생명을 금욕으로 스스로 부정해가면서 이례적인 나이까지 삶을 연장하는가? 그리고 왜 자연적으로 쇠약해진 사람들의 양식으로 헤아려지고 추측되는 기대수명으로 예상되는 중병 목록을 내 사례로 혼란스럽게 하는가? 왜 우리가 (겸손하고 경건하게 복종하여) 운명이라고 하곤 하는 것을 나 자신의 확고한 결심 — 어떤 경우에도 양생법의 보편적 규칙으로 채택되기 어려울 결심에 굴
복시키는가? 그런 보편적 규칙에 따라 이성은 직접적 치유력을 실행 A 202
하며, 그런 규칙은 약사가 조제하는 처방전을 대체할 수 없을 것인데

말이다.

추신

나는 또 인간 수명(특히 문학적 삶)을 연장하는 기술의 저자에게 독자들(특히 안경의 곤란함을 더 강하게 느낄 수도 있을 지금의 많은 여성 독자들)의 눈을 보호하도록 호의를 갖고 조심할 것을 요구할 것이다. 지금 인쇄업자들의 끔찍한 언행 때문에(왜냐하면 활자들이 그림으로 봐주어도 전혀 아름다운 데가 없기 때문이다) 우리의 눈은 사방으로부터 공격받고 있다. 모로코의 도시들에서는 모든 집이 흰색으로
VII 115 칠해져 있는 까닭에 상당수의 주민이 시각장애인인 것처럼 유사한 원인으로 생기는 악이 우리를 무너뜨리지 않도록 하려면 인쇄업자
A 203 를 이와 관련하여 경찰의 규제하에 놓아야 한다. 그러나 현재 유행은 이와는 다르게 진행되고 있다. 말하자면,

1) 검은색 잉크가 아니라 회색 잉크로 인쇄하는 것(아름다운 흰 종이에는 회색 잉크가 더 은은하고 부드럽게 보이기 때문이라고 한다).

2) 활자(말하자면 고정시키기 위한 식자판)라는 그 이름에 더 잘 어울리는 브라이트코프체가 아니라 밑이 좁은 디도체를 사용하는 것.

3) 독일어로 된 작품을 독일어 서체가 아니라 라틴어 서체로 (그리고 심지어 이탤릭체로) 인쇄하는 것. 이에 대해 브라이트코프는 그런 인쇄물을 눈으로 읽을 때 오래도록 견뎌낼 사람이 없을 것이라고 근거 있는 말을 했다.

4) 하단에 덧붙이는 주석을 훨씬 더 작은 서체(눈으로 겨우 볼 수 있을 정도로 작은 서체)를 사용해서도 읽을 수 있도록 가능한 한 작은 서체로 인쇄하는 것.

이런 행패를 바로잡기위해 나는 『월간베를린』의 인쇄를 (본문과 주석에서) 본보기로 삼을 것을 제안한다. 왜냐하면 사람들이 어떤 페 A 204 이지를 펼치든 위에 기술된 종류의 인쇄물을 읽음으로써 피로해진 눈이 『월간베를린』을 읽음으로써 현저히 회복된 느낌을 받기 때문이다.*

---

* 쉰 살이 되었을 때, 나는 (실제로 안과 질환은 아닌) 눈의 병적 상태의 발작을 처음 경험했다. 그런 발작은 때때로 몇 년 간격을 두고 발생하곤 했는데, 이제는 일 년 안에도 여러 차례 발생한다. 그 현상은 내가 책을 읽을 때 어떤 밝음이 갑자기 페이지 전체에 퍼져서, 눈으로 읽을 수 없게 될 때까지 모든 문자가 뒤섞이는 것이다. 이런 상태는 6분 이상 지속되지 않지만 낱장에 적은 설교문을 읽는 습관이 있는 설교자에게는 매우 위험할 수도 있다. 그러나 논리학 강의와 형이상학 강의에서 나는 적당히 준비하고 나서 (내 머리로) 자유롭게 강의할 수 있기 때문에, 나 자신의 관심은 이런 발작이 눈이 머는 것의 전조는 아닌가 하는 것이다. 그러나 나는 이제 더는 이것을 걱정하지 않는다. 왜냐하면 그런 발작이 이제는 평소보다 더 자주 일어나지만 나의 좋은 쪽 눈의 예리함이 상실되었다고 느껴지지 않기 때문이다.(나는 5년쯤 전 왼쪽 눈의 시력을 잃었다.) 우연히 이런 현상이 일어났을 때, 나는 눈을 감고 외부 불빛이 들어오지 않도록 더 잘 막기 위해 손으로 눈을 가리기도 했다. 그러고 나니 어둠 속에서도, 말하자면 페이지 위에 잉크로 윤곽을 표시한 것 같은 형광색의 하얀 형상이 보였다. 그것은 하현달의 모양과 비슷하지만 볼록한 면 위에 들쭉날쭉한 가장자리가 있다. 이 형상은 점차 밝기를 잃더니 위에서 언급한 시간 안에 사라졌다. 나는 다른 사람들도 이와 같은 관찰을 했는지, 그리고 우리가 이런 현상을 어떻게 설명할 수 있는지를 알고 싶다. 이 현상은 눈보다는 공통의 감각기관에 그 자리를 가질지도 모르겠다. 왜냐하면 내가 눈을 움직일 때 이 모양은 눈 안에서 움직이지 않았기 때문이다. 나는 언제나 같은 장소에서 그것을 보았다. 사람이 알아채지 못하는 동안에 한쪽 눈의 시력을 상실할 수 있다는 사실 또한 특이하다(나의 왼쪽 눈에서 그런 일이 벌어지는 데 약 3년이 걸린 것으로 추정된다).

해제

차례

일러두기

1. 해제와 옮긴이주에서 칸트 저술 인용은 '『저술의 한글 약칭』 학술원판의 권수(로마 숫자) 쪽수(아라비아 숫자)'—예를 들어 '『정초』 IV 389'—로 표시한다.
2. 『순수이성비판』 인용만은 관례에 따라 학술원판 권수 대신 초판(A) 또는 재판(B)을 표기해 '『순수이성비판』 A 104' 또는 '『순수이성비판』 B 275'와 같이 표시한다.
3. 『칸트전집』 한국어판(한국칸트학회 기획, 한길사 편집·출간) 인용은 '『칸트전집』 한국어판의 권수와 쪽수'—예를 들어 『칸트전집』 7 100—로 표시한다.

『영원한 평화를 위하여. 철학적 기획』

정성관 인하대학교·철학

1. 저술의 배경과 동기

『영원한 평화를 위하여. 철학적 기획』(*Zum ewigen Frieden. Ein philosophischer Entwurf*, 이하 『영구평화론』)이라는 원제가 밝히듯이, 이 책은 칸트의 정치철학을 담고 있다. 칸트가 1795년 8월 13일 쾨니히스베르크의 출판업자 니콜로비우스(Friedrich Nicolovius)와 주고받은 편지를 보면, 자신의 원고도 아직 보내지 않은 상태에서 그해 미카엘제일(Michaelmas, 9월 29일)에 책으로 출간되길 요청했고, 촉박한 기일인데도 그 요청은 받아들여졌다.[1] 이 책은 초판이 나온 바로 그해에 복제판이 나올 정도로 각광을 받았다. 또 이듬해인 1796년에는 증보된 내용으로 새판이 발행되었는데, 특히 새판에서는 초판의 제2절 뒤에 또 하나의 '추가사항'이 새롭게 덧붙여졌다. 『영구평화론』이 세상에 나오자 칸트 철학을 아는 사람들이 이 책을 즉각 프랑스어로 번역해 베른과 파리에서도 출판했다. 이 책의 영향력에 대하여 칸트에게 편지로 보고될 정도로, 특히 파리에서는 대단한 인기를

1) 『서한집』 XII 35, 36.

얻었다.[2)]

1795년 전후 유럽은 프랑스혁명(1789)의 소용돌이와 그 후로 이어진 열강들의 전쟁으로 말미암아 정치적·지리적으로 급격한 변화를 겪던 시기였고, 영원한 평화의 이념이 그 시기에 널리 확산되어 있었다.[3)] 『영구평화론』의 직접적 집필 동기는 알 수 없지만, 그 내용으로 미루어보건대 프로이센과 프랑스 사이에 체결된 '바젤 조약'(1795년 4월 5일)과 열강들의 '제3차 폴란드 분할 결정'(1795년 10월 24일)이 집필에 영향을 미쳤던 것으로 짐작된다. 칸트가 국가들 사이의 영원한 평화를 위한 제1예비조항으로 "장래의 전쟁 요소를 비밀리에 유보한 채 체결된 평화조약은 결코 평화조약으로 간주되어서는 안 된다"(Ⅷ 343)라고 명시했는데, 바젤 평화조약의 내용에는 실제로 '프랑스의 라인강 서쪽 독일령 합병'이라는 비밀조항이 포함되어 있었고, 이러한 전쟁의 씨앗으로 양국은 10여 년 뒤 또다시 전쟁을 겪게 되었다. 한편 이미 1772년과 1793년 두 차례에 걸쳐 열강들에 분할되어 합병을 당한 폴란드는 1795년 10월에 다시 프로이센, 러시아, 오스트리아에 의해 분할 합병된다. 그 결과 폴란드는 주권이 소멸되어 제1차 세계대전 이후 1918년 11월 11일 폴란드공화국이 재탄생할 때까지 독립국가의 지위를 상실했다. 이에 대한 부당성을 칸트는 이미 『영구평화론』 제5예비조항에서 "어떠한 국가도 다른

---

2) 『서한집』 XII 263, 265; 『학술원판 칸트전집』 Ⅷ 507 참조.

3) 아베 드 생피에르(Abbé de Saint-Pierre)로 알려진 샤를 이레네 카스텔 드 생피에르(Charles-Irenée Castel de Saint-Pierre, 1658~1743)의 저서 『유럽의 영구 평화 실현을 위한 기획』(*Projet pour rendre la paix perpétuelle en Europe*)이 1713년 우트레히트에서 출간된 이후 유럽에서는 정치에서 영원한 평화의 가능성을 둘러싼 격렬한 논쟁이 지속되었고, 이 논쟁에 라이프니츠, 볼테르, 루소, 칸트 등의 사상가도 참가했다(Kant,1992, p.109 이하; 『학술원판 칸트전집』 Ⅷ 507 참조)..

국가의 체제와 통치에 폭력으로 간섭해서는 안 된다"라고 지적했다. 하지만 이러한 동시대의 국제정세를 『영구평화론』을 집필한 동기의 전부로 보아서는 안 된다. 왜냐하면 이상적인 국가체제는 인간을 행복하게 만드는 체제가 아니라 인간의 자유를 최대한 보장하는 체제라는 생각이나 영원한 평화를 위한 국제연합 창설의 필요성 등 이 책이 담고 있는 주요 내용은 칸트가 오랫동안 품어왔고 또 이미 다른 곳에서도 발표한 그의 정치사상이며,[4] 그의 도덕철학과 법철학의 연장으로 이해되기 때문이다.

2. 『영구평화론』의 주요 내용

『영구평화론』은 두 절과 추가사항 그리고 부록으로 구성되어 있다. 제1절은 국가들 사이의 영원한 평화를 위한 6개 예비조항을, 제2절은 국가들 사이의 영원한 평화를 위한 3개 확정조항을 담고 있다.

예비조항 1. 장래의 전쟁 요소를 비밀리에 유보한 채 체결된 평화조약은 결코 평화조약으로 간주되어서는 안 된다.

예비조항 2. 어떠한 독립국가도 다른 국가가 상속, 교환, 매매 또는 증여로 취득될 수 있어서는 안 된다.

예비조항 3. 상비군은 점차 완전히 폐지되어야 한다.

예비조항 4. 대외적인 국가분쟁과 관련해 어떠한 국채도 발행해서는 안 된다.

예비조항 5. 어떠한 국가도 다른 국가의 체제와 통치에 폭력으로 간섭해서는 안 된다.

---

4) 『순수이성비판』 B 373; 『속설』 Ⅷ 311; 『칸트전집』 10 313 참조.

예비조항 6. 어떠한 국가도 다른 국가와 전쟁에서 장차 평화 시에 상호 신뢰를 불가능하게 할 수밖에 없는 적대행위들을 해서는 안 된다.

위의 조항들 중 1, 5, 6은 즉각 시행되어야 하는 '엄격한 법칙'인 반면, 나머지 셋은 시행이 유보될 수 있는 조항이다.

확정조항 1. 각 국가의 시민적 체제는 공화적 체제여야 한다.

확정조항 2. 국제법은 자유국가들의 연방주의에 기초해야만 한다.

확정조항 3. 세계시민법은 보편적 우호 조건들에 제한되어야 한다.

전쟁을 수행할지 말지를 결정할 권리는 공화제에서만 국가시민에게 보장되므로 개별 국가들의 독립성을 유지하면서도 항구적인 국제평화를 담보하려면 '국제연맹'이 무엇보다 중요하다. 보편적 우호의 조건 아래서만 멀리 떨어져 있는 세계 지역들이 서로 평화로운 관계를 맺고, 이러한 관계들이 공법으로 만들어져 인류는 마침내 세계시민적 체제로 점차 가까이 다가설 수 있다고 칸트는 말한다.

추가사항으로 칸트는 영원한 평화를 보증해주는 것은 위대한 기예가인 자연임을 지적하고, 전쟁을 하려고 무장한 국가들은 공적 평화를 가능하게 하는 조건들에 관한 철학자들의 준칙들을 충고로 받아들여야 한다고 역설한다. 자연은 인간이 지상의 모든 지역에서 살 수 있도록 배려했고, 전쟁으로 극히 황량한 지역에까지 인간을 쫓아 보내 그곳에 거주하도록 했으며, 전쟁으로 인간을 크든 작든 법적 관계에 들어서도록 강요했다는 것이다. 또 자연은 언어와 종교의 상이성을 이용하여 민족들이 서로 섞이는 것을 막고 그들을 분리하는데, 그 상이성은 서로 상대방을 증오하는 성벽과 전쟁의 구실을 동반하기도 하지만, 그럼에도 문화가 성장하고 인간이 원칙적으로 더 많은 일치에 차츰 접근함에 따라 평화에 대한 합의를 이끈다는 것이다.

그리고 권력의 소유는 이성의 자유로운 판단을 불가피하게 부패시키기 때문에 왕이 철학을 한다거나 철학자가 왕이 된다는 것은 기대할 수도 없고 바람직하지도 않지만, 왕들이나 왕족들이 철학자 부류를 없어지게 하거나 침묵하게 하지 않고, 공공연히 말하게 하는 것은 양자에게 그들의 업무를 빛나게 하는 데에 필수적이라고 칸트는 말한다.

끝으로 부록에서 칸트는 도덕과 정치의 관계를 기술하고 있다. 영구 평화를 성취하려면, 인간의 현실이 그 이념과 큰 차이를 보인다 할지라도 정치와 도덕은 합치되어야 한다는 것이다. 칸트는 그러한 일치가 '공법의 선험적 정식'으로 가능하다고 보았다. 즉 인간의 법이나 권리에 관련된 준칙과 그에 따른 정치행위는 공개성의 원칙에 맞아야 한다는 것이다. 칸트는 영원한 평화가 전혀 공허한 이념이 아니라 점진적으로 해결되면서 목표에 끊임없이 다가가는 하나의 과제라는 점을 강조한다.

3. 『영구평화론』의 의의

『영구평화론』은 칸트의 정치철학을 알 수 있는 대표적 작품이다. 칸트는 정치가는 아니지만 자신이 속한 시대의 정치적 상황에 많은 관심을 갖고 그 시대의 정치적 논의에 지속적으로 참여했다. 계몽과 혁명의 시대를 살았던 그는 무엇보다도 동시대인들에게 영원한 평화를 실현하기 위한 원리를 제시하고자 했다.

칸트 철학에서 도덕과 법, 정치는 서로 밀접하게 연관되어 있다. 그런데 칸트는 이들 각각의 영역을 결코 혼동한 적이 없다. 그는 도덕성과 합법성을 분명히 구분했으며, 정치적인 것의 독자성을 정확하게 이해하고 있었다. 『영구평화론』에서 논의되는 세계평화 창출을 위한 조건들은 단순히 규범적·법철학적 문제가 아니라 실제적·정치적 문제이며, "실행적 법론인 정치"(Ⅷ 370; 『칸트전집』 10 55)와 "도덕적 정치가"나 "정치적 도덕가"(Ⅷ 372; 『칸트전집』 11 58)에 관한 논의는 법철학과 원리적으로 구분되는, 실천철학의 독립된 분과로서 정치철학의 면모를 보여준다.[5)]

정치가 "실행적 법론"이라는 칸트의 정의에는 '법은 정치를 가능하게 만드는 선행조건이다.' '법 없는 정치란 가능하지 않다'는 생각이 내포되어 있다. 물론 여기서 말하는 법 또는 법론은 보편타당한 이성법이며, '(외적 관계에서 자유에만 한정되는) 네 의지의 준칙이 보편적 법칙(목적이야 어떤 것이든)이 되게 할 수 있도록 행위하라'라고 하는 '순수 이성의 형식적 원리'로 표현되는 '법의 원리'(Ⅷ 376; 『칸트전집』 11 64)다. 이러한 이성법을 토대로 하는, 즉 자유와 자유에 입각한 도덕법칙을 토대로 하는 법개념을 전제로 하지 않는 정치는 "[자연의] 기제를 인간 통치를 위해 이용하는 기술"(Ⅷ 372; 『칸트전집』 11 57)일 뿐이라는 것이다. 이러한 관점에서 칸트에게 정치란 이성법에 따르는 실정법을 입법하고 집행하는 활동이며, 정치가의 임무란 단지 "법조문에 나타나 있는 명령의 실행(Ⅷ 373; 『칸트전집』 11 59 이하 참조)이 아니라 이성법의 명령이행이자 실현이다. 칸트에 따르면, 이성법의 실현은 전적으로 정치의 자율성에 의존한다. 즉 이성법의 실현방법이 정치가와 정치공동체 구성원의 선택과 능력에

5) 독일의 칸트 연구자 게르하르트(Volker Gerhardt)는 『영구평화론』의 논의들은 칸트 『법론』(*Metaphysik der Sitten, Rechtslehre*, 1797/1798)의 법철학적 성과를 넘어서는 새로운 이론적 성과라고 평가하고, 법철학과 원리적으로 구분되는, 실천철학의 독립된 분과로서 정치철학을 칸트가 구상하고 발전시켰다고 역설한다(이충진, 2010, 59쪽; 폴커 게르하르트, 2007, 225~227쪽, 239~246쪽 참조).

의존한다. 정치가는 법과 법이론에 정통해야 할 뿐 아니라 인간에 대한 이해력, 현실파악 능력, 법 실현을 위한 판단력과 현명함을 갖추어야 한다. 인간 개개인의 욕구를 이해할 줄 알고, 구체적인 현실 연관을 파악하여 무엇이 실현 가능하고 무엇이 그렇지 않은지를 판단하는 능력은 도덕이나 법적 통찰력과는 다른 종류의 정치적 인지능력이라는 것이다. 예컨대, 국가체제나 외교관계에서 공동체가 위험에 직면했을 때 이성법의 실현을 잠정적으로 유보해야 할지, 권력자가 시민의 자유를 부당하게 제한할 경우 혁명 수단을 사용해야 할지 등은 전적으로 정치가와 공동체 구성원들의 선택과 능력에 의존한다. 칸트는 그 외에도 용기, 술책, 임기응변력 등을 정치적 능력으로 언급한다.

실천철학의 한 분과로서 『영구평화론』이 독자적 지위를 차지함에도, 하나의 독립된 기획이 아니라 칸트가 평생 꾸준히 확장했던 자신의 선험철학체계의 한 부분이라는 점을 잊어서는 안 된다. 『영구평화론』 서두에서 "실천철학을 그 자체로 하나가 되도록 하기 위하여" (Ⅷ 376; 『칸트전집』 11 64 참조)라고 의도를 밝혔듯이, 칸트는 실천철학 전체를 하나의 통일체로 만들려고 자신의 윤리학을 토대로 국가론, 법론, 국제법론 그리고 국제정치론을 밀접하게 연결했다. 그는 내용적으로는 자유이념, 형식적으로는 '보편화 가능성의 원리'의 도움으로 실천철학의 여러 분과를 그럴듯하게 하나로 엮었다. 그에 따르면 아무도 인간을 노예화하고 인간의 존엄성을 소멸시키는 법을 존중하거나 그러한 법질서에 복종해야 할 의무는 없다. 또 입법이 우선적으로 지향해야 하는 것은 인간을 행복하게 만드는 것이 아니라 자유이념의 토대 위에서 법질서를 달성하는 것이다. 국가 법질서와 마찬가지로 실천이성이 국제평화와 이를 보증하기 위한 조약체결을 명령하고, 국제조약이 개별 국가의 동의를 바탕으로 하는 한 국제평화질서라는 이념도 칸트에 따르면 결국 도덕, 즉 자유이념에 기반을 두는 셈이 된다. '정언명령'의 형식이 갖는 보편화 가능성의 원리는 국제법론이나 국제정치론에서는 '공개성의 원리'로 모습을 드러내고, 후자는 외교행위 준칙들의 정당성을 판가름하는 표준이자 동시에 정당한 외교행위 준칙을 위한 조건으로서 역할을 한다. 이처럼 국제평화질서의 '가능조건들'이 탐구되고, 그것들에 관련된 주요 개념들의 객관적 타당성이 메타적 반성으로 검토되는 한(Ⅷ 356, 362, 380; 『칸트전집』 11 37, 45, 68 이하 참조), 『영구평화론』은 선험철학적 성격을 지닌다.[6]

『영구평화론』의 또 하나 의의는 칸트의 평화사상이 자유권, 즉 인권과 인간의 존엄성에 근거를 두었으며, 국가를 하나의 인격체로 보는 데서 출발한다는 점이다. 이 점은 위의 영원한 평화를 위한 예비조항 2, 5, 6과 확정조항 1, 2에서 특히 분명히 드러난다. 칸트는 영원한 평화상태에서만 자유와 인간의 존엄성이 보장되고 고양될 수 있으며,[7] 개별 국가들의 독립성을 유지하면서도 항구적 세계평화를 담보할 수 있는 것은 오로지 개별 국가들의 자유를 보장하는 국제연맹임을 분명히 했다. 이러한 칸트의 생각은 최초의 세계평화기구인 '국제연맹'(League of Nations, 1920)과 그 뒤를 이어 창설된 '국제연합'(United Nations, 1945)의 기본정신이 되었다.

끝으로 '바젤 조약'이나 열강들의 '제3차 폴란드 분할' 사건에서 알 수 있듯이, 『영구평화론』이 출간된 때는 열강들이 자국의 이익을 위해 국가를 확장하는 데 혈안이 되어 있던 시기다. 칸트는 『영구평화론』에서 자신이 몸담고 있던 프로이센을 비롯한 열강들의 국가 팽

---

6) Wolfgang Röd, 1996, pp.125-141 참조.
7) 이런 점에서 칸트는 "영원한 평화"를 "최상의 정치적 선"(『법론』 Ⅵ 355; 『칸트전집』 7 216)이라고 규정한다.

창주의가 국제평화를 깨뜨리는 화근임을 지적했다. 이것은 그가 양심 있는 철학자로서 자기 군주의 부당한 결정과 행위에 공적으로 반대의견을 제시한 것이며, 모국 프로이센을 위한 충언이었다. 권력자들이 "철학자 부류를 없어지게 하거나 침묵하게 하지 않고, 공공연히 말하게 하는 것은 양측에게 그들의 업무를 빛나게 하는 데에 필수적"(Ⅷ 369; 『칸트전집』 11 55)이라는 칸트의 지적은 오늘날 위정자들과 현실 문제를 외면하는 강단학자들이 귀담아들어야 할 소중한 말임이 틀림없다.

참고문헌

이충진, 『독일 철학자들과의 대화』, 이학사, 2010.

폴커 게르하르트, 김종기 옮김, 『다시 읽는 칸트의 영구평화론』, 백산서당, 2007.

Kant, Immanuel, *Über den Gemeinspruch: Das mag in der Theorie richtig sein, taugt aber nicht für die Praxis. Zum ewigen Frieden: ein philosophischer Entwurf*, hrsg. von Heiner F. Klemme, Hamburg: Meiner, 1992.

Wolfgang Röd, "Die Rolle transzendentaler Prinzipien in Moral und Politik", in *"Zum ewigen Frieden". Grundlagen, Aktualität und Aussichten einer Idee von Immanuel Kant*, hrsg. von R. Merkel und R. Wittmann, Frankfurt am Main: Suhrkamp, 1996.

『철학에서 임박한 영구평화조약 체결 고지』

정성관 인하대학교 · 철학

1. 저술의 배경과 동기

『철학에서 임박한 영구평화조약 체결 고지』(*Verkündigung des nahen Abschlusses eines Traktats zum ewigen Frieden in der Philosophie*, 이하 『영구평화조약』)이라는 제목의 이 저술은 『월간베를린』(*Berlinische Monatschrift*) 종간호인 1796년 12월호에 발표되었고, 다음 해 1797년 7월에 출간된 논문이다.[1] 이 논문은 칸트가 자신의 비판철학에 대하여 문제를 제기했던 슐로서(Johann G. Schlosser, 1739~99)와 벌인 논쟁에서 비롯되었다.

자세히 말하면, 괴테의 매제이며 역사가이자 계몽작가였던 슐로서는 1795년 자신의 저서 『역사적 서설과 주석을 덧붙인 시라쿠사의 국가혁명에 관한 플라톤의 편지』(*Platos Briefe über die syrakusanische Staatsrevolution, nebst einer historischen Einleitung und Anmerkungen*)의 몇몇 주석에서 칸트의 비판철학을 비판했는데, 이것이 논쟁의 발단이 되었다. 예컨대 그는 칸트의 선험적 관념론을 단순히 형식을 산

1) 『학술원판 칸트전집』 Ⅷ 515 참조; 『서한집』 XII 193 참조.

출하는 제조기계로 이해하거나, 플라톤에게 상위의 앎의 대상인 진리와 지혜가 칸트에게서는 완전히 추방되어 철학이 야만으로 방향을 틀었다고 비난했다.[2)] 이에 대한 대답으로 칸트는 1796년 『월간 베를린』 5월호에 『철학에서 요즈음 생겨난 고상한 논조』(*Von einem neuerdings erhobenen vornehmen Tone in der Philosophie*, 이하 『고상한 논조』)를 발표하고, 플라톤과 피타고라스의 신비주의를 비판하는 형태로 슐로서와 레오폴드(Friedrich Leopold Graf zu Stolberg, 1750~1819)의 견해를 비판했다. 예컨대 영감, 감정, 예감, 지성적 직관에 토대를 둔 사이비 플라톤 철학은 반평등적 행동이며 비이성적 몽상이라 비난한 반면 추론적·개념적 사고의 성실한 노동을 높게 평가했다.[3)]

이러한 칸트의 공격에 대응하여 슐로서는 1797년 자신의 저서 『비판철학을 연구하고자 한 한 청년에게 보내는 서한』(*Schreiben an einen jungen Mann, der die kritische Philosophie studieren wollte*)[4)]에서 칸트가 자기 도덕철학의 일반적인 의인관으로 상위의 신앙을 감추었다고 비난했고, 그의 도덕철학을 정언명제를 형성하는 목적을 위해 완전한 자연인식을 요구하는 것으로 곡해했으며, 철학에서 정립과 반정립의 지속적 전쟁은 칸트의 입장도 예외로 취급하지 않을 것이라고 주장했다.[5)] 이러한 슐로서의 비판이 칸트가 『영구평화조약』을 저술한 동기였다. 후자에 대응하여 슐로서는 1798년 저서 『철학자의 평화에 관한 칸트 교수의 첨가된 논문으로 야기된, 비판철학을 연구하고자 한 한 청년에게 보내는 두 번째 서한』(*Zweites Schreiben*

---

2) GünterZöller, 2009, 197쪽 참조.
3) 『고상한 논조』 Ⅷ 397 이하; 『칸트전집』 11 108 이하.
4) 이 책은 이미 1796년 12월 7일 전에 출간된 것으로 보이며, 서론은 1796년 8월 1일로 되어 있다(『영구평화조약』 Ⅷ 515; 『서한집』 XII 134 참조).
5) Günter Zöller, 앞의 글, 198쪽 참조.

an einen jungen Mann, der die kritische Philosophie studieren wollte, veranlaßt durch den angehängten Aufsatz des Herrn Professor Kant über den Philosophenfrieden)을 집필했지만 칸트 자신은 이에 대해 더는 반응하지 않았다.[6)]

2. 『영구평화조약』의 주요 내용

칸트는 철학당파들의 전쟁을 철학이나 논쟁을 위해 이성능력을 사용하는 인간의 성향이나 충동에서 비롯한 것으로 본다. 인간에게는 "점차 조리 있게, 그러니까 순전히 개념들로 그럴듯하게 논하는, 즉 **철학하는 성향**, 또 이것에 이어서 자기 철학으로 타인에게 논박하며 싸움을 거는, 즉 **논쟁하는 성향**"이 있다. "그리고 이것은 자기 철학을 위해 언쟁하고, 최후에는 집단을 결집해 서로 대항하여 (군대와 군대가 대항하듯 학파와 학파가 대항하여) 열린 전쟁을 감행하는 정념"(『영구평화조약』 Ⅷ 414; 『칸트전집』 11 82)에서 생긴다. 논쟁을 위한 이성의 자연적 발전은 인간에게 활기를 주고 삶을 유지하게 하는 유익한 수단이므로 그러한 성향 또는 "충동은 유익하고 현명한 자연의 행사들 가운데 하나로 간주되지 않으면 안 될 것이며, 이것으로 자연은 인간에게서 살아 있는 육체가 썩는 큰 불행을 방지하려고 애쓴다."(Ⅷ 414; 『칸트전집』 11 82 이하)

철학이 "인류의 궁극목적을 위해 지속적으로 활기를 주는 수단"(Ⅷ 417; 『칸트전집』 11 86)이므로 칸트는 철학의 침묵을 대가로 철학의 평화를 매수하는 자칭 끊임없는 평화상태를 모두 거부한다. 회의

6) 『학술원판 칸트전집』 Ⅷ 515.

론은 "모든 것을 사용하지 않은 채 옆으로 치우기 때문에 활발한 이성에 영향을 미칠 수 있는 것은 아무것도" 가지지 않으며, "온건론은 중간을 노리며, 주관적 개연성에서 현자의 돌을 얻는다고 생각하고, 격리된 많은 근거의 축적으로(그 근거들은 어떤 것도 자체로 증명되지는 않지만) 충족 이유[율]의 결핍을 대체한다고 망상하는데, 이는 전혀 철학이 아니다.(Ⅷ 415; 『칸트전집』 11 84) 이 모든 경우에서 영구평화상태와 철학의 일치는 단지 '가상'(Ⅷ 415)일 뿐이다. 반면, "비판철학과 철학의 끊임없는 평화상태의 현실적 일치"(Ⅷ 416; 『칸트전집』 11 85)를 주장하는 칸트는, 그러한 일치는 오로지 이론이성을 '가능한 경험'으로 제한하고, 무제약적 행위원칙을 위해 이성을 실천적으로 확장할 때만 가능하다고 본다. 즉 비판철학은 "항상 (왜곡된 방식으로 현상과 사물 자체를 뒤바꾸는 철학에 대항하여) 무장된" 상태인데, "한편으로는 상대방의 이론적 증명을 무력하게 함으로써, 또 다른 한편으로는 자신의 원리를 수용하게 하는 실천적 근거들의 힘으로써 철학자들 사이에 영구 평화에 대한 전망을 연다. — 게다가 이러한 평화는 공격으로 위험에 처해 있는 것처럼 보이는 주체의 힘을 항상 활기 있게 유지하여, 주체에게 지속적으로 활기를 주고 죽음의 잠을 막으려는 자연의 의도도 철학으로 촉진하는 장점도 가지고 있다."(Ⅷ 416; 『칸트전집』 11 85 이하)

철학은 철학은 "지혜의 탐구"(Ⅷ 417; 『칸트전집』 11 87)이며 "지혜의 가르침"(Ⅷ 419; 『칸트전집』 11 89)이다. 지혜는 의지가 궁극목적(최고선)과 합치하는 것이다. 그리고 궁극목적은 도달할 수 있는 한 의무이기도 하며, 반대로 궁극목적이 의무라면 역시 도달할 수 있어야 하는데, 그러한 행위법칙은 도덕적이라고 한다. 그렇기 때문에 칸트에 따르면, 지혜는 "인간에게 도덕법칙을 준수하는 의지의 내적 원리 이외에 아무것도 아니다."(Ⅷ 418; 『칸트전집』 11 87) 그 의지의 대상은 초감성적인 이념들(신, 자유, 불멸성)이고, 이 이념들의 "실재성은 도덕적·실천적 이성의 요청들로서 단지 실천적 고려에서만 인정될 수 있다."(Ⅷ 418; 『칸트전집』 11 88) "윤리의 도덕적·실천적 원리를 단순히 오해한 것이거나 도덕적·실천적 원리를 이론적 원리와 혼동"하는 경우 철학에 다툼이 일어나며, 철학에 반대하여 더는 아무런 중요한 이의가 제기되지 않고 또 제기될 수 없을 때, "사람들은 철학에 대하여 정당하게 철학에서 영구평화조약 체결이 임박했다고 공표할 수 있다."(Ⅷ 419; 『칸트전집』 11 89)

칸트에 따르면, 철학은 또한 "지식이론"이기도 하다. 이 "(이론적) 판단이, 비록 순수 이성에 자신의 한계를 보여주기 위해서만 이루어진다 하더라도, 순수 이성에 쓰이는 기본개념들을 포함하는 한 그러하다."(Ⅷ 421; 『칸트전집』 11 92) 즉 '사람들이 정말로 철학의 (감성적 및 초감성적) 대상에 대해 무엇을 실제로 아는가?' 혹은 '실천적 고려에서 그 대상을 단지 가정할 뿐인가?'라는 질문은 지식이론의 문제다. 거짓말에는 두 종류가 있다. "즉 1) 사람들이 그것이 참이 아님을 알면서도 참이라고 주장하는 경우, 2) 사람들이 그것이 주관적으로 불확실하다는 것을 알면서도 확실한 것이라고 주장하는 경우다."(Ⅷ 421 이하; 『칸트전집』 11 92) "'당신은 (가장 선의의 의도에서라도) 거짓말을 하지 말라'라는 명령이 지혜의 가르침인 철학 속에 원칙으로 매우 깊이 수용되면, 그 명령은 철학의 영구 평화를 실현할 뿐만 아니라, 또한 모든 미래에 영구 평화를 보장할 수 있을 것"(Ⅷ 422; 『칸트전집』 11 93)이라고 칸트는 말한다.

3. 『영구평화조약』의 의의

『영구평화조약』은 칸트의 비판철학이 당대 지식인들에게 어떻게 해석되고, 어떤 논쟁거리를 남겼는지 잘 파악할 수 있게 하는 작품이자 자신의 비판철학에 대한 오해나 곡해를 바로잡기 위해 노년의 칸트가 어떤 노력을 했는지 잘 보여주는 작품이기도 하다. 또 이 작품은 전쟁과 평화의 문제를 법철학과 정치철학의 영역에서 자신의 비판철학인 선험철학의 영역에까지 확장할 정도로 칸트가 영구 평화에 특별한 관심과 열정을 가지고 있었음을 잘 보여준다.

참고문헌

Günter Zöller, "Pax Kantiana. Kant zum ewigen Frieden in der Philosophie", in 『철학사상문화』 제8호, 동국대학교 동서사상연구소, 2009.

『철학에서 요즈음 생겨난 고상한 논조』

배정호 영남대학교·철학

『철학에서 요즈음 생겨난 고상한 논조』(*Von einem neuerdings erhobenen vornehmen Tone in der Philosophie*, 이하 『고상한 논조』)는 만년의 칸트가 1796년 5월 『월간베를린』 27호에 발표한 소논문이다.[1] 이 논문의 목적은 '어떻게 철학을 해야 하는지'를 분명하게 밝히는 것이다. 그리고 논문의 집필 동기는 당시 철학계의 상황과 관계가 밀접하다. 칸트의 현실 진단에 따르면, 요즈음에는 철학이 열망하는 모든 지혜를 완전히 점유하기 위해 노동할 필요는 없고 단지 자신의 내면에서 들려오는 신탁을 경청하고 즐기기만 하면 된다고 주장하는 자칭 철학을 노골적이고도 공공연하게 선전하기까지 한다.[2] 그 시대를 대표하는 철학자였던 칸트는 이 사태를 묵과할 수 없었고, 따라서 이 사태를 철저히 비판함으로써 '고상한 논조'로 철학하려는 사람들에게 경종을 울리고자 했다.

여기서 고상한 논조로 철학하려는 사람들은 넓게는 모든 반계몽주의 철학자, 즉 '이성' 대신에 '신앙' 혹은 '감정'에 의존하는 낭만

---

1) 『학술원판 칸트전집』 Ⅷ 512; Kant, 2002, p.427 참조.

2) 『고상한 논조』 Ⅷ 390; 『칸트전집』 11 98.

주의 철학자들[3]을 지칭하는 것으로 이해될 수 있다. 그러나 『고상한 논조』가 겨냥하는 주 대상은 플라톤 서간문의 번역자인 슐로서(J. G. Schlosser)의 이른바 '감정의 철학' 혹은 '비전의 철학'이다. 실제로 슐로서가 1795년에 플라톤의 서간문을 독일어로 번역한 뒤에는 그를 중심으로 많은 동조자가 모여 하나의 세력을 형성했다. 그러나 이들은 주로 문학에 종사하는 아마추어적인 대중 철학자들이었다. 슐로서는 칸트가 비판하는 주 대상이 자신임을 알아채고 1796년 「칸트 철학을 연구하려 한 젊은 사람에게 보내는 편지」[4]라는 글로 칸트 비판에 응수했지만, 이 글은 칸트 철학에 대한 몰이해에 근거를 두었다. 그래서 칸트는 이 글에 다시 응수할 가치가 없다고 생각하고 더는 슐로서 글에 반응하지 않고, 그 대신 철학 탐구 방법에 대한 자기 견해를 정리하여 같은 해 12월에 『철학에서 임박한 영구평화조약 체결 고지』(*Verkündigung des nahen Abschlusses eines Tractats zum ewigen Frieden in der Philosophie*)를 발표했다.[5]

『고상한 논조』는 대부분 다양한 예화와 비유 그리고 익살스러운 표현으로 되어 있다. 이는 칸트가 '감정 철학자들'이 전문 철학자가 아님을 알고 있었기에 그들을 결코 진지한 학문적 논쟁상대로 보지 않았기 때문이다. 그가 비판하는 것은 인간 이성의 계몽에 부정적 결과를 초래하는 그들의 '철학하는' 자세와 표현방식이었다. 이때 그

---

3) 대표적 낭만주의 철학자로는 하만(J.G. Hamann, 1730~88), 야코비(F.H. Jacobi, 1743~1819), 헤르더(J.G. Herder, 1744~1803), 슐라이어마허(F.D.E. Schleiermacher, 1768~1834) 등이 있다. 칸트와 낭만주의 철학의 관계에 대해서는 요한네스 힐쉬베르거, 1987, 536-578쪽; H.J. 슈퇴릭히,1983, 204-208쪽 참조.

4) 원제목은 "Schreiben an einen jungen Mann, der die Kantische Philosophie studieren wollte"이다.

5) 칸트와 슐로서의 논쟁은 Kant, 2002, pp.427-428; Karl Vorländer,1986, p.187 참조.

는 어떤 새로운 논거나 이론을 제시하지 않았다. 그들이 빠질 수밖에 없는 독단주의와 비합리적 열광은 이미 그의 주저에서, 특히 『순수이성비판』의 「순수 이성의 훈육」 장에서 충분히 논박되었다.

『고상한 논조』는 다섯 부분으로 구성되어 있다. 서론 격인 첫째 부분에서는 '노동'으로서 철학과 '고상한 논조'로서 철학의 특징을 설명했다. 이 설명에 따르면, 전자는 마치 수공업자들이 노동하듯이 개념의 논리적 전개와 체계적 정리에 따른 반성적 사고로 점진적으로 진리(지혜)로 나아가는 철학을 말하고, 후자는 개시나 신탁 또는 (지성적) 직관 등에 의지한, 단 한 번의 통찰로 이 진리(지혜)를 파악할 수 있다는 논조로 수행되는 철학을 말한다.

둘째 부분에서는 이 구분에 따라 고대 그리스 철학자들의 철학을 평가했다. 이 평가에 따르면, 공히 수학에 대해 철학한 플라톤과 피타고라스는 수학적 인식(아프리오리한 종합적 인식)을 해명하려고 신적 직관 혹은 지성적 직관을 도입함으로써 고상한 논조로 철학하는 실마리를 제공했다. 반면 형이상학자로서 아리스토텔레스는 노동으로서 철학을 했지만, 이성의 이론적 사용과 실천적 사용을 나누어 검토하지 않았기 때문에 우리 인식을 (실천영역에서) 초감성적인 것으로 확장하지 못했다.

셋째 부분에서는 감정철학 일반을 이론적 관점에서 비판했다. 이 비판에 따르면, 감성철학은 고상한 논조로 철학함의 전형으로서 초감성적 대상(순수 이성의 대상)도 예감할 수 있다고 주장하지만, 이 경우 초자연적인 고지(신비적 깨달음)를 약속할 수밖에 없고, 따라서 모든 철학은 죽게 된다.

넷째 부분에서는 특히 칸트 당시 감정철학을 실천적 관점에서 비판했다. 이 비판에 따르면, 모든 사람은 도덕법칙으로 나타나는 이성의 명령에 따라 행위를 할 수 있고, 또 이 능력에 감탄하는 것이 사실이다. 그러나 이 감탄은 이성의 이념들에서 생겨난 도덕 감정으로서 오직 지성의 개념들과 원칙들을 점차 전개한 후에만, 즉 오직 노동으로만 '느낄' 수 있는 것이다. 그것은 경험적으로가 아니라 아프리오리하게 주어진 것으로 이성의 실천적 인식을 초감성적인 것에까지 확장한다. 그러나 이 확장은 감정철학자들이 주장하듯이 어떤 신비적 감정으로가 아니라 도덕적 감정에 작용하는 분명한 인식으로 이루어진다. 이 점을 간과하고 초감성적인 것에 대한 신비적 직관을 위해 신탁에 호소하는 것은 진정한 철학일 수 없다.

결론에 해당하는 다섯째 부분에서는 철학함의 방식에서 서로 다른 두 진영(감정철학과 칸트의 비판철학)이 단결할 수 있는 방도를 제시했다. 모든 이가 인정하고 따르는 우리 안의 도덕법칙을 논리적 교수법에 따라 분명하게 파악하는 것은 본래의 유일한 철학적 방법이지만, 이 법칙을 인격화하고 도덕적으로 명령하는 이성적 존재자를 만들어내는 것은 그 법칙의 심미적 표상방식이다. 이 표상방식은 감성적 현시로 도덕법칙의 이념을 활성화할 때 사용할 수는 있다. 그러나 이 표상방식이 저 철학적 방법을 동반하지 않는 경우에는 언제나 모든 철학의 죽음인 광신적 비전에 빠질 위험이 있다.

참고문헌

요한네스 힐쉬베르거, 강성위 옮김, 『서양철학사-하』, 이문출판사, 1987.

H.J. 슈퇴릭히, 임석진 옮김, 『세계철학사-하』, 분도출판사, 1983(11978).

Kant, Immanuel, *Theoretical Philosophy after 1781* in H. Allison · P. Heath(ed.

and Transl.), *The Cambridge Edition of the Works of Immanuel Kant*, Cambridge University Press, 2002.

Vorländer, Karl, *Immanuel Kants Leben*, Hamburg: Felix Meiner Verlag, 1986([1]1911).

『오해에서 비롯한 수학 논쟁의 해결』

홍우람 경북대학교·철학

1796년 5월 칸트는 『월간베를린』(*Berlinische Monatsschrift*)에 『철학에서 요즈음 생겨난 고상한 논조』(*Von einem neuerdings erhobenen vornehmen Ton in der Philosophie*, 1796, 이하 『고상한 논조』)를 발표한다. 이 글에서 칸트는 슐로서[1)]를 비롯하여 경험의 한계 너머에 대한 직관적 인식을 주장하던 당시 신비주의적 플라톤주의자들을 풍자적으로 비판한다. 칸트는 수학적 문제를 철학적으로 해결하고자 시도할 때 빠져들게 되는 신비주의적 사변을 지적하면서 "직각삼각형 세 변의 비례관계가 오직 3, 4, 5라는 수의 비례관계일 수밖에"[2)] 없다는 수학적 명제를 예로 든다.

같은 해 8월 라이마루스[3)]는 『고상한 논조』의 철학적 맥락과는 별

1) 슐로서(Johann Georg Schlosser, 1739~99). 법률가이자 정치가로서 괴테의 누이와 결혼한 슐로서는 철학에도 관심이 많았으며 플라톤과 아리스토텔레스를 비롯한 여러 그리스 철학자의 글을 번역하기도 했다.

2) 『수학 논쟁』 Ⅷ 409(『칸트전집』 11 121); 『고상한 논조』 Ⅷ 393(『칸트전집』 11 102).

3) 라이마루스(Johann Albert Heinrich Reimarus, 1729~1814). 칸트를 비판하는 그의 논문은 1796년 8월 『월간베를린』, pp.145-149에 「직각삼각형의 세 변의 비례관계에 대하여」("Über die razionalen Verhältnisse der drei Seiten eines rechtwinkligen Dreiecks")라는 제목으로 발표되었다.

개로 칸트가 예로 사용한 위의 수학적 명제에 이의를 제기하고 "직각삼각형의 세 변과 관련하여 3, 4, 5라는 수의 비례관계보다 더 많은 비례관계가 있다"[4]고 주장한다. 『오해에서 비롯한 수학 논쟁의 해결』(*Ausgleichung eines auf Mißverstand beruhenden mathematischen Streits*)은 라이마루스의 비판에 답하고자 같은 해 10월 『월간베를린』에 발표한 글이다. 이 글에서 칸트는 자신이 예로 든 명제가 수학적으로 참이 아님을 인정하는 한편, 그 예는 수의 성질과 관련된 피타고라스학파의 신비주의적 견해를 비판하기 위한 맥락에서 사용된 것임을 다시 한번 강조한다.

참고문헌

Fenves, Peter D., *Raising the Tone of Philosophy: Late Essays by Immanuel Kant, Transformative Critique by Jacques Derrida*, Baltimore: Johns Hopkins University Press, 1993.

4) 『수학 논쟁』 VIII 409.

『인류애 때문에 거짓말할 왜곡된 권리』

배정호 영남대학교·철학

『인류애 때문에 거짓말할 왜곡된 권리』(*Über ein Vermeintes Recht aus Menschenliebe zu Lügen*)는 칸트가 『월간베를린』 1779년 9월호에 게재한 논문이다.[1] 이 논문은 베를린 학술원판으로 6쪽밖에 안 되는 소논문이지만, 칸트 실천철학의 구체적 적용에 대한 논의에서 거의 항상 인용되고 또 다양하게 해석되어온 화제의 논문이다. 대표적인 예로 페이튼(H.J. Paton)은 이 논문을 윤리학적 관점에서 해석하면서 칸트 윤리학의 형식주의를 보완하려 했고,[2] 가이스만(G. Geismann)은 윤리학과 법철학 모두를 포괄하는 관점에서 칸트 의견을 재구성하려 했다.[3]

칸트의 직접적 집필 동기는 동시대 프랑스인 콩스탕(B. Constant)이 1796년 발표한 「정치적 반응들에 관하여」("Des réactions politiques")라는 논문의 독일어 번역본[4]을 읽은 것이다. 이 논문에서 콩스탕은 '진

1) 이에 대해서는 『베를린잡지』(*Berliner Blätter*)의 편집자 비스터(Johann Erich Biester)가 1779년 8월 5일과 9월 20일자로 칸트에게 보낸 편지(『서한집』 XII 191-192, 200-201) 참조.
2) H.J. Paton, 1954 참조.
3) G. Geismann, 1988 참조.
4) 콩스탕의 이 논문은 1797년 그의 독일인 친구 크라머(Karl Friechdrich

리를 말하는 것은 의무다'라는 도덕 원칙의 무조건적 적용은 모든 사회를 불가능하게 만든다고 주장하고, 그 근거로 '거짓말은 단적으로 나쁜 행위이기 때문에 친구 목숨을 구하기 위한 거짓말도 범죄다'라는 '어떤 독일 철학자'(즉 칸트)[5]의 주장을 든다. 그리고 이 거짓말의 무조건적 금지 주장에 대해 "진리를 말하는 것은 의무이지만 오직 진리에 대한 권리가 있는 자에 대해서만 그러하다"(Ⅶ 425; 『칸트전집』 11 126)라고 비판한다.

이에 칸트는 우선 '인간에게는 진리가 아니라 진실성에 대한 권리가 있다'고 지적하고, 인간에게 진실하지 않을 권리와 의무가 있는지에 대한 논의로 콩스탕 주장을 반박한다. 이 논의는 전반부에서는 주로 (순수) 윤리학적 관점에서, 후반부에서는 법철학적 관점에서 전개된다. 칸트는 다음을 논증한다. 진술의 진실성은 무조건적 이성명령으로서 "모든 사람에 대한 인간의 형식적 의무"(Ⅷ 426; 『칸트전집』 11 126)이고, "모든 관계에서 타당한 무조건적 의무"(Ⅷ 429; 『칸트전집』 11 130)다. 그래서 위에서 언급한 것과 같은 사례에서 거짓 진술은 직접 상대방에게 부당한 행위를 하는 것은 아니라 하더라도, 진술 일반을 신뢰할 수 없게 해서 계약에 기초를 둔 모든 권리(법)의 효력이 상실되게 만들므로 "인류 일반에 가해지는 부당행위"(Ⅷ 426; 『칸트전집』 11 126)다. 달리 말해 '온전한 인류애 때문이라 하더라도 거짓말할 권리는 없다'라고 칸트는 결론짓는다.

참고문헌

Cramer)가 독일어로 번역해 『1797년의 프랑스』(*Frankreich im Jahr 1797*)라는 잡지에 실었다. Kant, 2001,p.607 참조.

5) Ⅷ 425 각주; 『칸트전집』 11 126 각주 참조.

Geismann, G., "Versuch über Kants rechtliches Verbot der Lüge", in H. Oberer · G. Seel(ed.), *Kant: Analysen-Probleme-Krtikt*, Würzburg, 1988.

Kant, Immanuel, *Practical Philosophy* in Allen W. Wood · George Di Govani (transl. and ed.), *The Cambridge Edition of the Works of Immanuel Kant*, Cambridge University Press 2001(11996).

Paton, H.J., "An Alleged Right to Lie: A Problem in Kantian Ethics", in: *Kant-Studien XLV*, 1954.

『1791년 베를린 왕립학술원이 공모한 현상과제: 라이프니츠와 볼프의 시대 이후 독일에서 형이상학이 이룬 실질적 진보는 무엇인가?』

염승준 원광대학교 · 원불교학

Ⅰ. 『형이상학의 진보』의 성립 배경

베를린 왕립학술원은 1788년 1월 24일 "라이프니츠와 볼프의 시대 이후 독일에서 형이상학이 이룬 실질적 진보는 무엇인가?"를 주제로 현상과제를 공고한다. 첫 마감일인 1791년 1월 1일에 접수된 논문으로는 볼프주의자 슈바브(Johann Christoph Schwab, 1743~1821)의 기고문이 유일했다. 하지만 학술원이 마감일을 1792년 1월 1일로 그리고 재차 1795년 6월 1일로 연장하면서 현상과제는 여러 학자의 뜨거운 관심을 받는다.

칸트는 1792년 이전까지 학술원의 현상과제에 별다른 반응을 하지 않은 것으로 보인다.[1] 그러나 학계의 관심이 뜨거워지자 1793년 4월경에 "현세기의 한 시기 동안에 철학의 한 부분이 이룬 진보"[2]라는 제목으로 글을 쓰기 시작한 것으로 추정된다. 칸트는 완성하지 못한 원고를 1800년에서 1802년 사이에 동료인 링크(Friedrich Theodor

1) Kant, 2004, S. 557 참조.
2) 『형이상학의 진보』 XX 259; 『칸트전집』 11 137.

Rink, 1770~1811)에게 넘겨준다. 링크는 칸트가 죽고 2개월 후인 1804년 4월 칸트가 전해준 세 가지 수고(手稿)를 편집해서 출판한다. 현재 칸트 글의 원본이나 복사본은 남아 있지 않다.

칸트가 현상과제에 참여한 이유를 짐작할 수 있는 자료로는 『1791년 베를린 왕립학술원이 공모한 현상과제-라이프니츠와 볼프의 시대 이후 독일에서 형이상학이 이룬 실질적 진보는 무엇인가?』(*Über die von der Königl. Akademie der Wissenschaften zu Berlin für das Jahr 1791 ausgesetzte Preisfrage: Welches sind die wirklichen Fortschritte, die die Metaphysik seit Leibnizens und Wolf's Zeiten in Deutschland gemacht hat?*, 이하 『형이상학의 진보』)를 집필하기 시작하고 한 달 후인 1793년 5월 캐스트너(Abraham Gottelf Kästner, 1719~1800)에게 보낸 편지가 있다. 칸트는 이 편지에서 자신을 적대시했던 사람들이 자신의 철학을 이해하지 못한 채 자신이 사용한 단어들만을 들어 비판을 일삼는 것을 일종의 부도덕으로 칭하면서, 이러한 부도덕을 방지하기 위해 "건조한 서술을 요구하면서도 강단 언어와 일상 언어를 연결하는 계기가 될 이다음 기회를 잡으려 한다"[3]라고 밝혔다.

칸트가 편지에서 언급한 '이다음 기회'를 그의 새로운 저서 집필 계획으로 가정한다면,[4] 『형이상학의 진보』의 성립배경은 두 가지로

---

3) 『서한집』 XI 427. 이와 관련해서는 한자경, 1992, 27-30쪽 참조.

4) 칸트가 학술원의 현상과제에 참여하고자 한 이유를 직접 언급한 유고나 편지는 존재하지 않는다. 따라서 그가 왜 이 글을 집필하려고 했는지 그 이유와 배경을 확정짓는 것은 불가능하다. 다만 우리는 라이케와 포올랜더의 선행연구 결과에 의거하여 칸트가 이 글을 쓰기 시작한 시기를 확실하게 말할 수 있을 뿐이다. 링크가 "분실된 쪽지"라고 말한 몇몇 낱장과 그와 연관된 편지들을 오랫동안 탐색한 결과 포올랜더는 "칸트가 이미 그해(1793) 상반기에 그 글을 쓰기 시작했을 수 있다"라고 밝혔다. 한자경은 칸트가 이 글을 쓰기로 한 시기와 같은 시기인 1793년 5월에 캐스트너에게 보낸 편지를 주목함으로써 왜 그가 79세의 고령임에도 새로운 글을 집필하고자 했는지에

추정할 수 있다. 첫째, 칸트가 『형이상학의 진보』에서 자신이 새롭게 정립한 형이상학이 강단 언어를 사용하는 철학자들과 마찬가지로 "보통의 인간 이성에도 파악 가능한 것"[5]임을 강조하는 만큼, 우리는 이 글이 '강단 언어'와 '일상 언어'를 연결하려고 그가 노력한 결과임을 알 수 있다. 실제로 이 글에서 칸트는 독자가 강단 철학에서 사용되는 단어의 관습을 따르지 않고 자신의 비판철학의 체계 안에서 단어, 개념 그리고 문제의식을 이해할 수 있도록 하기 위해 일상의 언어와 개념을 비유어로 사용하고 있다. 칸트는 자신의 선험철학을 형이상학과 구별하기 위해 '예비학', '대기실', '앞뜰'로, 천문학이나 화학과 같은 경험적 학문과 달리 역사적 진보 여부를 판단하기 어려운 형이상학의 상황을 '바다의 수평선'과 '무한한 바다'로, 형이상학의 진보 여부를 판단할 수 있는 척도로 제시하고자 하는 비판철학의 성격을 '나침반'과 법률 용어인 '양원'으로, 순수 이성의 비판 이후에야 건설될 수 있는 학문의 이념으로서의 형이상학의 건설을 방

대한 이유를 추정한다(한자경, 1992, 27-29쪽 참조). 그는 편지에서 언급된 "건조한 서술을 요구하면서도 강단 언어와 일상 언어를 연결할 계기를 제공하는 이다음 기회"를 칸트 당대의 독단적인 볼프와 라이프니츠의 강단 철학과 추종인 에버하르트와 대결하기 위한 것임을 밝히고 있다. 실제로 『형이상학의 진보』 1부의 핵심 내용을 차지하는 감성의 보편적 형식인 시간과 공간 그리고 지성 사용의 범위와 한계에 대한 내용을 제외하고 2부의 주된 내용이 볼프와 라이프니츠 형이상학의 '완전한 실패'와 그들이 이룬 형이상학의 진보가 '억측된 이론적·독단적 진보'에 불과하다는 것을 입증하는 데 할애되었다. 칸트는 『형이상학의 진보』에서 자신의 형이상학이야말로 철학의 역사에서 마지막 단계이자 완성임을 주장하고자 했으며 그러한 주장을 입증하기 위해서라도 당대 주류로 인정받은 볼프와 라이프니츠의 형이상학과 그들을 추종하는 학파 사람들과 논쟁이 불가피했다. 마지막으로 『형이상학의 진보』가 칸트가 캐스트너에게 보낸 편지에서 언급한 대로 과연 '건조한 서술'이면서 '강단 언어'를 '일상 언어'로 연결하고자 했는지는 이 글을 세심하게 읽는 독자들이라면 충분히 인지할 수 있을 것이다.

5) 『형이상학의 진보』 XX 301; 『칸트전집』 11 196.

해하는 이성의 혼돈과 당착을 '거미'와 '숲의 정령'으로, 경험론과 전통 형이상학 비판을 '전제주의'와 '무제한적인 억견 숭배의 무정부주의적 비행'으로, 특수 형이상학의 탐구 대상인 신·영혼불멸·자유의 이념들의 실천적·객관적 실재성을 설명하기 위해 '봄철 가뭄'와 '곡물거래'와 같은 일상 언어를 비유어로 선택하여 설명한다. 둘째, 칸트는 이 글에서 자신의 철학에 부도덕한 비판을 일삼는 자들에게 '건조한 서술'로 대응한다. 그의 철학을 부당하게 비판하는 학파의 사람이 라이프니츠와 볼프주의자라는 사실은 당시 칸트 철학을 비판하는 논문들을 학술지에 적극적으로 게재했던 사람들과 베를린학술원의 현상과제 수상결과에서 확인할 수 있다.[6] 학술원 수

6) 칸트는 1795년 10월 15일 베를린에 있는 제자 키제베터에게 편지를 보내 '학술원의 수상 과정을 알려주기를' 부탁했으며, 키제베터는 이에 대해 자세하게 회답했다. 일등상은 볼프주의자로 에버하르트(Johann August Eberhard, 1738~1809)의 동료인 슈바브, 이등상은 칸트 지지자인 아비히트, 삼등상은 칸트에서 벗어난 라인홀트에게 각각 돌아갔고, 베를린의 설교가인 예니시가 참가상을 받았다. 베를린 왕립학술원은 1796년 일등상 수상자인 슈바브의 논문을 『1791년 베를린 학술원이 공시한 물음, 라이프니츠와 볼프의 시대 이후 독일에서 형이상학이 이룬 실질적 진보는 무엇인가?에 대한 자세한 설명』이라는 제목으로 단독으로 출판했다. 슈바브는 현상과제에 기고한 이후인 1792년에서 1793년 사이에 에버하르트가 발행하는 『철학 논총』(*Philosophische Archiv*)에 칸트의 비판철학에 반대하는 논문을 열 편 발표한 바 있으며, 에버하르트는 이미 1778년에 칸트 비판철학에 반대하는 『철학잡지』(*Philosophische Magazin*)를 발행하기도 했다. 슈바브가 칸트 철학을 비판한 핵심은 두 가지 물음으로 집약된다. 첫째, '만약 사물 자체가 우리에게 전적으로 알려지지 않은 것이라면, 사물 자체를 현상의 기반으로 삼는 칸트의 주장은 무엇에 기초를 둔 것이어야 하는가?', 둘째, '선험적 연역이 현상에서 범주의 객관적 타당성을 주장함에도 인과성의 범주를 사물 자체에는 왜 적용하지 않는가?' 슈바브의 이 두 물음에 칸트는 『형이상학의 진보』에서 답한다. 칸트에 따르면 인간의 이성능력으로는 형이상학의 탐구 대상인 신, 영혼불멸, 자유의 실재성 여부를 이론적으로 알 수도 없고 입증할 수도 없지만, 도덕적이고 실천적 관점에서 그것들의 실재성을 '실천적·독단적' 관점에서 입증할 수 있으며 따라서 사물 자체인 신, 영혼불멸, 자유

상 결과 일등상은 라이프니츠주의자이자 칸트 비판자로 에버하르트의 동료인 슈바브에게 돌아갔다. 학술원은 1796년 그의 수상 논문 『1791년 베를린 학술원이 공시한 물음, 라이프니츠와 볼프의 시대 이후 독일에서 형이상학이 이룬 실질적 진보는 무엇인가?에 대한 자세한 설명』을 단독으로 출판한다. 칸트는 당대 주류였던 강단 형이상학자들에 대응하여 『형이상학의 진보』에서 그들의 형이상학을 '완전한 실패'이자 이론적으로 억측된 독단적 형이상학이라고 비판하고 자신의 형이상학이야말로 '개념에서 스스로 자기 전개를 하는 이성'[7]의 역사에서 등장한 실질적 진보이자 최종의 형태임을 강조했다.

Ⅱ. 『형이상학의 진보』의 철학적 의의

1) '지혜론'으로서 새로운 형이상학의 건립

칸트는 『형이상학의 진보』 후반부까지 자신의 형이상학에 대해 "특정한 정의를 자제"[8]한다. 그러나 그는 자신의 형이상학을 스콜라적 학문이나 체계로 이해된 "순수한 이론적 이성인식의 모든 원칙의 세계" 또는 "순수한 이론적 철학의 체계"인 기존의 형이상학과 엄격하게 구별하고, 또 "전적으로 필연적인 이성의 실천적 사용에 이성 사용의 원리들을" 가르치기 위한 것[9]으로, 더는 이성의 이론적 사

는 현상들의 기반이 될 수 있다(Kant, 2004, S.554 참조).

7) 『형이상학의 진보』 XX 343; 『칸트전집』 11 246.

8) 『형이상학의 진보』 XX 315; 『칸트전집』 11 211.

9) 『형이상학의 진보』 XX 261; 『칸트전집』 11 140.

용이 아닌 실천적 사용과 관계한다는 점에서 '지혜론'으로 규정한다. 칸트 형이상학과 이성의 실천적 사용의 연관성을 파악한 하임즈웨드는 『형이상학의 진보』를 다음과 같이 평가했다. "칸트는 스스로 '실천적·독단적(평가 절하적 어감을 떠나 단순한 이론 체계로서 독단적이란 뜻임) 형이상학으로서 형이상학의 새로운 건립을 요구하고 계획했으며, 실천이성의 우위성에 입각하여 그 자신이 이끌어온 새로운 형이상학의 근거지음의 시대를 바로 그때에 이르기까지 모든 오류에서 벗어난 형이상학의 마지막 단계이며 지속적인 형태로 간주했다."[10]

칸트는 『형이상학의 진보』에서 강단개념에 따른 라이프니츠와 볼프 철학뿐만 아니라 플라톤을 비롯한 자신의 비판철학 이전의 모든 철학적 사조에 '형이상학의 종말'을 선언하고 실천적 관점에서 새로운 형이상학의 건립을 계획한다. 그는 서양 철학사에서 등장한 이전의 전통적 형이상학과 자신의 형이상학을 구별하려고 자신의 형이상학을 "단어의 고유한 의미에서" "지혜론" 또는 "단어의 고유한 의미에서 […] 지혜론"[11]으로 새롭게 명명했다.

칸트의 지혜론과 전통 형이상학의 결정적 차이는 형이상학의 대상인 초감성적인 것의 객관적 실재성을 '도덕적·실천적' 관점에서 입증한 데에 있다. 칸트 이전의 형이상학은 형이상학의 탐구 대상인 자유, 신, 영혼불멸을 이론적 관점에서 그것들의 실재성 여부를 독단적으로 증명하거나 회의론적으로 부인하려 했고 그로써 실재성 증명에 실패할 수밖에 없었지만, 칸트의 지혜론은 인간 이성이 초감성적 대상들의 '실천적 실재성'을 성공적으로 증명할 수 있고 그러한

10) H. Heimsoeth, 1967, S.85; 한자경, 1992, 25쪽 참조.
11) 『형이상학의 진보』 XX 261; 『칸트전집』 11 140.

대상들에 대한 '믿음'이 인간으로 하여금 일상의 삶에서 도덕적으로 결단하고 행동하도록 할 수 있다는 것이다. 형이상학의 대상인 신의 존재, 영혼불멸 등과 같은 초감성적인 것의 실재성에 대한 증명과 감성적인 것에서 초감성적인 것으로 이행하는 것은 더는 이론적 차원이 아닌 실천적이고 도덕적인 차원에서 수행되어야 한다는 점이 바로 칸트가 '실천이성의 우위성'에 입각하여 새로운 형이상학을 근거지었다는 평가의 판단 근거가 된다.

칸트는 『형이상학의 진보』에서 '우리 안의 자유', '우리 위의 신' 그리고 '우리 이후의 영혼불멸'[12]과 같은 초감성적인 것의 '객관적 실재성'을 실천적 관점에서 입증하고 그것들의 실재성이 "인간의 자유 사용을 위해"[13] 유용하다는 것을 봄철 가뭄의 "곡물 거래"[14] 비유를 들어 설명한다. 곡물 거래와 무관한 사람들에게 가뭄의 지속으로 인한 수확량 감소에 대한 전망은 '의견'에 불과하며 그런 의견은 일상의 삶에 아무런 영향도 미칠 수 없지만, 곡물 거래로 수익을 올리는 상인에게 이 전망은 '믿음'이 되어 비축물을 아껴야 하겠다는 '결단'으로까지 이어져 일상의 삶에 영향을 미칠 수 있다는 것이다. 물론 칸트는 가뭄의 지속에 따른 수확량 감소에 대한 전망과 비축물을 아껴야 하는 결단의 연관성을 "영리함"[15]의 규칙으로 규정하고 도덕적이고 실천적인 차원과 엄격하게 구별하여 논의하지만, 두 경우 믿음과 결단의 상호 연관성은 동일한 메커니즘에 따라 작동한다. "신이 존재한다"[16]는 믿음은, 덕보다는 권력에 따라 유지되고 불평등과

12) 『형이상학의 진보』 XX 295; 『칸트전집』 11 188-189.
13) 『형이상학의 진보』 XX 299; 『칸트전집』 11 195.
14) 『형이상학의 진보』 XX 298; 『칸트전집』 11 192.
15) 『형이상학의 진보』 XX 298; 『칸트전집』 11 193.
16) 『형이상학의 진보』 XX 300; 『칸트전집』 11 19.

부조리가 만연한 모순적 구조를 갖는 사회현실 속에서도 인간이 선한 행동에 상응하는 복을 기대할 수 있는 원동력이 되어 개인에게 도덕적 결단을 가능하게 할 수 있다. "나는 세계 내의 모든 선의 원천이며 궁극목적인 유일한 신을 믿는다."[17] "인간에게 달려 있는 한 나는 세계 내의 최고선, 즉 궁극목적과 일치할 가능성을 믿는다."[18] "인간에게 달려 있는 한, 나는 세계 내의 최고선으로 세계가 끊임없이 다가가기 위한 조건으로서 내세의 영원한 삶을 믿는다"[19]는 명제에서 신의 존재, 영원한 삶, 최고선의 실재성에 대한 '믿음'이 인간의 행동에 영향을 미쳐 도덕적 결단을 가능하게 할 수 있기 때문에 이 세 가지 객관적 실재성을 실천적 차원에서 입증할 수 있다는 것이다. 따라서 신의 존재, 덕과 복의 일치인 최고선, 영혼불멸은 도덕적 가치 실천에서 '객관적 실재성'을 가지며 그것에 대한 '믿음'이 지상에서 내 품행을 천상의 품행처럼 실현할 수 있다는 것이다.[20]

지혜론으로서 칸트 형이상학의 특징을 분명하게 이해하기 위해 『형이상학의 진보』 1부에서 다루는 핵심내용인 '선험철학'과 차이를 강조할 필요가 있다. 칸트는 형이상학을 "존재론"(Ontologie) 혹은 존재론의 다른 표현인 "선험철학"(Transzendental—Philsophie)과 구별한다.[21] 지혜론은 초감성적인 것을 대상으로 하는 '본래적 형이상학'이며 선험철학은 지혜론을 위한 '예비학', '대기실', '앞뜰'에 비유된다. 선험철학은 칸트 철학의 체계에서 "형이상학의 한 부분"[22]으로 본래적 형이상학에 도달하려는 수단은 될지언정 궁극목적이 아니

---

17) 『형이상학의 진보』 XX 298; 『칸트전집』 11 193.
18) 같은 곳.
19) 같은 곳.
20) 『형이상학의 진보』 XX 307; 『칸트전집』 11 205.
21) 『형이상학의 진보』 XX 260; 『칸트전집』 11 139.
22) 같은 곳.

다. 칸트가 말한 수단으로서 선험철학이 무엇을 의미하는지 이해한다면 본래적 형이상학과 선험철학의 차이를 좀더 분명하게 이해할 수 있다. 칸트는 '선험적 감성론'과 '선험적 분석론'에서 밝힌 감성과 지성의 아프리오리한 보편형식으로서 시간과 공간 그리고 범주를 보고 듣기 위한 수단으로써 눈과 귀에 비유한다. 자연이 만든 눈과 귀는 대상을 보고 듣는 데 사용하지만, 존재의 영역 너머 초감성적인 것, 즉 자연이 자신들을 만든 "궁극목적"과 "합목적성"[23]을 알 수 없다. 감성과 지성으로 자연의 합목적성을 지각할 수 있다고 한다면, 그것은 당치도 않은 말을 꾸며내는 것에 불과하며, 인간 이성이 감성과 지성의 대상만이 될 수 있는 '감성적인 것' 너머 '초감성적인 것'을 이론적으로 인식할 수 없음에도 인식할 수 있는 양, 후자의 영역으로 전진하는 것은 원천적으로 불가능하다. 따라서 순수 이성의 이론적 철학 체계의 이론적·독단적 접근으로는 초감성적인 것의 실재성을 이론적으로 증명할 수 없다. 인간의 인식능력인 지성은 언제나 감성의 형식인 공간과 시간 안에 주어진 대상에만 사용될 수 있기 때문에 현상(Erscheinung)만 알 수 있을 뿐 "나는 무엇을 해야만 하는가?"[24](Was soll ich tun?)라는 도덕적 문제를 묻지도 답하지도 못한다는 것이다. 결국 궁극목적에 대한 물음과 답은 감성적인 것 너머의 '초감성적인 것'에 근거를 두고 제기되고 정립될 수 있으며 오직 이러한 것들만이 본래적 형이상학, 즉 지혜론의 대상이 될 수 있다는 것이다.

칸트가 초감성적인 것을 대상으로 삼는 형이상학을 전통 또는 그의 시대 강단 형이상학, 즉 순수 이론 이성만으로 구축된 형이상학을

---

23) 『형이상학의 진보』 XX 294; 『칸트전집』 11 187.
24) 『순수이성비판』 Ⅲ B 832, A 804.

배척하고 '실천이성의 우위성'에 입각하여 '지혜론'으로서 '새로운 형이상학'을 건립하고자 했다는 점에서 『형이상학의 진보』는 철학사적 의의가 있다.

2) 이성의 역사적 세 단계와 형이상학과 도덕의 내적 연관성

칸트는 『형이상학의 진보』에서 형이상학을 통상적 정의에 따라 "이성을 바탕으로 감성적인 것의 인식에서 초감성적인 것의 인식으로 전진해가는 학문이다"라고 규정한 후 서양 형이상학의 역사에서 이성이 감행해온 '전진'과 '이행' 과정에서 발생한 각각의 단계에 있는 역사적이고 철학적인 의의와 한계를 밝히고 자신의 형이상학이야말로 기존의 형이상학이 범한 모든 오류에서 벗어난 마지막 단계임을 강조한다.

이성의 '초감성적인 것'을 향한 전진과 상승 시도는 이성의 자연본성 자체에서 부과된 것으로 이성이 마비되지 않는 한 멈출 수 없다. 그리고 이성은 인간을 짐승과 구별하게 하는 "숭고한 능력"[25]이며, 인간을 인간답게 하는 원천이다. 따라서 전진과 상승의 시도가 없을 때 이성은 마비되어 죽음에 이르고 이성의 죽음은 곧 인간을 사물화한다. 이처럼 형이상학은 한편으로는 이성 본성 자체에서 부과되었기에 피할 수도 없고 인간의 숭고함을 위해 피해서도 안 되는 학문이지만, 다른 한편으로는 칸트가 서양 형이상학의 역사를 전쟁의 역사에 비유할 만큼 인간 이성을 혼동과 당착에 빠뜨렸다. 초감성적인 것을 탐구 대상으로 삼는 형이상학은 나침반도 없어서 목표 지점에 얼마나 가까이 다가갔는지, 목표 지점으로 이행하는 것이 전진인

25) 『형이상학의 진보』 XX 270; 『칸트전집』 11 152.

지 아니면 다른 방향으로 가는지를 알 수 있는 흔적조차 남기지 않는 "바다"[26]와 같아서 '감성적인 것'의 인식에서 '초감성적인 것'으로 이행하기 위한 안전한 길을 확보할 수 없다. "바다의 수평선"[27]에는 시야가 닿을 수 있는 목표가 없듯이 '초감성적인 것'의 영역인 형이상학의 목표 지점에 우리가 얼마나 다가갔는지 파악할 수도 없다. 따라서 "초감성적인 것으로 나아가는 열쇠를 발견하는 일은 한편으로 […] 매우 어려운 일임이 틀림없다."[28] 칸트는『형이상학 서설』에서도 "[형이상학의] 나라에는 신뢰할 수 있는 척도와 저울추가 존재하지 않아 피상적 수다를 [말의] 철저함과 구별할 수 없"다고 말한 바 있다.[29]라고 말한 바 있다. 형이상학 자체가 갖는 이러한 어려움에도 그는 형이상학의 가능성을 증명하기 위해서 초감성적인 것으로 안전하고 확실하게 이행하기 위한 열쇠를 제시한다. 그 열쇠는 "형이상학이 주위를 도는 두 지도리"인 "공간과 시간의 관념성에 관한 이론"과 "자유개념에 관한 실재성의 이론"이다.[30] 이성이 이 두 지도리를 중심으로 초감성적인 것을 향해 전진할 때, 우리는 이성에 따라 수행되는 형이상학의 모든 발걸음을 세심하게 주시하고 목적 지점인 초감성적인 것에 안전하게 도달할 수 있다는 것이다.

칸트는 이 두 지도리를 확실한 척도로 삼아서 '개념에서 자기 전개하는 이성'[31]의 이행과정을 첫째인 이론적 이성의 독단적 단계, 둘째인 이성의 회의적 정지상태의 단계, 그리고 칸트 자신이 이끈 마지막 단계로서 실천이성의 우위성에 입각한 셋째 단계로 세분하여 각

26)『형이상학의 진보』XX 259;『칸트전집』11 137.
27) 같은 곳.
28)『형이상학의 진보』XX 324;『칸트전집』11 223.
29)『형이상학 서설』Ⅳ 256;『칸트전집』5 22.
30)『형이상학의 진보』XX 311;『칸트전집』11 210.
31)『형이상학의 진보』XX 343;『칸트전집』11 246.

단계의 역사적이며 철학적인 한계와 의의를 평가한다.

첫째 단계에서 이성은 '초감성적인 것'을 향해 이론적으로 인식할 수 있는 것인 양 '이론적·독단적 이행'을 감행하지만 실패한다. '이론적·독단적 이행'을 시도한 철학자는 플라톤, 라이프니츠 그리고 볼프다. '이념들의 상기'(想起)[32]로 "경험의 모든 대상을 넘어서(자연적인 것을 넘어서trans physicam) […] 초감성적인 것에 대한 인식으로 전진"[33]하고자 한 모든 형이상학은 '한도를 넘어서는 사유'에 불과하다. 초감성적인 것을 인식하려는 시도는 이성의 자연본성에서 시작되는 매우 자연스러운 현상이지만 인간이 인식할 수 있는 대상은 그것이 외감의 대상이든 내감의 대상이든 모두 현상(Erscheinung)이기 때문에 실패할 수밖에 없다. 이를테면 무제약자인 신과 같은 초감성적인 것을 이론적 인식 대상으로 삼을 경우, 신은 필연적으로 물신화(物神化)를 피할 수 없다. 초감성적인 것을 향해 전진하는 이성의 능력 자체는 "이성의 자연본성 자체에서 부과"[34]된 것이지만, 인간 지성이 대상을 객관적으로 인식할 수 있는 영역의 범위와 한계에 대한 비판적 성찰이 수행되지 않은 채 이루어진 이행은 독단적일 수밖에 없으며 결국 쇠퇴와 몰락을 야기한다.

둘째 단계는 '순수 이성의 회의적 정지상태'다. 인간 이성은 '이론적·독단적' 시도의 실패와 좌절을 경험하며 감성적인 것의 경계에서 초감성적인 것의 영역으로 순수 이성의 확장을 시도하는 것[35]에 무관심해지거나 불가능하다는 사실을 자각하여 회의적 정지 상태에 이르게 된다. 이러한 과정은 독단적 형이상학자들에게 '회의적 지

---

32) 『형이상학의 진보』 XX 324; 『칸트전집』 11 223.
33) 『형이상학의 진보』 XX 316; 『칸트전집』 11 213.
34) 『순수이성비판』 A Ⅶ.
35) 『형이상학의 진보』 XX 273; 『칸트전집』 11 156.

침'을 제공해 신의 존재와 영혼불멸에 대한 기존 형이상학자들의 다양한 견해가 "[형이상학]이 도대체 가능한지"[36] 의심하게 함으로써 첫째 단계에서 나온 형이상학자들의 작업 결과들로부터 완전한 단절을 가능하게 해서 새로운 형이상학과 형이상학의 부활을 위한 토대를 마련한다. 칸트에 따르면 이러한 회의적 상태는 이성이 '감성적인 것'에서 '초감성적인 것'으로 전진하려는 시도를 포기하는 것이 아니라, 형이상학의 목적을 충족하는 '실천적·독단적 이행'의 마지막 단계로 넘어가는 데 필요한 '바람직한 시기'다. "형이상학의 전면적 개혁이나 더 정확하게는 새로운 탄생"[37]의 전 단계에서 전통 형이상학의 견해들을 의심하는 것은 기존의 "형이상학적 개요"를 정당한 보석이나 전 재산으로 생각하는 사람들에게 자신들의 소유물을 잃을 수 있다는 공포를 불러일으킨다.[38]

셋째 단계는 이성이 감행하는 초감성적인 것으로 이행하는 것이 "실천적·독단적으로 완성한 단계이자 형이상학이 자신의 최종목적에 도달한 단계"[39]다. 칸트의 "공간과 시간의 관념성 이론"[40]에 따라서 인간 이성이 인식할 수 있는 대상은 감성적 대상인 '현상'이라는 점에서 초감성적인 것을 이론적으로 인식하려는 이행은 독단적일 수밖에 없다. 이처럼 이론적 인식의 관점에서 이행이 독단적일 수밖에 없다면 어떻게 실천적·독단적 관점에서만큼은 성공적일 수 있다는 것일까? 이 질문에 칸트는 하나의 원(Kreis)과 그 원으로 형성된 경계선을 통해서 답한다.[41] 칸트에 따르면 형이상학의 셋째 단계가

---

36) 『형이상학 서설』 Ⅳ 256; 『칸트전집』 5 22.
37) 『형이상학 서설』 Ⅳ 257; 『칸트전집』 5 24.
38) 『형이상학 서설』 Ⅳ 256; 『칸트전집』 5 23.
39) 『형이상학의 진보』 XX 281; 『칸트전집』 11 169.
40) 『형이상학의 진보』 XX 331; 『칸트전집』 11 210.
41) 『형이상학의 진보』 XX 300; 『칸트전집』 11 195. 원의 안과 밖을 구별하는

하나의 원(Kreis)을 형성하고 이 원의 '안'과 '밖'을 나누는 "경계선"(Grenzenlinie)이 감성적인 것과 초감성적인 것의 영역을 구별한다.[42] 이 원의 경계선 밖은 이성 자신의 '지평'으로서 이론적인 앎의 대상이 될 수 없는 영역이다. 반면에 경계선 안의 영역은 인간이 경험 가능한 모든 대상이 보편적 감성형식인 공간과 시간에 주어져 지성의 판단형식과 범주로 규정되고 제한되는 영역이다. 이 두 영역은 엄격하게 구별된다. 그러나 칸트가 선험철학을 비유적으로 표현한 "대기실 혹은 앞뜰"[43]이 전체 건축물의 서로 다른 영역을 연결하는 통로 역할을 하듯이 이성의 지평이면서 경계선 밖의 영역인 초감성적 영역은 경계선 안, 즉 감성적 영역에 존재하는 '모든 경험적인 것'과 단절됨과 동시에 연결되는 '특별한 관계'를 맺는다. '감성적인 것'과 '초감성적인 것'의 상이한 두 영역은 인간 인식능력인 감성, 지성, 이성의 고유한 기능과 특징 때문에 경계선을 사이에 두고 완전히 단절되어 있으므로 이성의 이론적 사용으로는 경계선 너머로 어떤 이행과 전진도 불가능하다. 그러나 경계선 밖의 영역은 경계선 안에서만 사용될 수 있는 인간 지성의 인식론적 제한과 한계를 극복할 수 있게 할 뿐만 아니라 도덕적 차원에서도 인간을 이기심과 사적 욕망에서 해방할 원천이 될 수 있기 때문에 이 두 영역은 서로 연결되고 결합될 수 있다.[44] 초감성적 영역의 이성은 감성적 영역에서 작용하는

경계선은 감성적인 영역과 초감성적인 영역을 구별하는 경계선으로 '본래적 형이상학'과 '예비학', '대기실', '앞뜰'에 비유된 '선험철학'을 구별하는 경계선과 같은 경계선으로 이해할 수 있다. 본래적 형이상학이 초감성적인 것을 논의 대상으로 한다면 선험철학의 대상은 인간 인식능력으로 인식할 수 있는 감성적인 대상을 아프리오리하게 인식할 수 있는 영역이다.

42) 같은 곳.

43) 같은 곳.

44) 『형이상학 서설』 IV 350-357; 『칸트전집』 5 144-154 참고.

인간 지성을 '감성적 직관의 조건들에서' 제한된 인간 지성을 '해방' 시켜 새로운 지적 발견과 앎의 확장을 가능하게 할 수 있다. 인식론적 차원에서 '현상'만을 인식하는 인간 지성이 경험과 감성적 직관의 조건들에서 해방될 수 있다는 것은 도덕적·실천적 차원에서도 이기적이고 사적인 욕망에서 인간을 자유롭게 해서 인간이 '도덕적 합목적성'을 향해 끊임없이 전진할 수 있게 한다. 따라서 '이론적 의도'에서 원의 경계선 밖 영역을 가정하는 것은 정당하지 않지만 '실천적 의도'에서 이 영역을 가정하고 믿는 것은 '적합한' 것이며 이 영역으로 이행하는 것도 정당화될 수 있다. 칸트에 따르면 이 셋째 단계에서 발생한 진보는 '가장 쉬운 전진'이고, 형이상학이 비록 초감성적인 것에 관계할지라도 한도를 넘어선 것이 아니며, 보통 인간 이성도 파악 가능한 것이 된다.

이성을 실천적으로 사용하는 것이 단지 강단 언어를 사용하는 철학자들만의 전유물이 될 수 없다. 모든 인간은 이성을 실천적으로 사용할 자유를 갖는다. 이런 맥락에서 칸트가 말한 원의 경계선 밖에 위치한 이성의 지평에서 형이상학이 주위를 도는 둘째 지도리인 '자유'개념을 진보를 위한 출발 지점으로 삼는다. 칸트는 형이상학을 정초하기 위한 출발 지점으로 '도덕법칙들로 알려지는 한에서 자유'를 가장 적합한 것으로 판단하고 이에 대한 이유를 다음과 같이 밝히고 있다. "왜냐하면 […] 초감성적인 것에 관한 개념이 자유의 (비록 단지 실천적인 것이라 할지라도) 실재성과 함께 주어진다면, 우리는 전 범위를 관통해나갈 수 있기 때문이다."[45] 초감성적인 '신'과 '영혼불멸'의 "실천적 실재성"[46]을 확인하는 것은 "자유에서 시작되어야 한

45) 『형이상학의 진보』 XX 345; 『칸트전집』 11 248.
46) 『형이상학의 진보』 XX 341; 『칸트전집』 11 244.

다."[47] 우리는 신과 영혼불멸을 인식할 수 없다. 그러나 칸트가 『실천이성비판』에서 자유가 도덕법칙의 존재근거이며 도덕법칙이 자유의 인식근거라고 했듯이 우리는 자유를 인식할 수 있다. 다시 말해 우리는 자유와 같은 초감성적인 것에서만 법칙들을 도덕적 법칙들의 이름 아래에서 아프리오리하게, 즉 독단적으로 그러나 단지 실천적 의도에서만 인식한다. 따라서 '초감성적인 것'을 이론적으로 인식하는 것은 '이성의 뼈를 깎는 노력'으로도 달성할 수 없지만, '도덕적 법칙들의 이름' 아래에서 '실천적 관점'에서만 '실천적 실재성'을 갖는 것으로 '실천적 의도'에서 인식할 수 있다.

『형이상학의 진보』는 칸트가 남긴 세 종류의 미완성 글을 편집한 것으로 논문 전체의 통일성이나 내용 전개에서 가다듬어지지 않은 부분이 있다. 그럼에도 칸트가 『형이상학의 진보』에서 형이상학과 도덕이 진정한 철학을 구성하는 두 요소라 밝힌 것처럼, 이 저술은 건축술로 비유되는 칸트 철학의 전체 체계 안에서 형이상학과 도덕의 내적 연관성을 잘 드러내며 인간의 "모든 인식능력의 유기적 결합"[48]을 파악하는 데 도움을 준다. 비록 언어적 표현의 통일성 문제나 미완성 원고에 있는 미묘한 해석 문제가 제기될 수 있으나 이러한 한계는 칸트 비판철학의 주저에서 충분히 보완될 수 있다.

『형이상학의 진보』가 "선험철학의 전 체계에 조망을 부여한다"라는 것을 처음으로 발견하고 강조한 분트는 "이 논문은 칸트의 완료된 체계와 그 체계의 역사적 조건들에 대한 칸트 자신의 유일한 포괄적 고찰로서 아주 독자적인 가치를 지닌 것이다"[49]라고 평가했다.

---

47) 『형이상학의 진보』 XX 295; 『칸트전집』 11 188.
48) 『형이상학의 진보』 XX 345; 『칸트전집』 11 248.
49) M. Wundt, 1924, p.379 참조.

참고문헌

한자경, 『칸트의 초월철학: 인간이란 무엇인가?』, 서광사, 1991.

Kant, I., *Theoretische Philosophie, Text und Kommentar*, 3 Bände, hrsg. von Georg Mohr, Suhrkamp: Frankfurt am Main, 2004.

Han, Jakyoung, *Transzendentalphilosophie als Ontologie: Kants Selbstinterpretation der Kritik der reinen Vernunft und Kritik der praktischen Vernunft in seiner Schrift "Welches sind die wirklichen Fortschritte, die die Metaphysik seit Leibnizens und Wollfs Zeiten in Deutschland gemacht hat?"*, Würzburg: Königshausen u. Neumann 1988.

Heimseoth, H., *Metaphysik der Neuzeit*, Darmstadt, 1967.

Wundt, M., *Kant als Metaphysiker: Ein Beitrag zur Geschichte der Philosophie im 18. Jahrhundert*, Stuttgart, Enke Verlag, 1924.

『학부논쟁』

이진오 경희대학교·후마니타스칼리지

1. 저술 시기

『학부논쟁』(*Der Streit der Facultäten*)은 『실용적 관점에서 본 인간학』(*Anthropologie in pragmatischer Hinsicht*)과 함께 칸트가 죽기 전 마지막으로 출간한 저서다. 이 책에 실린 논문 세 편은 제각각 별도로 구상되었고, 시기를 달리하여 따로따로 발표될 예정이었다. 즉 논문 「제1편 철학부와 신학부의 논쟁」은 1794년에, 「제2편 철학부와 법학부의 논쟁」은 1797년에, 「제3편 철학부와 의학부의 논쟁」은 1797년에, 제3편은 "철학부와 의학부의 논쟁"은 1798년 초에 발표될 예정이었다. 그러나 제1편은 1794년 10월 프로이센 정부에서 칸트에게 견책조치를 함으로써 출간되지 못했고, 제2편은 1797년 10월 검열로 출판이 저지됐다. 제3편 「철학부와 의학부의 논쟁」은 칸트와 서신을 교환하던 의대교수 후펠란트(C.W. Hufeland)의 주선으로 1798년 초 의학잡지 『실천약학과 외과의학』(*Journal der praktischen Arzneikunde und Wundarzneikunst*)에 발표되었다. 별도로 논문 세 편이 모두 출간될 수 있었던 것은 프리드리히 빌헬름 2세(F. Wilhelm Ⅱ)의 뒤를 이어 프리드리히 빌헬름 3세(Friedrich Wilhelm Ⅲ, 재위 1797~1840)가

즉위해 각료를 바꾸고 반계몽주의적인 법률들을 폐지하고 난 이후다. 즉 프리드리히 빌헬름 2세 때 법무장관 뵐너(J.C. von Wöllner) 주도로 선포된 뒤 계몽주의적 출판물 검열의 근거가 된 이른바 '뵐너 종교칙령'을 새로운 국왕이 폐지하고 난 직후인 1798년에야 『학부논쟁』에 묶여서 세 편 모두 발표될 수 있었다. 칸트는 이 세 논문을 '상위학부와 하위학부의 논쟁'이라는 주제로 모은다면, 체계적 통일성을 갖춘 책 한 권에 보존할 수 있을 것이라고 생각한다. 1797년 대학에서 모든 교육활동을 마감한 칸트는 이런 생각에서 1798년 이 논문 세 편을 한 권으로 묶은 『학부논쟁』을 출간했다.

이상에서 살펴본 것처럼 세 논문은 원래 별도 글로 기획되고 서로 다른 시기에 저술되었기 때문에 이 세 편을 묶은 『학부논쟁』에 대한 해제 역시 세 편을 각각 다루어야 한다.

2. 제1편

「제1편 1장 학부들 사이의 관계」의 최초 내용은 나중에 세 논문이 묶여서 출판될 때와는 다르다.[1)] 즉 제1편 논문이 독립된 별도 논문으로 처음 작성될 때는 제1장에서 신학부, 법학부, 의학부로 이루어진 상위학부와 하위학부인 철학부의 관계를 다룬 것이 아니라 신학부와 철학부의 관계만 다루었다. 그리고 제1부 1장의 원래 주제는 공적인 종교문제에서 정부와 학자들의 권리문제다. 이 문제와 관련해

---

1) 유사한 쟁점들이 『학부논쟁』과 다른 시기에 발표된 칸트의 글에서는 어떻게 다루어졌는가 하는 문제와 관련해서는 베를린 학술원판을 토대로 페릭스 마이너(Felix Meiner)출판사에서 1975년 출간한 『학부논쟁』의 편집자 라이히(Klaus Reich)의 해설을 주로 참조했다.

서 칸트는 성직자들이 민중에게 영향을 주는 방식에 관하여 철학부가 자율적으로 비판할 권리를 인정받아야만 한다고 주장한다. 또 칸트는 민중을 종교적인 문제에서 미성숙하고 순종적이라고 전제하는 이론들을 정부가 신학부에 권고하지 말아야 한다고 말한다.

칸트는 제1편 2장인 「부록—신학부와 철학부의 논쟁을 예시하며 학부들 사이의 논쟁을 해명함」에서 이상과 같은 자신의 주장 근거를 다음과 같이 '종교'의 두 가지 의미를 밝히며 제시한다. 우선 '종교'는 임의적이고 역사적인 신앙교설을 의미한다. 둘째로 '종교'는 "이성에 근거하여 영혼을 개선하는 보편적 종교의 이념"을 의미한다. 첫째 의미의 종교는 '성서적 신앙교설'이고, 둘째 의미의 종교는 신을 섬기는 일로서 '순수한 도덕'이다. 사람들은 첫째 의미에서 성서를 신앙조항을 모은 창고로 여기고, 둘째 의미에서는 성서를 도덕성을 촉진하는 수단으로 사용한다. 이러한 차이로 신학부는 첫째 의미의 종교적 입장을 대변하고, 철학부는 철학적 종교교설로 둘째 의미의 종교적 입장을 대변하게 된다. 이렇게 해서 두 학부는 성서해석 방법을 놓고 싸울 수밖에 없다.

칸트는 신학부와 철학부의 이러한 분쟁에 대해서 1793년 출간된 『이성의 오롯한 한계 안의 종교』(*Die Religion innerhalb der Grenzen der bloßen Vernunft*, 이하 『종교론』)에서도 이미 다루었다. 그런데 칸트가 『학부논쟁』에서 이 문제를 다시 거론한 것은 『종교론』을 출간한 이후 이 책에서 칸트가 선택한 성서해석에 대한 괴팅겐대학의 아몬(C.F. Ammon)이나 라이프치히대학의 로젠뮐러(J.G. Rosenmüller) 같은 당시 성서신학자들의 분노에 찬 비판에 대응할 필요를 느꼈기 때문이다. 칸트는 신앙조항을 모은 창고로서 성서를 다룰 경우에는 성서해석의 다양성 때문에 다양한 교파가 생길 수밖에 없다고 주장한다. 이 주장은 칸트 자신의 도덕적 성서해석을 성서신학자들이 비난한 것에 맞대응한 것이다. 그런데 이런 대응은 단지 임시방편이 아니라 보편적 종교를 철학적으로 구성하려는 칸트의 확고한 종교관을 반영한 것이다.

계몽적 합리성으로 무장하여 독일 대학 강단을 지배하던 볼프학파가 1760년 무렵 쇠퇴하기 시작하자, 성서에 기록된 내용을 사실로 믿는 계시신앙을 따르는 성서신학자들의 세력이 커졌다. 이들은 성서를 문자 그대로 믿는 계시신앙이 보편성을 지닌 종교신앙을 이끌 수 있다고 주장했다. 성서에 대한 이런 해석은 1793년 『종교론』이 출간되기 전까지 독일 대학의 신학부를 지배했다. 그러나 이 책에서 칸트는 예수 그리스도의 생애 자체도 초자연적 계시신앙의 견지에서가 아니라 도덕성의 실천 차원에서 해석하는 것이 기독교라는 종교의 본질을 올바로 이해하는 길이라고 주장한다. 계시신앙에 대한 칸트의 이러한 한계설정은 성서신학자들과 긴장관계를 만들었다.

그런데 『종교론』에서 칸트가 계시신앙과 구별되는 계몽주의적 종교관을 제시했을 당시 프로이센은 계몽주의적 종교관을 뿌리 뽑으려는 빌헬름 2세가 통치하던 때다. 빌헬름 2세는 그리스정교 신학자 뵐러를 법무부장관 겸 교회와 학교 관련 최고책임자로 임명하여 종교칙령과 검열칙령 등으로 계몽주의적 종교관을 확산하는 출판행위를 저지했다. 이 때문에 칸트는 자신의 계몽주의적 종교관을 자유롭게 발표할 수 없었다. 그러다 1787년 빌헬름 2세가 죽고 뵐러가 장관직에서 물러난다. 이들의 영향이 사라진 1798년 출간된 『학부논쟁』에서 칸트는 예전에 제대로 발표하지 못한 자신의 계몽주의적 종교관을 명확히 밝히려 한다. 특히 이 책에서 칸트는 『종교론』에서와 달리 교리 문제와 성서해석 문제를 구분해 별도로 다루면서 자신의 종교관을 좀더 체계적으로 제시한다. 그리고 제1편 「교파들에 대한 총괄적 주해」에서 칸트는 신비주의와 정부의 관계를 논하며 프로이센 정부의 종교독재 가능성까지도 비판한다. 그의 종교철학적 신념에 따르면 '영혼 없는 정교주의'도 '이성에 치명적인 신비주의'도 신민을 이끌 참된 종교론이 될 수 없다. 참된 종교론은 이성을 매개로 우리 자신을 도덕적으로 개선할 수 있는 실천이성의 비판주의에 근거하기 때문이다. 그런데 정부는 신비주의를 정부의 영향권 아래 두기 위해 공적인 교회신앙의 지위로 끌어올릴 수도 있다. 칸트는 검열 등으로 『종교론』에서는 말하지 못했던 이런 위험성을 이제는 명시적으로 밝혔다.

『종교론』과 『학부논쟁』의 내용을 비교하면서 공통점과 차이점을 확인해볼 수도 있다. 크게 논문 네 편으로 구성된 『종교론』은 각 편이 『학부논쟁』 제1편 후반부에 달린 '총괄적 주해'와 명칭이 같은 '총괄적 주해'로 끝난다. 이런 유사성을 근거로 라이히(Klaus Reich)는 1794년 작성됐을 당시의 『학부논쟁』 제1편 역시 먼저 출간된 『종교론』처럼 '총괄적 주해'로 끝맺었을 것으로 추정한다. 그렇다면 『학부논쟁』 제1편의 '총괄적 주해'인 '교파들에 대한 총괄적 주해'가 원래 이 제1편의 종결부인 셈이다. 1798년 출간된 『학부논쟁』의 제1편 맨 끝에 붙은 「보론—종교 안에 있는 순수 신비론 중 하나에 대하여」는 이 보론에 대한 칸트의 주해에 명시되어 있듯이 1797년에 작성되었다. 그런데 이 보론과 「교파들에 대한 총괄적 주해」 사이에는 1796년 5월에 작성된 「평화협정과 학부분쟁 조정」과 이것에 대한 「보론—이 성스러운 책의 실천적 사용과 짐작된 지속시간에 관한 성서적·역사적 물음들」이 있다. '총괄적 주해'인 '종교 분파에 관하여'가 원래 이 제1편의 종결부라면, 이 두 부분 역시 추가된 것이다. 칸트는 이 추가된 부분에서 성서해석 문제를 다시 논한다. 이전에 작성한 다른 부분과 달리 여기서는 신의 말씀인 성서의 신빙성을 검토한다. 칸트는 이때 인간의 도덕성을 장려할 목적에서 받아들여야 하는 태도와 성서를 여러 책 중 하나로서 경험적이고 문헌학적이면서 역사적으로 다루는 경우를 대비한다. 이런 검토를 바탕으로 성서를 경험적이고 문헌학적이면서 역사적으로 다루는 일이 성서의 신빙성 문제에서는 완전히 독립된 자율적인 일이라는 점이 드러난다. 이러한 통찰은 『종교론』에서는 아직 성취되지 않은 것이다. 『학부논쟁』 1편의 "평화협정과 학부분쟁 조정"의 마지막 부분에서 칸트는 성서를 문자 그대로 믿는 해석이 '도덕적으로 더 나은 인간을 만든다는 종교교설의 본래 목적'을 빠뜨리거나 방해하는 결과를 초래할 위험을 배제할 수 없다고 말한다. 성서신학과 평화협정을 체결하더라도 철학적 종교론이 계시신앙이 초래할 수도 있는 위험성을 간과해서는 안 된다는 점을 분명히 밝힌 것이다.

3. 제2편

『학부논쟁』 제2편의 제목은 「철학부와 법학부의 논쟁」이다. 이 제목만 보면 철학부와 법학부의 권리능력과 역할을 둘러싼 논쟁이 제2편의 주요 쟁점인 것 같은 오해를 불러일으킨다. 제2편에서 드문드문 인류의 진보과정에서 국가법과 국제법의 역할이 언급되기는 하지만, 제1편에서처럼 철학부와 법학부의 권역문제가 핵심 주제는 아니다. 이에 대한 논의는 제2편 논문에서가 아니라 「제1편 1장 학부들 사이의 관계」 중 「제1절 상위학부의 개념과 분류」와 「제2절 하위학부의 개념과 분류」, 「제3절 상위학부와 하위학부 사이의 위법적 논쟁」, 「제4절 상위학부와 하위학부 사이의 합법적 논쟁」에서 다룬다. 제2편의 핵심 쟁점은 제목 밑에 달린 부제 "다시 제기되는 물음: 인류는 더 나은 상태를 향해 지속적으로 진보하는가?"(『학부논쟁』 Ⅶ 14; 『칸트전집』 11 270)가 말해준다. 그런데 이 부제에서 '물음'이라는 말은 제2편에서 논할 인류의 진보에 관한 문제를 전에 이미 다룬 적이 있다는 뜻이다. 실제로 칸트는 『학부논쟁』 제2편 이전에도 인류의 진보문제를 두 번 다루었다. 한 번은 1793년 출간된 『이론에서는 옳을지 모르지만, 실천에서는 쓸모없다고 하는 속설』(*Über Gemeinspruch: Das mag in der Theorie richtig sein, taugt aber nicht für die Praxis*, 이하『속설』)과 1795년 출간된 『영원한 평화를 위하여. 철학적 기획』(*Zum ewigen Frieden. Ein philosophischer Entwurf*, 이하 『영구평화론』)이다. 『속설』은 제1편 「도덕일반에서 이론과 실천의 관계에 관하여(교수 가르베 씨의몇 가지 반론에 답하기 위하여)」와 제2편 「국가법에서 실천에 대한 이론의 관계에 관하여(홉스에 반대하여)」와 제3편 「국제법에서 실천에 대한 이론의 관계에 관하여. 보편적 박애의 견지, 즉 세계시민적 견지에서 고찰된(모세스 멘델스존에 반대하여)」으로 구성되어 있다.(『속설』 Ⅷ 273-313; 『칸트전집』 10 263-317) 이들 중에서 인류의 진보에 관한 문제는 제3편에서 다룬다.

그런데 이 문제가 『속설』 제3편에서는 방금 확인했듯이 '보편적 박애의 견지, 즉 세계시민적 견지에서' 다루어졌지만, 『학부논쟁』 제2편에서는 인류가 사랑받을 자격이 있는지 없는지의 문제와 관련해서 새롭게 다루어진다. 또 『속설』은 제3편에서는 인류의 교육과 관련된 멘델스존과 레싱의 논쟁이 담긴 1783년의 『예루살렘 혹은 종교적 힘과 유대교에 관하여』와 관련해서 인류의 진보문제를 다룸으로써 종교사적인 관점이 개입되지만, 『학부논쟁』 제2편에서는 이런 관점은 배제된다. 『영구평화론』은 두 개 절과 이에 딸린 두 개 추가조항(Zusatz) 그리고 이것들과 별개로 끝에 붙은 두 개 부록으로 구성되어 있다. 이들 중에서 인류의 진보에 대한 논의는 첫째 추가조항인 '영구 평화의 보증에 대하여'에서 진행된다. 『속설』 제3편에서 칸트는 인류의 진보를 보여주는 세계시민주의를 위한 공동의 선언이 이론적으로는 가능할 수 있지만, 실천의 장에서는 무용지물이라고 보았다. 그러나 『영구평화론』의 첫째 추가조항에서는 진보로서 영원한 평화를 이론적으로는 충분한 확실성을 바탕으로 예언할 수는 없지만, 인간의 천성적 경향성에서 볼 때 실천적 관점에서는 충분히 도달 가능하고, 이것을 위해서 노력하는 것이 인간의 의무라고 칸트는 주장한다. 그런데 칸트는 『속설』 제3편과 『영구평화론』의 첫째 추가조항을 비교할 때 드러나는 입장차와는 또 다른 변화를 『학부논쟁』 제2편에서 보여준다. 『학부논쟁』 제2편에서 칸트가 다음과 같은 결론에 도달했기 때문이다. 즉 인류가 더 나은 상태를 향한 진보운동을 항상 해왔고 또 그렇게 앞으로도 진보해갈 것이라는 사실은 단지 실천적 의도에서 추천할 만한 가치가 있는 생각에 불과한 것이 아니라 모든 불신에도 불구하고 가장 엄격한 이론에도 유지될 수 있는 명제라고 칸트는 말한다.

73세의 칸트가 『영구평화론』 첫째 보론의 결론을 넘어 인간의 진보에 대한 새로운 견해를 취하게 된 데에는 당시 24세의 청년학자 슐레겔(F. Schlegel)의 비판이 주효했을 것이라고 라이히는 추측한다. 1796년 6월 발행된 잡지 『독일』(*Deutschland*)에 기고한 글 "공화주의의 개념에 대한 시론— 영구평화론에 대한 칸트의 글을 계기로, 프리드리히 슐레겔 저"[2]를 칸트가 읽고 위와 같은 태도 변화를 보였다는 것이다. 이 기고문에서 슐레겔은 『영구평화론』의 첫째 보론을 소개하며 이를 비판한다. 칸트는 영구 평화가 인간 안의 자연적 본성이라는 위대한 예술가에 의해 이루어질 것으로 생각했지만, 슐레겔

---

2) 이 기고문의 독일어 제목은 다음과 같다. "Versuch über den Begriff des Republikanismus, veranlaßt durch die Kantische Schrift zum ewigen Frieden von Friedrich Schlegel."

이 보기에 그것은 결국 숙명이라는 외적 계기에만 역사의 진보를 맡기는 꼴이 된다. 이런 외적 계기만으로 인류가 역사적으로 점점 진보할 것이라는 사실을 충분히 보증할 수 없다. 인류가 자연적으로 타고난 숙명과 같은 외적 계기가 아니라 인간성의 내적 변화가 인류를 역사적 진보로 이끄는지를 보여줄 필요가 있다. 슐레겔은 인간이 스스로 의지에 따라 실행한 경험에서 오는 실제적이고 필연적인 법칙들만이 미래의 성과를 보증할 수 있다고 주장한다. 정치사적 법칙들과 정치형성의 원칙들이 그런 법칙들이다. 이런 자료들에 근거해서 영구 평화가 공허한 이념이 아니고 점진적으로 성취해야 할 하나의 과제라는 사실이 입증된다. 또 이런 자료들을 근거로 역사적 목표가 미래에 실현된 모습과 그것이 점진적으로 실현되는 방식을 상세한 시간과 장소 등에 대해서까지 예언할 수는 없더라도 가정 차원에서라도 이론적으로 확실성 있게 미리 규정해볼 수는 있다고 슐레겔은 주장한다.

우리는 칸트가 슐레겔의 이런 지적을 참조해서 『학부논쟁』 제2편에서 역사의 진보에 대한 보증이 이론적 차원과 실천적 차원에서 가능하다고 새롭게 주장했을 것이라고 추정해볼 수 있다. 그런데 칸트의 유고에 남아 있는 관련된 구절들을 분석한 끝에 라이히는 칸트가 슐레겔의 지적에 자극받아서 인류의 진보에 관한 질문을 새롭게 제기한 것은 맞지만, 슐레겔의 증명방식을 그대로 수용하지는 않았다고 주장한다. 칸트가 슐레겔의 인류의 진보의 현실성에 관한 순수한 이론적 증명의 요구만 수용했고, 이것을 증명할 때는 칸트 자신의 독자적 증명방식을 사용했다는 것이다. 후기에 가서야 칸트가 자신의 초기 이전 견해를 수정하게 된 데에는 첫째, 혁명과 같은 어떤 역사적 사건이 예고적인 역사의 표식으로 기능할 가능성을 보았고, 둘째, 1789년 프랑스혁명 이후 프랑스 국가가 향상되는 데 동정심이라는 보편성과 비이기성을 민중 속에서 발견한 것이 주효했다. 칸트는 프랑스혁명이라는 하나의 역사적 사건을 인류 진보의 실재성을 보여주는 예고적 표식으로 인식했다. 그의 이러한 인식 변화가 인류의 진보에 대한 물음을 『학부논쟁』 제2편에서 새롭게 제기하고 새로운 대답을 시도하게 한 것이다.

그런데 이상에서 살펴본 대로 인류의 진보에 관한 논쟁이 제2편의 주요 쟁점이라 하더라도 제2편 제목인 「철학부와 법학부의 논쟁」은 무엇을 의미할까? 칸트는 프랑스혁명에서 민중이 보편적인 인간의 권리를 긍정한 사실을 높이 평가한다. 칸트는 인간의 권리를 순수한 이성의 이념으로 보았는데, 프랑스혁명은 민중이 이 이념을 인간성의 진보를 위해 선택한 사건이었다. 칸트는 인간성을 향상하기 위한 지속적인 진보가 한번 시작됐다는 이 사실을 엄격한 이론에도 견딜 수 있는 진보 이론을 가능하게 하는 것으로 해석했다. 이에 반해서 그때그때마다 사회적 요구와 합의에 주목하는 법률가들은 권리개념을 순수한 합리적 성격으로 전제하는 칸트의 역사철학적 견해를 수용하기 힘들 것이다. 바로 이런 견해차가 인류의 진보문제와 관련해서 법률가와 철학자 사이의 논쟁을 유발한다. 법학부와 철학부의 이런 논쟁은 이미 『영구평화론』 둘째 추가조항 끝부분과 부록에서 논의된다.

4. 제3편

제3편에서 제기된 문제들은 굳이 다른 문헌을 참조하지 않더라도 3편 안에서 거의 다 풀렸다. 「제3편 철학부와 의학부의 논쟁」은 추밀고문관인 의사 후펠란트에게 헌정되었다. 그는 의학부를 대표하는

사람들 중 한 명인데, 인간 안의 신체적인 것을 절제나 양보와 같은 도덕적인 것과 연결해서 다루려 시도하고 이런 시도들에 대해 철학자 칸트에게 진행상황을 알리고 의견을 구한다. 제3편 서두에서 칸트는 몸을 위해 이성이 처방한 도덕적 실천철학은 질병을 치료하는 데 항상 도움이 되는 것은 아닐지라도 질병 예방에 도움이 되는 보편의학(Universalmedizin)이 될 것이라는 의견을 제시한다.

즉 병적인 감정을 다스리고 질병을 예방하며 건강을 유지하는 데는 신체를 다스리는 의학(Medizin)보다는 확고한 결단을 바탕으로 스스로 다스리며 도덕적인 실천을 행하는 일을 다루는 철학이 적합하다고 칸트는 주장한다. 치료술이 약물이나 수술과 같은 물리적 수단이 아니라 환자가 스스로에게 부과한 원칙을 통해 자신의 병적 감정을 다스리는 이성의 힘이라면, 그것은 철학적이라고 칭할 수 있다. 한 걸음 더 나아가 칸트는 병적인 감성을 다스리며 건전한 생활을 할 수 있게 도와주는 '도덕적이고 실천적인 철학'은 '어떠한 처방에도 결여되어서는 안 되는 보편의술(Univeralmedizin)의 역할'을 할 수 있다고 주장한다. 그러면서 칸트는 "가슴이 평평하고 좁아서 심장과 폐가 운동할 공간이 충분하지 않으며, 그래서 자연스럽게 우울증 성향을 가지고" 태어난 자신이 심기증(Hypochondria)을 극복한 것을 사례로 제시한다.(『학부논쟁』 Ⅶ 104; 『칸트전집』 11 382 이하)

1797는 4월 19일 후펠란트에게 보낸 서신에서 칸트는 자신의 이런 견해를 의학교육과 관련해서 언급하기도 한다. 즉 인간 안의 신체적인 것을 도덕적인 차원에서 다루려는 시도는 순전히 심리적일 뿐인 어떤 치료법을 의학교육 내용으로 받아들이게 만들 것이라고 말한다. 칸트는 외적인 도움 없이 순전히 환자 자신이 스스로를 도울 수 있는 방법이 의학교육 내용에 포함될 것으로 예상한 것이다. 칸트의 이런 견해는 단지 경험적이고 기계적인 치료술에 반대되는 하나의 철학적 치료술을 제시한 셈이다. 이 치료술과 관련해서 의견이 갈릴 수 있는데, 칸트와 후펠란트는 이 논쟁에서 같은 태도를 취했다.

그런데 철학부와 의학부 사이에 있을 수 있는 또 다른 논쟁을 칸트는 『학부논쟁』 제3편 결론의 끝에 있는 두 단락에서 제시한다. 이 논쟁에서 의사 후펠란트와 철학자 칸트는 견해를 달리할 것이다. 양생법이란 인간의 생명을 연장하는 기술인데, 의사는 가능한 모든 양생법을 동원해서 환자의 생명을 연장하는 데 전력할 것이다. 이에 반해 철학자는 그렇게 연장된 생명이 어떤 삶을 사는지 주목한다. 철학자가 보기에 그 누군가는 "동물적 현존에서는 건강하지만, 시민적(공적인 일을 맡고 있는) 현존에서는 병들어 있다. 다시 말해 무능력"할 수 있다.(『학부논쟁』 Ⅶ 114; 『칸트전집』 11 395) 그러므로 철학적으로 평가해볼 때 양생법으로 우리가 "살아 있는 것들 사이에서 오로지 견"디는 것이 꼭 기쁜 일만은 아닐 것이다.(같은 곳) 그런데 칸트는 이러한 사실을 너무도 잘 알면서도 "익숙한 삶의 즐거움"(같은 곳)을 포기하는 섭생으로 생명을 연장하는 길을 포기하지 못한다고 자책한다. 열심히 애쓰는 젊은 세대에게 자리를 내주어야 하는 게 도리지만, 금욕을 해서 자연스럽지 못하게 생명을 연장하려는 자신의 이율배반적 모습도 칸트는 자조하듯 고백한다.

『학부논쟁』 제3편을 처음 출간한 이후 칸트가 남긴 메모를 보면, 양생법과 관련된 숨은 쟁점을 좀더 명확히 알 수 있다. 이 메모에서 칸트는 질병과 건강에 대해 다음과 같이 정의한다. "질병이란 동물이 동물적인 기능들을 충분히 못하고 식물이 식물적인 기능을 충분히 못하는 수준의 능력을 지닌 상태다. 건강이란 유기체가 자신의 구성부분을 지속적으로 제거하면서 똑같은 형태로 보충하며 유지하는 데 적합한 상태다. 그런데 유기적 자연 전체에서 볼 때는 생명체가 자신과 같은 것을 낳은 후 개체로서는 비유적인 물질로 사라지고 종으로서만 지속되는 것 또한 유기체의 이런 적합성과 생명력의 변화에 속한 일이다. 늙고 죽는 것은 질병이 아니라 생명력의 완성이다."[3] 늙어서 죽는 것을 자신의 순리로 받아들이는 칸트의 이런 철학적 태도는 환자의 생명연장을 타당한 덕목으로 여기는 후펠란트와도 충돌할 것이다. 철학적 관점에서 볼 때 자연 자체로는 건강한 것을 생명연장을 최고선으로 여기는 의학에서는 질병으로 다루기 때문이다.

5. 총괄적 해제

앞에서도 살펴보았듯이 『학부논쟁』은 「제1편 철학부와 신학부의 논쟁」, 「제2편 철학부와 법학부의 논쟁」, 「제3편 철학부와 의학부의 논쟁」이 각각 이 책의 세 구성요소를 이루지만 상위학부인 신학부, 법학부, 의학부와 하위학부인 철학부의 권리능력과 역할과 관련된 논쟁을 주요 쟁점으로 다루는 부분은 "제1편 철학부와 신학부의 논쟁"뿐이다. '철학부와 법학부의 논쟁'과 '철학부와 의학부의 논쟁'도 실제로는 제1편에서 집중적으로 다뤄진다. 제각각 기획되고, 저술시기가 달랐던 글 세 편이 나중에 『학부논쟁』이라는 책 한 권으로 묶이고, 이 제목에 걸맞은 내용이 제1편에 새롭게 추가되었다면, 이 내용을 중심으로 철학부와 상위학부 사이의 쟁점을 총괄적으로 정리할 필요가 있다.

칸트는 학부들 사이의 분쟁을 조정하기 위해서 우선 상위학부의 역할과 권리능력을 철학부와 비교하고, 그런 다음 분쟁 내용을 제

3) 『단편』 XV 964-965.

1편 1장 3절 '위법적 논쟁'과 4절 '합법적 논쟁'으로 나누어 소개한다. 이에 앞서 칸트는 신학부의 역할과 권리능력에 대해서 제1편 1장 1절 「A. 신학부의 고유성」에서 다음과 같이 규정한다. 즉 신학부의 핵심 역할은 유일신이 존재한다는 사실을 성서 속에서 이야기한 것으로 증명하는 일이다. 성서 속에서 유일신은 자신의 본성을 이성이 도달할 수 없는 비밀스러운 내용으로 말한다. 그런데 '신 자신이 성서를 통해 말하고 있다'는 점을 객관적인 사실로 본다면, 이것은 역사문제다. 따라서 이것을 증명하는 일은 철학부에 속한다.[4] 성서신학자는 그것을 증명할 수도 없고 증명해서도 안 된다. 또 신학부는 성서 구절들을 도덕적 의미로 해석하고 도덕적 행위를 촉구할 권한도 없다. 그것은 도덕성 문제를 이성적으로 검토할 수 있는 철학부의 일이기 때문이다. 신학부는 성서 안에서 발견되는 이성적인 내용들이 성서를 타당하게 만든다는 주장에 의존하지 말고, 초자연적 계시와 은총에만 의존해야 한다. 만약 성서신학자가 신앙뿐만 아니라 이성도 신의 명령을 실행하는 데 도움이 된다고 판단하고 이성 문제를 주제로 다루게 되면, 그는 교회신앙의 한계를 넘어서 철학이라는 자유롭고 트인 벌판에서 길을 잃고 말 것이다.

법학부의 역할과 권리능력에 대해서 칸트는 제1편 1장 1절 「B. 법학부의 고유성」에서 다음과 같이 규정한다. 정부에 고용된 법학자는 내 것과 네 것을 보장해주는 법률을 그의 이성 속에서 찾지 않고, 공적으로 입법이 되고 최고 부서에서 승인한 법전에서 찾는 일을 한다. 이 법률의 진리성과 합법성을 증명하거나 이성의 반론을 방어하는 일은 정부에 고용되어 일하는 법학자에게 요구할 수 없다. 법학자와

---

4) 칸트 당시 철학부에는 오늘날의 철학과에서 다루는 내용뿐 아니라 역사학과와 언어 관련 학과, 기초 자연과학과에서 다루는 내용도 포함되어 있다.

법률현장 전문가들은 입법 권력의 규정에 따라 합법과 불법을 판단할 수는 있다. 그렇지만 그들은 법률 자체의 진리성과 합법성을 순수하게 이성의 법칙에 따라 따지는 임무를 부여받은 자가 아니다. 이러한 임무는 철학부의 몫이다.

마지막으로 칸트는 의학부의 역할과 권리능력에 대해서 제1편 1장 1절「C. 의학부의 고유성」에서 다음과 같이 규정한다. 의사는 국민의 건강을 챙기는 일을 하고 의학부는 이들을 양성한다. 그런데 국민의 건강을 챙기는 의사의 기술은 정부의 관심에 따른 지침에 의해서가 아니라 자연에서 직접 빌려올 수밖에 없다. 이런 특성 때문에 의학부는 의료지침을 신학부나 법학부처럼 수장의 명령에 따라서 만들지 않고, 사물의 본성 자체에서 끌어내야만 한다. 가장 폭넓게 이해해볼 때 의학부에서 가르치는 학습내용도 근원적으로는 순수 자연과학을 포함하는 철학부에 속한 것으로 보아야 할지도 모른다. 이런 점들로 미루어볼 때 의학부는 상위학부들 중 앞의 두 학부보다 훨씬 자유롭고, 철학부와 아주 가까운 친척이다.

이상과 같이 칸트는 상위학부의 역할과 권리능력을 그 각각의 고유성에 따라서 비판적으로 규정한 후 상위학부와 철학부의 분쟁을 구체적으로 소개한다. 분쟁은 주로 정부와 국민 대중들의 이해관계를 충족하면서 자신들의 세력을 확장하려는 상위학부의 학문 활동과 현상 활동으로 발생한다. 이때 칸트는 상위학부와 하위학부 사이의 논쟁을 '위법적 논쟁'과 '합법적 논쟁'으로 나누어 다룬다.

우선 '위법적 논쟁'은 내용과 형식면에서 그 위법성이 드러나는 논쟁을 의미한다. 내용 면에서 위법성은 논쟁에서 다루는 내용들이 상위학부와 이들이 배출한 현장활동가들이 본래 해야 할 임무를 넘어서 정부와 국민들의 구미에 맞추면서 생기는 문제들 때문에 발생한다. 그리고 형식면에서 위법성은 논쟁하는 방식이 잘못된 데서 발생한다. 즉 형식면에서 위법성은 논쟁의 승패가 합리적 토론으로 정해지는 것이 아니라 물리력과 계략, 경향성에 이끌린 주관적 동기들에 따라서 결정되는 경우에 발생한다. 칸트는 이런 위법적 논쟁의 예를 상위학부들의 역할에 대한 대중의 불합리한 요구와 이를 승인한 정부의 역할에 초점을 맞추어 다음과 같이 소개한다.

민중은 대개 사후에 영생복락하고, 함께 사는 다른 사람들과의 삶에서 공적인 법률로 자기 것을 보장받으려 하고, 건강과 장수를 기대한다. 평안에 대한 이런 기대에서 민중은 학자들에게 다음과 같은 것을 요구한다. 악행을 일삼는 인생을 살았어도 천국에 갈 수 있는 방법과 불법을 저질렀음에도 소송에서 이길 수 있는 방법, 그리고 몸을 돌보지 않고 함부로 사용하고도 건강을 유지하며 오래 살 수 있는 방법은 무엇인가? 학자들이 이런 것들에 대해 연구하기 때문에 자신들에게 방법을 알려줄 것이라고 기대한다.

이에 대해 철학부는 스스로 노력해야 성취할 수 있는 순리에 맞는 방법을 제시한다. 즉 철학부는 정직하게 살 것, 어떤 부정도 행하지 말 것, 절제하며 즐기고 질병을 견뎌낼 것을 제안한다. 그러나 다른 사람의 힘에 의존하는 손쉬운 방법을 선호하는 대중은 철학부의 이런 주장에는 귀를 기울이지 않는다. 철학부와 달리 상위학부는 민중의 요구에 부응하는 능력을 보여줌으로써 각자 영향력을 유지하려 한다. 즉 상위학부들은 법률 위반을 전혀 개의치 않고, 그들이 지닌 상당한 기술과 수완을 발휘하여 이런 기술과 수완이 없을 경우보다도 모든 것을 훨씬 더 좋게 만들 수 있음을 보여줄 것이다. 예를 들어 신학부는 무엇을 믿어야만 하는지는 이성적으로 따져보지 않고 문자적으로 믿으면 그 자체로 구원받는다고 주장한다. 또 성직자는 규정에 맞는 격식을 수행하면 죄가 즉시 정화된다고 말한다. 법학자는 법칙을 문자 그대로 따르고 입법자의 의도를 간과하라고 말한다. 이렇게 되면 신학부와 법학부에서 가르치는 것들이 이성의 법칙에 맞지 않고 내부적으로도 원칙을 상실할 위험에 놓이게 된다. 이런 상위학부의 일탈적 행위로 철학부는 이들과 위법적 논쟁을 하게 된다. 대중에 대한 영향력을 유지하기 위해 이런 위법적 조치들을 승인한 정부도 이성의 법칙을 수호하려는 철학부와 부딪칠 수밖에 없게 된다.

'합법적 논쟁'은 정부와 대중, 학부들의 이해관계와 무관하게 확정되어 가르쳐지는 교육내용이 이성의 법칙에서 볼 때 진리인지를 따지는 것이다. 칸트는 합법적 논쟁의 대상을 두 가지 예시한다. 먼저 모든 학부에서 가르쳐지는 교육내용은 정부의 자의적 결정에 따라 만들어질 수 있고, 이때 인간이 만든 이 교육내용은 오류 가능성이 있다. 철학부는 이 오류 가능성을 검토해야 한다. 다른 한편, 가르쳐지는 교육내용이 역사적 근원을 지니면서도 그 교육내용을 계시와 같은 특수한 역사로 믿고 받아들이는 경우다. 그 교육내용을 특수한 역사로 받아들이더라도 그 교육내용에 어떤 이성적 논증이 포함되어 있다면, 그것의 성격을 이성의 법칙에 따라 따져볼 수 있다.

이 두 예에서 보듯이 교육내용이 이성의 법칙으로 판별할 수 있는 진리성과 관련될 때 상위학부는 이성의 법칙에 예속된다. 그런데 순전히 이성의 법칙에 따라 그 진리성을 따지는 공적인 임무는 철학부에 있으므로, 상위학부는 철학부가 그 진리성을 따지는 일을 제지해서는 안 된다. 그리고 학자들 사이에 벌이지는 이러한 합법적 논쟁은 정부의 권위와 관련이 없는 일이기 때문에 정부가 이 분쟁에 개입하는 것은 바람직하지 않다.

정부와 대중의 이해관계를 이들의 성향에 맞게 직접적으로 충족해줄 수 있는 것은 신학부, 법학부, 의학부다. 이들 세 학부는 정부와 대중의 이해관계를 충족하는 역할을 담당하고 그것에 필요한 능력을 갖추었기 때문이다. 또 이 세 상위학부는 이런 역할과 능력 때문에 정부와 대중에게 유용성(Nützlichkeit)을 지닌다. 정부는 이런 상황을 반영하여 이들 세 학부를 '상위학부'라고 칭했다. 그런데 철학부는 이들 세 학부의 교육내용의 진리성을 따지는 임무를 수행함으로써 진리의 전당으로서 대학의 존재이유를 보존하고, 그럼으로써 국가와 정부에 도움을 준다. 하위학부인 철학부가 상위학부인 신학부, 법학부, 의학부 교육내용의 진리성을 검토하는 임무를 한다는 점에 주목할 때는 철학부를 대학의 상위학부로 칭하고, 나머지 세 학부를 하위학부로 칭해야 할 것이다.

이상에서 살펴본 것처럼 『학부논쟁』은 한편으로는 통치의 편의를 위해 대학교육에 월권적으로 간섭하려는 정부를 견제하고, 또 한편으로는 이성적 문제와 관련된 철학부의 학제적 역할을 인정하지 않으려는 상위학부 학자들을 겨냥해서 저술되었다. 이런 의도에서 칸트는 대중의 요구에 눈치를 보며 유용성을 앞세우는 정부와 자신들의 영향력을 확고히 하기 위해 이런 정부 명령에 따르는 상위학부인 신학부, 법학부, 의학부와 달리 이성의 원리에 따르는 철학부의 역할이 중요하다는 점을 강조한다. 진리의 전당으로서 대학이 존립하려면 철학부의 역할이 핵심적이라고 판단했기 때문이다.

참고문헌

Gerhardt, Volker(hrsg.), *Kant im Streit der Fakultäten*, Hrsg. von Volker Gerhardt, Walter de Gruyter Verlag, Berlin · New York, 2005.

Morawski, Tommaso, "Die Universität der Bienen. Zum Rechtsanspruch auf die Philosophie in der Universität", *Revista Internacional de Filosofia y Ciencias Humanas*, Volumen X-2013-numero 20, IF PRESS: Morolo(FR), Talia, 2013.

옮긴이주

영원한 평화를 위하여. 철학적 기획

1) "영원한 평화"라는 간판 이야기는 라이프니츠의 저서 『국제법의 외교 모음집』(*Codex Juris Gentium Diplomaticus*, Hanover 1693)의 서론과 라이프니츠가 그리마레스트(Grimarest)에게 보낸 한 편지(1712년 6월 4일)에서 유래한다. 그는 "영원한 평화"라는 교회 묘지의 그림으로 자신의 여관을 선전하는 네덜란드인을 "세련된 익살꾼"으로 표현하고, 교회 묘지의 정문 위에 그러한 문구가 쓰인 이유를 "죽은 자들은 더는 싸우지 않지만 산 자들은 기질이 다르고, 가장 강한 자들은 법정의 판결을 조금도 존경하지 않기 때문이다"라고 말한다. 칸트는 여관 주인의 그러한 간판 문구를 평화를 핑계로 끊임없이 싸우던 동시대 사회상에 대한 풍자로 간주하고 있다.
2) 즉 '불가능한 일을 행하더라도'. 칸트는 다른 곳에서도(『초고와 첨부』 XXIII 115) 이러한 표현을 쓴다.
3) 'clausula salvatoria'. 이와 같은 칸트의 '구제적 약관' 또는 '유보조건'은 중세 논문들이나 법률 텍스트에서 자주 발견되는데, 자기 글에 대한 비판이나 오해를 피하려고 작가들이 즐겨 사용했다.
4) 'reservatio mentalis'. 심중유보(心中留保)는 중세 말기와 르네상스 시대에 개발된 논법인데, 진실을 말할 의무와 비밀을 지킬 의무 둘 다를 만족시킬 수 있는 방법으로 도덕신학과 윤리학에서 자주 논의되었다. 도덕적 선악의 문제를 사회적 관행으로 결정할 수 있는가 하는 문제에 대해 칸트와 달리, 로마 가톨릭교회의 예수회는 신은 인간의 마음속에 있는 것까지도 듣기 때문에, 인간은 경우에 따라서 중대한 사항이나 비밀조항을 감추고 사실을 말할 수 있다는 입장을 취했다. 심중유보 논법은 노골적인 거짓은 아니지만 기만에 해당한다. 이 논법은 주로 이중적 의미를 지닌 용어를 이용하는데, 예컨대 숨어 있는 친구를 돕기 위해 친구의 행방을 묻는 적에게 "그는 멀리 가지 않았다"라

고 대답함으로써 이른바 좋은 목적을 위해 상대가 이해한 의미와는 다른 의미를 몰래 자기 심중에 간직해둔다는 것이다. 거짓말할 권리에 대한 칸트의 입장은 『정초』 Ⅳ422 (『칸트전집』 6 73 이하); 『거짓말』 Ⅷ 423-430(『칸트전집』 11 참조.

5) 'Jesuitenkasuistik'. 개개의 사례들에서 어떻게 행동하는 것이 도덕적인가 하는 문제를 해결하는 예수회의 행위결정 방법. 이 방법은 그때그때 사람들이 자신의 이익이나 가치에 따라 판단할 수 있도록 하는 장치(이중적 의미를 지닌 용어 등)를 미리 준비해둔다는 점에서 비판 대상이 되었다. 예수회는 1534년 이냐시오 데 로욜라(Ignacio de Loyola)와 그의 동료들이 설립한 로마가톨릭교회 수도회다. 루터(Martin Luther) 등의 종교개혁운동에 대항하여 가톨릭교회를 지키려 노력했고, 동방 선교에도 큰 역할을 했다.

6) 'Staatsklugheit'. 칸트는 이것을 '국가지혜'(Staatsweisheit)와 구별하는데, 후자는 영리한 정치가 아니라 도덕적 원리에 입각한 정치를 의미한다.

7) 'patrimonium'.

8) 'miles perpetuus'.

9) 원판본과 달리 학술원판본은 다음과 같이 읽는다. "재화의 축적도 동일한 결과를 초래할 것이다. 즉 재화가, 만일 상대방 재화의 양을 조사하는 데에 어려움이 없다면, 다른 국가들에 전쟁 위협으로 간주되는 경우에 선제공격을 불가피하게 할 것이다.(왜냐하면 세 가지 힘, 즉 군사력, 동맹력 그리고 금력 중에서 마지막이 아마도 가장 확실한 전쟁도구가 될 수 있기 때문이다.)"

10) 'Staatshändel'.

11) 'Kreditsystem'.

12) 영국민을 의미한다.

13) 전쟁을 하려고 국민의 조세부담 능력 이상으로 차관(借款)을 쓴다면 국가가 파산할 것이라는 것이 칸트의 생각이다. 전쟁과 국가부채의 관계에 대해 칸트는 여러 차례 언급한다(『속설』 Ⅷ 311; 『보편사의 이념』 Ⅷ 28 참조).

14) 제3차 폴란드 분할의 빌미가 된 폴란드의 소요사태를 염두에 둔 말이다. 1793년에 일어난 러시아와 프로이센의 부당한 폴란드 분할(제2차 폴란드 분할)에 대항해 폴란드 장교 코시치우슈코(Tadeusz Kościuszko)는 1794년에 전국적 봉기를 일으켰고, 이를 빌미로 러시아와 프로이센은 폴란드를 침입, 1795년 오스트리아와 합세하여 폴란드 영토를 삼분한다(제3차 폴란드 분할).

15) 'scandalum acceptum'.

16) 'bellum internecinum'.

17) 'bellum punitivum'.

18) 'uti exploratoribus'.

19) 'Verbotgesetz'(leges prohibitivae).

20) 원문에는 '(leges strictae)'가 병기.

21) 원문에는 '(leges latae)'가 병기. 넓은, 느슨한 법칙들.
22) 'ad calendas graecas'. 아우구스투스 황제는 누군가가 자신의 부채를 절대 갚지 않을 것 같으면 언제나 "그는 그 부채를 그리스의 삭일(朔日)에 갚을 것이다"라고 말했다고 한다(수에톤(Gaius Suetonius Tranquillus, 69~130?), 『황제 열전』(*De Caesarum*), lib. Ⅱ, Divus Augustus, 87쪽 참조). 로마인은 삭일(매달 초하루)을 "calendae"라고 했지만, 그리스인에게는 삭일에 대한 표현이 없었다. 즉 존재하지 않는 날인 셈이다.
23) 'Rechtstitel'. 법률용어로 '권원'(權原)이라고도 한다.
24) 'putative Erwerbung'. 취득의 권리근거가 없음에도 있다고 오인하여 취득하는 행위. 예를 들어 시장에 매물로 나온 훔친 말을 모르고 구매하는 경우. 이 경우 칸트에 따르면, 구매자가 합법적인 절차를 밟았다 해도 그 말은 원소유자의 것이 아니기 때문에 구입자는 그 말의 "진실한 점유자(선의善意의 점유자)"라 할지라도, 단지 "추정적 소유자"(dominus putativus)일 뿐이고, "참된 소유자"는 아니다(『도덕형이상학』 Ⅵ 301 참조).
25) 'Gebot'(leges praeceptivae).
26) 'Verbot'(leges prohibitivae).
27) 'Erlaubnisgesetz'(leges permissivae).
28) 'possesio putativa'. "진실한 점유" 혹은 "선의의 점유"란 어떤 대상을 정상적으로(상호 거래의 원리에 따라) 구입한 경우에 구매자(점유자)는 판매자를 그 대상의 진짜 주인으로(그 대상에 대한 권리근거를 가진 자로) 생각하여 진실되게(선의로) 구입한다는 의미다(『도덕형이상학』 Ⅵ 300-301 참조). 추정적 소유자는 자신의 권리를 선행 소유자에게서 이끌어내야 하지만, 이와 같은 일련의 소유자들 안에서 단적으로 최초 소유자(원소유자)를 찾아내는 것은 불가능하다. 따라서 타인의 점유 근거를 모르는 한, 모든 점유는 '추정적 점유'일 뿐이며, '참된 점유'가 될 수 없다.
29) 원판본과 달리 학술원판처럼 접속사 "왜냐하면"(da)을 넣어 읽는 것이 문맥상 자연스러워 보인다.
30) Josef Nikolaus Grafen von Windischgrätz(1744~1802)는 정치가이자 철학자로서 1785년에 500 내지 1,000 금화(Dukaten)를 걸고 "어떻게 장래에 재산 변동에 관한 법적 다툼이 발생하는 것이 불가능하도록 이중적 해석을 할 수 없는 계약의 정식이 기획될 수 있는가"라는 논제로 현상논문을 공모했지만, 어떠한 해결방안도 접수되지 않았다. 칸트는 야코비(F. H. Jacobi)의 중재로 그에게서 책을 몇 권 받았고, 감사의 표시로 자신의 책 『판단력비판』 한 권을 보내주었다(『서한집』 XI 75, 145 참조).
31) 'ius certum'.
32) 'generale'.
33) 'universale'.

34) 'Naturzustand'(status naturalis).
35) 'gesetzlicher Zustand'. '법(률)이 제정된 상태'를 말한다.
36) 'bürgerlich – gesetztlicher Zustand'.
37) 'statu iniusto'.
38) 원문에는 '(ius civitatis)'가 병기.
39) 원문에는 '(ius gentium)'가 병기.
40) 원문에는 '(ius cosmopoliticum)'가 병기.
41) 'Äon.
42) 'die Form der Beherrschung(forma imperii)'.
43) 'die Form der Regierung(forma regiminis)'.
44) 'Unform'.
45) 'Augapfel'.
46) Jacques Mallet du Pan(1749~1800)은 스위스의 기자로 프랑스혁명의 반대자였고, 『프랑스 전령』(*Mercure de France*)의 편집인이었다.
47) 출처는 Mallet du Pan, 『프랑스 혁명의 본성에 대한 고찰』(*Considérations sur la nature de la revolution de France*, Bruxelle, 1793)의 독일어 번역본(Fr. Gentz 옮김, 『프랑스 혁명과 그 지속의 원인에 대하여』(*Über die französische Revolution und die Ursachen ihrer Dauer*, Berlin, 1794)(『서한집』 XII 47 참조). 여기서 칸트는 '한 영국 시인'으로 지칭된 포프(Alexander Pope, 1688~1744)의 『인간론』(*Essay on Man*)의 한 구절을 말레를 따라 재인용하고 있다.
48) 출처는 Jonathan Swift(1667~1745)의 풍자소설 『통 이야기』(*A tale of a Tub, London*, 1704). "끝으로 지혜는 호두이기도 해서, 다소간에 조심스럽게 고르지 않으면 이 하나를 부러뜨리기도 하고, 애벌레를 상으로 줄 수도 있다."
49) Titus Flavius Vespasianus(39~81). 로마 황제.
50) Marcus Aurelius Antonius(121~180). 로마 황제.
51) Titus Falavius Domitian(51~96). Vespasianus의 동생.
52) Lucius Aurelius Commodus(161~192). Marcus의 아들.
53) "그 지위에"(in den Posten)로 읽는 원판본과 달리 바이셰델판, 학술원판, 클렘메판은 "이러한 지위에"(zu diesem Posten)로 읽는다.
54) 'Völkerbund'.
55) 'Völkerstaat'.
56) 레만(Gerhard Lehmann, 1900~87)에 따르면 이 일화는 불가리아의 차르 미카엘 쉬슈만(Michael Schischman, 1322~30 재위)의 격언과 관련된 것으로 보인다(학술원판 『초고와 첨부』 XXIII 526 참조).
57) Hugo Grotius(1583~1645). 네덜란드의 법학자. 그는 저술 『전쟁과 평화의 법에 대하여』(*De jure belli ac pacis*, Paris, 1625)에서 근대 자연법의 원리를 국제법에 적용한 국제법의 아버지다.

58) Samuel von Pufendorf(1632~94). 독일의 자연법학자, 역사학자. 근대적 자연법학의 아버지. 『자연법과 국제법에 대하여』(*De jure naturae et gentium*, Lund, 1672)에서 도덕과 구별되는 합리적 자연법을 제창했으며, 국제사회가 자연상태에 있다고 보고 국제법이 곧 자연법이라고 역설했다.

59) Emmerich de Vattel(1714~67). 스위스의 국제법학자, 외교관. 국제관계에 자연법 이론을 적용한 그의 저서 『국제법 혹은 국가와 주권의 행위와 업무에 적용된 자연법의 원리들』(*Le driot des gens; ou, Principes de la loi naturelle appliqués à la conduite et aux affaires des nations et des souverains*, Leyden, 1758)은 다년간에 걸쳐 외교계를 지배했다. 이 책은 독일 철학자 볼프(Christian Wolff, 1679~1754)의 『과학적 방법에 따른 국제법』(*Jus Gentium Methodo Scientifica Pertractum*, 1749)을 일반인이 알기 쉽도록 번안한 것인데, 그는 볼프가 주장한 하나의 조정자적 세계국가의 개념에 반대하고 자기 나름의 자연법적 관점에서 국가의 권리와 의무 절차를 제시했다.

60) 브렌누스(Brennus)를 지칭함. 플루타르크(Plutarch, 46~120)에 따르면(『영웅전』(*Bioi parallēloi*), 카밀루스의 전기, XVII), 브렌누스가 에트루리엔(Etrurien, 이탈리아 중북부 지방)의 도시 클루시움(Clusium)을 포위한 뒤 로마제국의 사절들 앞에서 "모든 법칙 가운데 가장 오래된 법칙은 강자에게 약자의 재화를 주는 것인데, 이것은 신에서 시작하여 동물에서 끝난다. 왜냐하면 그들의 본성에도 강자가 약자보다 더 많이 가지려는 욕구가 있기 때문이다"라고 말한다(Kant, *Über den Gemeinspruch: Das mag in der Theorie richtig sein, taugt aber nicht für die Praxis. Zum ewigen Frieden: ein philosophischer Entwurf*, hrsg. von Heiner F. Klemme, Hamburg: Meiner, 1992, p.115 참조).

61) 'Friedensbund(foedus pacificum)'.

62) 'Friedensvertrag(pactum pacis)'.

63) 'Föderalität'.

64) 'Völkerstaat(civitas gentium)'.

65) '… in thesi, … in hypothesi'. 이 라틴어 표현은 칸트가 즐겨 쓰던 용어로, 이곳 외에 학술원판 V 294, VI 29, VIII 276, XVIII 329, 695, 705, XXIII 135, 169 등에도 등장한다. in thesi와 in hypothesi는 대조적 표현으로, 전자는 '이론상으로는', '일반적 명제로는', '일반론으로는'의 의미이며, 후자는 '실제상으로는', '구체적 경우에 적용하면', '구체론으로는'의 의미다(칸트, 이석윤 옮김, 『판단력비판』, 박영사, 1974, 170쪽 각주 참조).

66) 'Weltrepublick'.

67) 'Furor impius intus-fremit horridus ore cruento'. 출처는 Vergil, 『아이네이스』(*Aeneis*) I, 294-296.

68) 'Hospitalität(Wirtbarkeit)'.

69) 'inhospitale'.

70) 기오르기(Antonio Agostino Giorgi[Georgius], 1711~97), 『사도 선교에 이용하기 위해 편집된 티베트의 문자』(*Alphabetum Tibetanum missionum apostolicarum commodo editum*, Roma, 1762). 칸트는 이 책을 자주 언급한다(『종교론』 VI 108 주해; 『자연지리학』 IX 232 참조). 기오르기는 아우구스티누스 수도회의 재무부 법규과장(procurator general)이자 로마 안젤리카 도서관 사서였다.
71) 'Κονξ 'Ομπαξ(Konx Ompax)'.
72) 칸트는 바르텔레미(Abbé Jean Jacques Barthélemy)의 저술(*Voyage du jeune Anacharis en Grèce dans le milieu du quatrième siècle avant l'ère vulgaire*, Paris, 1788)의 독일어판본(Johann Erich, 『기원전 400년 청년 아나카리스의 그리스 여행』(*Reise des jungen Anacharis durch Griechenland vierhundert Jahr vor gewöhnlichen Zeitrechnung*, Berlin und Libau, 1789~93)을 인용하고 있다(『서한집』 XI 454, 530 참조).
73) 'Concioa'. 불법승(佛法僧) 3보(寶)의 보를 뜻함.
74) 'Pha-ciò'.
75) 'promulgator legis'.
76) 'Cenresi'.
77) Mathurin Veyssière de Lacroze(1661~1739). 베를린에서 사망한 프랑스 베네딕트 수도회 수사.
78) 'Om'.
79) Franciscus Horatius[Francisco Orazio della Penna](1680~1745). 프란체스코 수도회 선교사로 1735년부터 1747년까지 티베트 라사(Lhasa)에 머물렀다.
80) 'Burchane'. 즉 brahman을 일컫는다.
81) 'Epopten'.
82) 'möchten'으로 읽는 원판본과 바이셰델판과 달리 여기서는 학술원판 및 클렘메판의 교정에 따라 'Mächten'으로 읽는다.
83) 'Gewähr(Garantie)'.
84) 'Natur(naturadaedalarerum)'. 출처는 루크레티우스(Titus Lucretius Carus, 기원전 99~기원전 55), 『사물들의 본성에 관하여』(*De rerum natura*), V 234. 원자론적 유물론자인 에피쿠로스의 사상을 이어받은 루크레티우스의 기계론적 세계관을 표현하는 구절이다. 형용사인 'daedala'는 그리스신화에 나오는 발명가 'Daedalus'를 연상시킨다.
85) 'die gründende[Vorsehung](providentia conditrix; semel iussit, semper parent, Augustin)'. 'conditrix'는 'conditor'(창시자)의 여성형이다. 칸트가 아우구스티누스의 것으로 인용한 'semel…'은 마이어(Heinrich Meier, 1953~)에 따르면, 아우구스티누스의 말이 아니라 그의 사상을 강조한 형식으로 보인다. 물론 칸트가 이 표현을 누구에게서 빌렸는지는 알 수 없지만, 라이프니츠가 그의 『변신론』(*Théodicée*)의 부록(I §8)에서 인용한 세네카의 말("그는 [신은]

한 번 명령했고, 항상 따른다"semper paret, semel iussit, Dialogi, I, de provid, V, 8)을 연상시킨다(Ⅷ 509 참조).

86) 'die waltende Vorsehung(providentia gubernatrix)'. 'guberatrix'는 'gubernator'(조정자)의 여성형이다.

87) 'die leitende[Vorsehung](providentia directrix)'.

88) 'Fügung(directio extraordinaria)'.

89) 'außerordentliche'.

90) 'Mitwirkung(concursus)'.

91) 'gryphes iungere equis'. 출처는 Vergil, 『전원시』(田園詩, *Eclogae*), Ⅷ, 27. gryphes(=griffin)는 사자 몸에 독수리의 머리와 날개가 달린 그리스신화 속 동물이다.

92) 'causa solitaria non iuvat'.

93) 'dogmatisch'. 여기서는 '이론 가르침에 속하거나 상응하는'이라는 의미다.

94) 'Ostjaken oder Samojeden'. 서시베리아의 민족으로 오늘날 세쿠프인(Selkupen).

95) 'Treibholz'. '물위에 떠서 흘러가는 나무'를 뜻한다.

96) 'despotisch'.

97) 'Samojeden'. 사모예드족(Samoyed)은 러시아 북극 해안을 따라 이주했고, 지금은 주로 북우랄 지역에 살고 있다.

98) 'Obstrom, Jenisei, Lena'.

99) 'sarmatische Völker'. 사르마트인(Sarmaten) 혹은 사우로마트인(Sauromaten)은 러시아 남부 대초원지대에 사는 유목민이었다.

100) 'Pescheräs'. 포이어랜드의 원주민.

101) 'Feuerland'. 스페인어로 '티에라 델 푸에고'(Tierra del Fuego), 인디언의 모닥불로 말미암아 이전에는 '연기의 땅'이라는 뜻인 '티에라 델 후고'(Tierra del Humo)라고도 불렸다. 마젤란해협과 케이프혼(Kap Hoorn) 사이에 있는 남아메리카 최남단의 군도인데, 오늘날 서쪽은 칠레령, 동쪽은 아르헨티나령에 속한다.

102) 'fata volentem ducunt, nolentem trahunt'. 출처는 세네카(Seneca)의 『도덕에 대한 편지들』(*Epistulae moralis*), XVⅢ, 4이다. 칸트는 이 구절을 『속설』 Ⅷ 313과 『인간학 강의(도나-분트라켄)』 XXV Ko 248 등에서도 인용한다.

103) 시인이었던 부터베크(Friedrich Bouterwek, 1766~1828)는 괴팅겐대학의 철학강사 시절에 칸트와 교류했는데, 칸트의 순수 이성비판에 대해 강의하고자 했다. 칸트는 그의 시를 칭찬하기도 했는데(『서한집』 XI 431-432; XⅢ 345 참조), 칸트가 부터베크의 것으로 인용한 본문의 시 구절은 출처를 확인할 수 없다(Ⅷ 509 참조).

104) 'Universalmonarchie'.

105) 'Zendavesta'. Zend와 Avesta를 합친 고대 페르시아 조로아스터교의 경전(Zend는 팔레비어로 쓴 아베스타 경전의 주석이고, Avesta는 조로아스터교의 성서)이다.

106) 'Vedam'. 힌두교의 산스크리트어 경전이다.

107) 'vae victis'. 갈리아인 지휘관 브렌누스(Brennus)는 기원전 390년경 로마를 약탈하고 7개월 동안 카피톨리누스(Capitolinus)를 포위한 뒤 배상금을 물겠다는 로마의 제안을 받아들이고, 배상금을 저울질할 때 잘못된 무게를 이용한다. 배상금 계산을 속인 것이 드러나고 이에 로마인이 불평하자 그는 자신의 칼을 저울접시에 올려놓으며 모욕적으로 "패자에게는 비통함뿐!"라고 외쳤다고 한다(리비우스(Titus Livius), 『도시[로마] 창건 이래』(*Ab urbe condita*) V 48, 9).

108) 신학부와 의학부를 가리킨다.

109) 'ulta posse nemo obligatur'. 이 표현은 로마 시민법에 기원을 두는데, 유스티니아누스 황제의 명령으로 편찬된(로마 법률가들의 저술에서 발췌한 학설집인) 『학설휘찬』(*Digesta*, 553)에 등장한다. '실행 불가능한 것에 대한 도덕적 책무나 법적 책무는 있을 수 없다' 혹은 '불가능한 것에는 아무도 강제될 수 없다'는 뜻이다.

110) 'Klugheitslehre'.

111) 마태복음 10장 16절의 문구를 인용하고 있다.

112) 'Vereinbarkeit'.

113) 'Rechtsgesetze'. 칸트는 실천이성의 법칙을 '덕법칙'(Tugendgesetz)과 '법법칙'(Rechtsgesetz)으로 나눈다.

114) 'Staatsweisheit'.

115) 'despotisierend'.

116) 『영구평화론』 'H2'본(칸트의 손글씨가 보충된 인쇄본)에 첨가된 문구.

117) 'moralisierend'.

118) 'Fac et excusa'.

119) 'bonus eventus'. 추수와 번영을 (결국에는 행운을) 관장하던 고대 로마 종교의 열두 신 중 하나. 국가 권력의 점취(占取)에 성공할수록(즉 결과가 좋을수록) 그 점취행위의 정당화 가능성은 높다는 의미다.

120) 'Si fecisti nega'.

121) 'Divide et impera'.

122) 'primus inter pares'.

123) 'causae non causae'. 도덕적으로 채색된 국가는 그 원인이 시민들 개개인의 도덕성에 있는 것이 아니라, 그들의 사악한 경향성을 통제하는 국가권력에 있다는 의미다.

124) 'Schlangenwendungen'.

125) 'Handgriffe der Klugheit'.
126) 'Kunstaufgabe(problema technicum)'.
127) 'sittliche Aufgabe(problema morale)'.
128) 학술원판과 클렘메판은 'a priori'를 강조하여 읽는다.
129) 'fiatiustitia,pereatmundus'. 에라스무스(Erasmus von Rotterdam, 1446~1536)의 이념에 영향을 받은 독일 황제 페르디난트 1세(Ferdinand Ⅰ, 1503~64)의 자칭 좌우명이다.
130) 'tu ne cede malis, sed contra audentior ito'. 출처는 베르길리우스의 『아에네이스』(*Aeneis*) Ⅵ, 95.
131) 학술원판과 클렘메판은 '인간의 권리'[법](Recht der Menschen)로 읽는다.
132) 'Rechtsanspruch'. 번역어 '법적 요구'는 '권리요구' 내지 '권리주장'의 뜻도 포함한다.
133) 'praetensio iuris'.
134) 'ethisch'.
135) 'juridisch'.
136) 'Staatsrecht(ius civitatis)'.
137) 'non titulo sed exercito talis'.
138) 'Rechtsgründe'.
139) 'Wiedererlangungsaufruhr'.
140) 'Publikation'.
141) 'status iuridicus'.
142) 'potentia tremenda'.
143) 'föderativer Verein'.
144) 'Klügelei'.
145) 'Afterpolitik'. 도덕과 합치되지 않는 정치.
146) 'Kasuistik'. 보편적인 도덕법칙을 개인의 행위와 양심의 문제에 적용하는 법.
147) 'peccatum philosophicum(peccatillum, bagatelle)'.
148) 가르베(Christian Garve, 1742~98)는 칸트 시대의 계몽주의 통속철학자로서 『괴팅겐학술지』(*Göttingische Gelehrte Anzeigen*)에 『순수이성비판』에 대한 혹독한 서평을 쓴 뒤(1782) 암으로 죽을 때까지 칸트와 교류했다. 그는 「정치와 도덕의 결합에 관한 논문 혹은 국가들의 통치에서 사생활의 도덕을 감찰하는 것이 어느 정도까지 가능한지의 물음에 대한 몇 가지 고찰」("Abhandlung über die Verbindung der Moral mit der Politik oder einige Betrachtungen über die Frage, inwiefern es möglich sei, die Moral des Privatlebens bei der Regierung der Staaten zu beobachten") 서두에서 다음과 같이 고백했다. "이러한 물음에 대한 충분한 대답은 나의 지평을 넘어선다. 그 물음에 몰두

하면 할수록 나는 모든 면에서 그만큼 더 많은 어려움을 보게 된다"(Heiner F. Klemme (Hrsg.), 1992, p.118 참조).

149) 'Zweizüngigkeit.

철학에서 임박한 영구평화조약 체결 고지

1) 키케로(Marcus Tullius Cicero, 기원전 106~기원전 43), 『신들의 본성에 관하여』(*De Natura Deorum*), 제2권 160절 원문은 다음과 같다. "Sus vero quid habet praeter escam? cui quidem, ne putesceret, animam ipsam pro slae datam dicit esse Chrysippus"(실제로 돼지는 음식 외에는 무엇을 가지고 있는가[제공하는가]? 사실은 돼지에게 돼지가 썩지 않도록 영혼 자체는 소금 대신에 주어졌다고 크리시푸스는 말한다).

2) 'Vernünfteln'.

3) 'Hang'.

4) 'Affekt'.

5) 'Drang'.

6) 'Gesundheit(status salubritatis)'.

7) 'Arzeneimittel(materia medica)'.

8) 포시도니우스(Posidonius 혹은 Poseidonius, 기원전 135~기원전 51)는 북시리아의 그리스 도시 아파메이아(Apameia) 출신으로 중기 스토아학파의 지도적 인물이자 역사서술가 및 정치가다.

9) 폼페이우스(Gnaeus Pompeius Magnus, 기원전 106~기원전 48). 군사적 성공으로 '위대한(magnus)'이라는 호칭이 붙기도 했다. 로마 공화정 말기의 장군이자 정치가인 그는 크라수스(Marcus Licinius Crassus)와 카이사르(Gaius Julius Caesar)와 더불어 이른바 제1차 삼두정을 이끌었고, 파르살루스(Pharsalus)전투에서 카이사르에게 패하여 이집트로 도망가지만 살해당한다.

10) 'Tusculanae Quaestiones(혹은 Tusculanae Disputationes)'. 키케로가 로마에서 스토아철학을 대중화하려고 쓴 저술인데, 투스쿨룸에 있는 그의 집에서 쓰였기 때문에 '투스쿨란 논쟁'이라는 이름이 붙었다고 한다.

11) 'das Übel(malum) und das Böse(pravum)'.

12) 'Fato vel dextro vel sinistro'.

13) 'das Gerade dem Schiefen(rectum obliquo)'.

14) 'das Gerade dem Kummen, Verkrüppelten(rectum pravo sive varo, obtorto)'. 라틴어 varus는 '바깥으로 구부러진' 것을, obtortus는 '뒤로 구부러진' 것을 의미한다.

15) 'Augurien'. 고대 로마에서는 새가 나는 것을 보고 점을 치는 풍습을

'Augurium'이라 했고, 그 점을 집전하는 사제를 'Augur' 또는 'Aspex'라 했다.

16) 'Auspex'. 조복자(鳥卜者).

17) 'daß der Schmerz nichts Böses sei'. 키케로의 『투스쿨란 논쟁』 원문(제2권, 61절)은 다음과 같다. "Nihil agis, dolor, quamvis sis molestus, nunquam te esse confitebor malum"(고통아! 너는 아무것도 성취하지 못한다. 네가 아무리 성가시다 하더라도, 나는 네가 악한 것이라고 인정하지 않을 것이다). 칸트는 이 구절을 『실천이성비판』에서는 독일어로 인용했다(학술원판 V 60 참조).

18) 'Stein der Weisen'. 연금술에서 금속을 황금으로 변화시키는 힘을 가진 돌이라고 여겨진 상상의 돌.

19) 'Doxologie'. 대개 기도 끝에 하는 신에 대한 엄숙한 찬양을 말한다. 칸트는 여기서 온건주의라는 약제를 기도 후렴구에 비유하고 있다.

20) 'Pesttropfen'. 페스트를 치료한다는 해독제.

21) 'Venedigsches Theriak'. 테리악은 중세 때 가능한 모든 병과 고통에 사용되었던 만능치료제. 베니스 테리악은 독이 있는 물린 상처에 쓰던 일종의 해독제. 칸트는 개연적 논증과 인용에 지나치게 의존하는 숄로서의 성향을 조소하고 있다.

22) 'Unglücksbote'.

23) 이 격언시는 '영구 평화에 대하여'(Vom ewigen Frieden)라는 제목으로 『괴팅겐 문예연감』(*Göttinger Musenalmanach*)인 『1797년의 시문선(詩文選)』(*Poetische Blumenlese für das Jahr 1797*)에 실려 출간된다. 칸트의 『영구평화론』이 1795년에 모습을 드러낸 것을 감안한다면, 시에 등장하는 '현자'는 아마도 칸트 자신을 지칭하는 듯하다.

24) 캐스트너(Abraham Gotthelf Kästner, 1719~1800)는 라이프치히 출생의 계몽주의자로 시와 수학에 조예가 깊었다. 그는 칸트주의자는 아니었지만 칸트와 사이가 좋았다. 칸트는 그의 판단을 존중했고, 에버하르트(Eberhard)와 논쟁 초기(1790)에는 그의 조언을 구하기도 했다. 칸트와 캐스트너의 자세한 관계는 『유작』(*Opus postumum*) E. Förster and M. Rosen(eds.), Opus postumum, Cambridge Uni. Press, 1993, 267쪽 이하와 83쪽 참조.

25) 'Geist'(Mens, νοῦς).

26) 'Wahrheitsschein(verisimilitudo)'.

27) 'Wahrscheinlichkeit(probabilitas)'.

28) 칸트가 요한복음 8장 44절과 로마서 5장 12절을 염두에 두고 인용한 것처럼 보인다.

철학에서 요즈음 생겨난 고상한 논조

1) '마카리언 황야'(Makarische Wüste)는 3~4세기 동안 이집트(팔레스타인과 시리아)에 있었던 초기 수도승의 정주지를 말한다.
2) '산림 퉁구스인'(Waldtunguse)과 '부레트인'(Buräte)은 각각 동시베리아와 북몽골에 사는 사람들을 말한다. 이들에 대해 칸트는 『이성의 오롯한 한계 안의 종교』(*Die Religion innerhalb der Grenzen der bloßen Vernunft*, VI 176)에서도 언급한다.
3) 원어: 'dogmatischeErkenntnis'. 칸트 철학에서 'dogmatisch'는 매우 상이하게 사용되는 용어다. 그것은 '독단적'이라는 부정적 의미로 사용되기도 하고, '논증적' 혹은 '연역적'이라는 긍정적 또는 중립적 의미로 사용되기도 한다. 여기서는 후자의 의미로 사용되었으므로 'dogmatische Erkenntinis'를 '논증적 인식'으로 번역한다.
4) '몽튀클라(Jean-Etienne Montucla, 1725~99)는 『수학사』(*Histoire des Mathématiques*)를 저술한 프랑스 수학자다.
5) 여기서 '스타기리아 사람'(der Stagirit)은 아리스토텔레스를 말한다. 그의 출생지가 스타기리아(Stagiria)이기 때문이다.
6) '헤카톰베'는 고대 그리스에서 제물로 소 100마리를 신에게 바치는 제사를 가리킨다.
7) 루크레티우스(Titus Lucretius Carus, 기원전 94?~기원전 55?), 『만물의 본성에 대하여』(*De rerum natura*), I, 78-79.

오해에서 비롯한 수학 논쟁의 해결

1) 『철학에서 요즈음 생겨난 고상한 논조』(*Von einem neuerdings erhobenen vornehmen Ton in der Philosophie*) VIII 393; 『칸트전집』 11 102.
2) 라이마루스(Johann Alvert Heinrich Reimarus)와 그의 논문에 대해서는 해제 참조.
3) 라이마루스의 주장대로 직각삼각형 세 변의 비례관계는 3:4:5의 정수비(整數比) 이외에도 5:12:13, 7:24:25 등 수많은 정수비로 표현될 수 있다. 그러나 칸트의 주장대로 연속된 세 정수로 표현될 수 있는 직각삼각형 세 변의 비례관계는 3:4:5뿐이다.

인류애 때문에 거짓말할 왜곡된 권리

1) 미하엘리스(1771~91)은 괴팅겐대학 신학교수였다. 그에 대한 칸트의 언급은 『학부논쟁』(*Der Streit der Facultäten*) Ⅶ ⅩⅦ(『칸트전집』 11 264)에서 찾아볼 수 있다.
2) 크라머는 1796년 발표된 콩스탕의 소논문 「정치적 반응들에 관하여」("Des réactions politiques")를 독일어로 번역하고 편집한 콩스탕의 독일인 친구다.
3) 오버러(H. Oberer)에 따르면 칸트는 이전에 자신이 쓴 어떤 글에서도 명시적으로 이런 주장을 한 적이 없다. 크라머가 칸트를 지목한 경위와 칸트가 미하엘리스의 견해에 동의한 경위는 H. Oberer, "Zur Vor- und Nachgeschichte der Lehre Kants vom Recht der Lüge", in: *Kant und das Recht der Lüge*, hrsg. von G. Geismann u. Oberer, Würzburg, 1989, pp.11-13 참조.
4) '권리'는 'Recht'를 번역한 것이다. 'Recht'는 맥락에 따라 '어떤 외적 행위를 할 수 있는 권한' 혹은 '인간 상호 간의 외적·실천적 관계를 규정하는 (강제적) 규범'을 의미하기도 한다. 전자는 '권리'로, 후자는 '법'으로 번역한다.
5) '법률'은 'Gesetze'의 번역이다. 'Gesetz'는 이 맥락에서 '법'으로도 번역할 수 있으나 'Recht'(법)와 구별하려고 '법률'로 번역한다.
6) 이 단락에서 '법'은 'Recht'(옮긴이주 4 참조), '원칙'은 'Grundsatz', '원리'는 'Prinzip', '법칙'은 'Gesetz', '법령'은 'Dekrat'의 번역이다.

1791년 베를린 왕립학술원이 공모한 현상과제-라이프니츠와 볼프의 시대 이후 독일에서 형이상학이 이룬 실질적 진보는 무엇인가?

1) Friedrich Theodor Rink(1770~1811). 링크는 칸트의 위임을 받아 그의 강의를 정리한 『자연지리학』(*Physische Geographie*, 1802)과 『교육론』(*Über Pädagogik*, 1803)을 발행했다.
2) Johann Christoph Schwab(1743~1821). 볼프주의자.
3) Karl Leonhard Reinhold(1758~1823).
4) Johann Heinrich Abicht(1762~1816). 칸트 지지자.
5) 「형이상학의 첫째 단계」.
6) 「형이상학의 둘째 단계」.
7) 「형이상학의 셋째 단계」.
8) 이 박람회는 부활절 이후 셋째 일요일에 라이프치히에서 개최된 책 박람회를 말한다.
9) "형이상학은 이성을 통해서 감성적인 것에 대한 인식에서 초감성적인 것에

대한 인식으로 전진하는 학문이다"라는 정의를 말한다. 『형이상학의진보』 XX 260; 『칸트전집』 11 138.

10) '지혜론'으로서 철학에 대해서는 『실천이성비판』 V 108-109; 『칸트전집』 6 280-281 참조.

11) 철학과 수학의 차이에 관해서는 『순수이성비판』 B 740-766; A 712-738 참조.

12) 칸트의 '분석 판단'과 '종합 판단'의 구별에 대해서는『순수이성비판』 A 6-10; B 10-14, A 150-158; B 187-197, 『발견』 Ⅷ 226-246; 『칸트전집』 10 203-230 참조.

13) 공간과 시간의 '관념성'에 대해서는 『순수이성비판』 A 26-28; B 42-44, A 32-36; B 49-55, 『형이상학 서설』 Ⅳ 289-294; 『칸트전집』 5 66-72 참조.. 칸트는 '공간과 시간이란 무엇인가?'라는 질문에 대한 가능한 답으로 다음 네 가지 견해를 제시한다. 1. 실재적 존재, 2. 사물의 규정, 3. 그것이 직관되지 않는다 할지라도 그 자체 사물에 부과될 사물의 관계, 4. 직관의 형식으로서 우리 심성의 주관적 성질에만 속하며, 그 형식 없이는 어떠한 사물에도 공간·시간이라는 술어가 덧붙을 수 없는 관계(『순수이성비판』 B 37, 38 참조). 앞의 두 견해는 뉴턴적인 객관적 절대 공간과 시간을 상정하는 '수학적 자연탐구자'의 견해이며, 셋째 견해는 '공간과 시간이 경험에서 추상되어, 그 분리에서 불분명하게 표상된 현상의 관계(옆의 또는 앞뒤의 관계)로 간주'하는 라이프니츠와 같은 '형이상학적 자연탐구자'의 견해다. 넷째 견해가 칸트 자신의 견해로, 그는 공간과 시간 두 요소의 존재론적 자리를 인간 심성의 주관적 성질 안에서 찾았다. 바로 이 점이 공간과 시간의 관념성이 된다. 칸트에 따르면 공간과 시간은 경험적(empirisch)으로는 실재하고 관념적이지 않지만 선험적으로는(transzendental) 실재하지 않고 관념적이다.

14) 칸트가 '선험적 감성론'에서 밝힌 감성적 직관의 보편형식으로서 공간과 시간은 '관념성'의 이론이면서 동시에 '실재성'의 이론이기도 하다. 직관내용을 내 밖의 어떤 것과 연결 짓는 일정한 '형식'으로서 관념성을 갖고 이 형식이 감각자료인 직관의 내용과 관계한다는 점에서 '실재성'도 동시에 갖는다.

15) 칸트는 여기서 '촉발되는 방식'을 설명했다. 우리는 흔히 칸트가 말하는 이 촉발을 주관 밖의 대상에 따른 촉발로 이해하는 경우가 많지만, 칸트에서 '촉발'은 통각의 주체인 지성적 자아가 감성적 자아에 시간 조건을 수용하도록 규정하고 감성적 자아가 이 방식을 수용하는 과정에서 발생한다.

16) 칸트는 이 '합성'(Zusammensetzung)이라는 개념을 1797년 12월 11일 티프트룽크(Tieftrunk)에게 보낸 편지(『서한집』 XII 222 이하)에서 자세하게 설명한다. 그는 이 편지에서 '합성' 또는 '합성된 것'의 개념이 어떤 특별한 범주가 아니라 '통각의 종합적 통일'로서 모든 범주 안에 포함되어야 한다고 말했다. 이 말은 일체의 합성 및 종합작용은 직관에 포함되어 있는 부분표상인 직

관에서 이끌어낸 것이 아닌 통각의 종합적 통일성의 원칙을 근거로 삼는 '근본개념'으로서 모든 범주는 통각의 통일성을 기반으로 한다는 것을 의미한다. 『순수이성비판』 B 130 참조.

17) 'Überschritt'의 번역어. 동사 'überschreiten'의 명사형으로 제한 범위를 넘어선다는 뜻이며, 감성적인 것에서 초감성적인 것으로 넘어간다는 의미다.

18) '도식'에 대해서는 『순수이성비판』 A 137-147; B 176-187 참조.

19) 원본(Original-Ausgabe)에는 'Realism'(실재론)으로, 학술원판에는 'Rationalism'(이성론)으로 편집되어 있다.

20) '구별 불가능한 것들의 동일성의 원칙'에 대한 비판은 『순수이성비판』 A 271-272; B 327-328 참조.

21) 'nexus finalis'.

22) 학술원판에는 '자연-목적론적'(physisch-teleologisch)으로, 바이셰델판에는 '자연-신학적'(physisch-theologisch)으로 되어 있다.

23) 독일어 'hineinlegen'은 '들여놓다', '투입하다' 등의 의미이지만 본문과 맥락을 고려해 '요청하다'로 번역했다.

24) 『도덕형이상학』 VI 383; 『칸트전집』 7 259 참조.

25) 인간이 갖는 도덕적 불완전성을 극복하려고 칸트는 "무한히 존속하는 이성적 존재의 실존과 인격성"(『실천이성비판』 V 122; 『칸트전집』 6 299 참조)을 요청한다.

26) 이 단락 이후에 등장하는 '참으로 여김'(Fürwahrhatlen), '의견'(Meinen), '믿음'(Glauben), '확신'(Überzeugung), '확신'(Überredung)', '앎'(Wissen), '상정'(Annehmen) 등의 개념들에 대해 칸트의 『순수이성비판』 A 820; B 848, A 822; B 850 참조.

27) 一者.

28) 스피노자에 대해서는 『판단력 비판』 V 393-394, 421, 440 참조.

29) 칸트는 이 증명방식을 『순수이성비판』에서 '존재론적인 신 증명'으로 일컫는다. 『순수이성비판』 B 618 이하; A 590 이하 참조.

30) 칸트는 이 증명방식을 『순수이성비판』에서 '우주론적인 신 증명'으로 일컫는다. 『순수이성비판』 B 618 이하; A 590 이하 참조.

31) 'Theosophie'의 번역어. 칸트의 '신지학'에 대한 견해는 『판단력 비판』 V 460 참조.

32) ** 이 표시는 칸트 자필원고에서 공백으로 남겨진 부분을 링크가 표시한 것이다.

33) 여기서 언급하는 그리스신화에 따르면, 아르고스의 왕 다나오스는 자신의 왕국이 사위들에게 멸망된다는 신탁을 받고는 딸 50명이 이집트의 아이굽터스왕의 아들 50명과 결혼하는 첫날밤에 딸들에게 그들의 남편을 살해하라고 명령한다. 위페르메네스트라를 제외한 나머지 딸 49명은 아버지 명령대로

남편을 살해했으며, 그 죄의 대가로 저승에서 항아리에 물을 담아 구멍 뚫린 독에 붓는 영겁의 벌을 받았다. 칸트는 전통 형이상학의 이러한 헛된 노력을 그리스신화의 '시시포스의 돌'에 비유하기도 한다.

34) 'meta ta physika'.

35) 停滯.

36) 이 문단의 드러난 공백들은 칸트 자필원고의 잉크 얼룩 때문이다.

37) 중단된 문장.

38) 'Hocestviverebis,vitapossepriorifrui'. 마르티알(Marcus Valerius Martialis, 40~103/4)은 에스파냐 출신의 고대 로마 시인으로 당대의 대표적 문인인 퀸틸리아누스, 플리니우스 등과 교우를 맺었다. 이 구절은 그의 『경구집』(*Epigramme*) 5권, 23번에 나온다. 그의 책은 1,557개 경구와 시 등으로 구성되어 있다.

39) 'Eine philosophische Geschichte der Philosophie'. 칸트에 따르면 철학의 역사는 철학사에서 등장한 철학들을 단지 시대나 시간 순으로 나열하는 경험적 사실들의 나열이 아니다. 철학의 역사는 이성의 자기인식의 역사로 철학사에서 전개될 것을 이성 안에 이미 맹아로서 갖고 있기 때문에 아프리오리한 철학적 역사가 가능한 것이다.

40) 아리스티포스(기원전 435?~기원전 366?)는 그리스의 철학자로 최고의 선을 쾌락에 두는 철저한 쾌락주의자다.

41) 'Apprehension'.

42) Georg Gustav Fülleborn(1769~1803). 독일의 철학자이자 문헌학자로서 브레슬라우에 위치한 엘리자베타눔대학에서 그리스어와 히브리어를 가르쳤다. 그는 칸트 철학 옹호자였다. 저서로는 『철학의 역사를 위한 논문』(*Beiträge zur Geschichte der Philosophie*, 1791~95), 『순수이성비판과 표상능력의 이론의 짧은 비교』(*Eine kurze Vergleichung der Kritik der reinen Vernunft und der Theorie des Vorstellungsvermögens*, 1792), 『철학에서의 최근 발견에 대한 통찰 시도』(*Versuch einer Übersicht der neusten Entdeckungen in der Philosophie*, 1792) 등이 있다.

43) 'Vernunftgenius'.

44) 이 용어는 스토아학파, 특히 에픽테투스(Epictetus)가 사용한 용어로 의지의 주권을 나타내는 말이다.

45) 원리들 사이의 대립에 대해서는 『실천이성비판』 AA V 31-37, 57-62; 『칸트전집』 6 174-184, 211-218 참조.

학부논쟁

1) 이 '계몽된 정부'는 1797년 11월 16일 프리드리히 빌헬름 2세가 사망한 이후

들어선 프리드리히 빌헬름 3세의 정부를 의미한다.

2) 원래 『학부논쟁』은 슈토이들린이 주관하는 『신학저널』에 발표될 예정이었으나 순수한 신학적 글이 아니라는 이유로 거절되고, 지금과 같은 하나의 독립적인 책으로 1798년 출간되었다. '이러한 사태의 변화'는 이를 두고 하는 말이다.

3) 원문에는 '(ab astris ad castra)'를 병기.

4) 학문(Wissenschaft)은 일정한 이론을 바탕으로 체계화된 지식을 탐구하는 전문적 작업이다. 이에 비해 학식(Gelehrsamkeit)은 그러한 학문적 작업으로 축적된 지식과 식견을 뜻한다.

5) '교설'(Lehre)은 각 학부에서 가르치는 교육 내용과 이론적 견해를 의미한다.

6) 'zufällig'는 '우연적'이라는 뜻도 있지만 칸트 당대에는 '소유한'이란 의미로도 쓰였다.

7) '신 자신이 성서를 통해 말을 한다는 것'이 만약 사실이라면, 그것은 역사적으로 일어나는 일이 될 것이다. 그런데 역사적인 일에 대해 다룰 권한은 신앙의 문제를 다루는 신학부가 아니라 역사학과를 포함하는 철학부에 속한다.

8) 여기서 '그것을'은 '신 자신이 성서를 통해 말을 한다는 것'을 가리킨다. '신 자신이 성서를 통해 말을 한다는 것' 자체는 역사적 문제가 되지만, 이 역사적 문제를 성서신학자들이 신앙의 문제로 다루게 되면 성서의 신성에 대한 느낌에 근거를 두려고 할 것이라는 뜻이다.

9) 도시국가 로마의 건립과 명칭의 기원과 관련해서 로마신화에는 로물루스(Romulus)와 레무스(Remus)라는 쌍둥이 형제가 등장한다. 신화에 따르면 이 형제는 누가 이 도시의 건립자가 되고, 도시 이름을 정할지를 놓고 싸운다. 형 로물루스는 동생 레무스보다 많은 지지를 얻어 도시의 주인이 된다. 그는 도시의 경계를 나타내는 고랑을 파고 담장을 둘러친다. 동생 레무스는 로물루스를 비웃듯 낮은 쪽 담장을 넘어서 침범한다. 레무스의 이러한 행동은 법과 권한에 대한 중대한 침해였다. 이에 로물루스는 동생을 죽이고 자기 이름을 붙인 로마를 통치하게 된다. 칸트가 이 신화를 언급하는 것은 신앙과 관련된 문제에 대해서만 권한이 있는 성서신학자가 철학의 권역인 이성 문제에 어떤 이유에서도 관여해서는 안 된다는 점을 강조하기 위해서다.

10) 칸트 당시 독일에서는 성직자나 사법공무원들뿐만 아니라 의사들도 정부에서 임명된 공직자였다.

11) 여기서 우리는 칸트가 『계몽이란 무엇인가에 대한 대답』(1784)에서 말한 이성의 공적 사용과 사적 사용을 생각해볼 수 있다. 거기서 칸트는 군인과 성직자들이 그들의 실무현장에서 취해야 할 태도는 진리에 따른 것이 아니라 직무 관련 의무를 따르는 것이어야 한다고 주장한다. 이때 이성은 진리 자체가 아니라 집단의 존립과 이해를 고려한 것이므로 사적으로 사용되는 것이다. 만약 그들이 볼 때 맡겨진 일에 문제가 있다고 판단된다면, 직무를 수행하는

자로서가 아니라 진리 자체를 탐구하는 학자로서 대중에게 공적으로 그에 대해 문제를 제기해야 한다. 즉 이때는 진리 자체를 책임성 있게 다룰 수 있는 학자적 전문지식을 가지고 문제를 다뤄야 한다. 이 경우 이성은 공적으로 사용되는 것이다.

12) 마태복음 27장 46절. "제 구시 즈음에 예수께서 크게 소리 질러 가라사대 엘리 엘리 라마 사박다니 하시니 이는 곧 나의 하나님, 나의 하나님, 어찌하여 나를 버리셨나이까 하는 뜻이라."

13) 인간은 타락했기 때문에 자신을 구원할 수 없고, 신이 선택할 때 구원의 은총은 이루어진다는 기독교 구원론의 교리다. 은총선택설은 바울이 전하는 다음과 같은 구절에서 발견된다. "주께서 사랑하시는 형제들아 우리가 항상 너희에 관하여 마땅히 하나님께 감사할 것은 하나님이 처음부터 너희를 택하사 성령의 거룩하게 하심과 진리를 믿음으로 구원을 받게 하심이니."(데살로니가후서 2:13) 이 구절에서 알 수 있듯이 은총선택설은 인간이 타락하기도 전에 신에 의해 예정되어 있다는 해석을 낳는다.

14) '기름부음을 받은'이라는 뜻의 히브리어 'mashiaḥ'에서 유래한 '메시아'는 이스라엘을 외국의 압제에서 구원하고 황금기의 영광을 되찾아주리라고 유대교에서 기대하는 왕이다. 그 의미가 확대된 '메시아 신앙' 혹은 '메시아적 신앙'은 인류가 종말에 이르렀을 때 구세주가 나타나 더 나은 세상을 만들어 줄 것이라는 신념이나 이론들을 의미한다. 이런 의미에서 메시아적 신앙은 '구세주 신앙'이라고 말할 수 있다. 대승(大乘, Mahāyāna)불교의 미륵(彌勒, Maitreya)이나 조로아스터교의 조로아스터 역시 구세주 신앙에서의 종말론적 구세주다.

15) 원문에는 '(Jehovah)'가 병기.

16) 원문에는 '(Jahwoh)'가 병기.

17) 칸트는 '교회신앙'(Kirchenglaube)과 '종교신앙'(Religionsglaube)을 구별한다. '교회신앙'은 교회가 계시와 교회의 고유한 역사를 중심으로 형성한 신앙이다. 이때 신앙 내용들은 객관적이고 합리적으로 이해되지 않을 수도 있다. 이와 반대로 '종교신앙'은 모든 사람이 받아들일 수 있는 이성의 법칙에 근거를 두었다. 종교의 본질을 이루는 도덕법칙이 그런 이성의 법칙이다.

18) 로마의 문필가이자 철학자이자 정치가인 키케로(Marcus Tullius Cicero, 기원전 106~기원전 43)가 『카틸리나에 대한 제1반박연설』(*Oratio I in Catilinam*) 4쪽에서 한 말이다. 최고 통치권을 위임받은 자는 국가를 구성하는 어떤 요소도 손상되지 않도록 할 의무가 있다는 뜻이다. 즉 종교칙령이 내려진 상황에서도 최고 통치권자는 철학부가 해야 할 자유로운 비판기능이 침해되지 않도록 해야 한다는 것이다.

19) 70인역 성서는 가장 오래된 『구약성서』 번역본인데, 기원전 300년경 전후에 히브리어 성서 원문을 고대 그리스어인 코이네 그리스어로 번역한 것이다.

70인역 성서는 라틴어의 70(septuaginta)을 의미하는 단어에서 유래한 '셉투아진트'(Septuagint)로도 불리며 LXX로 간략히 표기한다.

20) 천년왕국설은 천년지복설이라고도 한다. 유대교의 메시아 사상에서 유래했으며, 그리스도가 지상에 재림하여 지배하는 천 년에 걸친 지복의 세상이 도래할 것이라는 믿음이다.

21) 압데라는 고대 유물론자 데모크리토스의 출신지이며, 고대 원자론의 중심지였다. 데모크리토스가 늘 사람들의 어리석음을 비웃었다는 점도 연관 있어 보인다.

22) 'Umwendungspunkt'(punctum flexus contrarii).

23) 주전원은 고대 그리스의 천문학자 프톨레마이오스가 천구상에서 행성들의 역행과 순행을 설명하려고 고안한 행성의 운동궤도다. 16세기 중엽 코페르니쿠스의 지동설이 등장할 때까지 유지되었다. 티코 브라헤는 16세기의 덴마크 출신 천문학자다. 티코는 코페르니쿠스의 체계가 매우 아름답고 프톨레마이오스의 체계에 비해 장점이 있다는 것을 인정했지만 코페르니쿠스의 체계를 받아들이지 않고 자신만의 독특한 행성 운동 궤도를 제안했다.

24) 원문에는 '(signum rememorativum, demonstrativum, prognosticon)'이 병기.

25) 1789년 7월 14일에 발생하여 1794년 7월 28일에 막을 내린 프랑스혁명을 가리킨다.

26) 뷔싱(1724~93)은 독일의 지리학자이자 역사가, 교육자이자 신학자였다.

27) 스토아주의는 기원전 3세기에 아테네에서 시작된 헬레니즘 철학의 한 학파다. 쾌락주의적 경향을 보인 동시대의 에피쿠로스학파와 대립되며 금욕주의적 특성을 보였다. 자연과 일치하는 의지를 유지하는 것이 덕스러운 것이라는 믿음을 전파했다.

28) 원문에는 '(hypochondria intestinalis)'가 병기함.

29) 리히텐베르크(Georg Christoph Lichtenberg, 1742~99)는 괴팅겐대학의 물리학 교수로 영국 왕실 추밀원의 고문을 지냈다.

30) 'Verdauungsmittel'(stomachale).

찾아보기

『영원한 평화를 위하여. 철학적 기획』

『철학에서 임박한 영구평화조약 체결 고지』

『철학에서 요즈음 생겨난 고상한 논조』

『오해에서 비롯한 수학 논쟁의 해결』

『인류애 때문에 거짓말할 왜곡될 권리』

『라이프니츠와 볼프의 시대 이후 독일에서 형이상학이 이룬 실질적 진보는 무엇인가?』

ㄴ

ㄷ

ㅇ

ㅈ

『학부논쟁』

ㅇ

지은이

임마누엘 칸트

1724년 4월 22일 프로이센(Preußen) 쾨니히스베르크(Königsberg)에서 수공업자의 아들로 태어났다. 1730~32년까지 병원 부설 학교를, 1732~40년까지 오늘날 김나지움(Gymnasium)에 해당하는 콜레기움 프리데리키아눔(Collegium Fridericianum)을 다녔다. 1740년에 쾨니히스베르크대학교에 입학해 주로 철학, 수학, 자연과학을 공부했다. 1746년 대학 수업을 마친 후 10년 가까이 가정교사 생활을 했다.

1749년에 첫 저서『살아 있는 힘의 참된 측정에 관한 사상』을 출판했다. 1755/56년도 겨울학기부터 사강사(PrⅣatdozent)로 쾨니히스베르크대학교에서 강의를 시작했다.『자연신학 원칙과 도덕 원칙의 명확성에 관한 연구』(1764)가 1763년 베를린 학술원 현상 공모에서 2등상을 받았다. 1766년 쾨니히스베르크 왕립 도서관의 부사서로 일하게 됨으로써 처음으로 고정 급여를 받는 직책을 얻었다. 1770년 쾨니히스베르크대학교의 논리학과 형이상학을 담당하는 정교수가 되었고, 교수취임 논문으로『감성계와 지성계의 형식과 원리』를 발표했다.

그 뒤『순수이성비판』(1781),『도덕형이상학 정초』(1785),『실천이성비판』(1788),『판단력비판』(1790),『도덕형이상학』(1797) 등을 출판했다.

1786년 여름학기와 1788년 여름학기에 대학 총장직을 맡았고, 1796년 여름학기까지 강의했다. 1804년 2월 12일 쾨니히스베르크에서 사망했고 2월 28일 대학 교회의 교수 묘지에 안장되었다.

칸트의 생애는 지극히 평범했다. 그의 생애에서 우리 관심을 끌 만한 사건을 굳이 들자면『이성의 오롯한 한계 안의 종교』(1793) 때문에 검열 당국과 빚은 마찰을 언급할 수 있겠다. 더욱이 중년 이후 칸트는 일과표를 정확히 지키는 지극히 규칙적인 삶을 영위한다. 하지만 단조롭게 보이는 그의 삶은 의도적으로 노력한 결과였다. 그는 자기 삶에 방해가 되는 세인의 주목을 원하지 않았다. 세속적인 명예나 찬사는 그가 바라는 바가 아니었다.

옮긴이

정성관 Jeong Seongkwan

오스트리아 인스브루크대학교에서 『칸트와 자연권론-근대 국가론과 법론의 방법론 연구』로 철학박사 학위를 받았고, 현재 인하대학교·수원가톨릭대학교·서강대학교 등에서 강의하고 있다. 저서로는 『칸트철학과 현대 해석학』(공저), 『과학기술시대의 철학』(공저) 등이 있고, 주요 논문으로는 「칸트 법철학의 몇 가지 중요한 특징들」「칸트정치철학의 현대적 단초들」「칸트철학에서 본 정의와 용서」「칸트 평등개념」 등이 있다.

배정호 Bae Jeongho

2007년 독일 부터탈대학교에서 "Kants transzendentale Deduktion der Kategorien als Begründung der Metaphysik der Natur"로 철학박사 학위를 받았다. 현재 영남대학교 철학과 강사다. 연구논문으로는 「범주의 초월적 연역 B판의 증명구조」「대상인식과 지성적 종합」「대상인식과 형상적 종합」「칸트의 인과율 증명」 등이 있다.

홍우람 Hong Wooram

서강대학교를 졸업하고 벨기에 루벤대학교에서 칸트의 선험적 이념에 대한 연구로 박사 학위를 받았다. 서강대학교 철학과 연구교수, 가톨릭대학교 인간학연구소 전임연구원을 거쳐 현재 경북대학교 철학과에 있다. 주요 논문으로 「『순수이성비판』에서 초월적 이념들의 초월적 연역에 대하여」「칸트의 비판철학과 선험적 대상」「멘델스존의 유대 계몽주의」 등이 있다.

염승준 Yeom Seungjoon

원불교 교무다. 원광대학교 원불교학과 교수로 재직하고 있다. 독일 베를린 훔볼트대학교에서 칸트철학을 전공하고 「칸트 순수이성 비판에서의 생명개념」으로 박사 학위를 받았다. 연구논문으로 「순수이성의 후생발생 체계와 순수지성 개념의 유기체적 성격」 「지혜론으로서의 칸트 형이상학에 대한 고찰-칸트 『형이상학 진보』에서 자유, 신, 영혼불멸의 "실천적 실재성" 증명을 중심으로」 「근대 정치와 종교적 초월성의 관계-마루야마 마사오(丸山眞男)의 『日本政治思想史硏究』를 중심으로」 「낙태죄 처벌 헌법불합치 결정과 원불교 생명윤리」 「원불교 상시 일기법 유·무념 개념의 중의적 의미」 「종교적 공공성 개념과 의미 고찰」 등 다수의 논문이 있다. 번역서로는 『프롤레고메나』가 있으며 공저로는 『한국 사상사의 사회학적 조명』 『사회적 경제와 공공성』 등이 있다.

이진오 Lee Jino

연세대학교 신학과와 서울대학교 대학원 서양철학과를 졸업했다. 독일 튀빙겐대학교에서 칸트와 야스퍼스에 대한 비교 연구로 박사학위를 받았다. 서울대·명지대·서울시립대 등에서 철학 전공과목과 교양과목을 강의하다 2011년 이후 경희대학교 후마니타스칼리지에 재직 중이다. 공역으로 야스퍼스의 『철학 1』, 칸트의 『실용적 관점에서 본 인간학』 등이 있다. 칸트철학·현상학·실존철학·철학상담에 대한 많은 논문을 발표했다. 저서로는 『철학수업』(공저), 고등학교 『철학』(공저), 『실존철학상담 입문』 등이 있다.

이상헌 Lee Sangheon

서강대학교에서 칸트철학에 관한 연구로 박사 학위를 받았다. 저서로 『융합시대의 기술윤리』 『철학자의 눈으로 본 첨단과학과 불교』 『철학, 과학기술에 말을 걸다』 등이 있으며, 다수의 공저에 참여했다. 『임마누엘 칸트』 『우리는 20세기에서 무엇을 배울 수 있는가』 『나노윤리』(공역), 『서양철학사』(공역) 등의 번역서가 있다. 현재 서강대학교 전인교육원 교수로 재직하고 있다.

Immanuel Kant

Kritische Schriften II (1795~1804)

Translated by Jeong Seongkwan, Bae Jeongho, Hong Wooram,
Yeom Seungjoon, Lee Jino, Lee Sangheon

Published by Hangilsa Publishing Co., Ltd., Korea, 2022

칸트전집 11

비판기 저작 II (1795~1804)

지은이 임마누엘 칸트
옮긴이 정성관 배정호 홍우람 염승준 이진오 이상헌
펴낸이 김언호

펴낸곳 (주)도서출판 한길사
등록 1976년 12월 24일 제74호
주소 10881 경기도 파주시 광인사길 37
홈페이지 www.hangilsa.co.kr
전자우편 hangilsa@hangilsa.co.kr
전화 031-955-2000~3 **팩스** 031-955-2005

부사장 박관순 **총괄이사** 김서영 **관리이사** 곽명호
영업이사 이경호 **경영이사** 김관영 **편집주간** 백은숙
편집 최현경 박희진 노유연 이한민 강성욱 김영길
관리 이수환 문주상 이희문 원선아 이진아 **마케팅** 정아린
디자인 창포 031-955-2097
CTP 출력·인쇄 영림 **제책** 영림

제1판 제1쇄 2022년 8월 10일

값 38,000원
ISBN 978-89-356-7652-1 94160
ISBN 978-89-356-6781-9 (세트)

• 잘못 만들어진 책은 구입하신 서점에서 바꿔드립니다.

• 이 『칸트전집』 번역사업은 2013년부터 2016년까지 정부(교육부)의 재원으로
한국연구재단의 지원을 받아 수행된 연구임.
(NRF-2013S1A5B4A01044377)